Biser
Der Mensch –
das uneingelöste Versprechen

Bundeskanzler Dr. Helmut Kohl,
dem Zeitzeugen und politischen Gestalter,
verehrungsvoll zugeeignet.

Eugen Biser

Der Mensch –
das uneingelöste Versprechen

Entwurf einer Modalanthropologie

Patmos Verlag Düsseldorf

Die Deutsche Bibliothek – CIP-Einheitsaufnahme

Biser, Eugen:
Der Mensch – das uneingelöste Versprechen;
Entwurf einer Modalanthropologie / Eugen Biser. –
1. Aufl. – Düsseldorf: Patmos-Verlag, 1995
ISBN 3-491-77965-0

© 1995 Patmos Verlag Düsseldorf
Alle Rechte vorbehalten
1. Auflage 1995
Umschlagbild: Wiener Genesis, 6. Jahrhundert:
Abraham unter dem Sternenzelt
Umschlaggestaltung: Annelie Sroka, Kiel
Druck und Bindung: Clausen & Bosse, Leck
ISBN 3-491-77965-0

INHALT

VORWORT

Ist der Mensch, was er sein kann?

Das ist die unausgesprochene Frage, die von allen Seiten auf
ihn eindringt. Es ist die Frage nach der möglichen Norm, die
seinem Seinkönnen gesetzt ist; es ist die Frage nach seiner Verläßlichkeit, Belastbarkeit, seiner Leistungs- und Leidensfähigkeit,
aber auch die Frage der in ihn gesetzten Erwartungen und um ihn
gehegten Befürchtungen. Anders als der Blick, den die Philosophie
auf ihn wirft, richtet sich diese Frage nicht nur auf das, was er ist,
sondern auch auf die Möglichkeiten, in die er aussteht, in die er
sich ebenso verlieren wie zum Ziel intensiverer Selbstfindung ver-
tiefen kann. Im Sinn dieser Frage ist er, mit dem Haupttitel gesprochen, mehr Versprechen als Gegebenheit, und, wenn schon
Gegebenheit, dann im Wortsinn des Ausdrucks, also Gabe, mit der
er ebenso begabt wie beauftragt ist.

Der Untertitel erläutert das mit einem von den »modalen«
Hilfszeitwörtern her bekannten Begriff. Danach handelt es sich um
eine Anthropologie, die mehr vom Können und Sollen als vom Sein
des Menschen ausgeht und die ihn somit im Akt seiner Selbstwerdung in den Blick nimmt. Da der Akzent dabei auf dem »noch
nicht« liegt, bewegt sie sich weithin im Feld seiner Negativität.
Deshalb treten spezifische Erfahrungen und Einbrüche des Nichts
wie Angst und Tod, aber auch Formen des Abfalls und der Dekadenz auf beträchtlichen Strecken in den Vordergrund. Doch bilden
sie nur die Folie für den Versuch, die Möglichkeit seiner Stabilisierung und Optimierung auszuleuchten. Dabei muß zunächst von
den Formen menschlicher Selbsthilfe die Rede sein. Den Ausschlag
gibt aber, mit Goethe gesprochen, erst die teilnehmende Liebe von
oben. Im Zusammenhang damit stößt der Gedankengang wiederholt zu christologischen Positionen vor; denn die von oben zu er-
wartende Hilfe geht im abendländischen Kulturraum in erster
Linie von der fortwirkenden Lebenstat Jesu aus. Da nach seinem
Selbstverständnis in seinem Tod alle räumlichen und zeitlichen

7

Begrenzungen von ihm abfielen, kommt seine Hilfe allen zugute. Deshalb ist es methodisch gerechtfertigt, die anthropologischen Ansätze christologisch zuendezudenken.

Zu dieser Berechtigung kommt angesichts der desintegrativen Bedingungen, denen das Menschsein gerade heute ausgesetzt ist, eine Nötigung hinzu. Wenn es um die Sache des Menschen so prekär bestellt ist, wie sie von der heutigen Philosophie, Literatur und Kunst gesehen wird, kann und darf sie nicht sich selbst überlassen bleiben. Erst recht aber dann nicht, wenn sich Hilfen aus der Dimension des Glaubens anbieten. Dennoch geht es bei dem vorgelegten Entwurf nicht um die Ausarbeitung einer christlichen Anthropologie, weil sie als solche nur dann gelten könnte, wenn auch ihre Prämissen der Glaubenswelt entnommen wären. So aber handelt es sich tatsächlich um den Fall einer christologisch integrierten Anthropologie.

In diesem Begriff liegt die Rechtfertigung des Unternehmens. Denn in der Theologie hat sich unter dem Titel der »anthropologischen Wende« schon seit längerem die Erkenntnis durchgesetzt, daß die christliche Botschaft von ihrem Ursprung in der »Menschenfreundlichkeit Gottes« her ebenso eine Botschaft über Gott wie über den Menschen ist. Doch wird dem die pastorale Praxis der Kirchen, wie ihre nachlassende Akzeptanz jedem Einsichtigen vor Augen führt, noch längst nicht im geschuldeten Umfang gerecht. Und nicht nur dies; in wichtigen Strategien erweckt diese Praxis sogar den Eindruck, von einem durch die aktuelle conditio humana längst überholten Menschenbild auszugehen, das sich auf einen von einem übermächtigen Lebenswillen getragenen, von einem unersättlichen Lebenshunger gepeinigten und von Leidenschaften umgetriebenen Menschen bezieht. Doch dieser Vorzugsadressat einer moralisch akzentuierten Pastoration ist längst seinem Gegentypus gewichen, dem Menschen des gebrochenen Lebenswillens, der künstlich stimulierten Lebensgier und jener Exzesse, die letztlich seiner Verzweiflung und Angst entstammen. Wenn die vorliegende, von jahrzehntelangen Überlegungen unterbaute Präsentation des konkret existierenden Menschen eine Kurskorrektur veranlassen könnte, hätte sie ein wichtiges Ziel erreicht.

Noch wichtiger aber wäre ihr, wenn sich der Angesprochene in diesem Porträt wiedererkennen und so zum Bewußtsein seiner Gefährdungen ebenso wie seiner noch unaufgerufenen Möglichkeiten gelangen würde. Denn in letzter Hinsicht kann eine Modal-anthropologie immer nur eine Erinnerung an das sein, was im Menschen selbst als Gefahren- und Hoffnungspotential schlummert. Mit ihrer innersten Intention geht sie darauf aus, einen Beitrag zur Erweckung des Menschen zu sich selbst zu leisten.

EINFÜHRUNG

Mitten unter euch

Gottesfinsternis sei, so urteilte Martin Buber um die Jahrhundertmitte, »der Charakter der Weltstunde, in der wir leben«[1]. Seine Diagnose behielt recht, obwohl es in dieser Finsternis zu Aufhellungen kam, die auf einen neuen Morgen hoffen lassen. Inzwischen legten sich aber um so dunklere Schatten auf das Gesicht des Menschen. Er wurde definitiv das, wozu ihn Alexis Carrel erklärte: zum unbekannten, unerkannten und deshalb von Politikern, Pädagogen und Theologen verkannten Wesen. Deshalb gehen die ihm gebotenen Vergünstigungen, die auf ihn angesetzten Strategien und die ihm erteilten Direktiven weithin an seiner tatsächlichen Interessenlage vorbei. Ist diese Verkennung die Folge seiner Entwürdigung durch die menschenverachtenden Diktaturen und die Auswüchse der Leistungs- und Konsumgesellschaft oder am Ende gar die Folge seiner Indifferenz gegenüber sich selbst?

Wenn das zu befürchten ist, spricht alles dafür, daß ihm in diesem Jahrhundert wie nie zuvor mitgespielt und daß er von dem, was an Großem und Entsetzlichem geschah, bis in sein Innerstes hinein in Mitleidenschaft gezogen wurde. Auf das Problem seiner Erkennbarkeit bezogen heißt das dann aber, daß mit seiner Passion der Anfang gemacht und, wesentlicher noch, nach den Gründen seiner Leidensfähigkeit gesucht werden muß. Denn ihm ist, wie der krisenhafte Umgang der Kirchen mit ihm und die Selbsterschöpfung der philosophischen Anthropologie beweisen, offensichtlich weder mit Imperativen noch mit indikativischen Bestimmungen beizukommen. Vielmehr deuten diese Erfahrungen darauf hin, daß er, um ein Wort Helmut Plessners aufzunehmen, »mit anderen Augen« gesehen, daß also die Frage nach ihm neu gestellt und insbesondere neu angesetzt werden muß: nicht so sehr bei seinen Pflichten, noch nicht einmal bei seinem Wesen, sondern bei seiner Potentialität[2]. Von seiner Leidensfähigkeit ausgehend, läuft es somit auf den Versuch

11

hinaus, ihn von seiner Werdemöglichkeit und Plastizität her ins Auge zu fassen.

An die Stelle der Normierung und Wesensklärung tritt dann die Suche nach dem Sinn, an die Stelle der Ausleuchtung seiner Qualifikationen der Blick in den Abgrund seiner Verfallenheit und Lebensangst, aber auch der Aufblick zu dem, was er verspricht, wozu er sich bestimmt und schließlich sogar erhoben weiß. An der Klärung dieser Werdemöglichkeiten ist um so mehr gelegen, als so deutlich zu machen ist, wozu er verführt werden kann und wozu er, wenn er von sich selbst abgebracht wurde, fähig ist. Ebenso lassen nur seine Werdemöglichkeiten erkennen, wie seiner Hinfälligkeit abgeholfen und seine Lebensangst überwunden werden kann.

Dieser Klärung gelten die Fragenkreise, die seinem »Dasein im Anruf«, seinem »Dasein auf Abruf« und seinem »Dasein im Aufblick« nachgehen. Im ersten geht es um die Erarbeitung der neuen Fragestellung, mit Plessner gesprochen, um die Formulierung des »kategorischen Konjunktivs«, der an die Stelle der bisher vorherrschenden Indikative und Imperative treten muß. Im zweiten um die Erkundung des Abgrunds seiner Hinfälligkeit und Todverfallenheit, aber auch um das Ansinnen, das von dort aus an ihn ergeht und ihn auf den Weg der Sinnsuche und Selbstaneignung verweist. Im dritten handelt es sich schließlich um die Ausschöpfung der Perspektive, wie sie Ortega y Gasset mit seinem Wort vom Menschen als dem utopischen Wesen eröffnete[3]. Dabei muß zunächst von der sich dem Menschen durch sein Seinkönnen gestellten Aufgabe, dann aber auch von der Einmischung der Technik, insbesondere der Medienszene in die Lösung dieser Aufgabe die Rede sein. Doch unterstreicht das nur die Erkenntnis, daß der Mensch mehr verspricht, als er durch sich selbst und die Angebote der von ihm geschaffenen Welt einzulösen vermag. Er ist – so die Schlußfolgerung dieser »Modalanthropologie« – nicht, zumindest noch nicht, was er sein kann. Ihm muß zu dem, was ihm aufgegeben ist, verholfen werden. Deshalb richtet sich der Blick zuletzt auf den, der wie kein anderer das Dunkel, das ebenso über dem Gottesgeheimnis wie über dem Menschenantlitz liegt, lichtete und von dem deshalb zu erwarten ist, daß er dem ebenso von sich abdriftenden wie von sich abgehaltenen Menschen zu sich selber verhilft. Nicht umsonst gilt von ihm dasselbe, was auch auf den Menschen, insbesondere in seiner heutigen Erscheinungsform, zutrifft: Mitten unter euch steht der, den ihr nicht kennt.

ERSTER TEIL:
DASEIN IM ANRUF

I. DIE FRAGE

1. Der Einbruch

Aufmerksamen Beobachtern konnte nicht entgehen, daß sich um die Jahrhundertmitte im Zusammenhang mit einem umfassenden Umschichtungsprozeß ein anthropologischer Einbruch vollzog, der die Sache des Menschen auf einen neuen Nenner brachte. Der Randdruck, dem er schon immer unterstand, verstärkte sich auf so dramatische Weise, daß die Konstanten, die zuvor sein »Wesen« und seine Selbstdarstellung bestimmten, plötzlich ihre Evidenz einbüßten, so daß die traditionelle Begriffsbestimmung ihre Geltung verlor und die Bilder, die ihn zu deuten suchten, verblaßten.

Der im Grunde nichtssagende Begriff des »animal rationale« stand, wie Bernhard Welte erkannte, ohnehin, begriffskritisch gesehen, auf schwachen Füßen, da in seinem Fall die mit der Denkfähigkeit angesprochene »differentia specifica« die Grundbestimmung der animalitas an Bedeutung bei weitem überwog, so daß das Hauptgewicht auf der unterscheidenden Differenz anstatt auf dem »genus proximum« lag[1]. Gegen diese Kritik kommt auch das unvordenkliche Alter der Bestimmung nicht auf, zumal aus ihr noch nie geistiges Kapital zu schlagen war. Allenfalls diente der Begriff in der zur Bezeichnung »homo sapiens« abgewandelten Form zur Unterscheidung des rezenten Menschen von seinen atavistischen (Neandertaler) und prähominiden (Pitecanthropus, Paranthropus, Zinjanthropus) Vorformen.

Deshalb hatte sich in einer Art Konkurrenz zur philosophischen Begriffsbestimmung die Mikrokosmosvorstellung ausgeformt. Ihre Wurzeln dürften in dem orphischen Grundsatz »was oben ist, ist auch unten« zu suchen sein. Sofern der antike Mensch unter »oben« den Wohnsitz der Götter verstand, wie er in dem »bestirnten Himmel« (Kant) in Erscheinung trat, sich selbst aber als das zur Betrachtung von dessen Schönheit (Kosmos) aufgerufene »Unten«, sah er sich spontan im Kosmos gespiegelt, so daß dieser für ihn anthropomorphe Gestalt annahm, während er sich selbst als den individuellen Abriß des Weltganzen, als Mikrokosmos, begriff. Verständlich wird diese Gegenspiegelung, wenn man mit Michael Landmann davon ausgeht, daß »kosmos« ursprünglich als eine »soziomorphe Metapher« zu gelten hat, daß sich also der »Sinn für das Universum« (Schleiermacher) aus der Erfahrung der Geborgenheit in der Polis entwickelte[2]. Überhaupt scheint sich der Weltbegriff von Anfang an in drei Bedeutungsvarianten aufgefächert zu haben, so daß der Welt als Universum immer schon die Welt als Gesellschaft und als kulturelle Geisteswelt entsprach. Theoriestiftend, also das Denken zum Weltgedanken bewegend, ist aber nicht das soziale oder kulturelle, sondern das kosmische Welterlebnis, wie es, suggestiver als von jeder philosophischen Aussage, von der biblischen Abrahamerzählung berichtet wird:

> *Und er führte ihn hinauf ins Freie und sagte: Schau zum Himmel hinauf und zähle die Sterne, wenn du sie zählen kannst. Und er sprach zu ihm: So zahlreich wird deine Nachkommenschaft sein! (Gen 15,5)*[3]

Hier wird der Himmel für den Berufenen zum Bundeszeichen, wie das schon im Bild des »als Zeichen des Bundes« in die Wolken gesetzten Regenbogens in der Sintflutgeschichte vorweggenommen worden war[4]. Abraham aber, der sich bereits kinderlos »hingehen« sah, gewinnt durch die Verheißung einer zahllosen Nachkommenschaft geschichtlichen Boden unter seinen Füßen und damit Identität. Schon daran zerfällt der Einwand Landmanns, daß die »Mikrokosmoslehre für die Anthropologie im Grunde stets nur ein Irrweg und Hemmschuh« gewesen sei, weil sie das »Einmalige und Unwiederholbare des Menschen« verfehle[5]. Denn ihrem Ansatz zufolge spiegelt sich der Kosmos in dem ihn betrachtenden Individuum, also im Menschen als Subjekt, nicht als Abstraktum oder Kollektiv. Dafür spricht die Tatsache, daß die Idee, so sehr sie eine Eingebung des antiken Geistes ist, in dem durch das Erwachen des subjektiven Selbstbewußtseins geprägten Denkraum des Christentums bis tief in die Neuzeit hinein weiterlebte. Vor allem aber belegt dies die Beobachtung, daß sie hier wiederholt eine Verbindung mit dem anthropologischen Zentralbegriff des Christentums, dem Gedanken der Gotteskindschaft, einging. So schon bei Gregor von Nyssa, am eindrucksvollsten aber

bei Nikolaus von Kues, der sich in seiner Schrift über die Gotteskindschaft (De filiatione Dei) zu dem Gedanken steigert, daß deren
Ziel darin bestehe, in die von ihm mit dem »Sohn Gottes« gleichgesetzte »schöpferische Seins- und Wissensumfassung« einzugehen:

> Dann nämlich ist man zur Gotteskindschaft gelangt, wenn
> man jene wissende Seinsumfassung erreicht, in der und
> durch die alles ist, ja, wenn man nach dem Maß und Wie
> dieser Meisterschaft selbst zu Gott geworden ist. Wende dich
> dem nur einmal in aufmerksamer Besinnung zu!

Denn dem, der in Christus einging, so vertieft der Kusaner
diese kühne These im Schlußwort seiner ›Docta ignorantia‹, erschließt sich alles, Welt und Schrift, weil er das Prinzip aller Dinge
in sich trägt. Daraus leitet er in seiner Schrift ›Über die Mutmaßungen‹ (De coniecturis) eine in ihrer Dialektik unübertroffene Bestimmung des Menschseins ab, die zugleich einen Höhepunkt der
Mikrokosmostradition markiert:

> Der Mensch ist Gott, nicht der absolute Gott, weil er eben
> Mensch ist; er ist somit der menschliche Gott (humanus enim
> Deus). Und der Mensch ist die Welt, nicht das konkrete
> Universum, weil er nur Mensch ist. Er ist vielmehr der
> Mikrokosmos, also eine menschliche Welt (II, c.14).

Denn für Cusanus ist, wie er in der ›Docta ignorantia‹ versichert und in der Konjekturenschrift wiederholt, »jegliches in jeglichem«, so daß in der Partikularität der Individuen stets das sie
umfangende Eine und in diesem der Urentwurf der konkret existierenden Vielfalt wahrgenommen werden kann. Deshalb versichert
er dem Widmungsträger beider Werke, dem wenig später im
Türkenkrieg gefallenen Kardinal Julianus Cesarini:

> Alles Allgemeine, Gattungshafte und Eigengestaltige ist in
> dir, Julianus, so wie die Harmonie in der Laute als Laute, in
> der Kithara dagegen als Kithara erklingt ... Das aber, was
> in dir das Julianussein ausmacht, ist in allen anderen Men
> schen das Menschsein, in den Tieren das Tiersein. Gehe nur
> den Kreis der Besonderungen zum Allgemeinen hinauf,
> dann wirst du sehen, daß du universell mit allen Menschen
> übereinstimmst, gattungshaft mit den Bewohnern der
> Warmgebiete, speziell mit den Bewohnern des Abendlandes
> und individuell mit den Italienern (II, c.3).

Bei dieser Bestimmung steht der Kusaner freilich »auf den Schultern von Riesen« und insbesondere auf denen des Urhebers dieses oft verwendeten Ausspruchs Bernhard von Chartres, sofern er, wie die ältere Forschung wollte – und nicht Bernhard Silvestris –, als Verfasser der Schrift ›De mundi universitate sive megacosmus et microcosmus‹ zu gelten hat.

Nach Wolfhart Pannenberg bezog sich der Bildgedanke jedoch in erster Linie auf die Abhängigkeit der Scholastiker von den Kirchenvätern, so daß nach ihnen zurückgefragt werden muß[6]. Nach Joseph Bernharts Werk über die philosophische Mystik des Mittelalters ist dabei insbesondere an Gregor von Nyssa zu denken, für den der gottebenbildliche Mensch mit dem Göttlich-Einen »stammverwandt« ist, so daß in ihm, wenngleich auf abkünftige Weise, die Seinsbereiche, angefangen vom Anorganischen und Vegetativen bis hin zur Geistigkeit des Engels, konvergieren[7]. In seinem ›Gespräch mit Makrina über die Seele und die Auferstehung‹, in dem er sogar, wenngleich kritisch, dem kusanischen Gedanken des »jegliches in jeglichem« nahekommt (14,3), bezeichnet er den Menschen als die »Schlußkrone der ganzen Schöpfung«, weil er jede Art des Lebens in sich schließt (8,7). Dabei schlägt immer wieder der aristotelische Gedanke durch, der die Menschenseele ein »quodammodo omnia« nennt. Doch für Gregor erstreckt sich das »alles« auch auf den göttlichen Bereich. Demgemäß spiegelt sich in der Leiblichkeit des Menschen die Fülle der Weltelemente, in seiner Geistigkeit dagegen das trinitarische Gottesleben[8]. In seiner ›Civitas Dei‹ nimmt auch Augustin das Motiv auf (XI, c.4; XIV, c.11), das ihm in ›De trinitate‹ sogar als Schlüssel für seine psychologische Auslegung des Gottesgeheimnisses dient.

Vermittelt durch Johannes Scotus Eriugena, der den Menschen den »Inbegriff« und die »Werkstatt« aller Dinge nannte, geht die Mikrokosmosidee in die mittelalterliche Denkwelt ein, bei Hildegard von Bingen begriffen als das »vollständige Gotteswerk« (De operatione Dei), bei Hugo von Sankt Viktor als Zweck und Zielgrund allen Seins (De sacramentis christianae fidei), bei Thomas von Aquin wie bei den arabischen Philosophen als der mit seinem Körper die materielle und mit seiner Seele die Geisteswelt repräsentierende Mikrokosmos[9]. Vom Mittelalter springt der Gedanke auf die Renaissancephilosophie und im weiteren Verlauf auf die neuzeitliche Denkwelt über. Picco della Mirandola sieht den

Menschen mitten in die Welt gestellt, Campanella würdigt ihn geradezu als einen »zweiten«, das Untere beherrschenden und zum Himmel emporsteigenden Gott. Nach Paracelsus und Jakob Böhme nimmt vor allem Leibniz den Gedanken auf, sofern er den Begriff der »Monade« ganz im Sinn der Mikrokosmosidee faßte. Umgekehrt begriffen nach Adolf Meyer, der in seinem grundlegenden Werk der Begriffsgeschichte nachging, Hobbes und Herder, gefolgt von Comte, Staat und Menschheit als menschliche Großgestalt, so daß die Gesellschaft als ein organisches Ganzes erscheint, während im Begriff selbst das »soziomorphe« Grundkonzept immer stärker in den Vordergrund drängt.

Wie sehr der Gedanke dem Lebensgefühl der Romantik entgegenkam, bestätigt vor allem Novalis, für den sich die Natur »unendlichfach« im Menschen bricht (§ 1826), insbesondere im Dichter, der als die leibhaftige Verkörperung der »für den Menschen« höchsten Idee (§ 733) selbst »eine wirkliche Welt im Kleinen« ist (§ 126), so wie für ihn umgekehrt »alles Gedichtete« ein »lebendiges Individuum« sein müßte (214). Ebenso erblickt Schelling in der Natur des Menschen »eine Verbindung des Himmels mit der Erde« (V, 605 f), weil ihm die Harmonie und der Einklang des Universums »eingeboren« ist. Mehr noch: Er ist »mit einem Wort das Weltsystem«, die Fülle der unendlichen Substanz im Kleinen und insofern »der zusammengezogene, der Mensch gewordene Gott« (VI, 491).

Inzwischen aber war dem Motiv der Boden aus zwei Gründen entzogen worden. »Verirrt in diesem versprengten Winkel der Welt«, so Pascal bei seiner Ausleuchtung des menschlichen »Mißverhältnisses« (Frgm. 72), hat der Mensch längst das Gefühl verloren, in einem harmonisch gestalteten Kosmos beheimatet zu sein. Und mittlerweile zerriß die moderne Astrophysik mit der Modellvorstellung von einem ständig expandierenden Universum auch noch die letzten Beziehungen zum antiken Weltbild. Unterbaut wurde diese »Verdrängung« des Menschen aus der Mitte des Kosmos durch die moderne Astrophysik durch Sigmund Freuds Theorem von den »drei Kränkungen«: durch Kopernikus und dessen Zerstörung der Illusion von der Zentralstellung der Erde, durch Darwin und seine Beseitigung der Illusion der Sonderstellung des Menschen im Reich des Lebendigen und durch ihn selbst und seine Desillusionierung der Meinung, daß der Mensch Herr im Haus des eigenen Bewußtseins sei.

Selbst wenn Alois Dempf mit der Behauptung recht behielte, daß die Entscheidung der Naturwissenschaft nicht abgewartet werden könne, weil die Weltidee »mit der Gottesidee und Menschenidee unlöslich zusammenhängt«, wäre mit der Einigung darüber nichts gewonnen, weil sich inzwischen ein Umbruch in der Weltidee selbst vollzog, der sie definitiv auf ihre soziomorphe Voraussetzung zurückwarf[10]. Urheber dieses Umbruchs war, wie Karl Löwith zeigte, Giambattista Vico, der die »ganz gewiß vom Menschen gemachte« Menschenwelt, den »mondo civile«, zu dem den »ungeheuren Ozean des Zweifels« inselgleich überragenden »einzigen Stück Erde« erklärte und damit, im Blick auf die marxistische Radikalisierung seines Ansatzes gesprochen, den Kosmos durch die Gesellschaft verdrängte[11]. Niemand zog daraus radikalere Konsequenzen als Nietzsche; denn für ihn gilt:

Seit Kopernikus scheint der Mensch auf eine schiefe Ebene geraten – er rollt immer schneller nunmehr aus dem Mittelpunkte weg – wohin? ins Nichts? Ins durchbohrende Gefühl seines Nichts?[12]

Deshalb ist der Mensch für ihn ein über den Abgrund gespanntes »Seil«, ein »Übergang« und ein »Untergang«, allenfalls eine Ankündigung und ein Versprechen, sicher aber etwas, »das überwunden werden soll«: »eine Brücke und ein Zweck«. Als Max Scheler dann den nahezu anachronistischen Versuch unternahm, die »Stellung des Menschen im Kosmos« zu bestimmen, blieb ihm nur die Feststellung seiner Exzentrizität; denn:

In genau demselben Augenblicke, da sich der »Mensch« aus der »Natur« herausstellte und sie zum Gegenstand seiner Wissenschaft ... machte – in eben demselben Augenblicke mußte der Mensch auch sein Zentrum irgendwie außerhalb und jenseits der Welt verankern.[13]

So wurde er zum »weltexzentrischen« Wesen, das sich zwar, wie Scheler in seiner ›Philosophischen Weltanschauung‹ sagt, als der zu Selbstbewußtsein und personalem Selbstbesitz gelangte Mikrokosmos die ganze Welt zum Gegenstand machen kann, selbst aber »nicht gegenstandsfähig ist«[14]. Auf einen geradezu elegischen Ton hatte zuvor schon Hermann Lotze seine unter dem Titel ›Mikrokosmos‹ veröffentlichten »Ideen zur Naturgeschichte und Geschichte der Menschheit« abgestimmt, als er erklärte:

In der stillen Zurückgezogenheit spekulativer Betrachtung tritt meist das Gute, Edle und Bedeutungsvolle des menschlichen Wesens wie allein vorhanden hervor, und indem alle Schlacken fallen, verklärt sich unvermerkt das Bild des Menschen zu einer idealen Gestalt, die in dem vernünftigen Ganzen der Weltordnung nicht nur harmonisch ihre Stelle füllt, sondern eine so hervorragende Stelle verdient, daß die Bedeutsamkeit ihrer Bestimmung und der Tiefsinn ihrer Weltstellung kaum würdig genug zu bezeichnen ist[15].

Für derart geschönte Umschreibungen der Mikrokosmosidee hatte schon Goethe nur Spott, den er durch Mephisto bei dessen erstem Auftritt über den »kleinen Gott der Welt« ergoß. Ironische Untertöne sind auch in Franz Werfels Reiseroman ›Stern der Ungeborenen‹, dieser fulminanten Parodie auf Dantes Göttliche Komödie, hörbar, wenn der in eine utopisch-dekadente Zukunftswelt »zitierte« Autor auf die Frage nach der Gestalt des Universums die Antwort erhält: »Das Ganze hat die Gestalt des Menschen«[16]. Unangefochten von Wissenschaft und Ironie hatte das Motiv jedoch bei Dostojewskij eine Darstellung erfahren, die seinen Untergang wie ein leuchtendes Abendrot verklärt. Überwältigt vom Schmerz über den Tod seines Starzen flüchtet Aljoscha, der »engelgleiche«, unter den ungleichen Brüdern Karamasow aus der Sterbezelle in den Klostergarten, wo ihn beim Anblick des Sternenhimmels das Gefühl überwältigt, in den Kosmos einbezogen, von ihm durchdrungen und in ihm befestigt zu sein. Wie ein letztes Nachleuchten dessen wirkt die Feststellung des Kernphysikers Herwig Schoppers, daß die Faszination des Menschen durch die »Wunder der Sternenwelt« heute in der Form auf die Wissenschaft durchschlage, daß »ein immer stärkerer Zusammenhang zwischen den Vorgängen im unendlichen Großen und dem unbegreiflich Kleinen« entdeckt und von der Forschung bestätigt werde. Anders als im Sinn des klassischen Mikrokosmoskonzepts geht es dabei freilich mehr um das Verhältnis der Welt zu sich selbst als um ihr Verhältnis zu dem sich in ihr spiegelnden Menschen[17].

An dieser weitgespannten Begriffsgeschichte gemessen war den neueren Bildbestimmungen nur eine flüchtige Lebensdauer zugestanden. Für das Begriffsbild des »homo faber« gilt das schon deswegen, weil es gelegentlich zur Präzisierung der Rede vom homo sapiens verwendet wurde (Matine), vor allem aber deshalb, weil er durch den gleichnamigen Roman von Max Frisch (von 1957) als Inbegriff einer vergeblichen Identitätssuche in die Literatur einging[18]. Stärkere Ausformung fand das Bild des homo ludens, am eindrucksvollsten durch Johan Huizinga, der im Spiel sogar den Ursprung der Kultur vermutet und diese These durch sein weltbekanntes Werk ›Der Herbst des Mittelalters‹ (von 1919) unterbaute[19]. Spiel ist für ihn geregelter Wettstreit und Kampf. Zwar gibt es in den Sprachen keinen einheitlichen und verbindlichen Begriff für Spiel (34); doch hat die Sprache, wie aus Wittgensteins Begriff der »Sprachspiele« zu erschließen ist, ihrerseits Spielcharakter. Agonale Spielformen liegen aber auch einer Reihe weiterer Interaktionen wie dem Wettkampf, dem Rechtsstreit und nicht zuletzt dem Kult zugrunde. Bei Festfeiern wie den Olympischen Spielen wetteiferte man aber nicht nur in sportiven Aktionen, sondern auch in Wissenschaftsleistungen. Aus der Tradition des Rätselkampfes entwickelte sich die philosophische Disputation bis hin zu den berühmten Religionsgesprächen zwischen Luther und Zwingli in Marburg (von 1529). Doch ist auch die »Dichtung im Spiel geboren« (120), ebenso wie der »philosophische Dialog«, besonders in der von Platon geschaffenen Form (145). Gleiches gilt von der Musik, die in zahlreichen Formen ihren tänzerischen Ursprung erkennen läßt (153).

Arnold Gehlen, der diesen Aspekt des Menschseins in sein Werk ›Der Mensch‹ (von 1914) einbezogen hat, widerspricht der Meinung, daß sich das menschliche Spiel, ähnlich dem tierischen, aus einem instinktgetriebenen Spieltrieb herleite, da es im Dienst der Selbst- und Weltentdeckung stehe und insofern mit einem »Phantasieinteresse« zu tun habe (222). Zu dessen Entwicklung – und der Ausbildung von Spielregeln – aber gehört es, daß sich der Spieler, wie er im Anschluß an George H. Mead sagt, in den anderen hineinversetzen und dessen vermutliche Reaktion in sein eigenes Verhalten »hineinnehmen« lernt (224). Doch damit hat er im Spiel eine hermeneutische Struktur aufgedeckt, sofern alles Sprechen davon lebt, daß sich der Sprecher das Gesagte selbst »gesagt sein läßt«, so wie alles Verstehen davon lebt, daß sich der Verstehende das Vernommene selbst zuspricht.

Mit der Betonung der Sprache verschiebt sich der Gesichtspunkt auf die Vorleistung, die nach Gehlen der Sprache vorangeht und die er in der symbolschaffenden Tätigkeit des Menschengeistes erblickt (49 ff). Dadurch zieht er mit Heidegger gleich, für den die menschliche Daseinsorientierung mit dem Vermögen beginnt, sich von der Welt und ihren Gegebenheiten »ein Bild zu machen«, dies freilich, wie er in seinem Vortrag über die ›Zeit des Weltbilds‹ (von 1950) kritisch anmerkt, um den Preis, daß der Mensch sich nicht mehr bemüht, über etwas auch wirklich »im Bild zu sein«[20].

Gestützt auf diese Gedanken seines Lehrers plädierte Hans Jonas dafür, daß die Frage nach der »Differenz« des Menschen, die nach Welte, wie erinnerlich, die Kopflastigkeit der Wesensbestimmung »animal rationale« ausmacht, mit dem Hinweis auf sein »Bildvermögen« beantwortet werden müsse. Und er folgerte daraus, daß als die elementarste Bestimmung des Menschen der Begriff des homo pictor zu gelten habe[21].

Diese Entwürfe, die durchweg vor der Jahrhundertmitte entwickelt worden waren, verloren nach ihr rapide an Plausibilität und Geltung. Zu groß war der Schock, den der Zweite Weltkrieg und die Vernichtungsgewalt der Diktaturen hinterließen, als daß sich der Mensch vollauf noch im Spiegel seiner Schaffenskraft (als faber), seines Spielverhaltens (als ludens) oder seines Bildvermögens (als pictor) hätte wiedererkennen können. Dafür gewannen Perspektiven Zustimmung, die vorher eher beiläufig diskutiert worden waren. Denn jetzt fühlte sich der Mensch noch in einem weit radikaleren Sinn als »Mängelwesen«, als es Gehlen bei der Bestimmung »seiner Natur und Stellung in der Welt«, wie der Untertitel seines Werkes lautete, vorschwebte. Da der Massenmord in den nationalsozialistischen und stalinistischen Todeslagern mit dem Glauben des Menschen an sich selbst auch den Gottesglauben erschütterte, gewann nun der Versuch Heideggers zunehmend an Boden, die vertikale Transzendentalität des Menschen in eine horizontale umzubiegen. Jetzt war der Mensch nicht mehr wie für Pascal derjenige, der sich »unendlich«, also ins Unendliche überstieg und der, ungeachtet seiner vielfältigen Bedingtheit, nur im Unbedingten Genüge fand; vielmehr war er in einem zuständlichen »Sich-vorwegsein« begriffen, durch das er sich gleicherweise an die Welt wie an seine Todverfallenheit verwiesen sah. Nicht zuletzt dürfte die Faszination, die von dem politisch desavouierten Heidegger in den ersten Nachkriegsjahren ausging, darin begründet gewesen sein, daß bei ihm nun, wie ihm Adorno vorwarf, der Tod zum »Kern des Selbst« und, radikaler noch, »zum Stellvertreter Gottes« wurde[22]. Begreiflich, daß sich neuerdings Walter

Burkert mit der Festlegung des Menschen auf die Position des Menschen als »homo necans« hervortun und sich damit sogar theologische Zustimmung einhandeln konnte[23].

Der von der unbewältigten Geschichte ausgehende Randdruck war allerdings so groß, daß auch diese Bestimmungen aus dem anthropologischen Blickfeld gerieten, so daß zuletzt nur jene »Landschaft aus Schreien« zurückblieb, die Nelly Sachs in ihrem gleichnamigen Gedicht beschworen hatte. Wahrhaft zeitgerechte Bestimmungen des Menschseins – so die Konsequenz dieses Befundes – waren dann aber nicht mehr von der Philosophie, sondern allenfalls von der Literatur, der Kunst und der Musik zu erwarten.

Daß diese Erwartung nicht ins Leere stieß, dokumentiert die Tatsache, daß die Künste in seltener Einmütigkeit in die von der Philosophie offengelassene Bresche traten, um in ihren Spitzenvertretern, von denen für die Dichtung nur Faulkner, Sartre, Camus, Benn, Graß, le Fort und Schneider, für die Kunst nur Munch, Picasso, Chagall, Bacon, Beckmann und Dix und für die Musik nur Berg (Wozzek), Hindemith (Cardillac) und Zimmermann (Die Soldaten) genannt seien, dokumentierten, daß die Sache des Menschen nur noch exklamatorisch zur Sprache zu bringen war.

Indessen war der Frage nach dem Menschen dadurch noch keineswegs Genüge geschehen, daß sie angesichts des Verstummens der Philosophie an andere Instanzen weitergegeben und ihnen zur Beantwortung überlassen wurde. Als Frage des denkenden und mit seinem Denken zum Selbstbewußtsein erwachenden Menschen will sie vielmehr denkerisch beantwortet werden. Dabei ist zweierlei zu berücksichtigen: Einmal, daß sich die Größe eines Denkers – und Denkens – nicht nur durch die gefundenen Lösungen bestimmt, sondern nicht weniger durch das Vordringen zu neuen Fragestellungen. Sodann, daß es bei der Bearbeitung großer Problemfelder wie insbesondere des anthropologischen darauf ankommt, die zugrunde liegende Frageweise zu überprüfen und gegebenenfalls zu neuen Fragestellungen vorzustoßen.

2. Der Aufschrei

Da die Philosophie, wie ihr Hegel ins Stammbuch schrieb, die von ihr gesichteten Gestalten und Zusammenhänge nur in der abendlichen Rückschau der cognitio vespertina wahrnimmt und deshalb auch nur im »Grau in Grau« des vergehenden Dämmerscheines darzustellen vermag, ist es ihr nicht gegeben, auf Ereignisse des Grauens oder des Entzückens angemessen zu reagieren[23]. Deshalb hat sie weder gelernt, die erstickten Schreie der von den terroristischen Diktaturen Hingemordeten, wie es Horkheimer gefordert hatte, »in eine Sprache zu übersetzen, die gehört wird«, noch die befreiende Wende, die dem Schrecken des Ost-West-Konflikts ein Ende setzte und die Einigung Europas ermöglichte, auf angemessene Weise zu deuten[24]. Derselben Blickverengung – und Blickwendung – ist es zuzuschreiben, daß sie dem »mehr oder weniger jähen Abbruch der Seinsform«, die der homo sapiens nach einem denkwürdigen Wort Joseph Bernharts in diesem Jahrhundert erlitt, noch immer nicht Rechnung trug[25].

Das scheint mit einer seltsamen Taubheit des philosophischen Ohrs zusammenzuhängen. Denn es scheint nicht nur die erstickten Todesschreie der Opfer der brutalen Gewalt überhört zu haben. Vielmehr stellte Heidegger im Blick auf den Notschrei von Nietzsches »tollem Menschen« die – gleichfalls pessimistische – Frage:

Vielleicht hat da ein Denkender wirklich de profundis geschrien? Und das Ohr unseres Denkens? Hört es den Schrei immer noch nicht?[26]

Doch Nietzsche weiß nicht nur um den Schrei nach Gott, sondern ebenso um den nach dem Menschen. Im Schlußteil seines ›Zarathustra‹ ertönt ein langanhaltender Schrei, den sich die Abgründe zurufen – abyssus abyssum invocat –, weil er so böse klingt, daß ihn keiner behalten will. Es ist, wie sich im weiteren Verlauf herausstellt, der große, vielstimmige Notschrei nach dem kommenden Menschen, der zuletzt aber doch unbeantwortet bleibt.

Während keiner der philosophischen Abgründe, wie Nietzsche voraussah, den Schrei behalten wollte, nahm ihn die Dichtung der Gegenwart um so bereitwilliger auf. Günter Eich erblickt ihn im Auge des Märtyrers Festianus, der freiwillig in die Hölle geht, weil er eine Seligkeit nicht erträgt, aus der die Verdammten ausgeschlossen sind.[27] Nelly Sachs vernimmt ihn, wie bereits erwähnt, wie er in schauerlicher Vielstimmigkeit zur Nachtzeit, wenn der »schwarze Verband« des Vergessens und der Verdrängung von den Dingen abfällt, aus der »Landschaft aus Schreien« aufsteigt, um sich zunehmend in einem einzigen zu sammeln: in »Hiobs Vier-Winde-Schrei«, in den Schrei »verborgen im Ölberg«, in den »Ascheschrei aus blindgequältem Seherauge« – vermutlich eine Anspielung auf Paul Celans »Todesfuge« –, und wie er schließlich das Gedicht selbst exklamatorisch beschließt:

O du blutendes Auge
in der zerfetzten Sonnenfinsternis
zum Gott-Trocknen aufgehängt
im Weltall[28].

Wird hier schon der vielstimmige Notschrei aus den Folter-kammern und Todeslagern auf den Todesschrei des Gekreuzigten zurückgenommen, so wendet sich ihm die Dichterin vollends in der Schlußstrophe ihres ›David‹ zu, wobei sich das Hören wiederum in ein Gesehensein verwandelt:

Christus nahm ab
an Feuer
Erde
Wasser
baute aus Luft
noch einen Schrei
und das Licht
im schwarz umrätselten Laub
der einsamsten Stunde
wurde ein Auge
und sah.[29]

Daran knüpft Eva Zeller in ihrem Gedicht ›Golgatha‹ – nahezu spiegelbildlich – an:

Wann
wenn nicht
um die neunte Stunde
als er schrie
sind wir ihm
wie aus dem Gesicht geschnitten.

Nur seinen Schrei
nehmen wir ihm noch ab
und verstärken ihn
in aller Munde.[30]

Aber hatte das nicht lange zuvor schon Nietzsche vorweggenommen, als er seine Autobiographie, mit der er dem Untertitel
zufolge zeigen wollte, »wie man wird, was man ist«, mit dem
Passionswort »Ecce homo« (Joh 19,5) überschrieb? Wenn man im
Sinn von Nietzsches eigener Direktive beim Ausklang dieser Schrift
nicht so sehr auf den Wortlaut als vielmehr auf die »Musik hinter
den Worten und die Leidenschaft hinter dieser Musik« achtet, wird
man den Eindruck eines sich immer heftiger Überschreitenden gewinnen. Hier wohnt man bei der Lektüre, um einen Eindruck des
Nietzsche-Freundes Franz Overbeck aufzugreifen, tatsächlich
einem »Akt der Selbstverbrennung« bei[31]. Der Angreifer stürzt
sich buchstäblich in die Flammen seiner Kritik. Um so vernehmlicher wirkt der Aufschrei in diesen letzten von Nietzsche veröffentlichten Seiten, der, auf den Zweck der Schrift zurückbezogen, in der Überzeugung ausgestoßen wird, daß die Sache des
Menschen, wie sie sich im Vorgefühl des blutigsten Jahrhunderts
der Menschheitsgeschichte darstellte, nur noch exklamatorisch zur
Sprache gebracht werden konnte.

Doch Nietzsche steht hier, so wenig er sich dessen angesichts
seiner Ausfälle gegen den angeblichen Verfälscher der Jesusbot-
schaft bewußt sein konnte, auf den Schultern des Apostels Paulus,
der sich auf einem Höhepunkt seines Römerbriefs zu dem sinn-
gleichen Ausruf steigert:

*Ich unglücklicher Mensch; wer wird mich von diesem tod-
verfallenen Leib befreien? (7,24)*[32]

Wenn darin auch nicht, wie die Forschung zeigte, das vielfach angefochtene und gequälte Ich des Apostels, sondern die stellvertretend für alle geäußerte Not des sündigen und todverfallenen
Menschen zu Wort kommt, hat die Stelle doch als das »Urzeugnis«
der exklamatorischen »Beklagung« des Menschseins zu gelten.
Gleichzeitig verdeutlicht sie, welcher Motivation sich dieser Aufschrei letztlich entringt. Es ist, jenseits aller anderen Beeinträchtigungen, die Todverfallenheit des Menschen, die auch im Hebräerbrief als das ihn am schwersten belastende »Sklavenjoch« bezeichnet wird (2,15). Es ist, radikaler noch gesprochen, die Einsicht, daß
es letztlich nur einen ernst zu nehmenden Einwand gegen Gott gibt:
das über seine Schöpfung verhängte Gesetz des Sterbenmüssens,
von dem der ohnehin unter seiner vielfältigen Bedingtheit leidende
Mensch besonders schmerzlich betroffen ist[33].

Wenn in der Todverfallenheit und damit in der zeitlichen Befristung des Lebens die eigentliche Tragik des Menschen besteht, und wenn diese Tragik, wie Joseph Bernhart meint, »das De profundis der Jahrtausende« ist, ertönt der Urschrei, mit dem der Mensch immer schon bekundet, daß er letztlich nur exklamatorisch ausgesagt werden kann, nirgendwo elementarer als in dem aus dem Abgrund seiner selbst ausgestoßenen Ruf »De profundis«[34].

Der damit einsetzende Psalm (130,2), nach Alfons Deißler »eine Perle in der Reihe der individuellen Klagelieder des Psalters«, verdankt seine überragende Bedeutung nicht zuletzt der Tatsache, daß er den Elementarakt menschlicher Notbewältigung artikuliert[35]. Nach Helmer Ringgren beginnt sich das Unglück, in das sich der Mensch verloren fühlt, nämlich in dem Augenblick zu lichten, wo es ihm gelingt, es als eine »Heimsuchung« zu begreifen, und wo er seine Not Gott klagt[36]. Dabei erscheint ihm die Welt, der Ort seines Elends, in mythischer Erinnerung als »Tiefe« (tehom), wenn nicht gar, wie dann wieder bei Sartre, als »Hölle« im Sinn der als Totenreich empfundenen Scheol. So erklärt sich der Notschrei:

Aus der Tiefe rufe ich, Herr, zu dir;
Herr, höre meine Stimme!

Von der Aktualität dieses Wortes vermittelt aber nicht nur Sartre einen Eindruck, wenn er die Mitwelt des heutigen Menschen zur »Hölle« erklärt, sondern weit eindrucksvoller Hans Pfitzner auf dem Höhepunkt seines Jahrhundertwerkes ›Palestrina‹ (1916), wenn der vom Entschwinden der alten Meister bestürzte und doch schon vom Vorgefühl der Inspiration ergriffene Titelheld in die Klage ausbricht:

Allein in dunkler Tiefe
Voll Angst ich armer Mensch
Rufe laut nach oben[37].

Freilich: Pfitzners »Messe« ist, anders als Palestrinas »Missa Papae Marcelli«, deren Entstehung er legendär beschreibt, die Oper, so daß die Anrufung nur in der Dimension des Ästhetischen erfolgt. Insofern fühlt man sich an die Begegnung Zarathustras mit dem »Zauberer«, einer Hauptfigur aus dem Maskenzug des vierten Teils der Nietzsche-Dichtung, erinnert, dem die Anrufung des unbekannten Gottes aus den Dionysos-Dithyramben in den Mund gelegt ist, und der, so emphatisch er deklamiert, zuletzt doch gesteh muß, daß er alles nur »zum Spiele« getrieben habe; doch dann die Einschränkung:

> *Einen großen Menschen wollte ich vorstellen und*
> *überredete viele; aber diese Lüge ging über meine Kraft.*
> *An ihr zerbrach ich.*
> *O Zarathustra, alles ist Lüge an mir; aber daß ich*
> *zerbreche – dies mein Zerbrechen ist echt![38]*

Deshalb reduziert sich das, was die De profundis-Artikulation der Gegenwart zu sagen hat, auf das ihr zugrunde liegende Gefühl des Zerbrechens, also auf die von dem postmodernen Zynismus überspielte Tragik des Menschseins. Darin ist es begründet, daß der Mensch, der im Grunde nur aus Neugierde die philosophische Frage nach sich selbst gestellt hatte, neuerdings eine ganz andere, mit seiner Existenz gegebene Fragwürdigkeit in sich entdeckt, der nunmehr nachgegangen werden muß[39].

3. Die Fragwürdigkeit

Die Fragwürdigkeit des Menschseins in ihrer vollen Radikalität und Innerlichkeit erschlossen zu haben, ist die spezifische Leistung Augustins, der im vierten Buch seines Bekenntniswerks versichert:

> *Ich selbst wurde mir zu einer großen Frage (factus sum mihi*
> *quaestio magna), und ich fragte meine Seele, was sie so be-*
> *trübt und in so maßlose Verwirrung gestürzt habe; doch sie*
> *wußte mir darauf keine Antwort zu geben (IV, c.4,9).*

Anlaß dieser »Fragenot« ist für Augustin die Erfahrung fremden Sterbens, in seinem Fall der völlig unerwartete Tod eines Jugendfreundes, der ihn in diese quälende Ratlosigkeit stürzt und den Abgrund der eigenen Fragwürdigkeit in ihm aufreißt. In der Diskussion der Stelle wurde sie durchweg als Kronzeugnis für die Entstehung des Wissens um die menschliche Todesbestimmung in Anspruch genommen. Am Erlebnis fremden Sterbens, so argumentierten übereinstimmend Gabriel Marcel, Paul Landsberg und Fridolin Wiplinger, geht dem Betroffenen die Unausweichlichkeit des eigenen Todes auf[40]. Daran ist soviel richtig, daß für Augustin durch den Tod des Freundes, den er als sein »zweites Ich« empfunden hatte, alles, was ihn umgab, in den Aspekt der Entfremdung und der Todverfallenheit trat. Und richtig ist daran ebenfalls, daß ihm dadurch der Gedanke an den eigenen Tod vor Augen trat, dies jedoch nur in dem Sinn, daß dadurch der Entbehrte, der immerhin noch in ihm und seinem Schmerz weiterlebte, dann »völlig sterben würde« (IV, c.6,11).

Damit ist nun aber auch deutlich gesagt, daß der Tod hier nur in zweiter Hinsicht, fast nach Art einer Schlußfolgerung ins Spiel kommt, während der Primärakzent auf einer neuartigen Selbst- und Welterfahrung ruht. Der entfremdeten Welt, die den Verlorenen nicht mehr zurückgeben konnte und darum in den Anschein eines unermeßlichen Elends tritt, entspricht ein Einbruch im Selbstbewußtsein, ausgelöst durch das plötzliche Fehlen dessen, mit dem der Berichterstatter vorher, wie er meint, nur »ein Leben in zwei Leibern« geführt hatte. Das sammelt sich in den Satz, daß er sich selbst »zu einer großen Frage« geworden sei. Es liegt auf der Hand, daß diese Fragwürdigkeit von ganz anderer Qualität als die von der theoretischen Neugierde entdeckte ist, auf die Blumenberg aufmerksam machte.

Sie entstammt, wie Augustin urteilt, der Fehlhaltung des Menschen, der sich aufmacht, um die »Bergeshöhen, das mächtige Wogen des Meeres, die breiten Gefälle der Ströme, die Weiten des Ozeans und die Kreise der Gestirne« zu bewundern, und dabei sich selbst vergißt[41]. Es ist dies die Stelle aus dem augustinischen Bekenntniswerk, die sich – wie zum Beweis ihrer langen Nachwirkung – Petrarca zu Herzen nahm, als er (am 26. April 1336) den Mont Ventoux bestieg und dabei, stellvertretend für die anbrechende Epoche, die Schönheit der Gebirgslandschaft entdeckte[42].

Daß sich die wissenschaftliche Neugierde trotz dieser moralischen Aburteilung durchsetzte und zur zentralen Triebkraft des neuzeitlichen Forschergeistes wurde, dürfte sich nicht zuletzt aus dem unterschwelligen Nachwirken des Theophrast zugeschriebenen Gedankens erklären, daß sich nicht etwa die Philosophie die Betrachtung des Kosmos als Vorzugsgegenstand ausgesucht, sondern umgekehrt die Schönheit dieses Gegenstands die philosophische Erkenntnisbegierde geweckt und herausgefordert habe[43]. Mit dem Bewußtwerden der menschlichen Fragwürdigkeit verhält es sich nach Augustin dann aber gerade umgekehrt. Danach ist es die

die Auskunft über den Verbleib des Freundes verweigernde und dadurch in den Aspekt extremer Fremdheit getriebene Welt, die den Suchenden derart auf sich selbst zurückwirft, daß er sich, seines »zweiten Ichs« beraubt, zur »großen Frage« wird.

Was die Qualität dieser Frage anlangt, entstammt sie sicher nicht der von Heidegger angenommenen »Frömmigkeit des Denkens«[44]. Weit eher ist sie von einem vor dem Faktum des Daseins erschreckenden und zurückbebenden Denken eingegeben. Im Reflexionsakt des »Ich denke« wird sich der Denkende, wie schon Augustin entdeckte und wie es Descartes zum Prinzip seines Philosophierens erhoben hatte, der Tatsache seiner Existenz bewußt: »Ich denke, also bin ich«. Unter dem Druck der Todeserfahrung zerbricht jedoch dieses »Ich bin«, so daß der Denkende dort, wo er sich seines Daseins vergewissert fühlte, das Dunkel tieferer Ungewißheit vor sich sieht. Das Gewißheitserlebnis, das er denkend aufbaute, wird ihm, bildlich gesprochen, von der kalten Hand des Todes entrissen. In seiner Studie »Ungewißheit und Wagnis« (von 1937) sprach Peter Wust im Hinblick darauf von der »Lebensunstimmigkeit« des Menschen[45]. Und er sah den Menschen in Erinnerung an seine Ortung »in horizonte duorum mundorum« als ein »Grenzwesen«, ausgesetzt, wie es Novalis formuliert hatte, auf dem »Grenzgebürge der Welt«[46]. Demgemäß entdeckt er unter jeder rationalen Gewißheit den »Insecuritas-Abgrund« einer je größeren Ungewißheit aufklaffen, symbolisiert in jenem »genius malignus«, von dem ausgerechnet der Begründer der Reflexionsphilosophie – wenngleich nur im Sinn einer methodologischen Gegenfiktion – argwöhnte, daß er die menschliche Vernunft womöglich auf den Weg des Irrtums und der Selbsttäuschung gelockt hatte[47].

Für Wust kann diese unabweisliche Anfechtung nur im Wagnis der Hingabe an den göttlichen Seins- und Sinngrund, also im Wagnis der Weisheit, bestanden werden. Demgegenüber erblickt Martin Buber auch einen von der Mitmenschlichkeit gebotenen Lösungsweg, den er im Schlußwort seines Essays ›Urdistanz und Beziehung‹ (von 1951) mit dem für die Beantwortung der Sinnfrage wichtigen Gedanken, in dem augustinische Reminiszenzen anklingen, aufzeigt:

In seinem Sein bestätigt sein will der Mensch durch Menschen werden und will im Sein des andern eine Gegenwart

haben. Die menschliche Person bedarf der Bestätigung, weil
der Mensch als Mensch ihrer bedarf. Das Tier braucht nicht
bestätigt zu werden, denn es ist, was es ist, unfraglich.
Anders der Mensch: aus dem Gattungsreich der Natur ins
Wagnis der einsamen Kategorie geschickt, von einem mit-
geborenen Chaos umwittert, schaut er heimlich und scheu
nach einem Ja des Seindürfens aus, das ihm nur von mensch-
licher Person zu menschlicher Person werden kann; ein-
ander reichen die Menschen das Himmelsbrot des Selbst-
seins[48].

Bevor diese Antworten in ihrem vollen Kontext hörbar gemacht werden können, muß jedoch zunächst den unterschiedlichen
Frageweisen und ihren Implikationen nachgegangen werden. Nach
Hans-Dieter Bastian stehen die Tore zur Welt nur zeitweise offen,
und dies immer dann, »wenn Fragen sie aufstoßen«[49]. Erst recht
gilt dies von den Toren zum Menschen. Es kommt darauf an, die
seiner aktuellen Situation entsprechende Frage zu stellen, wenn sie
aufspringen sollen.

4. Die klassische Fragestellung

Die Fragestellung, der die philosophische und theologische
Anthropologie bis heute folgt, scheint einem ähnlichen Mißverhältnis zu unterliegen, wie es Welte an ihrem Ergebnis bemängelte.
Wie dieses durch das Übergewicht der spezifischen Differenz
gegenüber dem Gattungsbegriff eine auffällige Kopflastigkeit
aufweist, so ist durch sie, wie schon ihre Vorwegnahme in der
Frage des achten Psalms – »was ist der Mensch, daß du seiner gedenkst?« – vermuten läßt, mehr erfragt, als was durch sie erschlossen und ans Licht gehoben werden kann. Mit sarkastischer
Schärfe machte das Heidegger dem mit der Titelfrage »Was ist der
Mensch?« überschriebenen Essay Theodor Haeckers zum Vorwurf, wobei er freilich, höchst unphilosophisch, seinem antikirch-
lichen Ressentiment die Zügel schießen ließ. Gefragt werde nämlich, so Heidegger, entgegen dem, was der Titel verspricht, keineswegs, weil unter dem Denkzwang des »Dogmas der katholischen
Kirche«, dem sich der Verfasser unterworfen habe, gar nicht

gefragt werden könne[50]. Tatsächlich traf Heidegger mit seiner Polemik weniger den Angegriffenen, der mit seinem Buch im Erscheinungsjahr (1933), als sein Kritiker dem Zeitgeist huldigte, Mut und Widerstandsgeist bewiesen hatte, als vielmehr sich selbst. Denn er verbaute sich der Einsicht, daß die Frage nicht etwa im Gefolge dogmatischer Voreingenommenheit, sondern von ihrem Ansatz her, dem philosophischen Staunen, nicht wirklich ans Ziel führen konnte. Staunend entdeckt das Denken, wie er selbst in seiner Antrittsvorlesung »Was ist Metaphysik?« (von 1929) eindrucksvoll gezeigt hatte, »daß überhaupt Seiendes ist und nicht Nichts«[51]. Vom Initiationsakt des Staunens her ist sein Blick somit auf das Allgemeinste, die Totalität des Seienden gerichtet, so daß ihm das konkret Gegebene immer nur im Hinblick auf jene Totalität zu Gesicht kommt. Was es an ihm begreift, ist somit das Eidos, also sein Wesen, nicht aber seine individuelle Kontur. Das ist im Regelfall der leicht zu verschmerzende Preis, den es für die Möglichkeit entrichten muß, das Erkannte mit anderem in Beziehung zu setzen und es schließlich mit allem anderen in ein Weltbild einzuordnen.

In der Frage nach dem Menschen müßte dieser Ansatz jedoch unvermeidlich, wie Pannenberg zeigte, zu »Abstraktionen« führen und damit zu Entwürfen und Bildern, die ihn nie in seiner Konkretheit erreichen[52]. In letzter Konsequenz sieht er sich durch diese Einsicht dazu genötigt, aus der mit der Was-Frage eingenommenen Perspektive herauszutreten, um das Sein des Menschen angemessener, also konkret, zu bedenken. Im Resultat kommt er dabei mit Guardini überein, der die Notwendigkeit dieser Revision allerdings bis auf ihre Voraussetzung, den denkerischen Initiationsakt, zurückverfolgte. Im Disput mit Gerhard Krüger betonte er, daß nicht das philosophische Staunen, sondern die Sorge um den Menschen den Blick für seine spezifische Verfassung öffne; denn diese bestehe in seiner Geschichtlichkeit. Freilich wird diese bei Guardini wie bei Pannenberg nur additiv zu seinem »Wesen« hinzugedacht, ohne daß das »Bindeglied«, also die Verankerung der Geschichtlichkeit im Wesen, ersichtlich wird. Dafür genügen offensichtlich weder der bloße Ausstieg aus der klassischen Fragestellung noch der Rückgang auf einen von dem ihren verschiedenen Initiationsakt, sondern erst der Durchbruch in eine von dem philosophischen Wesens- und Herrschaftsdenken unterschiedene Fragestellung.

Bevor diese Aufgabe in Angriff genommen werden kann, muß jedoch zugesehen werden, ob damit die Leistungskraft der klassischen Frage bereits ausgeschöpft ist, oder ob sich diese nicht auf ganz andere Dimensionen erstreckt. Daß in diesem Sinn zugesehen werden kann, ist entscheidend durch Kant veranlaßt, der in seinen Vorlesungen über Logik erklärt, daß sich das »Feld der Philosophie« in ihrer »weltbürgerlichen Bedeutung« auf folgende Fragen bringen lasse:

Was kann ich wissen?
Was soll ich tun?
Was darf ich hoffen?
Was ist der Mensch?

Die erste dieser Fragen beantwortet die Metaphysik, die zweite die Moral, die dritte die Religion und die vierte die Anthropologie. »Im Grunde könnte man aber alles dieses zur Anthropologie rechnen, weil sich die drei ersten Fragen auf die letzte beziehen.«[53]

Die neue von Kant eröffnete Perspektive besteht nun darin, daß die klassische Was-Frage zum Inbegriff und damit mittelbar auch zum Motivationsgrund der geisteswissenschaftlichen Hauptfragen und der durch sie konstituierten Kulturleistungen, der Metaphysik, der Moral und der Religion erklärt wird. Damit ist zunächst gesagt, daß alle Bemühungen um Erweiterung des Wissens, um Optimierung der Sittlichkeit und um religiöse Erhebung letztlich den Zweck verfolgen, in ihrer Vielstimmigkeit die Grundfrage »Was ist der Mensch?« zu beantworten. So gesehen können die Hervorbringungen der Philosophie und Wissenschaft, aber auch der Ethik und Religion, bis hinein in ihre literarische und künstlerische Selbstdarstellung als Spiegel betrachtet werden, der ihren Schöpfer, den Menschen, seiner selbst ansichtig werden läßt. Indessen gilt auch der Umkehrschluß, wonach alle großen Kulturleistungen auf das Verlangen des Menschen nach Auskunft über sich selbst und das Rätsel seines Daseins zurückgehen.

Daß die Kulturleistungen nicht etwa, wie ein modischer Kulturpessimismus der Öffentlichkeit einzureden sucht, einem entbehrlichen Überschwang, sondern der Naturanlage des Menschen entstammen, erklärt sich nach Philipp Kaiser aus seinem konstitutiven Frei-Gegebensein, aufgrund dessen er seiner Welt in jener Distanz gegenübertritt, die ihm ihre begriffliche Erfassung, technische Nutzung und künstlerische Darstellung ermöglicht. Doch gewinnt er dadurch, so Kaiser, Distanz zu sich, so daß er als Subjekt sich selbst zum Objekt wird und sich in seiner spezifischen »Selbstgegebenheit« erfährt. Dadurch begreift er sich erst wirklich als das Wesen der Freiheit, ja sein Wesen »als Freiheit« im Sinn eines ursprünglichen Freigegebenseins, aber auch der gleich-ursprünglichen Selbstverantwortung, die ihn dazu verpflichtet, die ihm daraus zukommende Würde in sich wie in Seinesgleichen zu achten[54].

Daran gemessen wirken die theoretischen Auskünfte ausge-sprochen kärglich. Das hängt nicht nur mit der von Welte beobach-teten Kopflastigkeit der klassischen Definition, sondern mit einem verdeckten Moment im Frageansatz zusammen. Denn der Blick-punkt der Frage »Was ist der Mensch?« liegt im Widerspruch zu ihrem kategorialen Hinblick gerade nicht auf dem, was ihn von anderen Lebewesen unterscheidet, sondern auf dem, was ihn in seinem konkreten Einzelsein auszeichnet. Das aber ist noch nicht einmal das abstrakt gedachte »Ich« der Transzendentalphiloso-phie, sondern die von Kierkegaard in Auflehnung gegen diese zur Geltung gebrachte und als die »seine« gekennzeichnete Kategorie: Jener Einzelne[55].

Als eine der wichtigsten Stationen auf dem Weg der philoso-phischen Anthropologie hat im Hinblick darauf die Schaffung des Personbegriffs zu gelten. Er verdankt seine Entstehung aber nicht etwa der Besinnung des Menschen auf sich selbst, sondern der vor allem von den Kappadokiern vorangetriebenen Trinitätsspekula-tion, die dazu nötigte, dem von der aristotelischen Kategorienlehre eher beiläufig behandelten Relationsbegriff einen zentralen Stel-lenwert zuzumessen[56]. Denn die Gotteswirklichkeit war nicht so sehr durch ihr Bei-sich-sein als vielmehr durch das wechselseitige In-einander-sein der göttlichen Personen gekennzeichnet. Der ent-scheidende Fortschritt bestand darin, daß der am trinitarischen Gottesleben abgelesene Personbegriff so formuliert wurde, daß er auch auf den Menschen bezogen und auf die Bestimmung seines unvertretbaren Einzelseins angesetzt werden konnte. Das geschah in der berühmten Definition des Boethius, der die Person den indi-viduellen Selbststand der vernunftbegabten Natur nannte: naturae rationabilis individua substantia[57]. Einfühlsam suchte Guardini den dieser Formalbestimmung zugrunde liegenden Vorgang in seiner Studie ›Das Ende der Neuzeit‹ (1950) nachzuzeichnen.

Durch den Eintritt Christi in diese Welt, so sein Urteil, sei der Mensch von den Wurzeln seiner Existenz her auf einen neuen Nenner gehoben worden:

Sein Dasein gewinnt einen Ernst, den die Antike nicht gekannt hat, weil sie ihn nicht kennen konnte. Er stammt nicht aus der eigenmenschlichen Reife, sondern aus dem Anruf, den die Person durch Christus von Gott her erfährt: sie schlägt die Augen auf und ist nun wach, ob sie will oder nicht. Er stammt aus dem jahrhundertelangen Mitvollzug der Christusexistenz; aus dem Miterleben jener furchtbaren Klarheit, mit welcher Er »gewußt hat, was im Menschen ist«, und jenes übermenschlichen Mutes, womit Er das Dasein durchgestanden hat[58].

Wenn Guardini von dem »Anruf« spricht, dem der Mensch das Erwachen zu seinem personalen Selbstsein verdanke, verläßt er allerdings den Horizont der philosophischen Fragestellung in Richtung auf jene Ausgangsposition, in welcher dieser Anruf erstmals an den – von ihm in eine dialogische Perspektive gerückten – Menschen ergeht. Auch stellt sich jetzt die Frage, was dieser zu Gesicht bekommt, wenn er unter dem Eindruck dieses Anrufs die Augen aufschlägt und – sich selbst erblickt.

Inzwischen kam auch der erkenntnistheoretische Beweggrund zum Vorschein, der auf einen Perspektivenwechsel hinwirkt. Er hängt zunächst schon mit der wachsenden Einsicht in die Rückbezüglichkeit des Menschseins zusammen. Sie dürfte sich in Fichtes Erkenntnis angebahnt haben, daß der Tod des Menschen seinen »Ort« nicht so sehr, wie Hegel annahm, im Gang der Dialektik als vielmehr im »toten Blick des geistlosen Denkens« hat:

Nicht im Sein an und für sich liegt der Tod, sondern im ertötenden Blick des toten Beschauers[59].

In der Folgezeit gewann dann die Erkenntnis die Oberhand, daß im Gegenzug dazu im Fall des Menschen der Beobachter in das Wahrzunehmende hineingenommen werden müsse. Denn der Mensch sei, so Scheler, wie sonst nur Gott derjenige, der sich zwar die ganze Welt zum Gegenstand machen könne, selbst aber »nicht gegenstandsfähig« sei[60].

Sofern er geschichtlich existiert, gilt von ihm überdies die von Bultmann zwischen der Erkenntnis geschichtlicher Prozesse und der der mikrophysikalischen Teilchenwelt festgestellte Analogie: Wie hier das beobachtende Subjekt konstituierend in den beobachteten Gegenstand eingehe, so könne die Geschichte nicht im Interesse der »Bereicherung eines zeitlosen Wissens«, also nicht aus wertneutraler Distanz, sondern nur aus der Position des Mitbetroffenseins durch sie zulänglich erkannt werden[61]. Das führt zuletzt auf die Vermutung zu, daß der den Menschen zu sich selbst erweckende Anruf der Tiefe seiner Herkunft entstammen müsse, anders ausgedrückt, daß er nicht auf der Höhe seiner Selbstreflexion, sondern schon an seinem Ursprung, biblisch gesehen, im Kontext der Schöpfungsgeschichte an ihn ergehe.

Indessen zog Guardini daraus auch Rückschlüsse auf das denkerische Initiationserlebnis. Denn im Aspekt des Mitbetroffenseins – und der Mitverantwortung – schlägt das anfängliche Staunen, mit dem nach dem platonischen Ansatz auch die Selbstwahrnehmung des Menschen beginnt, in zunehmende Besorgnis, wenn nicht gar in unverhohlenen Schrecken um, wie es schon im Chorlied aus der ›Antigone‹ des Sophokles anklingt:

Ungeheuer ist viel; doch nichts ist ungeheurer als der Mensch.

Was diesen Schrecken einjagt und die von Guardini empfundene »Sorge um den Menschen« erregt, ist der Blick in den von der philosophischen Reflexion übersehenen Abgrund des Menschseins und der Eindruck, daß dieser durch die philosophische Was-Frage nicht ausgeleuchtet werden kann. Doch damit drängt sich die Annahme auf, daß alles für eine Revision der traditionellen Fragestellung spricht, weil diese offensichtlich ganze Dimensionen des Menschseins verfehlt. Doch wie kann überhaupt anders als aus der Position des Staunens und der von ihm erweckten philosophischen Neugierde nach dem Menschen gefragt werden?

5. Die biblische Urfrage

Wenn Guardini meinte, daß zu wenig über die biblische Paradiesgeschichte nachgedacht werde, sprach aus ihm nicht zuletzt das Wissen um den sich seit Kierkegaard anbahnenden Umbruch der anthropologischen Fragestellung[62]. Ihm mußte klar geworden sein, daß die ungeheure Beschädigung, die der Mensch im Jahrhundert der beiden Weltkriege, der terroristischen Diktaturen und nicht zuletzt des anbrechenden Medienzeitalters erlitt, von der klassischen Was-Frage nicht erfaßt werden konnte und daß die Frage nach ihm deshalb ursprünglicher und radikaler, also im Wurzelgrund seiner Existenz, angesetzt werden muß. Mit seinem Plädoyer für eine stärkere Beachtung der Paradieserzählung deutete er überdies an, daß von der biblischen Urgeschichte Auskunft über die Möglichkeit einer radikaleren Fragestellung zu gewinnen sei. Im Kontext der Erzählung konnte dem nur die Frage entsprechen, die dem sündig gewordenen Menschen vor seiner Vertreibung aus der paradiesischen Geborgenheit und seiner Entlassung in die Geschichte nachgerufen wird:

Und Gott, der Herr, rief den Menschen und sprach: Wo bist du? (Gen 3,9)

Läßt man den hellsichtigen Vorgriff Franz Rosenzweigs beiseite, den Buber diesem »erstaunlichen Schüler« Hermann Cohens attestierte, so hat die offensichtlich zu tief in der Sündenperspektive befangene christliche Theologie mit Ausnahme Rudolf Bultmanns den anthropologischen Tiefgang dieser Gottesfrage nicht erfaßt[63]. Und selbst Bultmann sah in und mit ihr lediglich den Menschen »aus seinem Versteck vor das Auge des Richters gestellt«. Deshalb darf man sich eher Auskunft von Bubers Abhandlung über ›Das Problem des Menschen‹ (von 1948) erhoffen, auch wenn er in diesem Kontext die Gottesfrage nur als den aus dem »gegenwärtigen Sein« an den Menschen ergehenden Anruf »wo bist du?« verstehen möchte[64].

Dafür zeichnet er zu Beginn des Gedankengangs den Fortschritt in Kants anthropologischem Problembewußtsein mit dem Hinweis nach, daß er die drei Hauptfragen des Menschengeistes schon in den Ausführungen über das »Ideal des höchsten Gutes« seiner ›Kritik der reinen Vernunft‹ gestellt, aber erst in dem Handbuch zu seinen ›Vorlesungen über Logik‹ auf die »nach dem Wesen des Menschen« zurückgeführt und dadurch die philosophische Anthropologie zur »fundamentalen philosophischen Wissenschaft« erhoben habe[65]. Vor ihm hatte schon Nicola Malebranche im Vorwort zu seiner ›Recherche de la verité‹ (von 1674) »die Wissenschaft vom Menschen als die des Menschen würdigste« und doch von der Allgemeinheit am meisten vernachlässigte bezeichnet. Und Kant gerät auch selbst in diesen Widerspruch, sofern er in seiner eigenen Anthropologie der von ihm eröffneten Sicht nicht gerecht wird, ganz so, als hätte er »Bedenken getragen, die von ihm als die Grundfrage formulierte Frage auch wirklich philosophierend zu stellen«[66]. Den Grund für diesen seltsamen Widerspruch dürfte Heidegger mit der Feststellung getroffen haben, daß inzwischen »die Art des Fragens nach dem Menschen . . . selber fraglich geworden sei«[67]. Immerhin habe die Hebelwirkung seiner Frage die Philosophie insgesamt in eine neue Perspektive gerückt und sie als eine umfassende Selbstexplikation des Menschen erwiesen. Nur die Rückbezüglichkeit seiner Frage war ihm verborgen geblieben; denn es genügt nicht, wenn der Fragende »sein Selbst als Objekt des Erkennens einsetzt« und seine Subjektivität als unberührten – und ungerührten – Beobachter »draußen läßt«. Er muß vielmehr als Fragender mit »in den Akt der Selbstbesinnung« eingehen[68].

Im Interesse einer Unterbauung dieser These wird man sich vergegenwärtigen müssen, daß es grundsätzlich zweierlei Frageweisen gibt: eine erste – kategoriale –, die durch einen Informationsrückstand ausgelöst wird und auf eine möglichst rasche und umfassende Beseitigung dieses Mangels drängt. Sie versetzt den orientierungsbedürftigen Menschengeist in eine meist sogar als peinigend empfundene Unruhe, die allerdings fast schlagartig von ihm weicht, sobald die gesuchte Information gefunden ist. Fragen dieser Art bilden das effizienteste Vehikel der »Weltorientierung« (Jaspers); denn die Tore zur Welt stehen, wie Hans Dieter Bastian begründet, nur zeitweise offen, vor allem aber dann, »wenn Fragen sie aufstoßen«[69].

Ganz anders die transzendentale Frageweise, die man mit Hermann Cohens ›Deutung der Gottesfrage‹ als den »Hebel des Ursprungs« bezeichnen kann[70]. Da sie in der Existenztiefe ansetzt, nimmt die von ihr ausgehende Bewegung mit einer leisen Beunruhigung ihren Anfang, die sich allmählich zu einem wachsenden Unbehagen steigert und schließlich das ganze Bewußtsein in Atem hält. Sie zielt nicht auf eine konkrete Information, sondern auf das, worauf es mit dem menschlichen Dasein letztlich hinauswill, also auf den Sinn des Lebens und auf den, der – wenn auch noch so dunkel – als letzte Sinngewährung empfunden wird[71].

Geradezu paradigmatisch wurde die Genese dieser Fragestellung von Kafka in seiner Erzählung ›Vor dem Gesetz‹ (von 1925) beschrieben, wenn es abschließend von dem unglücklichen Mann vom Lande, der vergeblich Zugang zum Gesetz gesucht hatte, heißt:

Vor seinem Tode sammeln sich in seinem Kopfe alle Erfah-
rungen der ganzen Zeit zu einer Frage, die er bisher an den
Türhüter noch nicht gestellt hat. Er winkt ihm zu, da er sei-
nen erstarrenden Körper nicht mehr aufrichten kann. Der
Türhüter muß sich tief zu ihm hinunterneigen, denn der
Größenunterschied hat sich sehr zu Ungunsten des Mannes
verändert. »Was willst du denn jetzt noch wissen?« fragt der
Türhüter, »du bist unersättlich«. »Alle streben doch nach
dem Gesetz«, sagt der Mann, »wieso kommt es, daß in den
vielen Jahren niemand außer mir Einlaß verlangt hat?«
Der Türhüter erkennt, daß der Mann schon an seinem Ende
ist, und um sein vergehendes Gehör noch zu erreichen, brüllt
er ihn an: »Hier konnte niemand sonst Einlaß erhalten, denn
dieser Eingang war nur für dich bestimmt. Ich gehe jetzt und
schließe ihn.«[72]

Wenn diese Frage in Gang gekommen ist, reißt sie im
Fragenden einen Abgrund auf, in den er nur erschauernd hinein-
blicken kann, so daß begreiflich wird, daß das im langen Gang der
anthropologischen Reflexion erstmals durch Kierkegaard geschah.
Indessen hatte auch er wichtige Protagonisten, so schon Augustin,
der die Was-Frage in der Fassung des Psalmworts »Was ist der
Mensch, daß du seiner gedenkst?« aufnimmt, sie jedoch nicht etwa
objektivierend wie Kant, sondern, wie wiederum Buber in seinem
›Problem des Menschen‹ urteilt, »in der ersten Person« stellt und
dabei als erster des »grande profundum« im Menschen ansichtig
wird[73]. Aber auch Thomas von Aquin, der im Sinn mittelalterlicher
Traditionen einen Grenzbegriff vom Menschen entwickelt, wenn er
ihn »Horizont und Grenzscheide der geistigen und körperlichen
Natur« nennt[74]. So vor allem dann Pascal, der den Grenzbegriff zu
dem der Exzentrizität steigert, wenn er den Menschen in einen ent-
legenen Winkel des Universums versprengt, unter dem Schweigen
der unendlichen Räume erschauern und überdies einem unaufhaltsamen Prozeß des »Entgleitens« ausgesetzt sieht[75].
Daß dieses Erschauern zuletzt auch auf das Selbstverhältnis
des Menschen übergreift, sagt Pascal an einer von Karl Löwith hervorgehobenen Stelle seiner Pensées:

Bedenke ich die kurze Dauer meines Lebens, aufgezehrt von
der Ewigkeit vor- und nachher, und bedenke ich das bißchen
Raum, den ich einnehme . . ., verschlungen von der unend-

lichen Weite der Räume, von denen ich nichts weiß und die von mir nichts wissen, dann erschauere ich und staune, daß ich hier und nicht dort bin. Keinen Grund gibt es, weshalb ich gerade hier und nicht dort bin, weshalb jetzt und nicht dann. Wer hat mich hier hingestellt?[76]

Als hätte er diese Frage im Ohr, gesteht Kierkegaard auf einem Höhepunkt seiner Wiederholungsschrift (von 1843) seinem stummen Mitwisser:

Mein Leben ist zum Äußersten gebracht, ich ekle mich am Dasein, es ist geschmacklos, ohne Salz und Sinn ... Man steckt den Finger in die Erde, um zu riechen, in welchem Land man ist. Ich stecke den Finger ins Dasein – es riecht nach Nichts. Wo bin ich? Was will das besagen: die Welt? Was bedeutet dieses Wort? Wer hat mich in dieses Ganze hineingelockt und einfach stehen lassen? Wer bin ich?[77]

»Wo bin ich?« Das ist die wiederentdeckte und in ihrer anthropologischen Relevanz ausgeleuchtete Paradiesfrage, die in ihrer Verkoppelung mit dem »Wer bin ich?« als die Frage nach dem im Eingangssatz angesprochenen »Sinn« des Daseins erkennbar wird. Es bleibe dahingestellt, ob Heidegger gegen Buber Recht behält, wenn er bei den drei Grundfragen Kants den Akzent auf das Können, Sollen und Dürfen legt und daraus auf die in ihnen erfragte Endlichkeit des Menschen zurückschließt. Jedenfalls zielt bei der von Kierkegaard erneut gestellten Paradiesfrage die Hebelwirkung darauf ab, die Möglichkeitsdimensionen des Menschseins ans Licht zu bringen. Sie reißt den Abgrund auf, in den der Mensch von sich selber abfallen oder, wie die Erfahrung dieses Jahrhunderts lehrte, hinabgestoßen werden, aus dem er sich aber auch erheben oder erheben lassen kann. Insofern kann die mit dieser Frage in Gang gesetzte Bedeutung des Menschseins kaum sinngemäßer als mit dem Begriff der »Modalanthropologie« gekennzeichnet werden.

In ihrer originären Fassung bringt das die Paradiesfrage dadurch zum Ausdruck, daß sie den Menschen nach seiner Beheimatung befragte und das ihm zuerschaffene Paradies als den Raum seines primordialen »Wohnens« und damit seiner Geborgenheit, aber auch seiner Selbstverwirklichung und Selbstentfaltung zu verstehen gibt. Daraufhin hörbar gemacht, läßt sich die Frage etwa so verdeutlichen:

Wo bist du? Erkennst du jetzt, im Augenblick der dir drohenden Vertreibung, wo du in Wahrheit hingehörst? Ahnst du, daß du nie mehr so sehr bei dir sein, in deinem eigenen Zentrum ruhen wirst wie bisher, in diesem Raum der unangefochtenen Geborgenheit? Ist dir klar, daß deine Zukunft darin bestehen wird, dir Ersatzparadiese für das zu schaffen, was für dich nun unwiderruflich verloren ist, und daß du unablässig nach dem Sinn deines Daseins suchen wirst, ohne ihn je zu erreichen?

Gefragt ist der Mensch somit nach dem »Ort« seines vollen Bei-sich-seins. Den aber erreicht er nur im Umfangensein von einer ihn beheimatenden, befreienden und beseligenden Huld, welche die Bibel mit dem Bild des ihm zuerschaffenen »Gartens«, des Paradieses, meint. Insofern muß zum Menschen, wenn er in seiner Sinnfülle gesehen werden soll, stets diese ihn umgebende Geborgenheit hinzugedacht werden. Nach ihr ist er mit der Wo-Frage angesprochen. Das aber ist, abstrakt gesprochen, der Möglichkeitsraum, in dem er seine Optimierung und volle Sinnerfüllung erlangt.

Es fällt auf, daß Kierkegaard in dem Passus seiner Wiederholungsschrift, die die paradiesische Wo-Frage für das philosophische Bedenken des Menschseins entdeckt, gleichzeitig erstmals vom »Sinn« im modernen Verständnis des Ausdrucks spricht: Ich ekle mich am Dasein, es ist geschmacklos, ohne Salz und Sinn. Die Verbindung zur Explikation der Wo-Frage stellt sich her, wenn man die von ihr insinuierte Geborgenheit mit dem Begriff der Zugehörigkeit verdeutlicht. Zu ihr ist der in der Sinnsuche Begriffene unterwegs. Er möchte, entsprechend der dynamischen Grundbedeutung von »Sinn«, wissen, wohin es mit ihm letztlich »hinauswill«, wo der Ort seiner Zielruhe, seines Wesensfriedens und seiner definitiven Beheimatung ist. Doch das »Wo bist du?« wird ihm auf der Schwelle seiner Vertreibung zugerufen. Damit ist die negative Seite des Möglichkeitsraumes aufgerissen. Denn der Mensch lebt ebenso in der Möglichkeit der Optimierung wie in der der Defizienz, also der Selbstverfehlung, des ihn ständig bedrohenden Abfalls von sich selbst und, im Grenzfall, sogar des Selbstverlustes.

In diesem Sinn nimmt Kierkegaard an der Schlüsselstelle seiner Wiederholungsschrift die Paradiesfrage auf. Gleichzeitig zieht er damit die kritische Konsequenz aus dem Umbruch vom kosmischen zum soziologischen Weltbegriff, der im Übergang vom einen zum andern zunächst das Gefühl einer den Menschen radikal vereinsamenden Weltlosigkeit aufkommen läßt. So ist es zu verstehen, daß Karl Jaspers in seiner Untersuchung ›Von der Wahrheit‹ (von 1947) fragen konnte, ob »der Einzelne, der so ohne Welt dasteht«, überhaupt noch sei, und daß seine Schülerin Hannah Arendt daraus folgern konnte, daß »Weltentfremdung und nicht Selbstentfremdung, wie Marx meinte«, als das eigentliche »Kennzeichen der Neuzeit« zu gelten habe[78].

Kierkegaard zog aus diesem Zurückgeworfensein des weltlos gewordenen Menschen allerdings die extrem entgegengesetzte Konsequenz. In seiner kritischen Würdigung (von 1877) sah ihn Georg Brandes als Taucher, der aus der Tiefe seiner Selbstreflexion aufstieg, um der Welt mit hocherhobener Hand die kostbarste Perle, verstanden als die von ihm entdeckte Idee »der Einzelne«, zu überbringen[79]. Doch beließ es der Entdecker nicht bei der Präsentation. Vielmehr ging er dem Schmerz auf den Grund, der die Muschel zur Entwicklung ihres Wunderwerkes veranlaßte. Zunächst betont er in ›Gesichtspunkt für meine Verfasserwirksamkeit‹ (von 1859), rückblickend auf sein Lebenswerk, daß der Begriff des Einzelnen als »seine Kategorie« zu gelten habe. In dem entwürdigenden Streit mit dem satirischen Massenblatt ›Der Korsar‹ hatte er mit peinigender Deutlichkeit erlebt, daß die zentrale Gefährdung des modernen Menschen von der nivellierenden Massengesellschaft und, höchst gegenwartsnah, von den Massenmedien ausgeht und daß die Rettung der bedrohten Kultur, gerade auch in ihrem Kernbereich als Persönlichkeitskultur, nur von der sich gegebenenfalls bis zum Martyrium steigernden Selbstbehauptung des Einzelnen zu erwarten sei. In der ›Krankheit zum Tode‹ hatte er diese Leidensgeschichte bis auf ihren innermenschlichen Ursprung zurückverfolgt, wo dem verzweifelten Willen zum Selbstsein der nicht minder verzweifelte Widerwille gegen das faktisch auferlegte Dasein entgegensteht. Wer sich diesem Konflikt fatalistisch überläßt, versinkt in den Abgrund der Angst; wer sich darin für sich selbst entscheidet und so, mit dem Kierkegaard-Leser Guardini gesprochen, die »Annahme seiner selbst« vollzieht, gewinnt sich als Subjekt und Person. Damit hat er dann aber auch schon die bedrängende Frage nach dem, der ihm die Last des Daseins auferlegte – wer hat mich in dieses Ganze hineingelockt und einfach stehen lassen? –, in einem, zumindest für ihn selbst positiven Sinn beantwortet. Und im selben Atemzug sieht er sich auch schon von dem ratlosen »wo bin ich?« zu dem bewußten »wer bin ich?« geführt, das im Grunde schon um seine Beantwortung weiß.

Von wo diese Antwort zu erwarten ist, wird deutlich, wenn man sich den Leidenston vergegenwärtigt, auf den die Anthropologie Kierkegaards abgestimmt ist. Denn er bildet die akustische Brücke zur ›Einübung im Christentum‹, in der er spiegelbildlich zur diagnostischen ›Krankheit zum Tode‹ die darauf antwortende Therapie entwarf[80]. Es ist das Bild des unter seiner Selbstverhüllung leidenden Christus, der den Zwiespalt des Menschen dadurch überwindet, daß er erleidend und heilend auf ihn eingeht.

Für Kierkegaard ist das anthropologische Problem, wie aus dieser Entsprechung hervorgeht, nur christologisch zu lösen. So entspricht es, nebenbei bemerkt, der Einsicht Albert Einsteins, daß Probleme in der Regel nicht mit den Denkformen zu lösen sind, die sie hervorbrachten. Der gesuchten Lösung nähert sich der Mensch demgemäß dadurch an, daß er seiner in der paradoxen Lebensgestalt Jesu wie in einem Parabolspiegel ansichtig wird: eingewiesen in ein Spannungsfeld von Gegensätzen, wie sie die Lebensgestalt dessen bestimmen, dem trotz seines Offenbarertums die unmittelbare Mitteilung versagt ist, der mit seiner bedingungslosen Liebe in den Anschein der Despotie gerät, der durch seine radikale Selbstübereignung die Gefahr des Ärgernisses heraufbeschwört und mit dem es in der Ungleichzeitigkeit gleichzeitig zu werden gilt[81]. So aber sah ihn bereits die patristische Christologie, als sie ihn im Blick auf seine Menschwerdung das Verbum abbreviatum, im Blick auf seinen Kreuzestod das Verbum extensum nannte und dadurch lange zuvor schon den Hintergrund für Kierkegaards Christologie der Paradoxien schuf[82].

Im Reflex dieses Spiegels erscheint der Mensch nun definitiv in der Kreuzung unterschiedlicher Spannungsfelder, die sich gleicherweise zwischen den Polen von Verkürzung und Dehnung aufbauen. Dieser entsprechen sein Streben nach Größe, Freiheit, Identität und Bewußtheit, jener die Zustände des Elends, der Repression, der Entfremdung und des Wahns. Dabei wirkt sich die Dynamik dieser Spannungsverhältnisse, mit ihrem Deuter Pascal gesprochen, dahin aus, daß der Mensch immer dann, wenn er das Streben nach Größe überzieht, dem Elend verfällt; wenn er die Freiheit zum Selbstzweck erhebt, der erzielte Gewinn in Formen der Unterdrückung umschlägt; wenn er die Identität in selbstsüchtiger Absicht anstrebt, diese für ihn zum Einfallstor der Entfremdung wird, und daß er beim Versuch einer rationalen Totalerklärung des Daseins Gefahr läuft, in Wahnvorstellungen, insbesondere ideologischer Art, zu verfallen.

Umgekehrt öffnet ihm das Eingeständnis seines Elends, seiner Anfälligkeit und Labilität die Tür zu den Hilfen, die ihn zu jenem Ziel emportragen, das er aus eigener Anstrengung nicht zu erreichen vermöchte. Denn die integrale Identität, der er entgegenstrebt, ist nur zum kleineren Teil das Ergebnis einer Leistung, zum größeren das einer Zuwendung und Gewährung. So sind in den auftretenden Spannungsfeldern die Pole in einer Weise aufeinander verwiesen, daß der eine jeweils zur Bedingung des andern wird: das Elend zur Bedingung der Größe, die Knechtschaft zur Provokation der Freiheit, die Entfremdung zum Antrieb der Identitätssuche, der Wahn zum Kontrast der Bewußtheit. Im Rückgriff auf die klassische, durch ihn jedoch neu und fast schon im Sinn des biblischen »Wo bist du?« akzentuierte Was-Frage faßte Pascal dies unter dem Titel »Mißverhältnis des Menschen« in die Sätze:

Was ist zum Schluß der Mensch? Ein Nichts vor dem Unendlichen, ein All gegenüber dem Nichts, eine Mitte zwischen Nichts und All. Unendlich entfernt vom Begreifen der äußersten Grenzen, sind ihm das Ende aller Dinge und ihre Gründe undurchdringlich verborgen, ein unlösbares Geheimnis. Denn er ist ebenso unfähig, das Nichts zu erfassen, aus dem er hervorging, wie das Unendliche, das ihn verschlingt[83].

II. DIE SPANNUNGSFELDER

1. Größe und Elend

Größe ist ein zentrales, wenngleich fluktuierendes Attribut. Groß ist für den mit der Schau des »bestirnten Himmels« (Kant) befaßten Menschen zunächst der Kosmos, den er ursprünglich sogar als »theos« im Sinne von numinos und übermächtig empfindet. Im Zug der von Israel vollzogenen ersten Revolution der Religionsgeschichte wurde das Adjektiv (theos) zum Substantiv und als solches der Welt als deren göttlichem Urheber entgegengestellt. Die Folge war die umfassende Entsakralisierung und Entmythisierung des Kosmos, der, zum »Werk« des überweltlichen Schöpfers herabgesunken, nun auch seine auszeichnenden Qualifikationen, darunter die der Größe verlor, die dafür zum bestimmenden Gottesattribut aufstieg. Beredtes Zeugnis dessen ist das Eingangswort des augustinischen Bekenntniswerks:

> *Groß bist du, Herr, und hoch erhaben. Und doch will dich loben der Mensch, dieser Abriß deiner Schöpfung. Ja, du hast es ihm sogar ins Herz gelegt, daß er seine Freude darin findet, dich zu loben, obwohl er doch die Last seiner Niedrigkeit mit sich schleppt*[84].

Indessen ist gerade Augustin das signifikanteste Beispiel dafür, daß die Gottesspekulation auf den Menschen zurückstrahlte und zum Schlüssel für seine Selbsterkundung wurde. Vehikel dessen dürfte die Lehre von der göttlichen Perichorese, also der gegenseitigen Einwohnung der drei Personen in Gott, gewesen sein, die, was die Attribution betrifft, den Gedanken des Idiomentauschs nach sich zog. Der aber betraf nicht nur die göttlichen Personen, sondern in einer ersten Ausfolgerung auch die in der Person des Logos geeinten Naturen Christi, so daß von dessen Menschheit auch göttliche Attribute ausgesagt werden konnten. In einer zweiten Konsequenz betraf dieser Idiomentausch dann aber auch den erlösten und schließlich sogar den erlösungsbedürftigen Menschen, der sich ungeachtet seiner Kontingenz und Hinfälligkeit zur Höhe des Göttlichen erhoben sah. Es lag in der Denkrichtung des neuzeitlichen Humanismus, daß nun vor allem seine Größe ins Blickfeld seiner Würdigung und Selbsteinschätzung trat. Darin sah er sich nicht zuletzt durch den geistigen Umbruch, aber auch durch die großen Entdeckungen und Erfindungen zu Beginn des Zeitalters bestärkt. Herabgestiegen von den Schultern der kirchlichen und philosophischen Autoritäten, sah er zwar nicht weiter als in der Vorzeit; wohl aber sah er die Dinge exakter als zuvor und von nun an bewußt mit seinen eigenen und durch die wissenschaftlichen Sehhilfen überdies geschärften Augen. Was er ihnen verdankte, war nicht nur präzises und argumentativ gefestigtes Wissen, sondern ein spezifisches Herrschaftswissen, das ihm einen progressiven Machtzuwachs verschaffte und ihn dadurch im Bewußtsein seiner Größe bestätigte.

Indessen war es nicht erst die durch das ökologische Bewußtsein geschärfte Krise des Herrschaftswissens, die deutlich machte, daß der Griff nach dem Gottesattribut der Größe an das Kontrasterlebnis des menschlichen Elends gebunden war und nur in dessen Schatten durchgehalten werden konnte. Göttliche Attribute, so zeigt es sich vielmehr, können vom Menschen zunächst nur im Gegentakt zu ihrer Verneinung ausgesagt werden. Vermutlich war die damit verbundene Kränkung so groß, daß ein außergewöhnlicher Leidensdruck hinzukommen mußte, wenn die menschliche Größe in diesem Kontrast gedacht werden sollte. Allem Anschein nach war der gegeben, als Pascal unter dem wachsenden Zweifel, ob er die geplante Apologie des Christentums noch zum Abschluß bringen könne, daran ging, wenigstens die anthropologischen Passagen des Werks als eine Art Vorhalle auszuarbeiten[85]. In diesem Sinn unterstellt er die Grundgedanken seiner Anthropologie dem perspektivebestimmenden Begriffspaar »Größe und Elend«, das er in dem – nach Ewald Wasmuth an Port Royal gerichteten – Fragment 416 dialektisch entfaltet:

Das Elend des Menschen folgt aus der Größe, die Größe aus dem Elend. Die einen haben das Elend um so deutlicher hervorgehoben, als sie es für einen Beweis der Größe hielten, während die andern die Größe um so nachdrücklicher betonten, als sie sich für sie aus dem Elend herleitet. Alles, was die einen zum Beweis der Größe anführten, diente den

andern als Argument für das Elend. So hat einer den andern
endlos im Kreis herumgeführt. Denn es steht fest, daß sich
in dem Maß, wie der Mensch zur Einsicht gelangt, er sowohl
Größe als auch Elend in sich entdeckt. Kurzum, der Mensch
weiß, daß er elend ist: elend, weil er es ist. Groß aber ist er,
weil er darum weiß.

Danach müssen die Gegensätze nicht nacheinander durchschritten werden, damit der eine auf der Basis des andern gedacht
werden kann. Vielmehr erfaßt der Gedanke intuitiv, daß menschliche Größe immer nur die Größe eines Elenden ist, der aber gerade
durch das Eingeständnis seines Elends die ihm eigene Größe beweist. Der Gang der Motivgeschichte hielt sich freilich nicht an
diese Direktive. Er war vielmehr durch die Verdrängung des Kon-
trastmotivs und die emphatische, zuletzt sogar blasphemische Behauptung der Größe gekennzeichnet, die in dieser Einschichtigkeit
allerdings unweigerlich zur Karikatur ihrer selbst geriet.

Gerade dadurch aber war die Voraussetzung dafür gegeben,
daß die von ihrem Gegengewicht abgekoppelte Größe ins Bild
treten und zur Symbol- und Zielfigur des Zeitgeistes werden
konnte. Dazu bot sich insbesondere die aus der mittelalterlichen
Vagantendichtung übernommene Figur des in einen Teufelspakt
verstrickten Zauberkünstlers Doktor Faustus an, der nach seiner
Gestaltung durch Lessing von Goethe zum Inbegriff des nach
»Übermenschlichkeit« strebenden Expansionsdrangs erhoben und,
typisch für die ihm vorgezeichnete Lebenskurve, auf die Reise
»vom Himmel durch die Welt zur Hölle« geschickt wurde. Der
Faustschluß desavouiert diesen Reiseverlauf freilich durch die Rettung des immer strebend Bemühten, zu der sich Goethe gegen nicht
unerhebliche Bedenken im Interesse eines bildstarken Abschlusses
entschloß[86]. Daran konnte seinem Fortsetzer Thomas Mann angesichts der Synchronie seines »Doktor Faustus« mit dem Untergang
Deutschlands im Zweiten Weltkrieg nicht gelegen sein. Dessen
Lebensziel ist vielmehr die Zurücknahme der Neunten Sinfonie
und der zur Apotheose gesteigerten humanistischen Prinzipien[87].
Gleichzeitig zieht er aus diesem Programm die existentielle Konsequenz durch ein fortwährendes, ebenso inszeniertes wie heraufbe-
schworenes Zerstörungswerk, das zuletzt auf ihn selbst übergreift,
so daß man wie im Fall seines Modells Nietzsche den Eindruck
gewinnt, einer »Selbstverbrennung« beizuwohnen (Overbeck)[88].

Dem folgt die im Rückgriff auf den antiken Mythos entworfene Figur des Prometheus, nach Marx »der vornehmste Heilige und Märtyrer im philosophischen Kalender«, der in diesem Rang aufs nachdrücklichste durch die Freisetzung der Atomenergie, diesem technisch vollzogenen »Raub des himmlischen Feuers«, bestätigt wurde. Sofern das nicht schon durch sich selbst einleuchtet, erhellt es aus der grundlegenden Einsicht Sigmund Freuds, wonach sich die moderne Technik, zumindest in ihren Spitzenleistungen, aus ihrer ursprünglichen Zweckbestimmung der Überwindung menschlicher Notstände zurückzog, um sich der Verwirklichung uralter Menschheitsträume zuzuwenden, neben dem Traum von der Sternenreise dem mythischen Ziel der Gewinnung des himmlischen Feuers[89].

Zur Karikatur geriet der Versuch, die von der Epoche angestrebte Selbstvergrößerung des Menschen ins Bild zu heben, schließlich Nietzsche bei der Konzeption des – schon im ›Faust‹ angesprochenen – Übermenschen, den er als ein »vom Wege aufgelesenes« Fundstück alsbald wieder aufgab[90]. Das hindert ihn freilich nicht, ihn als den Inbegriff seiner »Lehre« auszugeben und in die Mitte der »antichristlichen Bergpredigt« (Löwith) seines ›Zarathustra‹ zu rücken. Sofern er damit die christliche Lehre von der Gotteskindschaft auf die »Erde« zurückzuholen und ins Menschlich-Allzumenschliche zu übersetzen suchte, konnte ihm der Grund des konzeptionellen Fehlschlags auch nicht verborgen bleiben. Denn der als »Seil« über einen Abgrund gespannte Mensch konnte nur höher »gestimmt« werden, wenn eine transzendentale Macht am Werk war, die das auch wirklich beabsichtigte und vermochte. Doch diese lag außerhalb seines gegen jede »Überwelt« abgeriegelten Horizonts. Wenn Nietzsche in der euphorischen Selbststilisierung seines ›Ecce homo‹ behauptet, daß der Begriff »Übermensch« in der Gestalt Zarathustras »größte Realität« geworden sei, bricht er damit über seine Kunstfigur selbst den Stab. Denn mit ihm entwarf er, soviel er an Einsichten an ihn ankettete, zuletzt doch nur jenen »gesicht- und gestaltlosen Unhold«, den Thomas Mann in ihm erblickte[91].

Um so überzeugender hebt sich vor dem Hintergrund dieser Fehlentwicklung Pascals Postulat, die Größe des Menschen mit seinem Elend zusammenzudenken, ab, das sich ihm schließlich in das Bild vom »denkenden Schilfrohr«, dem roseau pensant, verfaßte. Davon handelt das Fragment 347, das nach Jean Steinmann als ein Gedicht in Prosa aufzufassen ist, und, so verstanden, diese Form aufweist:

> *Nur ein Schilfrohr, das Zerbrechlichste auf der Welt, ist der Mensch; aber ein Schilfrohr, das denkt. Das All braucht sich nicht zu wappnen, um ihn zu vernichten: Ein Windhauch, ein Wassertropfen reichen hin, um ihn zu töten.*
>
> *Selbst wenn das Weltall ihn vernichtet, so ist der Mensch doch edler als das, was ihn zerstört. Denn er weiß, daß er stirbt, und erkennt die Übermacht des Weltalls über ihn, doch das Weltall weiß nichts davon.*
>
> *Unsere ganze Würde besteht somit im Denken. Daran müssen wir uns aufrichten und nicht an Raum und Zeit, die wir doch nicht ausschöpfen werden. Bemühen wir uns also, richtig zu denken: das ist die Grundlage der Sittlichkeit[92].*

Wenn man sich an die Stelle erinnert, in der Pascal den Gedanken der »Mittelstellung« des Menschen zwischen All und Nichts auf den Gipfel trieb und von seiner zweifachen Unfähigkeit sprach, »das Nichts zu fassen, aus dem er hervorging, wie das Unendliche, das ihn verschlingt«, wird die Konsequenz deutlich, auf die er ausgeht. Wird der zwischen beiden Abgründen angesiedelte Mensch, so fragt er, »die erschreckenden Schritte mitgehen, die ihm seine Position vorzeichnet«? Die Frage stellen heißt für ihn, sie verneinen. Anstatt sich durch seine prekäre Mittelstellung zur Besinnung auf seine Verfassung und zu einer radikalen Ergründung der conditio humana bewegen zu lassen, stürzt er sich, wie Pascal mit kritischem Seitenblick auf Descartes und dessen Vor- und Nachgeschichte bemerkt, in das Unternehmen der Naturforschung, ganz so, als wäre er nie von Augustin gewarnt worden, nicht nach draußen zu gehen, weil die Wahrheit nur im »inwendigen Menschen« zu finden ist:

> *Weil die Menschen versäumten, über die Unendlichkeit nachzudenken, versuchten sie die Natur zu erforschen, ganz so, als hätten sie ein gemeinsames Maß mit ihr. Rätselhafter Vorgang, daß sie in einer Anmaßung so groß wie deren Gegenstand die Gründe der Dinge begreifen und dahin gelangen wollten, alles zu erkennen. Denn es steht außer Zweifel, daß man dieses Ziel nicht ohne Anmaßung ergreifen kann, es sei denn, man besäße eine Fähigkeit, die so unendlich ist wie die Natur.*

Zwar sind wir versprengt in einen Winkel des Universums und aufgrund dieser tangentialen Zugehörigkeit zu ihm zu echter Erkenntnis fähig. Weil wir aber, wie Pascal in bewußter Bestreitung des aristotelischen »Quodamodo omnia« sagt, nicht wirklich das Ganze sind, ist uns dessen volle Erkenntnis und insbesondere die seiner Gründe versagt, so daß das wenige, was wir davon erfassen, mehr vom Bild des Ganzen verdeckt als vermittelt. Damit bricht Pascal in aller Form mit der Mikrokosmosvorstellung, um auf seine Weise den augustinischen Perspektivenwechsel nachzuvollziehen.

Selbsterkenntnis, nicht Welterkundung war nach seiner Überzeugung das Gebot der Stunde, obwohl doch alle Zeichen seiner Zeit in die Gegenrichtung zu weisen schienen. Woher dieser Mut, sich dem Zeitgeist derart frontal entgegenzustellen? Wuchs er ihm aus der Feuerstunde zu, die sein ›Mémorial‹ dokumentiert und die ihn vom Gott der Philosophen zu dem der Offenbarung führte? Wurde ihm in dem augustinischen »ad teipsum redi« bereits der kusanische Zuspruch »sis tu tuus« hörbar? Verhieß ihm somit die Einkehr bei sich selbst den Zugang zu jener Hilfe, von der die definitive Lösung des anthropologischen Problems zu erwarten ist? Und lebte er, wie seine Betrachtung über das »Mysterium Jesu« vermuten läßt, bereits aus der Fühlung ihrer Gegenwart?

Mit alledem bewirkte Pascal zweifellos den bis dahin schwersten Einbruch im Bewußtsein der Neuzeit, das sich der Autarkie des Denkens verschrieben hatte und, vom Hochgefühl einer ungebrochenen Lebenslust getragen (Hutten), alles auszublenden suchte, was dem entgegenstand: die Tragik des Geschichtslaufs ebenso wie die Rückschlägigkeit im individuellen Lebenslauf, vor allem aber die Geschichte und, mit wachsender Intensität, die Offenbarung. Begünstigt wurde diese autarke Selbsteinschätzung des Menschen zudem durch den rapiden Entwicklungsgang der Technik, der – zusammen mit dem Aufkommen imperialistischer Herrschaftssysteme – die Kategorie der Größe zunehmend zu der von Guardini als das zentrale Kriterium der Neuzeit herausgestellten Macht verdinglichte[93].

Das ging mit jenem Prinzipienwechsel Hand in Hand, den Goethe in der Übersetzungsszene seines ›Faust‹ nachzeichnete, als er den bereits der dämonischen Verstrickung verfallenen Titelhelden wie in einem antizipatorischen Durchblick die Stadien des neuzeitlichen Geistes durchmessen ließ. Er, der das reformatorische

Prinzip des verbum solum, das Wort, »so hoch nicht schätzen« kann, wendet sich zunächst dem »Sinn«, der Grundkategorie des Idealismus, zu, sodann, von neuerlichen Zweifeln angefochten, der »Kraft«, dem Inbegriff der Willens- und Lebensphilosophie und damit dem in der Siegfriedgestalt Wagners verkörperten Leitmotiv der neudeutschen Bewegung, um dann nach einem letzten Zögern zu versichern:

Mir hilft der Geist! Auf einmal sehe ich Rat,
Und schreibe getrost: Im Anfang war die Tat! –

Obwohl Theodor Haecker dieser »schwachsinnigen Lüge« Fausts am Vorabend ihrer verhängnisvollen Praktizierung nur noch eine Unheilsdrohung abzugewinnen vermochte, hat die Devise doch unbestreitbar als das Programmwort der ausgehenden Neuzeit zu gelten. Damit zog sie die Konsequenz aus der – letztlich aus der Mikrokosmosidee abgeleiteten – Prognose, mit der Descartes dem zur vollen Erfassung der Naturgesetze gelangten Menschen in Aussicht stellte, zum »Herrn und Besitzer der Natur« zu werden[94]. Nicht weniger schlug dabei die Tatsache zu Buch, daß durch die technische Anwendung der gewonnenen Erkenntnisse die Welt der Technik, wie Arnold Gehlen meinte, selbst der »große Mensch« – auch dies eine Mikrokosmos- und Makroanthropos-Reminiszenz – geworden war, so wie umgekehrt der Mensch mit Hilfe technischer »Prothesen«, so Freud, zu einer angenäherten Gottähnlichkeit emporwuchs[95].

Drei Gründe waren es in der Hauptsache, die den Menschen vom Thron dieser Machtposition stürzten. Erstens, wie Guardini warnend hervorhob, das Fehlen jeder wirksamen Kontrolle, die dem zur Macht über die ihn umgebende, zunehmend dann aber auch über seine eigene Natur Gelangten zur Bändigung und Domestizierung dieser Macht verholfen hätte[96]. Zweitens die Amalgamierung von Macht und Gewalt, die George Sorel vergeblich mit dem Argument zu rechtfertigen suchte, daß die Gewalt zwar die Zerstörung der durch Macht zustande gekommenen Gesellschaftsordnung betreibe, daß aber die Gewalttat der »revolutionären Anstrengung darauf abzielt, den freien Menschen zu schaffen«[97]. Denn eine entschiedenere Widerlegung seiner These war nicht denkbar als diejenige, die er selbst in dem Versuch erbrachte, dadurch die faschistischen Gewaltsysteme zu rechtfertigen[98].

Den dritten und entscheidenden Grund bringt die Suche nach der Triebkraft des menschlichen Expansionsstrebens ans

Licht, die unfraglich in der Fortschrittsidee zu finden ist. Sie ist die operationale Gegenseite der intellektuellen Neugierde, in der Blumenberg die Triebfeder des modernen Entdecker- und Forscherdranges erkannte[99]. In beiden Fällen hatte der Vorgang einen religiösen Hintergrund, den im ersten Fall die mittelalterliche Lasterlehre, im zweiten die christliche Grundtugend der Hoffnung abgibt. In seinem ›Prinzip Hoffnung‹ (von 1959) hatte schon Ernst Bloch den Zusammenhang von der im 26. Gesang von Dantes Inferno geschilderten letzten – und tödlich endenden – Ausfahrt des vom Streben »nach Wissenschaft und Tugend« gestachelten Odysseus zu den unbewohnten Teilen der Erde mit der erfolgreichen Fahrt des Kolumbus angesprochen[100]. Das bezog Blumenberg in seiner ›Legitimität der Neuzeit‹ (von 1966) auf die Umwertung der in Odysseus noch verurteilten, durch Kolumbus dann aber rehabilitierten Neugierde, die in ihrer Abwandlung zum Motto »Plus ultra« zum Programm des heraufziehenden Zeitalters wurde[101]. Erstaunlich nur, daß der Kenner der Theologiegeschichte die Tat des Kolumbus nicht auch auf Gaunilos Gegenschrift zu Anselms ›Proslogion‹ bezog, die dessen Gottesbeweis mit dem Einwand zu widerlegen sucht, daß von seinen Voraussetzungen her auch die Existenz der »verlorenen Inseln« bewiesen werden könne. Das hätte freilich zur Voraussetzung gehabt, daß eine spätere Verringerung des Abstands von Möglichkeit und Wirklichkeit voraussehbar gewesen wäre, weil nur dann der Einwand einiges Gewicht gehabt hätte[102]. Bewies somit die Entdeckungsfahrt des Kolumbus schon zu Beginn der Neuzeit, daß sich an deren Ende, wie die sich Zug um Zug realisierenden Utopien vermuten lassen, der Himmel des Möglichen zur Erde der Realitäten neigte?

Wie der Forscherdrang aus einer rehabilitierten Neugierde hervorging, so der Fortschritt aus der pervertierten Hoffnung. Es ist das herausragende Verdienst Karl Löwiths, diese Provenienz in subtiler Analyse nachgewiesen zu haben[103]. Dabei stand der vermutlich erstmals von Wieland gebrauchte Ausdruck, wie seine literarische Vorgeschichte verdeutlicht, von Anfang an in einem gespannten Verhältnis zur Religion. Denn auf das von John Bunyan verfaßte Erbauungsbuch ›The Pilgrim's Progress‹, das den menschlichen Lebensweg als eine Pilgerfahrt aus der diesseitigen Welt in die jenseitige beschreibt, folgte das höchst unerbauliche Gegenstück unter dem Titel ›The Rakes Progress‹, das in seiner Vertonung durch Igor Strawinsky (von 1951) zu spätem Nachruhm gelangte. In der Folge geriet der Begriff ins Schwerefeld der vom Säkularisierungsprozeß betroffenen Hoffnung, die als Tugend starb, jedoch in ihrer Umwidmung zum Fortschritt weiterlebte. In dieser »zurückgenommenen« Form richtete sie sich nicht mehr auf die Wiederkunft Christi und das endzeitliche Gottesreich, sondern auf den irdischen Wohlfahrtsstaat und das »größtmögliche Glück der größtmöglichen Anzahl von Menschen«. Sie war somit, so Löwith, von ihrem jenseitigen Erfüllungsziel abgekoppelt und auf innerweltlich Machbares zurückgenommen worden. Dem entspricht weitgehend noch der Fortschrittsbegriff Max Schelers, der Fortschritt zwar im Feld des Herrschaftswissens anerkennt, ihn jedoch für den Bereich des Religiösen verneint; denn hier könne die Wesensform der Erneuerung immer nur in einem »Zurück zum Ursprung« bestehen[104].

Angesichts der lebensbedrohliche Ausmaße annehmenden Umweltschäden wuchs inzwischen aber auch im Bereich des Herrschaftswissens die Skepsis gegenüber Sinn und Recht des Fortschritts, zumal Löwith mit seiner Prognose Recht behielt, daß der Fortschritt in seinem Endstadium zum Selbstzweck erhoben und, anstatt im Interesse sachbezogener Ziele, um seiner selbst willen angestrebt werde[105]. Sein warnendes Wort vom Verhängnis des Fortschritts wurde von den Folgen der technischen und wirtschaftlichen Entwicklung rascher, als zu vermuten war, eingeholt.

Ein letzter Umstand kam hinzu, der die Rezeption und bewußtseinsbildende Wirkung der Leitbegriffe betrifft. Darf von ihrem Anfangsstadium angenommen werden, daß sie über eine relativ starke Resonanz im öffentlichen Bewußtsein verfügen, so sinken sie in der Folge zu bloß abstrakten Bestimmungen des Zeitgeistes herab, denen die tatsächliche Stimmungslage immer weniger entspricht. Im vollen Umfang gilt das vom Schicksal der Fortschrittsidee. Daran vermochten auch technische Spitzenleistungen wie die gelungene Mondlandung (von 1969) oder die Untertunnelung des Ärmelkanals (von 1994) nichts zu ändern. Nach rasch abflauender Bewunderung hinterließen sie eher Skepsis und Angst. Nur in der euphorischen Fiktion, nicht aber in der konkreten Selbsterfahrung kommt es dem, der »sechs Hengste zahlen kann«, so vor, als seien ihre Kräfte die seinen und als hätt' er »vierundzwanzig Beine«. Und die Astronauten, die für Augenblicke mit dem Kosmos zu verschmelzen glaubten, waren ihrer späteren Selbsteinschätzung zufolge doch nur die Opfer eines kurzfristigen Höhenrausches.

So geriet der Fortschrittsglaube immer tiefer in die Krise. Nicht nur, daß ihm seine Anhängerschaft abtrünnig wurde; er selbst wurde aus einem Motor ein Getriebener, aus einem Befreier ein Gefesselter. So sah ihn Löwith, gespiegelt in der auch von ihm beschworenen Gestalt des Prometheus, der in seinem Schicksal das seiner Geschöpfe vorwegnahm:

> *Prometheus befreit zwar die Menschen durch seine den Göttern gestohlene Gabe, er erlöst sie aber nicht. Vielmehr wird er selbst von Zeus gefesselt und bestraft. Und wir selbst, die wir nun am Ende dieser ursprünglichen Geschichte stehen, einem Ende, das wir den Beginn des Atomzeitalters nennen, sind auch sowohl befreit wie gefesselt durch unser Können[106].*

Befreit und gefesselt: Damit ist bereits ein weiteres Spannungsfeld umschrieben, in dem sich der Mensch vorfindet und das nun im Zug der Beantwortung der Frage nach ihm erkundet werden muß.

2. Freiheit und Repression

Der Mensch ist das Wesen der Freiheit. Diesen Fundamentalsatz begründete Heidegger erkenntnistheoretisch, indem er die Erkenntnis aus der Fähigkeit des Menschen, auf Distanz zu seiner Welt zu gehen, herleitete, also aus seiner Fähigkeit, die Dinge »sein zu lassen«, anstatt sich ihrer verzehrend, gestaltend oder verwaltend zu bemächtigen. Das aber war für ihn gleichbedeutend mit: sie im Seinszusammenhang zu belassen. Über alle Differenzen hinweg zog er darin mit der Freudschen Kulturtheorie gleich, die den kulturellen Fundamentalakt gleichfalls in einer asketischen Verzichtleistung, also einem »Triebverzicht«, erblickt[107]. Und damit beantwortet sich ihm auch die Frage, wie der Mensch zu dieser erkenntnisermöglichenden Distanzfähigkeit gelangt. Er verdankt sie dem Zug des Seins, das in ihm aus seinsgeschichtlicher Disposition zur Lichtung seiner selbst drängt: eine Antwort, bei der der verdrängte Theologe in Heidegger dem Philosophen die Feder aus der Hand nahm.

Dem war Hegel mit einer bewußtseinsgeschichtlichen Erklärung zuvorgekommen, der zufolge die Menschheit in drei Stufen zum Bewußtsein der Freiheit erwachte. Auf der ersten, die im alten Orient erreicht war, war nur einer, der Despot, frei, und nur er war sich dessen bewußt, doch dies auf Kosten aller übrigen. Auf der zweiten Stufe, zu der sich die hellenistische Kultur erhob, war die Gruppe der Polisbürger frei, doch auch sie auf Kosten der aller Freiheitsrechte beraubten Sklaven. Erst auf der dritten Stufe, die mit dem Eintritt des Christentums in die Weltgeschichte erreicht war, gelangte die Menschheit zur Einsicht, daß ein jeder, der Menschenantlitz trägt, über unveräußerliche Freiheitsrechte verfügt. Urheber dieses Durchbruchs ist nach Hegels Überzeugung Jesus, der insofern den mächtigsten Fortschritt im Bewußtsein der Freiheit herbeiführte. Im Begriff der Freiheit geht somit dieser Konzeption zufolge die Lebensleistung Jesu ununterscheidbar in den Gang der Kultur- und Geistesgeschichte ein[108].

Das zwingt den Gedankengang, so sehr er im Horizont der Anthropologie und in deren philosophischer Perspektive verbleibt, auf das Bedenken der Lebensleistung Jesu zurück. »War Jesus liberal?« – fragte Ernst Käsemann auf dem Höhepunkt der Studentenrevolte (von 1968) in der Hoffnung, dadurch »manche Wachsfiguren aus der kirchlichen Schreckenskammer« zum Verschwinden zu bringen und gleichzeitig die Stimme Jesu in anderen hörbar zu machen, die der »Orthodoxie unbequem und mißfallend« in den Ohren klingen[109]. Im Blick auf die heute vorherrschend gewordene Tendenz, die Kirche, wie man mit einem Ausdruck Herbert Marcuses sagen könnte, in ein hermetisch abgesperrtes »Universum der Rede« zu verwandeln, kann diese Frage nur aufs nachdrücklichste wiederholt werden[110].

Der Versuch, sie zu beantworten, sieht sich zunächst an Paulus zurückverwiesen, der sich, höchst erfolgreich, auf das Wagnis einließ, den Zentralbegriff der Botschaft Jesu auf die von ihm vorgefundene Missionssituation abzustimmen und anstatt »Reich Gottes« Freiheit zu sagen. Die ihn dazu bewegenden Gründe waren zwingend; denn einmal war die Rede vom kommenden und bereits anbrechenden Gottesreich nur im Horizont der jüdischen Glaubenswelt verständlich, weil nur sie eine Vorstellung von der Gottesherrschaft (malkud Jahwe) besaß, wie sie in Daniels Vision von dem durch einen mächtigen Stein zertrümmerten Standbild aus Gold und Silber, Erz und Ton (2,29–45) verbildlicht war[111]. Zum andern war die Heidenwelt, in die Paulus seine Verkündigung hineintrug, nach dem Untergang des Götterglaubens einem lähmenden

Fatalismus verfallen, so daß die paulinische Freiheitsbotschaft auf sie wie die Erweckung aus einem ängstigenden Alptraum wirken mußte[112]. Doch war Paulus dazu auch berechtigt?

Die Lösung dieses Problems ergibt sich grundsätzlich schon aus der Erkenntnis, daß die Herrschaft Gottes als Aufhebung aller innerweltlichen Zwänge gedacht werden muß. Wo sein Reich Gestalt gewinnt, verlieren die sozialen und politischen Herrschaftsformen ihre Basis und damit ihre Geltung und Macht. Konkret zeigt sich das vor allem an der Praxis Jesu, die ins gesellschaftliche Abseits Gedrängten in seine Tischgemeinschaft und damit in das in seinem Reden und Handeln, vor allem aber in ihm selber anbrechenden Gottesreich aufzunehmen. Befreiend wirkt die Botschaft vom Gottesreich aber in erster Linie durch den ihr zugrunde liegenden Gottesbegriff Jesu, die Frucht seiner innovatorischen Lebensleistung, die ihm den Rang des größten Revolutionärs der Religionsgeschichte zuweist.

Denn bei aller Verwurzelung in der alttestamentlichen Glaubenswelt sah sich Jesus schon aufgrund der sich dramatisch zuspitzenden zeitgeschichtlichen Situation, erst recht aber im Zug seiner Gotteserfahrung zu einem radikalen Eingriff in das dialektische Gottesbild Israels veranlaßt. Um den auf den verzweifelten – und hoffnungslosen – Freiheitskampf gegen die römische Besatzungsmacht drängenden Zeloten, die sich als Vollstrecker der göttlichen Strafgerechtigkeit wußten, den religiösen Vorwand ihres Vorgehens aus der Hand zu schlagen, beseitigte er den Schatten des »Bedrohlichen«, also die Züge des Zornes und der Strafgerechtigkeit, aus dem überkommenen Gottesbild, um statt dessen das Antlitz des bedingungslos liebenden Vaters zum Vorschein zu bringen.

Doch so – und nur so – entsprach es dem Gottesverhältnis, das ihn nach der von den Evangelien ausgelegten Spur in lebenslanger Aneignung das werden ließ, was er nach den Präexistenzaussagen der späteren Reflexion schon seit Ewigkeit war: aufgenommen in eine die familiäre Zugehörigkeit durchschneidende Gottesnähe (Lk 2,49), durch die Zusage der Gottessohnschaft in dieser Zugehörigkeit definitiv bestätigt (Lk 1,11) und vom Glück der ihm übergebenen Gottesfülle beseligt (Lk 10,22 ff). Vom Bewußtsein, die leibhaftige Erfüllung der jesaianischen Geistverheißung zu sein, wagt er es bei seinem Auftritt in der heimatlichen Synagoge von Nazaret, seine Hörerschaft dadurch zu provozieren, daß er den in diesem Prophetenwort angesagten »Tag der Rache« ersatzlos streicht (Lk 4,18 ff), so wie er dann auch den vom Ausbleiben des Gottesgerichts irritierten Täufer an sein rettendes Heilshandeln verweist (Lk 7,18–23) und dadurch dessen vom Motiv der Strafgerechtigkeit geprägtes Gottesbild zurechtrückt[113].

Im erklärten Gegenzug zur Vorstellung seiner Zeitgenossen verkündigt er somit den Gott, der nach einem Zentralgedanken der Bergpredigt gütig ist »sogar gegen die Undankbaren und Bösen« (Lk 6,35) und dem er in seiner Selbststilisierung zum »fürbittenden Weingärtner« mit seinem Einspruch förmlich in die Arme fällt (Lk 13,8). Deshalb hebt er in den johanneischen Abschiedsreden das Freundesverhältnis, das er zu den Seinen aufnimmt (Joh 15,15), vom Stand der unwissenden Knechte ab, und dies mit der Begründung: »weil ich euch alles gesagt habe, was mir von meinem Vater mitgeteilt worden ist«. Das aber ist gleichbedeutend mit der Wahrheit, die einem Schlüsselwort des Johannesevangeliums zufolge »frei macht« (8,32). Es ist die Wahrheit, die den von ihr Ergriffenen der Heteronomie des natürlichen Gottesverhältnisses überhebt und in den Rang der freigeborenen Söhne versetzt. So klingt es dann auch in dem Satz des Kolosserbriefs nach, der gleichzeitig für den Zusammenhang des Gesagten mit dem Motiv des Gottesreiches einsteht:

Er hat uns der Gewalt der Finsternis entrissen und in das Reich seines geliebten Sohnes versetzt (1,13).

Danach greift der von Jesus ausgehende Freiheitsimpuls nicht gleichsinnig in die Sinngeschichte des Freiheitsgedankens ein[114]. Zwar geht es auch dem griechischen Freiheitsbegriff, mit dem diese Geschichte einsetzt, weil der altorientalischen Freiheit des Tyrannen die Vorbedingung eines elaborierten Freiheitsbewußtseins fehlt, um Perspektiven, die denen des Evangeliums entsprechen[115]. So um den Gewinn von Kraft und Kompetenz, vor allem aber um das Erlebnis der mit Freiheit verbundenen Freundschaft[116]. Indessen ist die so verstandene Freiheit schon deswegen »kein philosophisches Wort« (Nestle), weil sie, eingegrenzt auf den geistigen Besitzstand der Polisbürger, nicht universal gedacht, sondern immer nur in konkreten Zusammenhängen entdeckt werden kann. Ihre Grundfrage heißt daher nicht, wie philosophisch gefragt werden müßte, »was ist Freiheit?«, sondern »wo ist Freiheit?«[117]. Auch ist ihr »Ort« nicht wie bei Paulus das Menschen-

herz, sondern die Stadt, in der sie »wie ein strahlendes Licht auf-
gegangen ist: Athen«[118].

Was hier wie eine Annäherung an die biblische Urfrage nach
dem Menschen klingt, führt in Wahrheit von ihr weg. Das »Wo«,
nach dem er befragt wird, ist die grenzenlose, raum- und zeitent-
hobene Geborgenheit in Gott. Auf sie hin ist er frei. Darum ist das
Grundproblem der philosophischen Freiheit das der Ausdehnung
ihres Horizonts über den Machtbereich der Polis hinaus, abstrakt
gesprochen das der je größeren und umfänglicheren Emanzipation. Demgegenüber ist die christliche Freiheit primär eine elevatorische und erst infolge dieser »erhebenden« und (nach Kol 1,13)
»entreißenden« Funktion auch emanzipatorisch, so sehr sie in dieser Form am sichtbarsten und effektivsten in Erscheinung tritt.

Bei ihrem Eintritt in die vorgegebene Freiheitsgeschichte trat
das emanzipatorische Element dann vollends in den Vordergrund.
Dies aber nicht nur, weil es galt, die regionale Begrenztheit des griechischen Freiheitsgedankens aufzusprengen, sondern weit mehr
noch deshalb, weil die von Jesus gestiftete und von Paulus reflektierte Freiheit allen Adressaten des Evangeliums zugesprochen und
somit weltweit zur Geltung gebracht werden mußte. Denn allent-
halben stieß ihre Proklamation auf Gräben und Barrieren, sei es in
Form jenes Defizits, das Bultmann bei dem einem blinden Schicksalsglauben verfallenen Menschen der Spätantike registrierte, sei es
in Gestalt jener hochgestochenen Sinngespinste, die Paulus (nach
2 Kor 10,4 f) niederzulegen sucht, »um alles Denken im Gehorsam
Christus zu unterwerfen«. Daß es zu Defiziten der entzogenen, verlorenen, wenn nicht gar verweigerten Freiheit kommen konnte,
erklärt sich letztlich aus dem gebrochenen Selbstverhältnis des
Menschen, das ihn dazu bringt, das, was ihn auszeichnet und be-
reichert, zu negieren und als Last, wenn nicht gar als Zumutung
von sich zu weisen. Nur so ist es zu verstehen, daß geistige und
politische Despotien selbst mit Menschen freiheitlicher Lebensverhältnisse noch immer leichtes Spiel hatten, sofern nur günstige
Bedingungen für ihre Etablierungen gegeben waren. Gerade die
Freiheit, zu welcher Christus, wie Paulus mit großer Betonung im
Galaterbrief sagt, »befreite« (Gal 5,1), scheint denen, die sie ursprünglich als den großen Sonnenaufgang im Dunkel ihrer Zeit
empfunden hatten, zunehmend als drückende Überforderung vor-
gekommen zu sein, so daß sie sich nur zu bereitwillig denen in
die Arme warfen, die ihnen die ungeliebte Last abnahmen. In der

kurzen Atempause zwischen der zaristischen Despotie und der leninistisch-stalinistischen Diktatur ließ dies der hochsensibilisierte Dostojewskij Jesus durch den Mund des Großinquisitors, in dem sich alle repressiven Instinkte zusammenballen, zum Vorwurf machen:

> *Anstatt sich der menschlichen Freiheit zu bemächtigen, hast du sie noch vergrößert, hast du sie vervielfacht und hast mit ihren Qualen das Seelenreich des Menschen auf ewig belastet! Denn dich gelüstete nach der freien Liebe des Menschen; frei sollte er dir folgen, von dir verführt und berückt. Anstatt nach festem Gesetz sollte der Mensch fortan aus freiem Herzen über gut und böse entscheiden, wobei er nur dein Vorbild als einzige Richtschnur vor sich hatte. Aber hast du wirklich nicht bedacht, daß er schließlich dein Vorbild verwerfen und deine Wahrheit bestreiten wird, wenn man ihm eine so furchtbare Last, die Freiheit der Wahl, aufbürdet?*[119]

Damit trifft Dostojewskij in die Kerbe, in der alle Formen der geistigen, sozialen und politischen Repression ansetzen. Denn im Menschen waltet im Gegenzug zu allen Kräften der Selbstbehauptung und Affirmation jener Hang zur Selbstentäußerung, den Kierkegaard als den Widerwillen zu seinem – verzweifelten – Seinswillen beschrieb. In dieser Elementarform stößt die Repression das vollends um, was im Sinn seines Abfalls von sich selbst bereits im Fallen begriffen ist. Insofern kommt der Unterdrückung etwas im Menschen selbst entgegen, das den repressiven Eingriff allererst ermöglicht: eine Schwäche im Seinswillen, eine Indifferenz sich selbst gegenüber, oft gepaart mit einem Überdruß, der sich gegen das Werk der Freiheit in allen seinen Erscheinungsformen richtet, angefangen von dem, was die mittelalterliche Aszetik das Laster der acedia nannte, bis hin zu dem von Freud diagnostizierten »Unbehagen in der Kultur«. In einem suggestiven Traumbild veranschaulicht das die von dem Mönch Eadmer verfaßte Biographie des Anselm von Canterbury, dem in einem nächtlichen Gesicht der »Wirbelstrom der Welt« gezeigt wird: »ein tosendes Wasser, unrein anzusehen und starrend von allerlei Schmutz«, das Menschen jeden Geschlechts und Standes mit sich reißt und von dem sich die darin Treibenden nicht nur allzu gerne mitreißen lassen, sondern auch lustvoll ernähren.

Das entspricht in bildhafter Vorwegnahme weithin dem, was Heidegger in seiner Analyse der alltäglichen Lebensform beschrieb: ein in jeder Hinsicht angepaßtes und der Regie des »Man« unterworfenes Dasein, das, ohne Zentrierung in sich, in Akten des Besorgens und der Fürsorge aufgeht und sich, was seine Kommunikation anlangt, in bloßem Gerede ergeht[120]. Die Übereinkunft mit dem Traumgesicht Anselms betrifft insbesondere das Motiv der »Dekadenz« des Menschseins, das gerade auch für Heidegger in einer fortwirkenden »Abdrift« von sich selbst begriffen und deshalb einer durchgängigen Zweideutigkeit verfallen ist[121]. Als ein Dasein in einer »Welt der Flucht« deutet auch Max Picard das Menschsein. In seiner Schrift ›Die Flucht vor Gott‹ (von 1935) sieht er den Menschen, getarnt vor sich selbst durch ständig wechselnde Masken, abgesunken zu einer Kümmerform des Lebens ohne Liebe, Glaube und Lehre, verstoßen in eine Welt der Fragmente, einer atemlosen Sprache, stummer Zeichen und blinder Bilder, einer sich entziehenden Wirklichkeit und der wachsenden Angst[122].

Im Vokabular seiner soziologischen Analyse bestimmte David Riesman diese dekadente Verfassung als das Mißverhältnis zwischen einer hypertrophen Außenleitung und einer defizienten Innenlenkung. Daß der moderne Mensch den Suggestionen und Pressionen der Konsum- und Leistungsgesellschaft nur allzu leicht erliegt, ist die Folge seiner Ich-Schwäche, einer Anfälligkeit, die letztlich auf seinen geschwächten Lebenswillen und, radikaler noch, auf sein gebrochenes Selbstverhältnis zurückzuführen ist[123]. Insofern steht er in einem fatalen Wechselverhältnis mit den terroristischen Gewaltsystemen, die er durch seine Schwäche ebenso heraufbeschwört und auf sich zieht, wie sich diese aufgrund eben dieser Schwäche seiner bemächtigen. Damit tritt der homo ludens, der mittelbar die Vorstellung von einer »spielerischen« Bewältigung der Lebensaufgabe erweckt hatte, in die Gegenperspektive dessen, dem von den Bedingungen, unter denen er sein Leben fristet, aufs nachhaltigste und bitterste »mitgespielt« wird.

Es lag in der Konsequenz dieser sich ständig vertiefenden Erfahrung der menschlichen Anfälligkeit, daß, spiegelbildlich dazu, das Bild der repressiven Übermacht immer härtere Konturen annahm. So verdichtete sich schon Anselms »Wirbelstrom der Welt« zu Heideggers manipulatorischem »Man« und dieses bei Sorel und le Bon zur antlitzlosen Masse, aus der sich dann als eine Verkörperung ihres »Über-Ich« die Schreckensfigur von Orwells Big

Brother, konkretisiert im faschistischen »Führer« und dem allgewaltigen »Vater« des Stalinismus, erhob[124].

Damit sind auch schon die Extremformen politisch-geistiger Repression angesprochen, die, zusammen mit den beiden Weltkriegen und den fortwährenden Nachfolgekonflikten, das Bild des Jahrhunderts verdüstern. Über der von ihnen hinterlassenen Schreckensspur sollte aber die neue Form von Despotie nicht übersehen werden, auf die der amerikanische Medienkritiker Neil Postman mit der Bemerkung hinwies, daß die Technik im Begriff stehe, das Erbe der Diktaturen anzutreten und mit ihren weit effizienteren Mitteln zu verwalten. Denn der Gewalt beugt sich der Unterworfene bei aller Bereitschaft, sich ihrer Außensteuerung zu überlassen, zuletzt doch nur widerstrebend. Und im Ernstfall setzt er ihr, mit Marcuse gesprochen, die »große Weigerung« entgegen[125]. Dagegen bringen ihn die Medien mit ihrem persuasiven Instrumentarium dazu, sich den Insinuationen und Zwängen der Gesellschaft, deren bewußtseinsverändernde Spitze sie bilden, ebenso widerstandslos wie lustvoll zu unterwerfen.

Dabei arbeiten sie gleicherweise mit den Mitteln der Verzauberung wie des Entzugs. Der Verzauberung; denn sie widersetzen sich dem in seiner Stoßkraft bereits fühlbar erschöpften Zeitgeschehen, indem sie die durch Aufklärung und Säkularismus entzauberte Lebenswelt allabendlich in eine Szene von Traum und Show verwandeln. Und sie entziehen dem narkotisierten Rezipienten zugleich den tragenden Boden, indem sie ihm anstelle der für seine Grundorientierung unerläßlichen Primärerfahrungen das Surrogat täuschender Reproduktionen bieten[126]. Der Zuwachs an Entmündigung, den sie im Vergleich zu den Gewaltsystemen erreichen, springt in die Augen. Während jene den Unterworfenen auf die Stufe eines fragmentierten und ruinösen Menschentums versetzen, wird der Dauerkonsument ihrer Suggestionen am Ende zu einer Metapher seiner selbst. Zwar liegt dieses Ende in einer noch kaum absehbaren Ferne; doch ist an seiner Erreichung angesichts der jetzt schon, am Morgen des Medienzeitalters, zu beobachtenden Schäden nicht zu zweifeln.

Doch das Verhältnis der Technik zur Wirklichkeit ist zwiespältig. Während sie in Gestalt der Medienszene den Boden der Realität untergräbt und dadurch, wie hier schon zu sagen ist, dem Rezipienten den Weg zu Welt, Gott und Selbst versperrt, bewirkte sie auf anderen Sektoren eine signifikante Verringerung der

Distanz von Möglichkeit und Wirklichkeit, die gerade dort, wo es am wenigsten zu erwarten war, das Erdenken des Göttlich-Größten und die Vergewisserung seines Daseins auf neue Weise ermöglicht. Doch die geistesgeschichtlich-ontische Situation tritt nicht nur hier in den Aspekt der sich zusehends realisierenden Utopien. Während die irreführenden Träume vom »Dritten Reich« und dem »Sowjet-paradies« zerstoben, rückte mit dem Fall des Eisernen Vorhangs und der Selbstauflösung des Warschauer Pakts die Utopie vom Ewigen Frieden trotz aller Querschläge erstmals in greifbare Nähe. Vor allem aber kommt der große Umbruch der bisher größten Zäsur in der Freiheitsgeschichte der Menschheit gleich.

Sie besteht zentral in dem gewaltigen Schritt, den der Freiheitsgedanke durch die Wende in Richtung auf seine Universalisierung vollzog. Denn Freiheit – so war es in der hegelschen Konzeption mitgesagt – gehört zu jenen höchsten Gütern der Menschheit, deren Vollbesitz an die Bedingung gebunden ist, daß alle oder doch wenigstens die meisten über sie verfügen. Solange sie im abendländischen Lebensraum mehr als der Hälfte seiner Bewohner vorenthalten war, litt auch der »freie« Teil unter diesem Entzug. Deshalb sank die Freiheit im »freien Westen« zur Selbstverständlichkeit herab, die nicht mehr geschätzt, nicht mehr besungen und kaum noch philosophisch reflektiert wurde[127]. Jetzt, nachdem sie zum Gemeinbesitz im Raum ihrer Anbahnung, Entdeckung und Sinngeschichte geworden ist, ist eine intensivere Würdigung dessen, was Freiheit besagt, bedeutet und fördert, als je zuvor angesagt. Im Anschluß an die von Horkheimer der Gegenwartsphilosophie zugedachte Aufgabe könnte man sogar sagen, es sei die vordringlichste Aufgabe der heutigen Philosophie, ihr nach ihrem jahrzehntelangen Verstummen in weiten Gebieten ihres Ursprungslandes zu einer weithin hörbaren Stimme zu verhelfen.

In dieser Aufgabenbestimmung schwingt ebenso ein resignativer wie zuversichtlicher Ton mit. Resignativ stimmt die Vermutung, daß die Medienszene im Verbund mit der um sich greifenden sozialen Unterkühlung und der resignativen Gesamtstimmung den Sinn für das Privileg der Freiheit schon so weit untergraben hat, daß die erhoffte Interessenkonzentration auf sie bestenfalls in Ansätzen zustande kommt. Um so mehr Grund besteht zu der Hoffnung, daß mit der Wende jener Zenith der Sinngeschichte erreicht ist, an der die Freiheit in eigener Sache initiativ wird und für sich selber eintritt. Denn den obersten Ideen ist es eigen, daß sie sich auf den Höhepunkten ihrer Sinngeschichte verselbständigen und ihre Sache in eigene Regie nehmen. Dann gilt von ihnen, was das Spruchbuch von der Weisheit sagt: Sie erhebt ihre Stimme und lädt alle zu sich ein (8,1ff). Bekanntlich griff das Evangelium dieses Motiv auf, um es zur Großen Einladung auszugestalten, die nach Kierkegaard als die zentrale Selbstaussage Jesu zu gelten hat, selbst wenn er, historisch-kritisch gesehen, dieses Wort nie gesprochen hätte:

Her zu mir, ihr Bedrückten und Beladenen; ich will euch Ruhe geben! (Mt 11,28)[128]

Darin kommt zugleich der Grund dieser Ermächtigung zum Vorschein. Er besteht in der christologischen Integration der höchsten Ideen und Güter der Menschheit, oder, christomatisch ausgedrückt, in dem Anspruch, den der glaubens- und geistesgeschichtlich fortlebende Christus auf sie erhebt. Es ist der Anspruch, der sich unüberhörbar in den johanneischen Ich-bin-Worten artikuliert, in denen sich Jesus das »Brot des Lebens«, das »Licht der Welt«, den »Weg, die Wahrheit und das Leben« und, wie in einer Verbildlichung des Freiheitsbegriffs, die »Tür« (Joh 10,7) nennt[129]. Damit gewinnt die Freiheit in ihm Gestalt und Gesicht, so daß sich zu ihr jener Blickdialog entwickelt, von dem Walter Benjamin meint, daß der aufgenommene Blick mit der Erwartung einhergeht, »von dem erwidert zu werden, dem er sich schenkt«[130].
Als sei er von diesem Blick getroffen worden, gesteht Martin Buber in seiner ›Rede über das Erzieherische‹ (von 1926):

Freiheit oder, wie ihr rechtmäßiger altdeutscher Name ist: Freihals – ich liebe ihr aufblitzendes Gesicht: es blitzt aus dem Dunkel auf und verlischt, aber es hat dein Herz gefeit. Ich bin ihr zugetan. Ich bin allzeit bereit, um sie mitzukämpfen. Um die Erscheinung des Blitzes, nicht länger während, als das Auge ihr standzuhalten vermag ... Ich gebe meine linke Hand dem Aufrührer und meine rechte dem Ketzer: voran! Aber ich vertraue ihnen nicht. Sie verstehen zu sterben, aber das ist nicht genug. Ich liebe die Freiheit, aber ich glaube nicht an sie. Wie könnte man an sie glauben, wenn man ihr ins Gesicht gesehen hat! Es ist der Blitz der Alldeutigkeit – der Allmöglichkeit. Um die kämpfen wir, immer wieder, von jeher, siegreich und vergebens[131].

Wer sieht, kann nicht mehr glauben, weil er sich wie in dem von Buber angesprochenen Fall zu einer Schau erhoben und, entscheidender noch, von dem Gesehenen erblickt weiß. Das verweist auf den Vorgang, wie die höchsten Güter der Menschheit überhaupt ins subjektive und öffentliche Bewußtsein treten und wie sie im Zusammenspiel der Kräfte zur Geltung gelangen. So viel an der menschlichen Initiative gelegen ist, geschieht das Entscheidende doch dadurch, daß sie sich auf epiphane und erfahrbare Weise zur Geltung bringen, daß sie sich also erblicken und vernehmen lassen. In christomatischer Ausdrucksweise müßte man sogar von Anzeichen und Akten einer Selbstvergegenwärtigung sprechen. Denn in den »Zeichen der Zeit« bekundet sich (nach Mt 16,3) bisweilen unvergleichlich Größeres, als was der prognostische Sinn unter ihnen versteht. Und wer könnte bei Abwägung aller Gründe und Gegengründe daran zweifeln, daß das große Zeichen des freiheitlichen Aufbruchs für einen geradezu sprunghaften Fortgang der Freiheitsgeschichte spricht?[132]

3. Identität und Entfremdung

Der Mensch steht schon längst nicht mehr auf dem »Grenzgebirge« der Wirklichkeitsbereiche, auf dem ihn Novalis ortete, sondern weit eher auf der Talsohle seiner Lebenslandschaft. Denn die Tendenzkräfte, die auf seine »Abschaffung« (Tenbruck) hinarbeiten, haben es weit gebracht[133]. Sie drängten ihn nicht nur unter sein eigenes Niveau, sondern höhlten ihn gleichzeitig auch von innen her aus. Ging es ihm zu Beginn der Neuzeit wesentlich um wachsenden Identitätsgewinn, so steht ihr Ausklang eindeutig im Zeichen seiner Destruktion und einer um sich greifenden Identitätskrise. Dazu hätte es freilich nie kommen können, wenn der Mensch nicht schon von Haus aus in einem gebrochenen Verhältnis zu sich selbst, differenzierter ausgedrückt, in einem gespannten Verhältnis von Ich und Selbst stehen würde, das ihn das Ziel der subjektiven Selbstwerdung immer nur unter verlustreichen Rückschlägen erreichen läßt, sofern dieses Streben nicht sogar im Selbstverlust endet.

Im Vorgriff auf Pascals Wort von der Tragik des Menschen, der sich zur Höhe des Engels zu erheben sucht und dabei auf die

Stufe des Tieres abstürzt (Frgm. 358), stellt Montaigne in befremdetem Hinblick auf das Verhalten der Menschen fest:

> *Sie wollen aus ihrer Haut schlüpfen und dem Menschsein entrinnen. Das ist töricht: anstatt sich in Engel zu verwandeln, werden sie zu Tieren; anstatt sich zu erhöhen, erniedrigen sie sich[134].*

Demgemäß gelingt der Prozeß dort, wo »Es war«, Ich werden zu lassen (Freud), immer nur in Ansätzen und Schüben. In die Richtung auf das Ziel subjektiver Selbstwerdung verweist schon Gregor von Nyssa mit seinem traditionskritischen Ausspruch:

> *In gewisser Hinsicht sind wir unsere eigenen Väter, indem wir uns zu dem zeugen, was wir sein wollen und durch den freien Willen zu dem gestalten, was wir wählen, zum Guten oder Bösen[135].*

Als erster Schub zum Ziel einer expliziten Subjektivität hat sodann das große Wort der Confessiones zu gelten, mit dem Augustin die erkenntnis- und bewußtseinstheoretischen Folgerung aus seinem Appell »geh nicht nach draußen, kehr bei dir selber ein; im inwendigen Menschen wohnt die Wahrheit« zieht:

> *Von jetzt an erforschen wir nicht mehr die Himmelskreise noch messen wir die Zwischenräume der Gestirne aus oder suchen wir den Horizont der Erde: Ich selbst bin es vielmehr, der seiner bewußt wird, ich, der Menschengeist[136].*

Dazu konnte es nur aufgrund einer bis in das Frühstadium der Hominisation zurückreichenden Vorgeschichte kommen. Wenn man mit Freud und Heidegger die Kulturleistung des Menschen auf den asketischen Akt des »Triebverzichts« zurückführt und davon ausgeht, daß der Mensch dadurch jene Distanz zu seiner Welt gewinnt, die ihm den sichtenden, erkennenden und gestaltenden Umgang mit ihr ermöglicht, wird man mit Helmuth Plessner und Philipp Kaiser auch annehmen dürfen, daß die »Selbstgegebenheit des Subjekts« auf seine Fähigkeit zurückzuführen ist, zu sich selbst auf Distanz zu gehen[137]. Ungleich wichtiger wurde für die Entwicklung des menschlichen Personbewußtseins jedoch, daß sich der Mensch in der christlichen Antike im Spiegel einer im Ringen um die »Subjekteinheit Christi« (Beyschlag) gefundenen Bestimmung sehen und entdecken lernte.

Nach Ansätzen bei Tertullian entwickelten insbesondere die Wortführer der antiochenischen und kappadokischen Christologie einen Personbegriff, der, wie Leontius von Byzanz formulierte, die »hypostatische Union« der beiden Naturen in Christus denkbar machte[138]. »Wenn Gott die einzige Ursache von Natur und Hypostase (Person) ist«, fragt Leontius, »was hindert ihn dann, eine Natur in eine andere zu versetzen?«

Freilich dürfte beim Bedenken dieses Zusammenhangs nie übersehen werden, daß sich die personale Selbstfindung im Falle Jesu auf geradezu dramatisch entgegengesetztem Weg vollzieht wie im Fall des Menschen. Bei diesem ist es der Weg der Selbstunterscheidung von Welt und Mitmensch, bei Jesus der Weg der Selbstübereignung an Gott und die Menschen. Wir sagen »es« und »du«, um »ich« sagen zu können. Er findet in der Hingabe und Selbstentäußerung sich selbst[139]. Ungeachtet dessen gebraucht der in diesem Zusammenhang vorrangig zu nennende Boethius bei der im Rahmen seiner Trinitätslehre entwickelten Definition des Personbegriffs ein Adjektiv, das in substantivierter Form für die Deutung der Subjektivität von ausschlaggebender Bedeutung wurde: naturae rationalis individua substantia[140]. Denn mit der Vorstellung von der Individualität des Menschen gewann sein personal gedachtes Selbstsein erst die eindeutige Abgrenzung von anderem und anderen und damit seine volle Kontur.

Es dauerte freilich bis zur Höhe der mittelalterlichen Scholastik, nach Josef Pieper von Boethius bis zu der mit der Verurteilung des Thomas von Aquin (am 7. März 1277) entstandenen Zäsur, bis die Kategorie des Einzelnen auch wirklich denkbar wurde[141]. Grundlage dessen ist die Diskussion des Individuationsprinzips, das schon Thomas im konkret gegebenen Seienden selber, näherhin in der es konstituierenden Potentialität, der »Primärmaterie« und deren gestalthafter Ausformung suchte[142]. In kritischer Überbietung dieses Ansatzes prägte dann Johannes Duns Scotus den für den Fortgang der Sinngeschichte entscheidenden Begriff der »Istheit« (haecceitas)[143]. Dieses Kunstwort war freilich nur eine euphemistische Umschreibung des alten Grundsatzes »individuum est ineffabile«. Immerhin stellte sich dort, wo ein strenger Begriff fehlte, ein Wort ein, das in der Folge auf seine Weise Schule machen sollte. Der »Schüler« war Kierkegaard, der in ferner Scotus-Nachfolge vom »Einzelnen« sprach und diesen wiederholt, so in seinem ›Gesichtspunkt für meine Verfasserwirksamkeit‹

(von 1859) und in der für sich vorgesehenen Grabschrift »Jener Einzelne« als seine Kategorie bezeichnete (Richter).

Eine starke Schubkraft übten bei der Anbahnung dieser Kategorie der Realismus und die Mystik aus: jener, indem er die »Idee« in das konkret existierende einzelne verlegte; diese, indem sie das Subjekt zum Träger des religiösen Erlebnisses erhob. Den damit eröffneten Erkenntnisweg hatte Nikolaus von Kues mit dem Satz umschrieben: res enim formaliter intellecta individue comprehenditur[144]: Das Wesen der Sache wird nur in ihrer individuellen Erscheinung erkannt. Daher war an ihrer präzisen Bestimmung, dem Forschungsziel der exakten Wissenschaften, entscheidend gelegen. Nicht umsonst lebte der Kusaner in der ersten Hälfte des Jahrhunderts, das in seiner zweiten die großen Entdeckungen und Erfindungen zeitigte. Noch zu seinen Lebzeiten wird die Buchdruckerkunst erfunden (1450), ein Menschenalter später Amerika entdeckt (1495) und damit buchstäblich das Tor zu einer »neuen Welt« aufgestoßen: zwei herausragende Erfolge des dem Konkret-Individuellen zugewandten und um seine exakte Erforschung bemühten Denkens.

Bei Cusanus schlägt der Begriff des Individuums dann aber auch, wie Ernst Cassirer zeigte, auf das denkende Subjekt, den Menschen, zurück[145]. Theoretisch in der Form, daß sich bei ihm bereits die von Leibniz ausgearbeitete Erkenntnis anbahnt, daß nicht die »Primärmaterie«, sondern das geistige Sein des Menschen dessen Individuationsprinzip bildet[146]. Konkret dadurch, daß er unter dem Blick des allsehenden Gottes und im Gefolge des in seinem Innersten vernommenen Anrufs, wie er in seiner Schrift ›Vom Sehen Gottes‹ ausführt, zum Bewußtsein seiner Individualität erwacht. Deshalb wird hier, so Cassirer, auch evident, daß das Erwachen des subjektiven Bewußtseins entscheidend auf den Einspruch des Christenglaubens gegenüber dem Wesensdenken der Vorzeit zurückgeht. Was Augustin in einem ersten Vorgriff auf den Geist der Neuzeit mit dem Satz »ego sum qui memini, ego animus« postuliert hatte, wird bei Cusanus definitiv eingeholt und zudem durch den in der Tiefe der subjektiven Innerlichkeit erklingenden Zuspruch legitimiert.

Hier erweist sich der Kusaner unüberhörbar als Mystiker, wenngleich, wie Blumenberg hervorhob, in einer unverkennbaren Querstellung zu den akosmistischen Tendenzen der traditionellen Mystik. Denn der »Kernsatz seiner Anthropologie« besagt, so

Blumenberg, daß der Mensch nicht danach strebe, ein anderer seiner selbst zu werden, sondern das, was er ist, zur Vollendung zu bringen[147]. Das aber ist zugleich der Schlüsselsatz seiner Deutung der Gotteskindschaft und damit das Herzstück seiner Daseinsmystik. Ins profane Lebensgefühl herabgestimmt, heißt das bei Ulrich von Hutten: »es ist eine Lust zu leben«, auf die Gewissensangst Luthers zurückbezogen: »wie kriege ich einen gnädigen Gott?« Alles war fortan an der Überwindung dieses Zweifels gelegen, die Luther im Glauben gefunden zu haben meinte. Und es mutet wiederum wie eine Übersetzung dieses Ansatzes ins Profane an, wenn in der Folge Descartes den Zweifel durch den Denkakt selbst zu überwinden und das »cogito sum« zum Prinzip der gesamten Philosophie zu erheben sucht.

Vor diesem Hintergrund nimmt sich die »Perle«, die Kierkegaard nach Georg Brandes aus der Meerestiefe seiner Reflexion hervorholte, um sie seiner Zeit in Gestalt der Kategorie des »Einzelnen« vorzuzeigen, wie eine Radikalisierung der angesprochenen Vorleistungen an[148]. Denn ihm ging es um die Überwindung der den Menschen zerreißenden Verzweiflung, nicht nur wie bei Luther und Descartes um die des religiösen und philosophischen Zweifels. Und er nahm auch offenen Auges den Preis auf sich, den ihn sein Fund kostete, Angst und Einsamkeit. Beides spricht aus seinem biblisch formulierten Geständnis in ›Entweder – Oder‹:

In Untätigkeit erstarrt, liege ich da; ich sehe vor mir nichts als gähnende Leere, nur von ihr lebe ich, nur in ihr bewege ich mich[149].

Inzwischen war der Boden, auf den er seine Sache zu stellen suchte, schon längst durch die mit der Romantik einsetzende Identitätskrise untergraben. Nicht umsonst berührt sich die Klage Kierkegaards mit der Verwünschung der »Starrsucht« in dem romantischen Nacht- und Schauerstück ›Die Nachtwachen des Bonaventura‹[150]. Sie findet ihren paradigmatischen Ausdruck im Werk Heinrich von Kleists, der das zerbrechende Ich bald wie in der ›Penthesilea‹ in wilder Ekstase, bald wie im ›Prinz Friedrich von Homburg‹ in dramatischer Beschwörung, bald wie im ›Amphytrion‹ in lächelnder Ergriffenheit, bald wie in der ›Marquise von O.‹ in hoffender Betroffenheit umkreist[151]. In der Folge gewinnt das sich schon in den Geniusgestalten Goethes ankündigende Doppelgängermotiv zusehends an Bedeutung, so in dem gleichnamigen Gedicht Heinrich Heines, das Franz Schubert in seinem ›Schwanengesang‹ vertonte und in das ›Agnus Dei‹ seiner Es-Dur-Messe (von 1828) verwob, vor allem aber in Adalbert von Chamissos ›Peter Schlemihls wundersame Geschichte‹ und deren literarischen Abwandlungen bis hin zu Max Frischs ›Stiller‹ und ›Mein Name sei Gantenbein‹ und Hans Erich Nossacks Roman ›Der jüngere Bruder‹.

Inzwischen wurde die Erfahrung des bis an den Rand der Selbstentzweiung tendierenden Identitätsverlustes jedoch von einem gleichsinnigen Eindruck überlagert, der den Prozeß der Individuation schon von alters her überschattet und sich motivgeschichtlich bis in die Gnosis zurückverfolgen läßt: vom Erlebnis der Entfremdung[152]. In dem im Zusammenhang mit dem Handschriftenfund von Nag Hammadi ans Licht gekommenen Evangelium veritatis heißt es einleitend, daß die Unkenntnis des Vaters Schrecken und Furcht erzeugte, die wie ein dichter Nebel, aus dem niemand heraussehen konnte, die Welt bedeckte (17,6–13)[153]. Daß dieses Motiv auf der Höhe der Neuzeit in den Vordergrund drängte, hängt mit dem von Hegel wahrgenommenen »Ruck« des Geistes zusammen, also mit jener Wende, mit der die Inversion der anfänglichen Tendenzen einsetzte[154]. Auf die Zeit der sich zusehends konstituierenden Subjektivität folgte die von deren progressiver Desintegration. Während Reformation, Humanismus und Aufklärung auf die Befestigung des autarken Subjekts hinwirkten, setzten nunmehr die auf seinen Abbau gerichteten Tendenzkräfte ein. Ursache dessen war der Umschlag, der es dahin brachte, daß der nach Descartes zum »Herrn und Besitzer der Natur« gewordene Mensch in zunehmende Abhängigkeit von seinem eigenen Werk geriet und schließlich, mit Goethes ›Zauberlehrling‹ gesprochen, nachgerade zum Opfer der Geister wurde, die er vorher, ohne das bannende Zauberwort zu kennen, gerufen hatte. Die Tragik des Vorgangs bestand nicht zuletzt darin, daß Hegel, der ihn als erster sensibel registrierte, zu einem seiner effizientesten Betreiber wurde. Unter dem Stichwort »der sich entfremdete Geist« hatte er in seiner »Phänomenologie des Geistes« (von 1807) erklärt:

Die Welt dieses Geistes zerfällt in die gedoppelte; die erste ist Welt der Wirklichkeit oder seiner Entfremdung selbst, die andere aber die, welche er, über die erste sich erhebend, im

Äther des reinen Bewußtseins sich erbaut. Diese, jener Ent
fremdung entgegengesetzt, ist eben darum nicht frei davon,
sondern vielmehr nur die andere Form der Entfremdung[155].

Stimuliert von der seiner Trinitätslehre abgewonnenen Einsicht, daß der Prozeß des Geistes durch den Umschlag von der
These in die Antithese vorangetrieben wird, wagte es Hegel wie
kein Denker zuvor, dem »Negativen« ins Angesicht zu schauen
(Heiß) und es als den Beweggrund des geistigen Fortschritts herauszustellen. Insofern sind alle Kulturgestalten Entfremdungsformen
des Geistes. Indem sich der Geist in Abgrenzung davon zum
»Äther des reinen Bewußtseins« erhebt, gerät er jedoch in Abhängigkeit von dem Negierten: Er entzweit sich mit sich selbst und wird
so »unglücklich im Bewußtsein«, Opfer einer »anderen Form der
Entfremdung«[156]. Er erreicht seinen »Thron«, um zu entdecken,
daß dieser, wie Hegel mit einem Wortbild aus der Passionsgeschichte sagt, die »Schädelstätte« des absoluten Geistes ist.
Sofern Hegel mit diesem Schlußbild seiner Phänomenologie, das
den Thron des absoluten Geistes als seine Schädelstätte begreift,
auf sein System vorausblickt, ist die damit indirekt geäußerte
Selbstkritik kaum weniger hart als der Spott Kierkegaards, der den
Systemschöpfer mit dem Erbauer eines hochgewölbten Palastes
verglich, der es nur verabsäumte, sich darin eine Wohnung einzurichten, und der statt dessen nebenan in einer Scheune oder Hundehütte haust[159]. So gesehen behält Marx gegen Hegel recht, wenn er
diesen ebenso als Opfer wie als Täter der von ihm diagnostizierten
Entfremdung kennzeichnet[158].

Auf die Frage, wie es zu diesem Umschlag kommen konnte,
hat die noch immer plausibelste Antwort Goethe in der bereits gewürdigten Übersetzungsszene seines ›Faust‹ gegeben[159]. Stufenweise hat sich darin der bereits in den Bann des verneinenden
Geistes der Aufklärung geratene Übersetzer von dem »festen
Buchstaben« des Schrifttextes entfernt, weil er aufgrund seines
nominalistischen Sprachverständnisses das »Wort« so hoch nicht
schätzen konnte. Doch damit gibt er das Prinzip des verbum solum
auf, auf welches Luther die neuzeitliche Glaubens- und Geisteswelt
begründet hatte. Was sich ihm als Ersatzvokabeln anbietet, sind
aber, wie sich bei näherem Zusehen herausstellt, die Schlüsselworte
der mit Hegel einsetzenden »Systeme«; denn mit »Sinn« rührt er an
die Leitidee des Idealismus, mit »Kraft« an den Grundbegriff der

Willens- und Lebensphilosophie, während er sich mit »Tat« zu der von Marx geforderten revolutionären Veränderung bekennt. Insofern nimmt sich die Übersetzungsszene tatsächlich wie ein hellsichtiger Vorgriff auf die Verfallsgeschichte der die Neuzeit konstituierenden Prinzipien und ihre stufenweise Ablösung durch säkularistisch-politische Derivate aus. Es ist, wie sich nunmehr zeigt, die Geschichte einer wachsenden Entfremdung, die, vermittelt durch das reformatorische »Prinzip Wort«, letztlich den Urquell der abendländischen Kultur, die Gottesoffenbarung, verschüttete und erst von dort her in ihrem Unwesen als progressiver »Abfall« begriffen werden kann.

Während Goethe die Verfallsgeschichte der Leitideen beschrieb, stellten sich andere Diagnostiker die von Marx thematisierte Aufgabe, »die Selbstentfremdung in ihren unheiligen Gestalten zu entlarven«, nachdem die Entlarvung der »Heiligengestalt der menschlichen Selbstentfremdung« nach Ansätzen bei Feuerbach durch ihn, Marx, seiner Selbsteinschätzung zufolge, bereits geleistet war[160]. Marx glaubte das Ziel der Entlarvung dadurch zu erreichen, daß er den Menschen als Gattungswesen definierte. Bei aller Distanz kam er darin mit Nietzsche überein, sofern dieser das Individuum kurzweg als »Irrtum« bezeichnete, dies freilich in eklatantem Widerspruch zu Max Stirner, der alles zum Werk und Eigentum des »Einzigen« erklärt hatte. Auf die Entlarvung großen Stils hatte sich sodann Sigmund Freud eingelassen, der seine Analyse zugleich als eine der großen »Kränkungen« des neuzeitlichen Selbstbewußtseins verstand. Noch radikaler verfuhren indes nach dem Urteil Friedrich Tenbrucks die Begründer der Soziologie, sofern sie durch die Reduktion des Menschen auf einen bloßen Rollenträger seine »Abschaffung« betrieben[161].

Von Marx, dem Anführer dieser ungleichen Gruppe, gilt somit dasselbe, was er Hegel zum Vorwurf machte. Während er das Entfremdungsmoment in dessen System denunzierte, beschwor er selbst den schrecklichsten Entfremdungsmechanismus der Menschheitsgeschichte herauf. Grundsätzlich geschah das dadurch, daß er dem »unbehausten« Menschen, für den im hegelschen System keine Wohnung vorgesehen war, ein Unterkommen in der »ganz gewiß vom Menschen gemachten« Menschenwelt, der Gesellschaft, zu verschaffen suchte, dies jedoch mit dem angedeuteten Effekt, daß er ihn darin als Person aufgehen ließ[162]. Im Gegenzug zu der in der Nietzsche-Nachfolge aufkommenden

Tendenz, den Menschen auf ein primär aggressives Verhalten festzulegen, war damit bei aller Überspitzung die fundamentale Tatsache wiederentdeckt, daß er nur im Verbund mit Seinesgleichen überleben und sich in seinem Menschsein ausgestalten kann. Den Weg zu Buber und dessen dialogisch konzipierter Anthropologie versperrte sich Marx freilich durch die These, daß die Gesellschaft nicht aus Individuen bestehe, sondern lediglich die »Summe der Beziehungen« ausdrücke, »worin diese Individuen zueinander stehen«[163]. Inzwischen hatte sich die Gesellschaft allerdings, besonders in den industriellen Ballungsgebieten, längst in eine antlitzlose Masse – so Sorel und Gustave le Bon – und zuletzt in das von Heidegger beschriebene anonyme »Man« verwandelt, dem nur noch der der Fremdregie unterworfene und, mit Riesman gesprochen, »außengesteuerte« Mensch entsprach[164].

Obwohl Riesman dem außengesteuerten Menschen den »innengeleiteten« entgegenstellt, dem vorwiegend an der Kultivierung seines »Selbstwertempfindens« gelegen ist, kommt die Steuerung seiner Analyse zufolge doch in beiden Fällen von außen[165]. Damit trifft er einen Grundzug der ausgehenden Neuzeit, die mit der emphatischen Inthronisierung des autonomen Subjekts angetreten war, dann, beginnend mit der Romantik, dessen Verfall in Form der Identitätskrise und Entfremdung heraufbeschwor und zuletzt seine systematische Demontage betrieb. Während die Identitätsnot und Entfremdung noch weithin schicksalhaft erlebt wurde, traten mit dem Aufkommen der industriellen und politischen Imperien, vor allem aber mit dem Einzug der Diktaturen die Mächte auf den Plan, die zielbewußt auf die Zerstörung der selbstverantwortlichen Person ausgingen und den spontanen Entfremdungsprozeß dadurch in eine planvolle Strategie verwandelten.

Zwar gehörten die auf das Zerbrechen der Persönlichkeit abzielenden Techniken schon immer zu den schrecklichen Praktiken des Machtmißbrauchs und der Unterdrückung. Jetzt aber zielte diese nicht nur auf die Einschüchterung des Denkens und die Lähmung des Willens, sondern auch auf die Unterwerfung des Bewußtseins unter eine Fremdregie, und dies mit den Methoden der Gehirnwäsche bis zur euphorisch-qualvollen Identifikation mit ihr. Doch damit drängt auch schon ein letztes Spannungsfeld ins Blickfeld, das sich zwischen Bewußtsein und dessen Gegenbegriff, dem Wahn, aufbaut und, schon aufgrund seiner Aktualität, zur genaueren Ausleuchtung nötigt.

4. *Bewußtsein und Wahn*

Auch in seiner Öffentlichkeitsform ist das Bewußtsein nur eine kommunikativ geweitete Form des Selbstbewußtseins, die, wie gerade die gegenwärtigen Minderungs- und Krisenerscheinungen beweisen, in funktionaler Abhängigkeit von diesem gesehen werden muß. Was dessen Herkunft anlangt, so stellt sie sich wie eine Synthese der in den bisherigen Durchgängen angesprochenen Grundbegriffe – Größe, Freiheit, Identität – dar. Denn das menschliche Denken erwacht, wenn man der traditionellen Deutung folgt, aus dem Staunen über den Kosmos in seiner umgreifenden Größe, es entzündet sich am freiheitlichen Akt der Selbstdistanzierung vom Gegenstand, und es verinnerlicht sich zur Selbstfindung des denkenden Ich im Gedachten.

Auf die Herkunft des philosophischen Selbstbewußtseins hob mit Nachdruck Gerhard Krüger in seinem titelgleichen Essay (von 1933) ab, wobei er zwischen einer »Freiheit zu den Sachen« und einer »Freiheit zur Vermeidung des Scheins« – er hätte auch radikaler sagen können »zur Bekämpfung des Wahns« – unterschied. Wie Hegel rechnet auch er dabei mit einem Fortschritt im Bewußtsein der Freiheit. Denn die von den Griechen nur naiv gebrauchte Freiheit werde heute, wie er mit einer bedenkungswerten Wendung sagt, bewußt in Anspruch genommen; denn so sehr die Freiheit in letzter Hinsicht eine Gewährung ist, besteht der ihr einzig angemessene Gebrauch doch darin, daß man sie sich nicht zuweisen läßt, sondern daß man sie, wie der Sprachgebrauch zutreffend sagt, »nimmt«.

Genommen aber wurde die das Wissen konstituierende Freiheit nach Krüger erstmals durch Descartes, mit dem deshalb die – freilich schon von Augustin angebahnte – Geschichte des Selbstbewußtseins im Vollsinn einsetzt. Der Unterschied zu Augustin besteht zunächst schon darin, daß Descartes das augustinische Modell des »Zusichkommens vor Gott« zwar übernimmt, es aber dadurch säkularisiert, daß er den Grund der Wahrheit anstatt in Gott im denkenden Ich sucht, vor allem darin, daß er das gefundene Selbstbewußtsein »zum Fundament seiner Philosophie« erhebt[166]. Das erreicht er, indem er den von Augustin nur defensiv, zur Abwehr der akademischen Skepsis eingesetzten Zweifel als fundamentalen Gewißheitsweg erschließt und damit den ungleich höheren Stellenwert des »Ich denke« entdeckt.

So brachte er eine der größten Innovationen im Feld der Philosophie zustande.

Dennoch blieb sein Ansatz nicht unangefochten. Krüger verweist auf Husserl, der von der »Halbheit« in Descartes' Entdeckung sprach, weil er von dem »Ego als dem zweifellos seienden Endchen der Welt« aus den ganzen Rest der Welt hergeleitet habe[167]. Das aber scheint in der Natur des Zweifelweges zu liegen, sofern man sich nur vergegenwärtigt, daß Vico mit fast gleichlautenden Worten von dem »winzigen Stück Erde« sprach, das in Gestalt des mondo civile den »ungeheuren Ozean des Zweifels« überragt, und so die Sache der Philosophie auf die »ganz gewiß vom Menschen gemachte« Geschichte begründen wollte[168].

Tiefer drang, damit verglichen, die Kritik Nietzsches, der Descartes vorwarf, mit seiner Vorsicht zu spät gekommen und im »Fallstrick der Worte« hängen geblieben zu sein[169]. Denn seine Säkularisierungsabsicht scheitere, wie das zu ergänzen ist, daran, daß der Gottesglaube längst in die Strukturen der abendländischen Welt, ja sogar in die grammatischen Regeln eingedrungen sei. Erst müßten noch diese »Schatten« beseitigt werden, wenn volle Innerweltlichkeit erreicht werden soll[170].

Als bisher letzter und radikalster Kritiker meldete sich Leszek Kolakowski zu Wort, indem er dem methodischen Zweifel den »Zweifel an der Methode« entgegensetzte[171]. Für ihn liegt die entscheidende Schwäche des kartesianischen Ansatzes in der Befürchtung seines Schöpfers, daß die Denkgesetze auf die Suggestionen eines dämonischen Betrügers zurückgehen könnten. In diesem Zusammenhang erinnert er an die von ihm freilich nicht geteilte psychoanalytische Kritik an Descartes, die in »seiner Urangst, Gott könne vielleicht ein Betrüger sein«, ebenso wie in seiner Rekonstruktion des anselmischen Gottesbeweises den Versuch der Aufarbeitung eines unbewältigten Vaterkomplexes vermutet[172]. Demgegenüber verbleibt er selbst in einem metaphysischen Agnostizismus, den er jedoch keineswegs als eine skeptische Position verstanden wissen will. Denn für die Bezweiflung der Stringenz der Denkgesetze genüge die bloße Erwägung der Möglichkeit eines dämonischen Betrugs. Für die Wiederherstellung ihrer Gültigkeit müßte jedoch die Existenz eines wahrhaftigen und gütigen Gottes erwiesen werden. Solange diese Gewißheit fehlt – und sie ist seiner erkenntniskritischen Position zufolge nicht zu erbringen –, müsse »jeglicher Evidenz« mit Argwohn begegnet und der menschlichen Erkenntnis lediglich ein »funktionaler Status« beigemessen werden[173].

Demgegenüber wird bei Krüger deutlich, daß Descartes den von der Figur des dämonischen Betrügers verkörperten Zweifel an der Wahrhaftigkeit und Güte Gottes nur dadurch beschwichtigen konnte, daß er das Gottesgeheimnis zum Begriff einer »undurchschaubaren Übermacht« steigerte, die den Menschen »in jeder Hinsicht verendlicht« und ihm dadurch jede Rückfrage verwehrt[174]. So entsteht eine Situation ähnlich der am Schluß des Buches Hiob, wenn sich dieser vor der Übermacht, die ihm in Gestalt der Gottesrede entgegentritt, geschlagen gibt, und, weil ihm nur diese »einzig mögliche Antwort« bleibt, verstummt[175]. Carl Gustav Jung, der in seiner ›Antwort auf Hiob‹ (von 1952) dem Buch eine eindringliche Betrachtung widmete, sieht in dem sich verfremdenden Gottesbild eine der Ursachen, die zur Geburt der Weisheit im Denken des seine Geschichte reflektierenden Israel führte[176]. Die Konzeption der gleichzeitig als fleckenloser Abglanz der göttlichen Herrlichkeit und als »Werkmeisterin der Schöpfung« begriffenen Sophia bedingte nämlich eine Entlastung Gottes von den Übeln der Welt, die nun dem mit dieser Urentzweiung »heraufbeschworenen« satanischen Gegenspieler Gottes angelastet wird.

Belangvoller für den ideengeschichtlichen Fortgang als diese mit gnostischen Vorstellungen belastete Kosmologie ist das Profil der Weisheit, die, hervorgegangen aus dem Mund des Höchsten, das Urbild der gewährten, mitgeteilten und zugesprochenen Wahrheit ist. Als »Mutter der edlen Liebe, der Furcht, der Erkenntnis und der heiligen Hoffnung« teilt sie sich ihren Kindern mit, denen sie einwohnt, um sie zu Propheten und Gottesfreunden heranzubilden. Im Zug des Säkularisierungsprozesses wird daraus der consensus omnium, dem nach Kolakowski als dem Inbegriff der »universal anerkannten Regeln« zwar der gesellschaftliche Konsens zu danken ist, der jedoch, wahrheitstheoretisch gesehen, auf denkbar schwankendem Boden steht[177].

Doch dieser instabile Status rief geradezu nach einer tragfesteren Begründung. Wenn man davon ausgeht, daß die von Kolakowski aufgedeckte Problematik schon mit der Sozialisierung des Denkens und mit deren Fortentwicklung zur Wissenssoziologie und zur evolutionären Erkenntnistheorie einsetzte, wird begreiflich, daß sich in dem großen Laboratorium des Geistes, als welches das durch den Siegeszug und die Kritik der idealistischen Systeme geprägte neunzehnte Jahrhundert zu gelten hat, die Wege trennten. Auf der einen Seite, die im Interesse der kulturellen Öffnung nach Osten höchste Beachtung verdient, bot sich als Fundamentierung die durch Hiob – als Gestalt und Buch – verkörperte Weisheit an, die als die große Inspirationsquelle der russischen Religionsphilosophie erscheint. Die Brücke schlägt, paradox gesprochen, der vor dem »garstigen breiten Graben« der christologischen Fundamentalaporie verharrende Lessing, sofern er in seinem ›Nathan‹ die »alte Kanzel«, das Theater, bestieg und hinter dem »Weisen« die Gestalt Hiobs aufscheinen ließ[178]. Zur vollen Präsenz brachte den von der undurchschaubaren Gottesweisheit überwältigten Hiob sodann Kierkegaard mit seinem Geständnis: »wenn ich Hiob nicht hätte!« (Die Wiederholung), den er nach seiner eigenen Bemerkung auf sein Herz lege und »mit des Herzens Augen« lese, um schließlich die hintergründige Frage an ihn zu richten:

Hiob! Hiob! O Hiob! hast du wirklich nichts anderes gesprochen als diese Worte: Der Herr hat's gegeben, der Herr hat's genommen – der Name des Herrn sei gelobt! Sagtest du nicht mehr? Bliebst du in all deiner Not dabei, dies nur zu wiederholen?
Warum schwiegst du sieben Tage und Nächte, was ging da in deiner Seele vor? Als das ganze Dasein über dir zusammenstürzte und in Scherben um dich lag, hattest du da gleich die übermenschliche Fassung, der Liebe Deutung, des Vertrauens und des Glaubens Freimut?[179].

Zweifellos hat er nicht nur mehr und dabei weit weniger Ergebungsvolles gesagt; vielmehr ist ihm auch mehr gesagt worden, als das von seinem Ergebungswort her zu erwarten war. Antwort gibt ihm die ihm als »undurchschaubare Übermacht« entgegentretende Gottesweisheit, die das Affirmative in Gott mit deren Negation auf überbegriffliche Weise verknüpft, doch so, daß dabei die welterhaltende Fürsorge die Oberhand behält[180]. Wie Gott Hiob im Gewittersturm antwortet, so erhält Kierkegaard die Antwort auf die von ihm mit Hiob gestellte Frage im Gewitter der »Wiederholung«, die ihm zwar nicht die Restitution des Aufgegebenen und Verlorenen, wohl aber die Identifikation mit sich selbst einträgt. So gewinnt er die Basis für die Ausbildung der Persönlichkeit, des zentralen Werks der Weisheit, die nach dem alttestamentlichen Weisheitsbuch die von ihr Heimgesuchten »zu Gottesfreunden und Propheten heranbildet« (7,27). Von hier zieht sich, vermittelt durch den von Kierkegaard vernichtend kritisierten Schelling, die Verbindungslinie hin zu Solowjew, der diesen Zusammenhang insofern zuende führt, als er seine weisheitliche Konzeption als die Alternative zu Nietzsches Destruktion der christlichen Persönlichkeitskultur begreift[181].

In seiner ›Kurzen Geschichte vom Antichrist‹ (von 1899), die mit ihrer Stilisierung des endzeitlichen Widersachers auf Thomas Manns ›Doktor Faustus‹ vorausweist, entwirft Solowjew zugleich das Schreckensbild des totalitären Gewaltherrschers, der mehr noch auf die Unterwerfung des Bewußtseins als auf äußere Unterdrückung ausgeht und dieses Ziel zunächst mit persuasiven Mitteln anstrebt. In dieser Hinsicht überbietet er den mehr auf die Wirkung der Repression setzenden »Big Brother« ebenso, wie er sich der Figur des Großinquisitors annähert, vor allem in dessen Absicht, den Menschen die ungeliebte Last der Freiheit abzunehmen.

Darin hatte der für die »revolutionäre« Gegenseite stehende Marx längst schon wirksame Vorarbeit geleistet, als er in seiner ›Deutschen Ideologie‹ (von 1832) den von Destutt de Tracy geschaffenen Begriff der Ideologie aufnahm und zunächst polemisch gegen Hegel und seine Epigonen einsetzte, um sie als Schöpfer eines Systems der Denktäuschungen und der menschlichen Selbstentfremdung zu entlarven[182]. Dadurch seien den Menschen die »Ausgeburten ihres Kopfes . . . über den Kopf gewachsen«. Schuld daran trägt in erster Linie die Religion, verstanden als das »Selbstbewußtsein und Selbstgefühl des Menschen, der sich entweder noch nicht erworben oder schon wieder verloren hat«[183]. Somit kam es nur noch darauf an, ein Medium zu finden, das einen ähnlichen Zugriff auf das Selbst- und Selbstwertbewußtsein des Menschen ermöglichte.

Dafür bot sich aber nichts so sehr wie der zunächst polemisch ausgespielte Ideologiebegriff an, zumal er ohnehin zu den »Ersatzvokabeln« gehörte, die an die Stelle des in den Säkularisierungsprozeß geratenen und dadurch um seinen Inhalt und seine Identität gebrachten Glaubens traten[184]. Doch wie kam dieser zu Bewußtseinsformen der Wirkung? In ihrer Untersuchung über ›Elemente und Ursprünge totalitärer Herrschaft‹ (von 1951) antwortete Hannah Arendt darauf, indem sie den »Terror« als das eigentliche Wesen totalitärer Herrschaft bestimmte[185].

Und sie sprach von dem »eisernen Band«, mit dessen Hilfe es dem Terror gelinge,

> *Menschen so zu organisieren, als gäbe es sie gar nicht im Plural, sondern nur im Singular, als gäbe es nur einen gigantischen Menschen auf der Erde, dessen Bewegungen in den Marsch eines notwendigen Natur- oder Geschichtsprozesses mit absoluter Sicherheit und Berechenbarkeit einfallen*[186].

Damit dies gelingt, schafft sich das totalitäre System ein Äquivalent seiner selbst in Gestalt der Ideologie, die somit als seine ideelle Selbstdarstellung zu gelten hat. Wie in ihrer genuinen Antithese, der Religion, der Gottesbegriff nicht nur Auskunft über das zentrale Lebensgeheimnis gibt, sondern dazu dient, »den Lauf der Welt zu erklären«, so erhebt die Ideologie »Anspruch auf totale Welterklärung«, die sich weniger auf das, was faktisch ist, als vielmehr auf das, was wird, bezieht und die sich insofern von aller konkreten Erfahrung abhebt[187]. Doch damit fällt der Mensch aus der »gemeinsam bewohnten Welt« heraus und jener Verlassenheit anheim, in der »Selbst und Welt, und das heißt alle Denkfähigkeit und alle Erfahrungsfähigkeit« gleicherweise zugrunde gehen[188].

Dem müssen lediglich noch die beiden Hauptmerkmale jeder Ideologie hinzugefügt werden: die Nichthinterfragbarkeit und das Interpretationsverbot, um deutlich werden zu lassen, daß die totalitären Systeme in Gestalt der Ideologie tatsächlich mit »eiserner« Konsequenz darauf ausgehen, das freie Denken der einzelnen einem kollektiven Wahn zu unterwerfen. Wer sich einer Ideologie verschreibt, hat den Boden der sein Denken bestimmenden und berichtigenden Fakten hinter sich gelassen und sich der Führung einer »allwissenden Autorität« übergeben, die ihm nicht nur den Gang der Welt und Geschichte erklärt, sondern ihm zugleich auch für die Richtigkeit des Mitgeteilten in letzter Instanz bürgt. Stand der Anfang des modernen Selbstbewußtseins im Zeichen des methodischen Zweifels und seine Wende unter dem Vorbehalt des Zweifels an der Methode, so sein Ende im Sog ausufernder Wahnvorstellungen, die sich von politischem Fanatismus bis zu apokalyptischen Schreckensvisionen und astralmythischen Suggestionen im Stil der New-Age-Welle erstrecken. Es ist, als gelinge es dem von Descartes noch gebannten spiritus malignus am Ende der damit begonnenen Epoche, seine Fesseln zu sprengen und die Macht über die Geister an sich zu reißen.

Zwar können diese Formen des Wahns ganze Kollektive befallen und dann, wie der mittelalterliche Hexenwahn und das Flagellantentum beweisen, epidemische Ausmaße annehmen[189]. Doch steht das zu Ende gehende Jahrhundert im Zeichen der schreckenerregenden Erfahrung von Obsessionen, die ganze Völker und Kontinente in ihren Bann schlagen. Sie entstammen dem zu politischer Methode erhobenen Zerbrechen des Individuums, dem Nietzsche schon in der ›Geburt der Tragödie‹ das Wort geredet hatte und das in den Versuch der terroristischen Diktaturen ausmündete, alle in ihren Machtbereich Geratenen zu »einem einzigen Wesen von gigantischem Ausmaß« zu verschmelzen[190].

Wenn das gelingen sollte, mußte die Vielzahl der Individuen von ihrer Wurzel her aufgehoben werden. Darauf ging der Versuch aus, das Individuationsprinzip durch die zum »Big Brother« stilisierte Figur des Diktators zu verdrängen. Die menschenverachtende Praxis dieses Versuchs wurde unter dem Namen »Gehirnwäsche« bekannt, die nach Anselm Strauss als systematisch betriebene »Entidentifizierung« darauf abzielt, daß ihre Opfer die Brücken ihrer angestammten Sozialisation hinter sich abbrechen und die gewachsenen Loyalitäten, vor allem gegenüber Familie und sozialer Klasse, zerstören, um neue Loyalitäten gegenüber Land und Partei zu entwickeln, also hauptsächlich gegenüber jener Instanz, die im Vergleich zum Individuum und seiner Tradition »immer Recht hat«[191].

Wie die von den Praktikern der Gehirnwäsche beklagten Vorkommnisse des Rückfalls zeigten, wird das Ziel dieses gewaltsam betriebenen Identitätsentzugs jedoch nie mit letzter Sicherheit erreicht[192]. Dazu kommt es nur unter der Voraussetzung, daß ein Eingriff ins Denken gelingt, der die gewohnten Formen der Vergewisserung, Rückfrage und kritischen Interpretation unterbindet und durch die vollkommene Unterwerfung unter eine allwissende Autorität ersetzt. Das Medium dieses Eingriffs ist, wie bereits vermerkt, die Ideologie. Denn Ideologien verdanken ihren bewußtseinsverändernden Einfluß dem Umstand, daß sie weder hinterfragt noch interpretiert werden dürfen[193]. Dadurch entfremden sie ihre Opfer nicht nur der Wirklichkeit und der von ihr ständig ausgeübten Kontrolle über die an sie herangetragenen Deutungsmuster, sondern, verhängnisvoller noch, der subjektiven Kritikfähigkeit und Selbstverantwortung. So wird die ideologisch beherrschte Gruppe zur willenlosen Manövriermasse, die mit Hilfe von Attrappen und Feindbildern auf beliebige Aktionsziele »angesetzt« werden kann. Ideologien sind, so gesehen, die Instrumentarien des machtpolitisch inszenierten Wahns. Das mit ihnen heraufbeschworene Desaster kommt jedoch erst dann zum vollen Ausbruch, wenn die durch sie betriebene Aufhebung des Denkens in dessen Unterwerfung unter eine letzte, subjektiv verfaßte Führungsinstanz besteht. Insofern zielt die von den modernen Terrorsystemen eingesetzte Ideologie auf die Integration in den steuernden Willen des Großen Bruders, Vaters und Führers. Im selben Maß, wie diese Integration gelingt, hören die Unterworfenen auf, als subjektiv denkende und eigenverantwortlich handelnde Individuen zu existieren, um sich in nur noch funktional agierende Organe des sie bestimmenden Willens zu verwandeln. Nur so ist die bestürzende Suspendierung aller humanen Prinzipien zu erklären, die ausgerechnet im Land ihrer intensivsten Kultivierung zu nie dagewesenen Exzessen der Unmenschlichkeit führte.

Nachdem der freiheitliche Aufbruch (von 1989) einen kaum erst wahrgenommenen Graben gegenüber der durch die Terrorsysteme beherrschten Vorwelt aufgerissen hat, stellt sich ein Problem, das am zutreffendsten im Blick auf Lessing umschrieben werden kann. Doch während es ihm darum zu tun war, den »garstigen breiten Graben« der Heilsferne zu überspringen, geht es heute umgekehrt darum, die Wiederkehr der zerstörerischen Verblendung mit allen Mitteln zu verhindern. Schwerlich wird das der Philosophie gelingen, obwohl ihre Hauptaufgabe nach Adorno in der »Denunzierung des Wahns« besteht[194]. Noch weniger ist die Theologie dazu fähig, solange sie sich ihrer ideologiekritischen Mission nicht bewußt geworden ist und ihren therapeutischen Beruf verfehlt[195]. Um so mehr müßte der Glaube seine Aufgabe darin erblicken, im Sinne eines programmatischen Paulus-Wortes alle sich gegen die Heilsbotschaft erhebenden Sinngespinste und Bollwerke zu zerstören und alles Denken für Christus gefangen zu nehmen (2 Kor 10,4 f)[196]. Er ist von seinem Wesen her das Prinzip der Wahnüberwindung, dem es gegeben ist, dort Klarheit zu schaffen, wo der Gott dieser Welt den Sinn der Menschen verblendet (2 Kor 4,4). Nach dem berühmten Stich von Francisco Goya brütet der »Schlaf der Vernunft« die Dämonen aus. Prägnanter kann der Verfall des Geistes in den zurückliegenden Krisenjahren kaum umschrieben werden. Ebenso klar ist dann aber auch die Erkenntnis, daß es in erster Linie dem Glauben gegeben ist, die Vernunft aus diesem von Dämonen umgaukelten Schlaf aufzuwecken.

5. Über den Abgrund gespannt

Dem Menschen widerfährt letztlich nur das, wofür er von innen her disponiert ist. So könnte er auch nicht in die angesprochenen Spannungsfelder geraten, wenn er nicht zuvor schon einer existentiellen Spannung unterstünde. Mehr bildstark als bewußt spricht davon das Zarathustra-Wort:

> *Der Mensch ist ein Seil, geknüpft zwischen Tier und Übermensch – ein Seil über einem Abgrunde*[197].

Was in dieser Bestimmung nur anklingt, hatte ein Menschenalter zuvor Kierkegaard in dialektischer Zuspitzung zu Beginn seiner ›Krankheit zum Tode‹ (von 1842) auf den Begriff gebracht. Danach besteht die mit dem Titel gemeinte Grundverfassung des Menschen in der Verzweiflung, die ihrerseits dem Antagonismus zweier gegenläufiger Grundbestrebungen entspringt: dem verzweifelten Willen des Menschen zu dem mit dem Gottesverhältnis des Geistes gegebenen Selbstsein und dem nicht minder verzweifelten Widerwillen dagegen: in der Verweigerung des ihm zugesprochenen und dadurch auferlegten Selbst und dem Verlangen nach einer Existenz unter anderen, selbstgewählten Bedingungen[198].

Der Zwiespalt betrifft das Verhältnis des Menschen – und darin besteht der durch Kierkegaard ans Licht gehobene Ursprung der Modalanthropologie – zu seinen Möglichkeiten. Im Normalfall wird der Übergang von der Möglichkeit zu deren Verwirklichung als Vorzug und Steigerung empfunden, im Fall der Verweigerung jedoch als Minderung, als Absturz auf eine »niedrigere Stufe«[199]. Man könnte im Sinn von Kierkegaards ›Der Begriff Angst‹ (von 1844) auch sagen, als Absturz durch das Sein ins Nichts. Damit würde auch das Erfahrungsmoment deutlich, das aus dem als reine Bestimmung gedachten Begriff der Verzweiflung – nach Liselotte Richter nahezu ein Äquivalent zu dem der Wiederholung – noch nicht hervorgeht[200]. Erlebt wird die Verzweiflung dieser Verdeutlichung zufolge als Angst, die damit zugleich in ihrer Primärform als die Angst des Menschen vor sich selbst und seinen Möglichkeiten faßbar wird[201].

Doch nicht nur dies; vielmehr wird die aus dem Antagonismus der widerstreitenden Willensform erhobene Angst auch in ihren gegensätzlichen Erscheinungsformen ersichtlich: als Strangulations- und Isolationsangst; denn der Geängstete leidet der Wortbedeutung von angustia zufolge in erster Linie unter dem Eindruck, eingeschnürt und in jener Weise stranguliert zu sein, wie es das mythische Bild der Midgard-Schlange versinnbildlicht. Es ist das Gefühl der Atem- und Ausweglosigkeit, dem er bis zu panikhafter Steigerung verfällt. Dem steht jedoch das nicht minder angsterregende Gefühl des Alleingelassen- und Verlassenseins gegenüber. Dann unterliegt der Geängstete dem Eindruck, von allen Verbindungen abgeschnitten, total vereinsamt und auf sich selbst zurückgeworfen zu sein. Dem entspricht dann auch der Abbruch des Sozialbezugs, den er in der Form erleidet, daß es ihm »die Sprache verschlägt«, daß er also durch die ihn lähmende Angst unfähig wird, seiner Not Ausdruck zu geben und durch ein alarmierendes Wort auf seine Bedrängnis aufmerksam zu machen. Wie die Angst zunächst in ihrer Primärform als Angst des Menschen vor sich selbst ersichtlich geworden war, so hier in ihrem Verhältnis zur Einsamkeit. In ihrer isolationistischen Variante ist sie, wie sich nunmehr zeigt, die Innenseite der Einsamkeit und diese ihrerseits die soziale Erscheinungsform der Angst.

Der mit diesem existenzanalytischen Einstieg erzielte Erkenntnisfortschritt betrifft in erster Linie die volle Ausleuchtung der conditio humana. Stellte sich das Menschsein bisher noch nach Art einer naturalen Gegebenheit dar, die, eingebettet in den Kontext des Seienden, aus diesem erhoben werden konnte, so erfährt der Geängstete, daß es sich im Fall des Menschen durchaus anders verhält. Denn die Angst rechtfertigt das von Nietzsche gebrauchte Bild. Der Mensch ist das den Abgrund des Nichts überspannende Wesen. Ohne diesen metaphysischen Hintergrund hatte das lange zuvor schon Augustin an einer selbstkritischen Stelle seines Bekenntniswerks mit der Metapher zum Ausdruck gebracht:

Welch ein Abgrund ist doch der Mensch, dessen Haare du, Herr, sogar gezählt hast, so daß dir keines davon verloren geht. Und doch sind seine Haare eher noch zu zählen als die Regungen und Bewegungen seines Herzens[202].

Demnach ist der Abgrund, über dem Nietzsche das »Seil« des Menschseins gespannt sah, der Mensch selbst. Nirgendwo ist daher klarerer Aufschluß über seine Verfassung zu gewinnen als im Blick in diesen mit ihm selbst gegebenen Abgrund. Deshalb kommentiert Pascal das Augustinus-Wort mit der These:

In diesem Abgrund findet das Band unserer Lage Einschlag und Knoten, so daß der Mensch ohne dieses Mysterium unbegreiflicher ist, als dieses Mysterium selbst dem Menschen unbegreiflich ist[203].

Das aber besagt für die Frage nach der Verfassung des Menschen, daß er das aus ihm selbst heraufdrohende Nichts, dessen er nach Kierkegaard und Heidegger in der Angst bewußt wird, nach Art einer freitragenden Konstruktion überbaut. In ihrer Zuspitzung zur Todesangst aber geht die Angst mit dem Eindruck einher, daß er jederzeit in diesen Abgrund einbrechen und von ihm verschlungen werden könne[204].

Von hier aus fächert sich die Angst in ihre fundamentalen Erscheinungsformen auf. Sie ist zunächst, wie jetzt vollends deutlich wird, die Angst des Menschen vor sich selbst, vor der Unverläßlichkeit seines sichernden Daseinsentwurfs und insofern die Befürchtung, nicht für sich selbst und die bereits erreichte Kompetenz einstehen zu können. Wie der Sprachverlust des Geängsteten erkennen läßt, ist sie sodann die Infragestellung des Sozialkontakts, also sowohl die Angst, den bestätigenden Mitmenschen nicht erreichen zu können, als auch die geheime Befürchtung, daß sich der erwünschte Partner von heute über Nacht in einen gefährlichen Rivalen, wenn nicht gar in einen verhaßten Feind verwandeln könne. In der Angst keimt jedoch, wie Gertrud von le Fort im Zug der mit Heidegger einsetzenden und von Jaspers, aber auch von den Hauptvertretern der christlichen Dichtung aufgenommenen Erkundung des Panoramas der Ängste verdeutlichte, zuinnerst die Hoffnung, daß sich im reißenden Abgrund des Nichts ein Halt verberge, der den Absturz aufhält: der Seins- und Geschichtsgrund der göttlichen Liebe[205]. Seine Verhüllung bringt es jedoch mit sich, daß auch dieser Grund nicht als bergende Macht, sondern als »erdrückende Übermacht«, also als neuerliche und schlimmste Bedrohung, empfunden wird. Das führte religionsgeschichtlich zu der dialektischen Bestimmung des Heilig-Göttlichen, das nach dem bekannten Aufweis Rudolf Ottos in seiner Abhandlung ›Das Heilige‹ (von 1917) von den Religionen der Menschheit als die Koinzidenz von Mysterium tremendum und Mysterium fascinosum gesehen wird: gesehen durch jenen imaginativen Erfassungsakt, den er im Anschluß an Schleiermacher, Fries und de Wette »Divination« nennt[206]. So enthüllt die Angst auch das göttliche Geheimnis, das, in ihrer Perspektive gesehen, dem vom Sog des Nichts Ergriffenen letzten Halt verspricht und ihm diesen zugleich entzieht.

Das zweite – und aktuellere – Ergebnis des Einstiegs betrifft jedoch die Frage der Rückbindung der Spannungsfelder an die Konstitution des Menschen. Im bisherigen Durchgang zeigte sich wiederholt, daß ihn letztlich nichts erreicht und trifft, was nicht in ihm angelegt ist, so daß bei allen schicksalhaften Ereignissen, wie Guardini in ›Welt und Person‹ (von 1939) deutlich machte, an eine vorgängige Disposition dafür zu denken ist[207]. Auch in die durchschrittenen Spannungsfelder geriete der Mensch somit nicht hinein, wenn sie ihm nicht »auf den Leib geschrieben wären«. Weil er über den Abgrund in ihm selbst »gespannt« ist, konnte es nicht ausbleiben, daß sich seine Selbstverwirklichung auf gegensinnigen Bahnen vollzieht, die zwischen Polen der Optimierung und Gegenpolen der Desintegration und Entfremdung verlaufen.

Das gilt schon von der Größe, der der Mensch entgegenstrebt, weil er sich nach Pascal »um ein Unendliches« übersteigt[208]. Sie ist ein mit seiner Konstitution gegebenes und kein willkürlich gewähltes Strebeziel. So entspricht sie seinem naturalen Verlangen nach Selbstoptimierung, also seinem Bestreben, von seinen Möglichkeiten stets neue freizusetzen und von ihnen einen stets besseren Gebrauch zu machen. Doch aufgrund seines nicht minder ausgeprägten Hangs zur Selbstentäußerung und Selbstzerstörung – letztlich eine Folge seiner Todverfallenheit – ist ihm auch der Gegenzug zu alledem eingeschrieben: die Bereitschaft zur inneren Verelendung, unterfangen von seiner Anfälligkeit für geistige und politische Tendenzkräfte, die ihn unter sein Niveau zu drücken, ihm seine personale Würde auszureden und ihn zu einem bloß funktionalen Lebensstil zu überreden suchen. Vertieft wird diese Anfälligkeit durch die von Pascal herausgestellte Ohnmacht und Zerbrechlichkeit des seinsschwachen Menschen, den (nach Frgm. 347) »schon ein Windhauch, ein Wassertropfen« auszulöschen vermag, weil er letztlich nur durch das, was ihn bestätigt und trägt, nicht aber durch das, was er ist, im Dasein besteht und weil ihm auch dafür nur eine allzu kurze Lebenszeit zugemessen ist.

Ungeachtet dieser Einengung ist der Mensch das Wesen der Freiheit. »Der Mensch ist frei geschaffen«, dichtet Schiller, »ist frei, und würd' er in Ketten geboren«[209]. Insofern ist die von Hegel nachgezeichnete Geschichte der Freiheit, die von der des alle andern versklavenden Despoten bis zu der durch den »Eintritt des christlichen Prinzips« ermöglichten Freiheit aller führt, im Grunde die Geschichte der Selbstbegegnung des Menschen im Horizont der ihn als Mensch konstituierenden Idee. Doch Hegel sieht sie, seinem spekulativen Grundansatz zufolge, nur abstrakt in ihrer Vergegenständlichung als Menschheitsgeschichte, die sich ihm daher tragisch, im Stil einer Passionsgeschichte, darstellt. In diesem »ungeheuren Gemälde« zeigt sich, wie ungeheure Anstrengungen oft nur kleine Wirkungen hervorbringen, wie aber auch »aus unbedeutend Scheinendem Ungeheures hervorgehen« kann, so daß ganze Staaten und Völker verschwinden, daß aber auch »aus dem Tode neues Leben aufersteht«[210]. Insgesamt überwiegen in diesem Panorama jedoch die dunklen Farben. Wer sich den Triumph des Bösen in der Geschichte, den Untergang blühender Reiche und den Jammer der Individuen vor Augen hält, kann angesichts dieser »Schlachtbank«, auf der das »Glück der Völker, die Weisheit der Staaten und die Tugend der Individuen zum Opfer gebracht werden«, nur Trauer und Empörung empfinden[211].

Das rückt Hegels Geschichtsbetrachtung unmittelbar an den Schluß von Bachs ›Matthäuspassion‹ heran, wenn sich die Zeugen der zuende gegangenen Leidensgeschichte »mit Tränen niedersetzen«, um sich ihrem Schmerz zu überlassen, aber auch, um sich der Hoffnung auf die Erweckung dessen hinzugeben, dem sie das »Ruhe sanfte« zugesungen haben[212]. Doch in der Annäherung bleibt eine unüberbrückbare Distanz, weil Hegel die Basis der Auferstehungshoffnung, die alle Geschichte durchwaltende Vorsehung, wiederum seinem spekulativen Ansatz zufolge, abstrakt und selbstgesetzlich als die »List der Vernunft« begreift. Sie bewirkt es – ganz wie die Vorsehung –, daß die Agenten der Geschichte ihr Werk ohne Wissen um den verfolgten Zweck betreiben. So sind sie letztlich die Vollstrecker eines mit dem absoluten Geist identischen Weltgesetzes, nicht aber diejenigen, die, ohne es zu ahnen, jedoch von der Sinnhaftigkeit ihres Tuns immer wieder überrascht, der Direktive der göttlichen Weisheit folgen[213].

Nach dem Kapitel über »die absolute Freiheit und der Schrecken« aus Hegels ›Phänomenologie des Geistes‹ (von 1807) zu schließen, scheiterte sein Vorhaben, »die Entzweiung zwischen dem Innern des Herzens und dem Dasein« aufzuheben, an der grauenhaften Gestalt, in der ihm das »Dasein« dort, wo die Freiheit zu ihrem Selbstbegriff gelangen sollte, in der Französischen Revolution, entgegentrat[214]. Die Aufhebung des Elends der Unterdrückten führte zur Aufhebung des Menschlichen, in der der Tod zum einzigen Werk der allgemeinen Freiheit wurde, und zwar zum Tod ohne Sinn und Erfüllung, zum »kältesten und plattesten Tod, ohne mehr Bedeutung als das Durchhauen eines Kohlhaupts oder ein Schluck Wassers«[215]. Im Gedanken an das Schreckensregiment Robespierres wandelt sich, mit Hegel gesprochen, die sinnentdeckende Trauer zum kalten Schrecken über den Tod der reinen Sinnlosigkeit, in dem sich die Freiheit in ihrem äußersten Gegensatz entgegentritt.

Womöglich trat Hegel darin aber auch der Schatten seiner eigenen Wirkungsgeschichte entgegen. Denn er hatte auf theologischer Ebene die Dekomposition des geschichtsgestaltenden Prinzips betrieben, die Löwith aus ideengeschichtlicher Perspektive beschrieben hatte. Seiner Analyse zufolge war die von ihrem endzeitlichen Erfüllungsziel abgekoppelte und auf innerweltlich Machbares zurückgenommene Hoffnung zum Fortschritt und damit zur Triebfeder der modernen Denk- und Lebenswelt geworden. Damit verlor die Hoffnung zwar ihre Identität, nicht jedoch ihre Orientierung auf das göttliche Geschichtswirken hin, auf das sich der Vorsehungsglaube bezieht. Die Herabwürdigung der Vorsehung zur »List der Vernunft« entzog der Hoffnung nun auch noch die religiöse Basis, so daß die Fortschrittsidee ihre letzten Erinnerungen an ihre Herkunft verlor. Um so rascher entartete sie zu dem – nach Löwith – in der Folge zum Selbstzweck aufsteigenden Fortschritt und dadurch zur bloßen Motorik des Kulturbetriebs.

Losgelöst von seiner Herkunft geriet der Fortschritt aber nur allzu rasch in die Einflußsphäre der Macht. Das wirkt wie der Schlüssel zu einem der signifikantesten Momente moderner Diktaturen: zu ihrem exzessiven und mit imperialistischem Machtstreben nicht zu erklärenden Expansionsdrang, dem sie sich nach Art eines Selbstzwecks verschreiben. Sie treiben Politik nicht als die Kunst des Möglichen, sondern als den Griff nach dem Unmöglichen und gehen folgerichtig an diesem Exzeß zugrunde[216].

Denn dieser entgleitet, kaum daß er sich durchsetzte, jeder steuernden Regie, weil er sich eigengesetzlich und ohne jede Rücksicht auf menschliche Interessen, auch auf die seiner Initiatoren, fortentwickelt. Wie die gescheiterten Versuche spanischer und französischer Herrscher – Sebastian Haffner nennt in diesem Zusammenhang Karl V., Philipp II., Ludwig XIV. und Napoleon –, sich ganz Europa zu unterwerfen, erkennen lassen, war das Expansionsstreben immer schon ein Kennzeichen imperialistischer Politik. Bei den terroristischen Diktaturen dieses Jahrhunderts gewinnt es jedoch eine eigene, eigengesetzlich fortschreitende und deshalb jeder Kontrolle entzogene Dimension.

Nirgendwo wird die Freiheit nachhaltiger und systematischer zerstört als in diesem automatisch fortschreitenden Prozeß. Es ist, als habe sich Dostojewskijs Warnung in ihr Gegenteil verkehrt und den Ungeist heraufbeschworen, den er mit der Schreckensfigur des Großinquisitors zu bannen suchte. Dabei trifft seine Prognose nicht so sehr diejenigen, die den Menschen das Himmelsgeschenk der Freiheit gewaltsam zu entreißen suchen, als vielmehr jene, die sie dazu bringen, ihnen das ungeliebte Geschenk der Freiheit von sich aus zu Füßen zu legen: also nicht die terroristischen Diktaturen, sondern deren Erbschaftsverwalter in Gestalt der modernen Medien. Indessen ist die Prognose aber selbst damit noch nicht voll ausgeleuchtet. Denn sie scheint mit ihrer letzten Intention darüber hinaus zu besagen, daß das ungeliebte Geschenk gar nicht mehr als Gabe, sondern als Last empfunden wird, daß also das Freiheitsbewußtsein, das, wie es der Leitsatz vom Menschen als dem Wesen der Freiheit zum Ausdruck brachte, anfänglich als integrales Element des Menschseins erschien, nunmehr eher als dessen Behinderung empfunden wird und infolge dessen mehr und mehr verfällt. Manche Anzeichen sprechen dafür, daß dieses Stadium ungeachtet des großen Freiheitsrufs, der vom gegenwärtigen Geschichtsgang ausgeht, bereits erreicht ist.

Erst recht bestätigt sich der Zusammenhang mit der Konstitution des Menschen im Fall des Spannungsfeldes von Identität und Entfremdung. Mehr noch: In diesem Fall wird das Spannungsfeld geradezu als eine vorweggenommene Profilbestimmung des Menschen lesbar, da dieser, zumal in der Sicht der Modalanthropologie, ständig zwischen Identitätsstreben und Selbstentfremdung schwankt. An dieser Stelle bricht sich eine Erkenntnis Bahn, die sich ansatzweise schon aus Goethes Übersetzungsszene ergab, als die mit der Reformation einsetzende Ideengeschichte sich als eine einzige Fehlübersetzung des johanneischen Grund-Satzes »Im Anfang war das Wort« erwies. Kontrastiv dazu könnte aber genau so gut gezeigt werden, daß sich die ideengeschichtliche

Entwicklung als großräumige Rekonstruktion des anselmischen Gottesbeweises verstehen läßt[217].

Hier aber zeigt sich, daß nicht nur die Welt, wie der Mikrokosmosgedanke wollte, sondern auch der »mondo civile« der Geschichte als eine universale Extrapolation des Menschseins begriffen werden kann. Und es zeigt sich in der Weise, daß die Neuzeit in ihrer Anfangsphase mit aller Macht auf die Konstituierung des autarken und autonomen Subjekts ausgeht, während in der mit der Romantik beginnenden Folgezeit dessen Krise, Auflösung und Liquidierung zu ihrem Thema und Schicksal wird. Die beiden Phasen sind somit auch hinsichtlich ihrer Bewußtheit unterschieden. Nachdem sich die Konstituierung weithin spontan vollzog, es sei denn, daß das Subjekt wie im kartesianischen Ansatz oder in Huttens »Juvet vivere« mitbegründend in die Konzeption einging, steht die folgende Verfallszeit im Zeichen einer zunehmenden Selbstreflexion: Der Auflösungsprozeß wird somit von diesem Zeitpunkt an zum reflektierten Inhalt des Geisteslebens.

Insofern stand der Aufbruch der Neuzeit im Zeichen einer fortschreitenden Selbstentdeckung des Menschen: als Subjekt, als Individuum und als Person, auch wenn es so erst im Rückblick von den in der Folgezeit entwickelten Theorieentwürfen, also vom Idealismus Fichtes, vom Radikalindividualismus Stirners und von den Denkern des »dialogischen Prinzips« (Buber) her gesehen und gesagt werden kann. Aber die Theorie hat nun einmal nach dem berühmten Wort aus Hegels ›Philosophie des Rechts‹ stets das »Nachsehen«:

> *Wenn die Philosophie ihr Grau in Grau malt, dann ist eine Gestalt des Lebens alt geworden, und mit Grau in Grau läßt sie sich nicht verjüngen, sondern nur erkennen; die Eule der Minerva beginnt erst mit der einbrechenden Dämmerung ihren Flug*[218].

»Gealtert« war dieser Sicht zufolge vor allem der zur Konstituierung des Personbewußtseins führende Impuls, der noch in dem Freudschen Motto »Wo Es war, soll Ich werden« nachklingt. »Gealtert« war er aber auch insofern, als er jetzt seiner selbst und seiner fortschreitenden Auflösung bewußt wurde. Auf der gegensinnigen Verfallsperspektive besteht demgegenüber die Geschichtsdeutung der Kunst.

Philipp Otto Runges Tagzeitenzyklus, der als ein ästhetisches Gegenstück zum prozessualen Geschichtsbild Joachim von Fiores angesehen werden kann, endet im Unterschied zu diesem in der Nacht, von der Hölderlin dichtet, daß in ihr »alles gemischt ist ordnungslos und wiederkehrt uralte Verwirrung«. Es ist die Stunde der zerbrechenden Identität, der wachsenden Entfremdung und des um sich greifenden Wahns. Demgemäß gilt das analytische Interesse jetzt nicht mehr wie bei Augustin dem Nachdenken über sich selbst, sondern dem, was unter der Bewußtseinsschwelle liegt, dem von Freud entdeckten Unterbewußten, und schließlich sogar, wie bei Michel Foucault, den wahnhaften Fehlformen des Bewußtseins. Darauf hatte schon Pascal mit der bestürzenden Bemerkung hingewiesen:

> *Der Wahn ist der beherrschende Teil des Menschen, Herr des Irrens und des Falschen, und um so arglistiger ist er, weil er nicht immer vorherrscht, denn er wäre ein untrügliches Zeichen der Wahrheit, wenn er als das untrügliche Kennzeichen der Lüge zu gelten hätte. Doch obschon er in der Regel falsch ist, gibt es kein Merkmal seines Wesens, da wahr und falsch denselben Kriterien unterliegen*[219].

In alledem zeichnet sich ein Bild vom Menschen ab, das sich zu dem aus der Wesensperspektive entworfenen wie der Querschnitt zum Längsschnit verhält. Versucht die Wesensanalyse der aristotelischen Grundbestimmung des Menschen als des vernunftbegabten Lebewesens entsprechend das Menschsein aus dem Synergismus von Leiblichkeit und Geistigkeit zu begreifen, so stellt sich der Mensch im Spiegel der als seine Selbstprojektion begriffenen Geistesgeschichte als das um Selbstbesitz und Selbstoptimierung bemühte und ebenso durch innere Schwäche wie durch äußere Abhaltung immer wieder unter sein Niveau absinkende Wesen dar. So wie sich die neuzeitliche Geistesgeschichte als eine fortschreitende Selbstexplikation des Menschen begreifen läßt, erscheint sie nun umgekehrt als die großräumige Verifikation der Modalanthropologie. Damit erweist sich diese aber nicht nur als die durch den Rückgriff auf die biblische Wo-Frage aufgerufene, sondern als die dem neuzeitlichen Geschichtsgang eingeschriebene Perspektive des Menschseins. Um so mehr ist es nun darum zu tun, diese Perspektive in ihre Einzelaspekte aufzufächern.

III. HERKUNFT UND ZUKUNFT

1. Das noch nicht festgestellte Tier

Der Mensch ist von Natur aus Kulturwesen, das nur als solches die naturalen Bedingtheiten seines Daseins bestehen konnte und deshalb, vor jeder der angesprochenen Spannungen, in einem Spannungsverhältnis zu sich selbst und zu seiner eigenen Herkunft steht. Gleichwohl konnte er sich nur als Naturwesen zur Höhe seiner kulturellen Selbstdarstellung erheben. Deshalb muß vor jedem weiteren Schritt seiner Herkunft aus dem Naturreich nachgegangen werden. Im Rahmen einer Modalanthropologie kann und braucht das nur unter einem streng selektiven Gesichtspunkt zu geschehen. Ihn sprach Hans Erich Nossack mit dem Satz an, der sich ihm bei der Betrachtung des Zinjanthropus-Schädels aufdrängte:

Welch eine Mühe, Mensch zu werden![220]

Das ist allerdings die extrem entgegengesetzte Blickrichtung zu derjenigen, in der Nietzsche den Menschen sah. Dazu äußerte sich dieser am deutlichsten mit dem in »Jenseits von Gut und Böse« entwickelten Vorhaben, den Menschen in die Natur zurückzuversetzen. Denn dem Menschen sei und bleibe der »schreckliche Grundtext homo natura« eingeschrieben, der von den Agenten des Bildungs- und Kulturbetriebs vielfach übermalt worden sei, am schlimmsten von jenen »metaphysischen Vogelfängern, welche ihm allzu lange zugeflötet haben: Du bist mehr! Du bist höher! Du bist anderer Herkunft«![221] Diese »schmeichlerische« Farbe und Übermalung müsse nun endlich abgetragen und der schreckliche Grundtext wie bei einem Palimpsest freigelegt und lesbar gemacht werden. Und Nietzsche zögert nicht, im selben Werk auch schon seine Lesart mitzuteilen, wenn er den Menschen als das »noch nicht festgestellte Tier« entziffert[222]. Kaum einmal kommt der reduktionistische Grundzug in Nietzsches exaltierter Verkündigung so klar zum Vorschein wie hier. Doch ungeachtet der ideologischen

Tendenz seiner These ist zu fragen, wie es sich mit dem »naturalen« Grundtext des Menschseins tatsächlich verhält.

Für das, was Paläontologie und Verhaltensforschung über die Herkunft des Menschen ans Licht brachten, läßt sich schwerlich ein besseres Motto finden als der von Irenäus Eibl-Eibesfeldt geprägte Titel: ›Der Mensch – das riskierte Wesen‹[223]. Denn vom Evolutionsprozeß gilt die Feststellung Hubert Markls: »Zufall schafft nichts von Wert ohne Auslese, aber Auslese hat nichts zu schaffen ohne Zufall«, wobei mit »Zufall« die mit dem Mittel der Mutation arbeitende »Maximierungsstrategie des Lebendigen«, mit »Auslese« der die überlebensfähigen Formen aussondernde Selektionsprozeß gemeint sind[224].

Der kühnste Entwurf der Natur aber bestand zweifellos in der Hervorbringung jenes Wesens, dem sie, wie schon Thomas von Aquin erkannte, Waffen und Kleidung versagte, dafür aber die Möglichkeit der Kompensation dieses Defizits durch Geist und Sprache eröffnete, also, mit der berühmten Wendung Arnold Gehlens gesprochen, eines weltoffenen »Mängelwesens«[225]. Am Anfang dürfte die Erkenntnis der Gefährdung dieses waffen- und schutzlosen Wesens in einer sich zusehends zum Bedrohlichen hin verändernden Umwelt gestanden haben, da die Savanne, in der sich der Übergang zum aufrechten Gang und zum gestaltenden Gebrauch der Hände vollzog, ungleich größere Gefahren barg als der vorangehende Aufenthalt im schützenden Wald[226]. Womöglich bildet dabei die von Eibl-Eibesfeldt herausgestellte Unterscheidung zwischen Freßfeind und rivalisierenden Artgenossen den emotionalen Untergrund für die Entwicklung der intellektuellen Unterscheidungskraft und damit einer Grundoperation des Denkens. Auch vom Erlernen der jeweils sinnvollsten Reaktion darauf dürfte eine ähnliche Mobilisierung der Intelligenz ausgegangen sein[227].

Eine vergleichbare Funktion könnte der Angst auch bei der Strukturierung der Gruppe zugekommen sein, insbesondere bei deren Einbeziehung in eine größere Gemeinschaft, deren Anonymität die Ausbildung von unterschiedlichen Verhaltensweisen, meist ausweichender und verheimlichender Art, begünstigte[228]. Daraus jedoch auf ein primär aggressives Verhalten oder gar auf einen unbezähmbaren Aggressionstrieb zu schließen, ginge an der Logik der menschlichen Sozialisation vorbei. Sie setzt vielmehr ein primordiales Bedürfnis nach Solidarität und Verbundenheit voraus, das jedoch aufgrund der Ambivalenz des Menschen immer dann in Aggression umschlägt, wenn sich der Lebensraum verengt, die Ressourcen schwinden oder Interessen und Lebensrechte bestritten werden. Demnach ist der Mensch ein primär solidarisches, in sekundär situativer Hinsicht jedoch aggressives Wesen.

Weil er nur in der Gruppe überleben konnte, bildete er dort auch seine Überlebensstrategien und unter ihnen in erster Linie seine Sprache aus. Um die Sprachentwicklung in ihrem elementaren Zusammenhang mit der Hominisation herauszustellen, eröffnete Johann Gottfried Herder seine ›Abhandlung über den Ursprung der Sprache‹ (von 1770) mit dem erstaunlichen Satz:

> *Schon als Tier, hat der Mensch Sprache. Alle heftigen, und die heftigsten unter den heftigen, die schmerzhaften Empfindungen seines Körpers, alle starken Leidenschaften seiner Seele äußern sich unmittelbar in Geschrei, in Tönen, in wilden, unwillkürlichen Lauten*[229].

Neben dem Verlangen, seine Schmerzen und Wünsche zu bekunden, dürfte vor allem aber das Bedürfnis nach rascher und präziser Verständigung bei der für das Überleben so wichtigen Jagd am Anfang der Sprachentwicklung gestanden haben. Überdies wird die Entdeckung des von Wilhelm von Humboldt mit der Unterscheidung von Sprache als Ergon und Energeia herausgearbeiteten Doppelcharakters der Sprache bei ihrer Entwicklung eine zentrale Rolle gespielt haben[230]. Als »Werk« vermittelt sie dem Menschen die Gegenstände und Verhältnisse seiner Welt; als kreativer Akt vermittelt sie ihm das Bewußtsein, mit der Sprache etwas bewirken und gestaltend auf die Objektwelt Einfluß nehmen zu können. Was John Leslie Austin und seine Schule mit der Unterscheidung von informativer und performativer Sprache auf den Begriff brachten, geht somit wurzelhaft schon auf die Sprachentdeckung des Frühmenschen zurück[231]. In der Wahrnehmung der energetischen Sprachdimension wurzelt alles, was mit »besprechen« und »beschwören« zu tun hat und im christlichen Bereich die sakramentalen Sprachhandlungen betrifft[232]. Demgegenüber ist die logische Organisation der Sprache und die des Denkens mit Hilfe einer zumindest vorlogisch strukturierten Sprache das Werk der historischen Spätzeit, die nach der Frage des Thales von Milet nach dem Einheitsgrund, der »arche« der Dinge, zu datieren ist. Bis dahin orientierte sich der Mensch mit Hilfe von Bildern und identifizierenden Assoziationen, wie sie von Freud in ›Totem und Tabu‹ (von 1912) angesprochen wurden.

Einen aufschlußreichen Blick in die »Seele der Primitiven« warf vor allem Lucien Lévy-Bruhl in seinem gleichnamigen Werk (von 1930), der den zwar vorlogischen, aber keineswegs alogischen Charakter der von ihm bei Naturvölkern untersuchten Denkstrukturen nachwies und, wie schon Freud, auf »klassifikatorische Verwandtschaftsbeziehungen« stieß, die spontan an den von Claude Lévi-Strauss vermuteten Zusammenhang von grammatischen Regeln und Verwandtschaftbeziehungen denken läßt[233]. Ohne daß ein Widerspruchsprinzip dazwischentritt, kann für das primitive Denken einer zugleich eine Vielheit und derselbe ein anderer seiner selbst sein, ebenso wie sich Menschen in Tiere verwandeln oder verdoppeln können.

Wichtig ist für das primitive Denken insbesondere die Vorstellung von dem »zweiten Ich«, das den Menschen wie ein Schatten oder Spiegelbild begleitet und mit ihm zugleich eine symbiotische Einheit bildet, weil damit die Möglichkeit einer gleichzeitigen Anwesenheit an verschiedenen Orten gegeben ist[234]. Nicht minder wichtig ist ihm aber auch die Gegenvorstellung von der »Immanenz der Gruppe im Individuum«, wobei sich beide Male die Kategorie der Partizipation als vorherrschend erweist[235]. Daran gemessen ist es um die Kontinuität der rational geprägten Kultur weniger stabil bestellt als allgemein angenommen. Vielmehr ist mit Aufbrüchen zu rechnen, durch welche die verdrängten Vorstellungen in verwandelter Form erneut ihr Recht behaupten. Und es ist sicher kein Zufall, daß derartige Aufbrüche insbesondere im christlich geprägten Kulturkreis zu verzeichnen sind. In erster Linie gehört dazu die paulinische Corpus-Mysticum-Vorstellung, sofern sie nur gemäß ihrer Logik gedacht wird, aber auch die cusanische Idee des »Jegliches in Jeglichem«. Zur Lehre vom mystischen Leib hält Günther Bornkamm modernen Abschwächungsversuchen (Berger) die Erkenntnis entgegen, daß die Gemeinde nicht nur bildlich, sondern tatsächlich »Christi Leib« (1 Kor 12,27) und »ein Leib in Christus« (Röm 12,5) ist: »eine mit keiner irdischen Wirklichkeit zu vergleichende und doch irdische Wirklichkeit, begründet in dem Einen, der sich leibhaftig in den Tod gegeben hat und in der Gemeinde gegenwärtig ist«[236]. Wie in einer Art metaphysischer Begründung dessen versichert Nikolaus von Kues in seiner ›Docta ignorantia‹:

*Bei aufmerksamer Betrachtung wirst du sehen, daß jedes
Ding, das wirklich existiert, darin seine Ruhe findet, daß
alles in ihm es selbst und es selbst in Gott ist. Du siehst dann
die bewunderungswürdige Einheit, die staunenswerte
Gleichheit und die wundervollste Verknüpfung der Dinge,
auf daß alles in allem sei. Du erkennnst auch, daß die Verschiedenheit und Verknüpfung der Dinge hierin ihren Ursprung hat* [237].

Aus diesen Vorstellungen ergeben sich Durchblicke, die erkennen lassen, daß die Denkleistung der prälogischen Vernunft
keineswegs durch den Siegeszug der Rationalität ausgelöscht, sondern nur aufgehoben ist und in neuen, aus dem Geist des Christentums geborenen Formen weiterlebt. Gleichzeitig bietet sich von
hier aus eine Erklärung für die von Rudolf Grahmann hervorgehobene Tatsache an, daß »der Mensch oder wenigstens eine
große Gruppe der Menschheit während einer das ganze Ascheul an-
dauernden Zeit von zehn- bis zwanzigtausend Geschlechterfolgen
ohne technische Innovationen auskam und mit dem gleichen For-
menschatz ihr Dasein befriedigend fristen konnte« [238]. Sicher läßt
dieser, gemessen an dem sich überstürzenden Entwicklungsgang
der Folgezeit erstaunliche Befund nicht auf eine geistige Stagnation
schließen, wohl aber darauf, daß die Menschheit in diesem Zeit-
raum ihre kreativen Kräfte für die Ausgestaltung ihres sozialen Zusammenlebens und insbesondere für die Entwicklung der sprachlichen Kommunikation mit Einschluß ihrer Imaginations- und
Ausdrucksfähigkeit nutzte. Womöglich ist das ein nicht zu über-
sehender Fingerzeig für die Lösung der Probleme, die sich aus
einer Zivilisation ergeben, die von dem zum Selbstzweck erhobenen Fortschritt gesteuert wird.

Doch entspricht auch dies dem Nietzsche-Wort vom Menschen als dem »noch nicht festgestellten Tier«. Denn damit soll
nicht so sehr gesagt sein, daß bis zur Stunde eine vollgültige Bestimmung des Menschen fehlt, als vielmehr: daß bei diesem Wesen
der beständigen Progression noch kein Ende abzusehen und auch
noch von keiner Instanz ein »Ende der Debatte«, in welcher der
Mensch mit sich selbst begriffen ist, verfügt wurde. Grund genug,
diesem Zug des Menschenwesens genauer nachzugehen.

2. Evolution und Geschichte

Das Wort von der »Wendezeit« erweist sich zusehends als die zentrale, wengleich weltanschaulich mißbrauchte (Capra) Kennzeichnung der Gegenwart. Sie trifft ebenso den Umbruch im politischen Zeitgeschehen wie im Glaubensbewußtsein, gleichzeitig aber auch den Gang der technischen Entwicklung. Nachdem Werner Heisenberg deren aktuellen Stand mit dem Satz verdeutlichte, daß heute der Mensch aufgrund der technischen Transformation seiner Welt »nur noch sich selbst gegenübersteht«, hat sich in den seither vergangenen vierzig Jahren der Zustand dahin geändert, daß nun vom evolutionären Entwicklungsgang dasselbe zu sagen ist, was er mit der nach ihm benannten Unbestimmtheitsrelation auf den Begriff brachte: Der beobachtende und um diese Entwicklung wissende Mensch geht gestaltend in sie ein[239]. Doch damit verliert sie ihren naturalen Charakter als Evolution und gewinnt, Schritt um Schritt, den der vom Menschen nicht nur – so Vico – gemachten, sondern »hervorgebrachten« Geschichte, zu der er nach der tiefsinnigen Deutung Martin Deutingers nicht so sehr im Verhältnis des Schöpfers als vielmehr des Erzeugers steht[240].

Vermutlich liegt auch der Evolutionstheorie eine Erinnerung an die prälogische Vorstufe des rationalen Denkens zugrunde, wo noch ohne den Einspruch des Widerspruchsprinzips das Eine in der Vielheit und diese in der Einheit gedacht und eins im Übergang zum anderen gesehen werden konnte. Daß sich der Evolutionsgedanke bis auf Empedokles und Heraklit zurückverfolgen läßt, macht deutlich, daß er aus der Konkurrenz mit dem griechischen Wesensdenken entstand und seine Ausformung in der ständigen Auseinandersetzung mit diesem erlangte. Denn die Rationalität ist, wie Henri Bergson in seiner ›Evolution creatrice‹ (von 1907) geltend machte, auf das Starre, gegenständlich Umschriebene und Immobile ausgerichtet und als solche zur Erfassung des Entstehens neuer Systemeigenschaften unfähig. Indessen verfügt sie aufgrund ihrer ungeheuren Leistungskraft, die das ganze Gebäude der Wissenschaft hervorbrachte, über eine derartige Plausibilität, daß nur mächtige Impulse das Aufkommen der evolutionären Gegenvorstellungen ermöglichen konnten. Erschütternd wirkten auf die optimistische Grundstimmung der Zeit vor allem die Erdbebenkatastrophe von Lissabon (am 1. November 1755), der Tod des französischen Königs Ludwigs XVI.

auf dem Schafott und die Umwälzungen im Gefolge der napoleonischen Kriege.

Es war in der Antike die von Heraklit herausgestellte Erfahrung, daß man ungeachtet aller Gründe, die für das eleatische Identitätsdenken sprachen, nicht zweimal in denselben Fluß steigen kann, daß also der in seiner Immobilität geschaute Kosmos zugleich als Bewegungsprozeß begriffen werden muß. Es war sodann, wie das erste Aufdämmern einer evolutionären Vorstellung in Augustins Lehre von den rationes seminales beweist, die christliche Gegenperspektive zu dem ewig in sich kreisenden Kosmos, also die Idee einer in linearer Progression ihrem eschatologischen Erfüllungsziel entgegenstrebenden Welt, die dem Entwicklungsgedanken Raum gab. Indessen mußte zu dieser kategorialen Öffnung die materiale Verifikation hinzukommen, wie sie sich dann, nachdem Charles Darwin seine zunächst aufgrund eher spärlicher Fakten ausgearbeitete Theorie vorgelegt hatte, in geradezu erdrückender Fülle einstellte[241]. Das Spiel wiederholte sich, nachdem sich Darwin entgegen anfänglichen Hemmungen entschlossen hatte, die in seinem Hauptwerk ›Die Entstehung der Arten‹ (von 1859) entworfene Deszendenz-Theorie in seiner Schrift über ›Die Abstammung des Menschen‹ (von 1871) auf diesen zu übertragen. Jetzt folgte, um nur die spektakulärsten Fälle zu nennen, auf den Fund des Neandertalers (1856) der des Homo heidelbergensis (1907), des Schädels von Steinheim (1933) und der Schädelreste des Sinanthropus (1937). Inzwischen waren aufgrund der falschen Annahme, daß der Mensch die größte Artverwandtschaft mit dem Gibbon aufweise und mit fossilen Resten deshalb in dessen Verbreitungsgebiet zu rechnen sei, tatsächlich Reste des Pithecanthropus erectus in Java gefunden worden (1891 und 1934). Ungleich bedeutender waren jedoch die Funde in Süd- und Ostafrika (1926 das Kind von Taungs; 1959 der Zinjanthropus; 1974 der Homo afarensis)[242].

Gleichzeitig traten jedoch auch die Defizite der Theorie zutage, da durch Mutation und Selektion die Entwicklung der »uns heute als Artenfülle« entgegentretenden Innovationen in vergleichsweise kurzen Zeiträumen nicht zu erklären war, geschweige denn Aufbau und Interaktion der Organismen mit Einschluß ihrer Reproduktions- und Regenerationsfähigkeit, ihres Orientierungsvermögens und ihrer Anpassung an oft extreme Umweltbedingungen[243]. Dem versuchte Konrad Lorenz mit der Einführung des

Begriffs der Fulguration zu begegnen. Für ihn greifen die Vokabeln »Entwicklung« und »Evolution« zu kurz, weil sie etwas bezeichnen, was sich aus vorgegebenen Zuständen entfaltet, nicht jedoch das, was neu in Erscheinung tritt und »vorher einfach nicht da war«[244]. Hier hilft seiner Überzeugung nach der von Theologen und Mystikern verwendete Ausdruck fulguratio weiter, der die »unmittelbare Einwirkung von oben«, von Gott her, zum Ausdruck bringt: die schlagartige Entstehung neuer, vorher nicht vorhandener Systemeigenschaften[245].

Gegen diesen auf den ersten Blick beeindruckenden Lösungsvorschlag wandte Reinhard Löw ein, daß das Fulgurationsprinzip nicht mehr als eine »aus der Not geborene« Überbrückungshilfe sei, da es entweder eine nicht eingestandene Kausalität verschleiere oder eine – nach Popper – unzulässige Anleihe metaphysischer Art darstelle[246]. Indessen entstammt der einzige wirklich überzeugende Lösungsvorschlag der Metaphysik, wenngleich dem Denken des Antimetaphysikers Nietzsche. Mit seinem »abgründlichsten« Gedanken der ewigen Wiederkunft des Gleichen suchte er zunächst den durch das Christentum auf sein endzeitliches Erfüllungsziel ausgerichteten Geschichtsgang im Sinn des zyklischen Geschichtsmodells der Antike auf seinen Ausgangspunkt zurückzuzwingen. Doch ist das an die Voraussetzung gebunden, daß mit eben diesem Motiv ein Eingriff in das kategoriale Netz gelingt, das seiner Überzeugung nach ganz von christlichen Implikationen durchwirkt ist. So gesehen verfolgt die ewige Wiederkunft das Ziel, dem aus metaphysischer Sicht in strenger Immobilität zu denkenden Identitätsprinzip, in Abwandlung einer Nachlaßnotiz gesprochen, den Charakter des Werdens aufzuzwingen[247].

Unter dieser Voraussetzung wird die von Lorenz postulierte Fulguration dann doch noch im strengen Sinn des Wortes denkbar, wenngleich das Ziel nur um den Preis der Verabschiedung eines tragenden Prinzips des Wesensdenkens erreicht werden kann. Denkbar wird jetzt, daß identische Lebewesen sich zu anderen mit neuer Identität fortentwickeln, wie immer die Evolutionsschritte biologisch, physiologisch und etologisch erklärt werden mögen. Dabei darf nicht übersehen werden, daß in diesem Ansatz der Möglichkeit im Verhältnis zur Wirklichkeit ein deutlich höherer Stellenwert zugemessen wird als in der gewohnten Verhältnisbestimmung. Unter dieser Voraussetzung – und nur unter ihr – wird die Tatsache erklärbar, daß der Evolutionsgedanke trotz der langen bis auf

Augustin zurückzuverfolgenden Inkubationszeit erst in der Mitte des 19. Jahrhunderts zum Durchbruch gelangte. Denn eineinhalb Jahrzehnte vor Darwins Hauptwerk veröffentlichte Kierkegaard seine Schrift ›Der Begriff Angst‹ (von 1844), die abschließend den Hypochonder, der bei der geringsten Kleinigkeit in Angst und Panik verfällt, jedoch beim Eintritt einer ernsten Gefahr geradezu aufatmet, weil sie nicht so schrecklich ist wie die ausgedachte Möglichkeit, mit dem vergleicht, »der durch die Möglichkeit gebildet ist«[248]. Der eine sei ein »unvollkommener Autodidakt«, jener aber ein »Theodidakt«. Deshalb müsse das Problem der Angst, sobald die psychologische Untersuchung abgeschlossen sei, »an die Dogmatik abgeliefert werden«[249].

Durch die Möglichkeit gebildet ist der Mensch dieser Zeit. Denn seit Kierkegaard, der mit ungeheurer Anstrengung die Diastase von Möglichkeit und Wirklichkeit zu verkürzen suchte und damit den Versuch Nietzsches unterlief, alle Seinsverhältnisse zu zerschlagen und die Wirklichkeit, wie es nach Max Picard der Anfälligkeit der ausgehenden Neuzeit entsprach, in ein Bündel von Möglichkeiten aufzulösen[250]. Als sei ihr damit das noch fehlende Stichwort zugerufen worden, setzte die Moderne die als ihre Speerspitze anzusehende Technik ein, um dem Meer des Möglichen ganze Bereiche zu entreißen. Das geschah nach Sigmund Freud dadurch, daß sie sich im Feld der Hochtechnik von ihrer traditionellen Zielsetzung, die Fron der Arbeit zu erleichtern, Gefahrenpotentiale einzudämmen und Notständen wirksam zu begegnen, abkoppelte, um sich der Realisierung uralter Menschheitsträume zuzuwenden. Anstatt Vorkehrung gegen Erdbeben- und Überschwemmungskatastrophen zu treffen und Wasser in die Dürregebiete Afrikas zu schaffen, entzündete sie, indem sie die Tat des Prometheus wiederholte, in den Atomreaktoren das Feuer der Sterne, erfüllte sie sich in Gestalt der Mondlandung das uralte Traumziel der Sternenreise und machte sie sich daran, mit Hilfe der Gentechnik in das Evolutionsgeschehen einzugreifen, und dies mit dem bereits absehbaren Ziel, den nach der Bibel (Gen 1,26) zum Bilde Gottes geschaffenen Menschen nach seinem eigenen Bilde umzuschaffen.

Das kann freilich nur als Denunzierung einer extremen Gefahr angesprochen werden. Wenn schon die Ankündigung Heisenbergs bedenklich stimmt, daß der Mensch in der technisch umgestalteten Welt nur noch sich selbst begegnet, signalisiert die vermutlich in nicht allzu großer Ferne liegende Möglichkeit einer Klonierung von Menschenwesen die Absurdität, daß der Mensch in Seinesgleichen nur noch sich selbst in sinnloser Repetition begegnet: ein Zustand, in dem keiner mehr dem andern etwas zu sagen hätte und alles in ein sinnloses Einerlei versänke. Doch im Angang zu diesem Schreckensziel geschieht das, was der gegenwärtigen Situation mehr als alle politischen und geistigen Umwälzungen ihr Gepräge verleiht: die Verwandlung der Evolution in Geschichte. Denn von jetzt an wird das Produkt der Evolution, wenn zunächst auch nur prinzipiell, zu ihrem Urheber. Nachdem er sich bisher damit begnügen mußte, ihr Beobachter und Deuter zu sein, geht er nunmehr gestaltend in sie ein. Doch damit hört sie auf, ein sich selbst steuernder Prozeß zu sein. In einzelnen, aber signifikanten Ansätzen wird sie zum Feld menschlicher Initiativen und Eingriffe. So verliert sie mehr und mehr ihren Charakter als Naturgeschehen und nimmt den der »ganz gewiß vom Menschen gemachten« Menschenwelt, der Geschichte an (Vico). Dadurch gewinnt allerdings der an den Menschen ergangene Schöpfungsbefehl, der, zusammen mit der Ermächtigung, sich die Erde zu unterwerfen (Gen 1,28), den lange vernachlässigten Auftrag enthält, den ihm zuerschaffenen Garten zu beschützen und zu bebauen (2,15), eine neue in dieser Größenordnung nie gekannte Dringlichkeit. Wie nie zuvor ist dem Menschen von jetzt an die Verantwortung für die Welt, aber nicht nur wie bisher für deren Ordnung und Erhaltung ihrer Lebensräume, sondern für den Entwicklungsgang des Lebendigen aufgetragen. Er ist, wie Hans Jonas mit Nachdruck deutlich machte, das auf das Prinzip der Verantwortung verpflichtete Wesen[251].

Doch damit ist der Mensch selbst auf seine Möglichkeiten und seinen Willen hin befragt, von ihnen den jeweils besseren Gebrauch zu machen. Das berührt aber nicht nur das Ethos des Menschen, sondern darüber hinaus seine Fähigkeit, sich zu wertbezogenen Verhaltensweisen zu erheben und die sein Verhalten normierenden Werte sich objektiv zu veranschaulichen, also eine imaginative Wertwelt zu schaffen. Sie ist ihrerseits nur ein Teilaspekt des von Hegel als »objektiver Geist« bezeichneten Reiches »geistiger Realität« (Ebner), also der Kultur, die seit Nietzsche im Verdacht steht, den Menschen als »glitzerndes Phantom« von sich wegzulocken, zumindest aber, wie Nicolai Hartmann präzisierte, von Hegel bei seiner Entdeckung partiell verfehlt worden zu sein[252].

Deshalb stellt sich nunmehr die Frage nach ihrer Rolle bei der Hominisation, oder wesentlicher noch, nach dem Verhältnis von Mensch und Kultur.

3. Von Natur aus Kulturwesen

Wie der Mensch nach Herder schon als Tier zu sprechen vermag, ist er schon von Natur aus das kulturschaffende Wesen, weil er nur so den Daseinskampf bestehen und überleben kann. Von den ersten Anfängen an schafft er sich Steinwerkzeuge, um die Wirkung seiner Hände zu verstärken; er vertauscht die seine Nacktheit verhüllenden Feigenblätter mit Kleidern, um gegen Hitze und Kälte geschützt zu sein; er überwindet die natürliche Angst vor dem Feuer und bringt es in seine Verfügung, um Raubtiere abzuschrecken und eine Wärmequelle zu gewinnen, die sich schließlich als Koch- und Backstelle nutzen läßt. In alledem bewährt sich seine aus der Freiheit geborene Erkenntniskraft, die ihrerseits, wie Freud in drastischer Hypothese zu erklären suchte, auf einen Triebverzicht im Sinne des kulturtragenden Elementaraktes zurückgeht[253].

Das ist ganz aus der Perspektive des subjektiv-neuzeitlichen Denkens entworfen, doch stellt sich der kulturelle Aufbruch auch unter der ungleich angemesseneren Voraussetzung des »primitiven« Denkens ganz ähnlich dar. Danach lebt der Primitive anfänglich in der Geborgenheit einer nach außen gekehrten Innenwelt, die ihm die totemistische Identifkation mit seiner Gruppe erschließt. Um in ihr bestehen zu können, muß er – so Gehlen im Anschluß an George Herbert Mead – lernen, sich von den anderen zu unterscheiden, um ihre vermutlichen Reaktionen in sein Verhalten hineinzunehmen, ja sogar, wie Mead betont, »die Rolle des andern« zu übernehmen[254]. So gewinnt er die für die Kommunikation mit der Gruppe unerläßliche Distanz und das primordiale Wissen um sein Ich. Ähnliches gilt dann auch für das Verhältnis zu seiner dinglichen Umwelt, zumal die Grenzen dorthin im Horizont der totemistischen Denkweise fließend sind. Er nimmt die ihm aus den Dingen entgegenkommenden Vergünstigungen, Widerstände und Gefahren in seine Verhaltensweise hinein, so daß sie in der Folge zu Zielen seiner Nutzung und Gegenständen seiner erkennenden Wahrnehmung werden. Wie die Innenwelt zunächst zur Außenwelt wurde, so wird diese nun im Zug einer gegensinnigen Inversion zur begriffenen und potentiell bewältigten »Innenwelt«[255].

In alledem wird deutlich, daß der Mensch im selben Maß, wie er seiner selbst und seiner Kulturfähigkeit bewußt wird, sich seiner Welt entfremdet sieht. Hier schon, in diesem ersten Bewußtseinsaufbruch, nimmt somit die Entfremdung ihren Anfang, die ihm im Lauf der Neuzeit zum epochalen Problem und Schicksal wird. Das könnte niemals im tatsächlich gegebenen Maß zutreffen, wenn der Mensch nicht in einem noch weit radikaleren Sinn das »Mängelwesen« wäre, als das ihn Gehlen im Anschluß an Herder bezeichnete[256]. Was ihm in einem letzten Sinn mangelt, ist weder die Wehr noch das Schutzkleid, sondern – er selbst. Er ist noch nicht das, was er sein kann; und diese defiziente Selbsterfahrung verschattet den Anfang seiner Werdegeschichte nicht weniger als ihren aktuellen Stand.

Geradezu spiegelbildlich dazu nimmt sich die Erklärung der Kulturentstehung aus, die sich nach Freud und Heidegger aus einem asketischen Akt herleitet: nach Freud aus einem Triebverzicht, nach Heidegger aus einer freigebenden Distanzierung von den Dingen, die deren erkennende und gestaltende Erfassung ermöglicht. Der Entfremdung des Menschen durch die von ihm geschaffene Kultur entspricht somit sein Verzicht im Urakt ihrer Entstehung.

Aus diesem Moment ihrer Negativität im Ursprung erklären sich die zunehmende Verselbständigung des objektiven Geistes im Verhältnis zu seinem subjektiven Urheber und die sich daraus entwickelnde Umkehrung des Verhältnisses beider, die den Schöpfer schließlich in Abhängigkeit von seinem Werk geraten ließ. Für den »unteren« Bereich der zivilisatorischen und technischen Errungenschaften lieferte Eibl-Eibesfeldt den Nachweis für diese nicht nur für den von ihm hervorgehobenen Fall des Automobils und der Verwaltung lebensbedrohliche Umkehrung[257]. Für die »höhere« Region der Kommunikations- und Medienwelt betonte das schon seit längerem Neil Postman mit seinen plakativen Warnungen vor den destruktiven Rückwirkungen des exzessiven Medienkonsums. Für die »höchste« Ebene der reinen Kulturgestalten bestätigte das die Vielfalt von Anzeichen eines kulturellen Kollapses, angefangen von der Proklamation der »Zurücknahme« in Thomas Manns ›Doktor Faustus‹ bis hin zu deren Ratifizierung in Theorie und Praxis der Postmoderne. Denn alledem liegt unverkennbar eine kulturelle »Klaustrophobie« zugrunde, verstanden als die »Innenseite« des verbreiteten Gefühls, in eine ständig schrumpfende und sich verfremdende Welt eingeschlossen zu sein. Das aber ist gleichbedeutend mit der Erkenntnis, daß sich der Ort der menschlichen Geborgenheit, die Welt, zunehmend in eine Wüste der Angst und Einsamkeit verwandelte.

Nie wurde das heller ausgeleuchtet als in der biblischen Erzählung vom Sündenfall und der Vertreibung aus dem Paradies, dem »Paradies« der primordialen Geborgenheit und unangefochtenen Identität (Gen 3,1–24). Die Erzählung erstattet zugleich Bericht von der Entlassung des Menschen in seine Geschichte, die ihn in der Folge dazu veranlaßte, sich »Ersatzparadiese« für die verlorene Beheimatung zu schaffen: das Paradies der brüderlichen Solidarität, das, kaum daß es zustande kam, durch den ersten Brudermord verloren geht; das Paradies der Zivilisation, repräsentiert durch die ersten Städtegründer (Gen 4,17), Viehzüchter (4,20), Waffenschmiede und Instrumentenbauer (4,21 f), ganz so, als sollten die durch die Waffen geschlagenen Wunden und zugefügten Schmerzen durch die Musik gemildert werden; und schließlich als letztes Restparadies das der Einheitssprache, aus dem die Menschheit gleichfalls nach dem Versuch, sich im Turmbau zu Babel gegen Gott zu erheben, durch dessen Intervention in Gestalt der Sprachenverwirrung vertrieben wird (11,1–9). Somit ist es dem Menschen schicksalhaft eingeschrieben, sich um Kompensationen dieser stufenweise verlorenen Geborgenheit zu bemühen, und sei es, wie die blutig ernst gemeinte Rede vom »Sowjetparadies« zeigt, mit den Mitteln brutaler Gewalt und um den Preis der Menschlichkeit und Menschenwürde. Die sich in diesem Propagandawort manifestierende Perversion deutet indessen darauf hin, daß der urmenschlichen Sehnsucht nach Wiedergewinnung des Paradieses nie mehr entsprochen wurde als in der Vision des messianischen Friedensreiches und der Reich-Gottes-Botschaft Jesu, die selbst noch in der grotesken Karikatur des »Dritten Reiches« als dessen religiöser Herkunftsgrund erkennbar ist.

Damit sind auch schon die beiden Modelle der Kulturentwicklung angesprochen: das Paradies und das von Jesus proklamierte Gottesreich. Freilich verbinden sich mit diesem zumindest partiell verschiedene Denkstrukturen. Während das Paradies auf einem extensiven Umweg wiedergefunden werden will, drängt das Gottesreich in linearer Fortgestaltung seiner endzeitlichen Vollwirklichkeit entgegen. Das eine sagt das hellsichtige Wort aus Kleists Studie ›Über das Marionettentheater‹ (von 1810) mit der Behauptung:

> *Doch das Paradies ist verriegelt und der Cherub hinter uns; wir müssen die Reise um die Welt machen, und sehen, ob es vielleicht von hinten irgendwo wieder offen ist*[258].

Dem stimmte lange zuvor schon Maximus Confessor in seinen ›Anfragen zu Thalassius‹ mit der präzisierenden Bemerkung zu:

> *Denn es durfte der Ursprung nicht so gesucht werden, als ob er im Rücken läge; vielmehr sollte er als das Ziel erkundet werden, das vorausliegt. So sollte der Mensch durch das Ende den verlassenen Ursprung kennenlernen, nachdem er das Ende nicht aus dem Ursprung zu erkennen vermochte*[259].

Diesem restringierten Wiederholungsmodell tritt in der Utopie Jesu ein eindeutiges Fortschrittsmodell entgegen, da das Gottesreich ganz auf seine prospektive Verwirklichung und eschatologische Endgestalt hin entworfen ist. Aus der Wechselbeziehung der beiden Modelle leiten sich die Inkonzinnitäten her, die in der von ihnen beherrschten abendländischen Kulturentwicklung zu beobachten sind. Dabei erklärt sich aus dem ersten die Anfälligkeit für das im Grunde überwundene Geschichtskonzept der Antike, das nur so in Nietzsches Idee der Ewigen Wiederkunft aufleben konnte, nicht weniger aber auch die Offenheit für die asiatische Vorstellung von einer dem »Rad der Wiedergeburten« verfallenen Welt, die sogar in der Rede des Jakobusbriefs von dem in Flammen stehenden »Rad der Geburt« (3,6) anklingt[260]. Umgekehrt vermittelt die Verspannung dieses Gegenmotivs mit dem Fortschrittsmodell des Gottesreiches einen Begriff von der Mühe, unter der sich dieses durchzusetzen sucht, und wohl auch davon, daß es dabei, wie die Programmatik des »Dritten Reiches« zeigt, sogar zum Teufelsbündnis mit dem kam, was seinem Urheber am fernsten lag: der Macht.

Vor diesem Hintergrund gewinnt die bisher erfolgreichste Kulturtheorie ihr volles Profil, die Norbert Elias in seiner Abhandlung über den ›Prozeß der Zivilisation‹ (1939 und 1969) entwickelte, zumal sein Ansatz dem jüdisch-christlichen Gedanken vom kommenden Gottesreich in der Überzeugung verpflichtet ist, daß sich der kulturelle Fortschritt zwar ungeplant, aber dennoch strukturiert und zielgerichtet gestaltet, aber gleichzeitig davon ausgeht, daß es sich dabei um einen denkbar komplexen, weder stetig noch sprunghaft voranschreitenden Lernprozeß handelt[261]. Ungeachtet der Grundorientierung können daher kein Anfangspunkt und kein Ziel dieser Entwicklung angegeben werden, da die Interdependenz der Hauptfaktoren Affektkontrolle, Wettbewerb und Differenzierung derart dominiert, daß unentschieden bleibt, was dabei Ursache und was Wirkung ist.

So kommt es, etwa in der Frage der Gewissensbildung, diesem Exponenten der Affektregulierung, zu Konzentrationen, die das angestrebte Ziel, den »zivilisierten Menschen«, in sein Gegenteil verkehren und neue Formen der Entfremdung und Repression heraufbeschwören. Stand am Anfang die Überlassung des Gewaltmonopols an die Sozietät, ermöglicht durch eine zunehmende Ritualisierung der Konflikte in Turnier und Gerichtsverhandlung, so am Ende die Pervertierung des der gesellschaftlichen Totalkontrolle unterworfenen Subjekts in eine Metapher seiner selbst, ein Endzustand, der freilich nur auf dem Weg einer medientheoretischen Extrapolation der von Elias ans Licht gehobenen Determinanten anvisiert werden kann[262]. In dieser Beschreibung des drohenden Gegenpols nähert sich Elias, wenngleich nur aus humanistischer Distanz, der radikalen Kulturkritik Nietzsches an, die in der am Ende der ›Genealogie der Moral‹ aufgestellten These gipfelt:

Alle großen Dinge gehen durch sich selbst zugrunde, durch einen Akt der Selbstaufhebung: so will es das Gesetz des Lebens, das Gesetz der notwendigen »Selbstüberwindung« im Wesen des Lebens – immer ergeht zuletzt an den Gesetzgeber selbst der Ruf: »Patere legem, quam ipse tulisti«. Dergestalt ging das Christentum als Dogma zugrunde, an seiner eigenen Moral; dergestalt muß nun auch das Christentum als Moral noch zugrundegehen, – wir stehen an der Schwelle dieses Ereignisses. Nachdem die christliche Wahrhaftigkeit einen Schluß nach dem anderen gezogen hat, zieht sie am Ende ihren stärksten Schluß, ihren Schluß gegen sich selbst; dies aber geschieht, wenn sie die Frage stellt »Was bedeutet aller Wille zur Wahrheit?«[263]

Im Grunde bietet die von Elias entworfene Kulturtheorie nur eine humanistisch gemilderte Lesart dieser in das Herz der gegenwärtigen Kultur- und Kirchenkrise stoßenden Prognose.

4. Solidarität und Aggression

Neben der Vorstellung vom prozessualen Verlauf der Zivilisationsgeschichte steht der Begriff »Figuration« im Zentrum der Kulturtheorie von Norbert Elias[264]. Ihr Zusammenhang ergibt sich aus dem Spiegelungsverhältnis der beiden Begriffe. Dem Prozeß der Zivilisation entspricht die prozessuale Auffassung vom Menschen. Weil er selbst ein Prozeß ist, hat auch der Vollzug seiner gesellschaftlichen Denk- und Gestaltungsformen den Charakter einer fortschreitenden Entwicklung[265]. In dieser Sicht kommt der Mensch, wie Elias am Beispiel des Tanzes verdeutlicht, nur in ständig wechselnden Figurationen vor, so daß sich das Individuum für ihn nach seinen ständig wechselnden Interaktionen und Interdependenzen mit Seinesgleichen definiert.

Darin nähert sich Elias dem Schlüsselbegriff der »Mimesis« in René Girards Sozialisationstheorie an, der daraus freilich ganz andere Folgerungen zieht. Dabei bietet ihm die von Anselm von Canterbury entwickelte und in den Begriffen imago und similitudo zentrierte Satisfaktionslehre eine wichtige Stütze[266]. Seine Folgerung und starke Resonanz, besonders im Feld der Soteriologie, betrifft die Gewaltbereitschaft des Menschen, die sich ihm zwar nicht wie für Konrad Lorenz aus einer biologischen Anlage, wohl aber, mit Raymund Schwager gesprochen, aus dem mimetischen Verhalten des Menschen erklärt, da dieses unvermeidlich zu Begierde, Rivalität und gewalttätigen Konflikten führe[267]. Rituelle Ableitungen dieser mimetisch bedingten Aggressivität verhelfen zwar zu deren vorübergehender Beschwichtigung, nie jedoch zur wirklichen Ausräumung dieses Konfliktpotentials.

Gewaltausbrüche entstehen demgemäß okkasionell, näherhin immer dann, wenn sich die Begierde verschiedener Angehöriger einer Gruppe auf dasselbe Ziel des Begehrens richtet. Doch käme es nicht dazu, wenn die Gewaltbereitschaft dem Menschen nicht eingestiftet wäre. So ergibt sich eine zirkelhafte Ausgangskonstellation, die sich am deutlichsten an Girards Bestimmung des Opfers ablesen läßt. Danach wäre es verbrecherisch, das Opfer zu töten, weil es heilig ist; doch würde es nicht getötet, wenn es nicht heilig wäre[268]. Deutlicher könnte die für Girard typische Tendenz zur Ausschaltung metaphysischer Fragen kaum bekundet werden. Vermutlich läßt sich daraus die eigentümliche Faszination erklären, die dieser Ansatz auf moderne Theologen ausübt, die entweder wie Schwager unter dem Eindruck der von Balthasar aus systematischen wie polemischen Gründen aktualisierten Satisfaktionstheorie stehen oder wie Georg Baudler in der Gewaltanfälligkeit ihrer Umwelt ihre zentrale Herausforderung erblicken[269]. Dieser betont überdies den engen Zusammenhang des Girardschen Konzepts mit Walter Burkerts Deutung des Menschen als homo necans (von 1972), der im sakral empfundenen Tötungsakt der Jagd zum Bewußtsein seiner selbst gelangt[270].

Wenn die Ansicht Burkerts als Radikalisierung des Girardschen Ansatzes gelten kann, dann diejenige Baudlers als dessen Milderung im Sinn einer sekundären Herleitung der menschlichen Aggressivität. Tatsächlich sprechen dafür die entscheidenden Gründe. So wenig angesichts der blutigen Bilanz der Menschheitsgeschichte an der Neigung des Menschen zu Aggression und Gewalt zu zweifeln ist, hätte sich dieser doch schon in seinen Anfängen ausgerottet, wenn er von seiner Grundanlage her das »tötende Wesen« wäre. Da er aufgrund seiner »Mängelbehaftung« nur in der Gruppe überleben kann, ist er vielmehr von seiner Konstitution her auf Solidarität angelegt und somit zur Liebe disponiert. Von einer sekundären Aggressivität des Menschen geht auch Eibl-Eibesfeldt aus. Selbst bei der Beschreibung der Position seines Lehrers Konrad Lorenz besteht er darauf, daß dieser sich weigerte, die »intraspezifische Aggression« gerade auch der gegenwärtigen Menschheit für »etwas Metaphysisches und Unabwendbares« zu halten[271].

Überzeugen kann in diesem Konzert der Theorien nur die von Eibl-Eibesfeldt selbst vertretene der Aggressivität aus Frustration. Nur müsse dieser experimentell erhärteten »Aggressions-Frustrations-Hypothese« die Zusatzkomponente hinzugefügt werden, daß der Mensch auf »solche Aggressionen durch eine Reihe von stammesgeschichtlichen Anpassungen« vorbereitet ist[272]. Hier komme es zu einem für die Ausbildung des Sozialverhaltens wichtigen Lernprozeß, bei dem die Individuen durch »explorative Aggression« erkunden, wie weit sie bei der Durchsetzung ihrer Interessen gehen können. Insbesondere neigen Menschen beim Eintritt in neue Lebensgemeinschaften dazu, »so die Grenzen ihrer Handlungsfähigkeit auszuloten«[273]. Somit ist der Mensch, ungeachtet dieser Zusatzhypothesen, erst in nachgeordneter Hinsicht aggressiv. Er schlägt, auch wenn der Eindruck einer Spontaninitiative entsteht, zurück, und dies immer dann, wenn er sich in die

Enge getrieben, in seinen Interessen geschmälert und um seine Lebensrechte betrogen fühlt. Mit Aggressivität reagiert er somit auf die Bedrohungen seines Selbsterhaltungstriebs, seines Selbstwertgefühls und damit seiner biologisch-geistigen Existenz. Erfahren wird diese Bedrohung jedoch im Erlebnis der Angst, die damit in einer ihrer elementarsten Formen in Erscheinung tritt.

Noch einmal bietet sich hier die biblische Darstellung der menschlichen Urgeschichte als Deutungsmodell an, hier mit der Erzählung vom ersten Brudermord[274]. Kains Gesicht »sinkt ein«, als er Gottes huldvoller Zuwendung zum Opfer seines Bruders und der Ablehnung seiner eigenen Gaben ansichtig wird (Gen 4,3-7). Mit Girard gesprochen bahnt sich eine Rivalität auf höchster Ebene an: ein Ringen um die Gunst Gottes. In der bildstarken Darstellungsweise des Jahwisten lauert die sich in Kain aufbauende Aggression ihm wie ein Dämon vor dem Eingang zu seinem Innern auf[275]. Schließlich läßt er ihn gegen Gottes Warnung ein, und der aufflammende Haß überschwemmt seine Gefühlswelt, so daß er fast zwanghaft tut, was niemals hätte geschehen dürfen: Er tötet den Bruder, dies jedoch so, daß er mit seiner Mordtat nur das vollstreckt, was zuvor in seinem Innern geschehen war. Denn dort hatte er den Bruder bereits erschlagen, als er sich an die Mordlust des Dämons auslieferte.

Wie Gerhard von Rad hervorhob, ist die Strafe für das Vergehen am Menschen härter als die für den Ungehorsam gegen Gott[276]. Wurde dort der Ackerboden verflucht, so jetzt der Mörder selbst, der überdies von dem Boden vertrieben wird, der das Blut des erschlagenen Bruders getrunken hat (4,11). Als Steigerung dürfte aber auch die Gottesfrage gemeint sein. Anstatt »wo bist du?« lautet sie jetzt: »wo ist dein Bruder?« (4,9), eine Frage, die der Mörder, bevor ihn der Richterspruch trifft, mit der frivolen Gegenfrage abzuwehren sucht: »Bin ich denn der Hüter meines Bruders?« Dadurch handelt er sich die Vertreibung aus dem Restparadies der ungetrübten Bruderliebe ein. Das aber setzt fraglos voraus, daß der Mensch auch aus biblischer Sicht das genuin solidarische, auf tragende Sozialkontakte in Familie, Gruppe und Gesellschaft angelegte Wesen ist. Gleichzeitig weiß der Genesisbericht aber auch um die sekundäre Gefährdung dieses Paradieses; denn vor der Tür des Menschenherzens lagert der Dämon des Unheils, der in dem Maß Einlaß gewinnt, wie sich Rivalitäten und Konflikte aufbauen, in denen Besitz, Akzeptanz und Selbstwertgefühl auf dem Spiel stehen.

Die biblische Erzählung gibt Girard darin recht, daß es dabei letztlich um das menschliche Gottesverhältnis geht, so daß die von ihm aufgeführten Ambivalenzen, etwa im Begriff des »Pharmakon« oder dem des Doppelgängers, sich letztlich auf den göttlichen Antagonismus von Mysterium tremendum und Mysterium fascinosum beziehen[277]. Wenn er nach Ansicht Schwagers den Anspruch erhebt, diesen Antagonismus erstmals entschlüsselt zu haben, mag ihm das aus seiner Sicht gelungen sein. Gelöst hat er das damit aufgeworfene Menschheitsproblem aber so wenig wie seine theologische Gefolgschaft[278]. Denn dafür fehlt seinem Ansatz ebenso die Basis wie die Krone. Die Basis, weil der Mensch auch für ihn, wenngleich situativ bedingt, das genuin aggressive Wesen ist. Vor allem aber die Krone, weil er in keiner seiner eigenen und von ihm angeregten Konzeptionen bis dorthin vordringt, wo der Schatten im Gottesbild der Menschheit definitiv beseitigt wurde.

5. Selbstbehauptung und Selbstgefährdung

Lange schien es so, als sei der menschliche Lebenswille eine konstante Größe, die als solche keiner besonderen Nachprüfung bedurfte. Indirekt wurde diese Ansicht erstmals durch die Entdeckung der Plastizität des Menschen erschüttert, der Norbert Elias schon mit seinem »figurationstheoretischen Ansatz« und mehr noch durch seine Deutung des Menschen als Prozeß Ausdruck verlieh. Demgemäß gehört es für ihn »zu den Eigentümlichkeiten der Menschen, daß sie von Natur aus in besonderer Weise wandelbar sind«[279]. Radikal in Frage gestellt wurde sie dann aber vor allem durch das Selbstzeugnis des späten Reinhold Schneider in seinen Aufzeichnungen in ›Winter in Wien‹ (von 1958), die gleicherweise als Dokument eines progressiven Glaubensentzugs wie eines sinkenden Lebenswillens zu gelten haben[280]. Danach steht nach der Erfahrung des Dichters die Glaubensfähigkeit in einem funktionalen Abhängigkeitsverhältnis vom Lebenswillen, so daß, wenn dieser schwindet, gerade der zentrale Glaubensinhalt nicht mehr aufrecht erhalten werden kann. An zentraler Stelle der Aufzeichnungen gesteht Schneider:

Ich weiß, daß Er auferstanden ist; aber meine Lebenskraft ist so sehr gesunken, daß sie über das Grab nicht hinauszugreifen, sich über den Tod hinweg nicht zu sehnen und zu fürchten vermag. Ich kann mir einen Gott nicht denken, der so unbarmherzig wäre, einen todmüden Schläfer unter seinen Füßen, einen Kranken, der endlich eingeschlafen ist, aufzuwecken[281].

Da Schneiders Krisenerfahrung inzwischen epidemisch geworden ist, bietet sich von hier aus, wie in jähem Durchblick, eine Erklärung für die zunehmende Anzweiflung an, die der Osterglaube in der heutigen Christenheit erfährt. Umgekehrt stellt sich die Frage, ob dem gesunkenen Lebenswillen, der auch für die resignative Stimmung breiter Bevölkerungsteile verantwortlich zu machen ist, nicht im entschiedeneren Rückgang zu den Quellen der Religion aufzuhelfen wäre. Zuvor aber muß geklärt werden, was es überhaupt mit dem menschlichen Lebenswillen auf sich hat.

Strukturell gesehen wurzelt er in der Erhaltungs- und Regenerierungstendenz, die schon in anorganischen Systemen, verstärkt jedoch in Organismen, gleich welcher Differenzierungsstufe, zu beobachten ist. Nur kommt beim Lebenswillen zur Erhaltung der Integrität die Tendenz hinzu, diese auch in die Zukunft hinein aufrechtzuerhalten. Dafür bietet die Ausweitung der Einflußzone, zusammen mit einer Steigerung der Kompetenz, die beste Gewähr. In diesem Sinn entwickelte der Mensch im Fortgang seiner Hominisation Überlebensstrategien, für die er zunehmend auch seine Fähigkeiten als Kulturwesen nutzte. Mit Hilfe der Technik schafft er sich – »prothesenhaft«, wie Freud meint – die Waffen und Hüllen, die ihm von Natur aus abgehen und die ihm dazu verhelfen, sich auch unter schwierigen Umweltbedingungen zu behaupten. Mehr noch: Mit technischen Mitteln gelingt es ihm, die von ihm als das »Ungeheure« empfundene Natur zunächst seinen Zwecken zu unterwerfen und dann nach dem Modell seiner selbst umzugestalten, so daß ihm in ihr, so die bereits erwähnte These Heisenbergs, schließlich sein eigenes makroskopisches Spiegelbild entgegentritt.

Anders die Überlebensstrategie innerhalb der eigenen Gruppe, bei der neben Durchsetzungskraft vor allem Anpassung gefragt ist, wie sie etwa auf dem Weg der »explorativen Aggression« eingeübt wird. Da die Gruppe mit der Entwicklung des

Gerichts- und Militärwesens zunehmend die Aufgabe der Konflikt-
bewältigung und Verteidigung übernimmt, kommt es, wie Elias
zeigte, gleichzeitig darauf an, daß der einzelne lernt, seine auf
Recht und Kampf gerichteten Wünsche zu ritualisieren, wie dies
etwa im mittelalterlichen Glücksspiel und Turnierwesen geschah[282].
Daß dabei von der Gruppe auch Zwänge auf das Individuum ausgeübt und von diesem sogar übernommen und in schmerzlichen
Unterwerfungsakten angeeignet werden konnten, macht Elias mit
der Wendung vom »gesellschaftlichen Zwang zum Selbstzwang«
deutlich[283]. Doch aus eben dieser Interdependenz ergibt sich für ihn
die »Verflechtungsordnung«, die dem Prozeß der Zivilisation letztlich zugrundeliegt und als solche den »Gang des geschichtlichen
Wandels« bestimmt[284]. Dabei wird der Anpassungszwang, sich
innerhalb des Systems stets »richtig« zu verhalten, so groß, daß
sich neben der bewußten Selbstkontrolle, die der einzelne auf sich
ausübt, ein »blind arbeitender Selbstkontrollapparat« aufbaut,
der jener ebenso oft in die Hand arbeitet, wie er aufgrund seiner
Eigengesetzlichkeit zu neuen Konflikten führt[285].

Wer Elias bis hierhin folgt, sieht sich vor die Frage gestellt,
wie sich diese Selbstminderung mit dem zunächst beschriebenen
Selbsterhaltungs- und Lebenswillen vereinbaren läßt. Offensichtlich nur mit Hilfe der Annahme, daß diesem eine antagonistische
Tendenz, ein Wille zu Selbstbestrafung und Selbstzerstörung, entgegensteht, der als das Einfallstor für alle destruktiven Faktoren
einschließlich Krankheit und Tod zu gelten hat. Nach allem zu
schließen, hat dieser »Widerwille« zu allem, was den Menschen zur
Selbsterhaltung, Selbstentfaltung und Selbstoptimierung drängt,
sogar hier, in dieser Todverfallenheit, seine letzten Wurzeln. Denn
der Tod liegt dem Menschen, wie in präludierender Vorwegnahme
der folgenden Überlegungen zu sagen ist, im strengen Sinn des
Ausdrucks »denkbar fern«, und dies, obwohl er von seiner biologischen Konstitution her nur auf eine knapp befristete Lebensdauer
angelegt ist. Dennoch ist er von seiner Selbstverantwortung her
dazu angehalten, mit seiner Todverfallenheit ins Einvernehmen
zu gelangen. Auf höchster Ebene gelingt ihm das im Akt der
»Akzeptanz des Unannehmbaren«. Doch tritt auch hier, mit Elias
gesprochen, ein »blind arbeitender Selbstkontrollapparat« in
Aktion, der die ethische Leistung nach Art eines Instinkt-
mechanismus unterbaut. Er setzt dem Optimierungsstreben
Blockaden und gegensinnige Energien entgegen, die auf den Abbau

der personalen Lebensformen, wenn nicht gar auf deren Untergrabung und Zerstörung hinwirken. So stehen die aus Gesellschaft und Geschichte wirkenden Tendenzkräfte, die auf die Unterdrückung und Unterwerfung des Menschen unter die Ziele der politischen und geistigen Machtapparate hinwirken, insgeheim im Bund mit einem kaum je offen ins Bewußtsein tretenden Hang zur Selbstaufhebung, der sich noch am vernehmlichsten in einem Verlangen nach Auslöschung der Individualität, nach Erniedrigung und Bestrafung bekundet.

Um von da zur Ausgangsfrage nach einer möglichen Bestärkung des Lebenswillens aus den Quellen der Religion zurückzukehren, legt sich vor jeder anderen Therapie diejenige nah, der das Christentum seinen Siegeszug durch die von geistiger Verfinsterung und wachsender Lebensangst befallene Spätantike verdankt: das Pharmakon Hoffnung[286]. Was dem Pandora-Mythos als Bodensatz aller Übel galt, erfuhr durch die Identifikation mit dem Heilbringer – »Christus in euch, die Hoffnung auf die Herrlichkeit« (Kol 1,27) – eine Aufwertung, die sie, die Hoffnung, zum »Stern der Müden« (Beethoven), Resignierenden und Geängsteten werden ließ. Denn die Hoffnung ist, in ihrer religiösen Tiefenstruktur gesehen, die existentielle »Umkehr zur Zukunft«, auch im Sinn des auf künftige Erhaltung und Befestigung gerichteten Lebenswillens. Woher die Hoffnung ihre befreiende und angstüberwindende Kraft bezieht, sagt klarer als jede theologische Ableitung die Römerstelle:

Die Hoffnung kann nicht trügen; denn die Liebe Gottes ist in unsere Herzen ausgegossen durch den Heiligen Geist, der uns gegeben ist (Röm 5,5).

Es ist die von Jesus entdeckte und erschlossene Selbstmitteilung der bedingungslos, selbst die Undankbaren und Bösen umfangenden Liebe Gottes, der die Hoffnung ihre perspektivenwendende, zukunfteröffnende Kraft verdankt. Deshalb geht von ihr eine Insinuation aus, die der Erste Johannesbrief bereits aufgenommen und akzeptiert sieht, wenn er versichert:

Wir haben uns der Liebe anvertraut, die Gott zu uns hegt (4,16).

In diesem Vertrauen ist der Antagonismus von Selbsterhaltung und Selbstverwerfung überwunden.

ZWEITER TEIL:
DASEIN AUF ABRUF

I. DER ABGRUND

1. Das Sklavenjoch der Todesfurcht

Nicht ohne einen Anflug von Selbstmitleid spricht der Hebräerbrief von der Erlösung derer, »die ein ganzes Leben lang das Sklavenjoch der Todesfurcht« zu tragen hatten (2,15)[1]. Denn nach dem Unterton dieses Wortes liegt der ausgesagte Tatbestand im Grunde unter der Würde des Menschen. Der von seiner Berufung her Freigeborene wird schon vor allen auf ihn eindringenden Zwängen – und dadurch diesen ausgeliefert – durch sein Todesgeschick im Zustand einer lebenslangen Sklaverei gehalten, die sein Selbstgefühl verletzt, ihn einer unstillbaren Angst verfallen läßt und ihm schließlich den von Paulus in stellvertretender Einfühlung artikulierten Notschrei auspreßt:

Ich unglücklicher Mensch: wer wird mich von diesem todverfallenen Leib befreien? (7,24)[2]

Unüberhörbar liegt diesem Aufschrei die Frage zugrunde, wie in diese Welt, die nicht nur nach biblischem, sondern gemeinreligiösem Verständnis doch die Schöpfung Gottes ist, der Tod Einzug halten konnte. Die biblische Antwort, die in letzter Schärfe das Pauluswort vom Tod als »der Sünde Sold« (Röm 6,23) gibt und die jahrhundertelang überzeugte, hat mit dem Schwund des Sündenbewußtseins, der mit Heines Programm der »Abschaffung der Sünde« einsetzte und in der Gegenwart einen Kulminationspunkt erreichte, entscheidend an Plausibilität verloren[3]. Der Versuch, sie fundamentaler anzusetzen, muß davon ausgehen, daß die als »todlos« zu denkende beste aller Welten unmöglich ist, weil sie in dieser Vollkommenheit einem zweiten Absoluten, und als solches der Selbstaufhebung Gottes gleichkäme. Das aber nötigt zu dem Schluß, daß, wenn überhaupt, nur eine endliche, mit dem Stigma der Negativität behaftete Welt geschaffen werden konnte, also eine Welt, die, zumindest für höhere Lebewesen, dem Gesetz des Sterbenmüssens unterworfen war.

Indessen fällt in dieses Dunkel ein versöhnliches Licht. Denn das Sterbenmüssen ist die Bedingung der Weitergabe des Lebens. Individuen müssen sterben, damit ihre Nachkommen leben können. Und das besagt: Der Tod ist der Preis der Liebe. Eine todlose Welt wäre somit, kontrastierend gesprochen, gleichbedeutend mit einer Kältehölle, mit einer Welt ohne Sexus, Eros und Liebe. Und mit der Liebe würde ihr auch, wie kaum betont zu werden braucht, ein Hauptmotiv der Kultur, insbesondere aber der darstellenden Kunst ebenso wie der Literatur und Musik, fehlen. Dennoch bilden derartige Gegenvorstellungen kaum mehr als ein retardierendes Moment in dem schockartigen Eindruck, der von dem Gedanken an die unumgängliche Todverfallenheit eines jeden und gerade auch dessen ausgeht, der diesen Gedanken faßt. Doch wie kommt es überhaupt zum Gedanken an den Tod, der sich damit als ein erkenntnistheoretisches Spitzenproblem erweist?

Die Frage führt in eine extreme Aporie, die im Grunde von allen empfunden wurde, die sich ernsthaft auf eine meditatio mortis einließen. Sie entsteht dadurch, daß sich, zumindest im Horizont des abendländisch-subjektiven Denkens, das denkende Subjekt nicht, wie es bei der strengen Fassung des Todesgedankens erforderlich wäre, wegdenken kann. Dabei entsteht, jetzt nur in negativer Sicht, eine Problematik gleich der des anselmischen Gottesbeweises. Beim Versuch, alle Bewußtseinsinhalte, wie es der streng gefaßte Todesgedanke verlangt, auszulöschen, bleibt das dann immer noch anstehende »denkbar Kleinste«, das denkende Ich als Restposition und letztlich Unauslöschliches zurück[4].

Um so dringlicher stellt sich nun die erkenntnistheoretische Frage nach der Entstehung des die Existenz des Denkenden betreffenden Todesgedankens, die wohl nur auf dem Weg einer Differenzierung der Erkenntnisformen zu beantworten ist. Wie sich das Gewissensphänomen im weiteren Verlauf des Gedankengangs in unvermuteter Vielschichtigkeit darstellt, so daß neben der ethischen eine kognitive und ästhetische und hinter diesen eine fundamentale Gewissensform – das Existenzgewissen – auszumachen ist, wird auch mit einer Perspektivität und Mehrschichtigkeit des Bewußtseins zu rechnen sein. Mittelbar weist darauf schon die verbreitete Ansicht hin, daß das Wissen um das eigene Sterbenmüssen ursächlich von der Erfahrung fremden Sterbens eingegeben ist.

In dieser Frage gibt es fürs erste eine schwächere, auf das stoische Motiv des »nascentes morimur« zurückgehende Meinung, die Max Scheler mit dem Satz vertritt, daß die menschliche Selbsterfahrung von einer »intuitiven Todesgewißheit« durchstimmt sei, und der Georg Simmel mit der Behauptung zustimmt, daß der Tod »von vornherein und von innen her dem Leben verbunden« sei[5]. Die Schwäche dieses Ansatzes besteht im Unvermögen des Denkenden, sich, wie es von der Konsequenz des Todesgedankens her gefordert wäre, wegdenken zu können. Beides spiegelt sich in Franz Rosenzweigs Hauptwerk ›Der Stern der Erlösung‹ (von 1921), das mit dem Satz beginnt:

Vom Tode, von der Furcht des Todes hebt alles Erkennen des All an. Die Angst, das Irdische abzuwerfen, dem Tod seinen Giftstachel, dem Hades seinen Pesthauch zu nehmen, das vermißt sich die Philosophie[6].

Dem folgt jedoch später das Zugeständnis:

Denn nur Andre können sterben; nur als Andrer, nur als Er stirbt der Mensch. Das Ich kann sich nicht gestorben denken[7].

Tatsächlich reißt der Tod eines nahestehenden Menschen, wie schon der junge Augustin nach dem unerwarteten Verlust seines Jugendfreundes empfand, eine Lücke in das Lebenskonzept des davon Betroffenen, aus der ihn der Eishauch des eigenen Sterbenmüssens anweht. Daran erinnert sich der Verfasser der ›Confessiones‹ mit den Worten:

Der Schmerz verfinsterte mein Herz, wohin ich auch blickte: überall nur Tod! Die Heimat wurde mir zur Folter, das Elternhaus zur Stätte des größten Elends. Alles, was ich mit ihm unternommen hatte, geriet mir zur unerträglichen Qual. Einzig meine Tränen taten mir wohl; denn sie hatten den Platz meines Freundes eingenommen und blieben mir nun als einziger Trost[8].

Von den Theoretikern des Todesbewußtseins bezogen sich vor allem diejenigen auf diese Schlüsselstelle, die mit Georg Scherer in der Frage nach der Entstehung des Todesgedankens die Vorhalle zu der Zentralfrage nach dem Sinn des Todes erblickten. Noch vor Scherer war das insbesondere Paul Ludwig Landsberg, dem der nationalsozialistische Terror die denkbar härteste Gegenprobe auf seinen Essay ›Die Erfahrung des Todes‹ abverlangte[9].

Zum Primat der Erfahrung fremden Sterbens bei der Konstituierung des Todesbewußtseins bekannte sich auch Gabriel Marcel, gefolgt von den Psychotherapeuten Hubertus Tellenbach und Dieter Wyss sowie dem früh verstorbenen Wiener Philosophen Fridolin Wiplinger[10].

Sie alle setzen sich freilich der Frage aus, wie es dazu kommt, daß die durch den Tod des Andern in den Lebenskontext des Betroffenen gerissene Lücke von diesem rückbezüglich als Anzeige seines eigenen Sterbenmüssens verstanden und überdies mit dem Begriff »Tod« belegt wird. Daß das aus dem Erlebnis fremden Sterbens nicht unmittelbar hervorgeht, ergibt sich nach der klassischen Augustinusstelle schon daraus, daß gerade der Tod eines geliebten Menschen vielfach als verfrüht empfunden und mit Gefühlen des Abscheus verbunden ist. Augustin gerät deshalb in einen an Selbstwiderspruch grenzenden Gefühlskonflikt:

Gleichzeitig herrschte in mir der schwerste Lebensüberdruß und die Furcht zu sterben. Denn in dem Maß, wie ich ihn liebte, begann ich den Tod, der ihn mir entrissen hatte, wie den schrecklichsten Feind zu hassen und zu fürchten.

Hier hilft auch der von Landsberg infrage gestellte Ansatz Schelers nicht weiter, der, zusammen mit Simmel, von einer apriorischen Todesbereitschaft des Menschen ausgeht, da sich dafür, abgesehen von pathologischen Fällen, keine überzeugenden Beweise beibringen lassen[11].

Aus dieser Aporie führt, wie bereits angedeutet, nur eine Differenzierung der menschlichen Bewußtseinsformen heraus, wie sie sich schon dadurch nahelegt, daß mit einem Fortbestand des archaisch-totemistischen Bewußtseins unter der mit der griechischen Metaphysik beginnenden und durch Descartes zur Subjektphilosophie zugespitzten Rationalität zu rechnen ist. Daß dieser prärationalen Dimension des Bewußtseins aber noch eine weitere zugrunde liegt, ist im wesentlichen eine Entdeckung Nietzsches, der im Zarathustra-Kapitel »Von den Verächtern des Leibes« versichert:

Der Leib ist eine große Vernunft, eine Vielheit mit einem Sinn, ein Krieg und ein Frieden, eine Herde und ein Hirt[12].

Der Geist aber sei das »Spielzeug« dieser großen Vernunft, die zwar nicht Ich sage, wohl aber Ich tue und so den Sinn hervorbringe. Hinter Sinn und Geist liege das »Selbst«, das mit den Augen der Sinne sehe und mit den Ohren des Geistes höre, indem es »vergleicht, bezwingt, erobert, zerstört«. Darin aber, daß das Selbst auch zerstört, daß es also, genauer genommen, auf seine Selbstzerstörung hinarbeitet, steht es im Bund mit der genetischen Anlage des Menschen, die auf eine vergleichsweise knapp bemessene und in vielen Fällen durch Krankheit oder Gewalteinwirkung zusätzlich verkürzte Lebenszeit angelegt ist:

Denn die über das genetische Material unter dem Selektionsdruck durch die Mutationsvorgänge gesteuerte Fortentwicklung ist nur in Einzelschritten von Individuum zu Individuum möglich[13].

Wenn die Rede von der großen Vernunft des Leibes einen Sinn hat, dann vor allem den, daß von dieser genetisch verankerten Todesbestimmung eine Insinuation an das Bewußtsein ergeht, die dieses ins Einvernehmen mit ihr zu ziehen sucht. In einer eher poetischen und so dieser Insinuation angenäherten Sprache könnte man auch sagen, daß aus der biologischen Konstitution des Menschen ständig eine Einrede gegen seine Unfähigkeit sich wegzudenken ergeht, ein dunkler und sich zuletzt gegen die intellektuelle Sperre durchsetzender Bescheid seines Sterbenmüssens.

Auf die Frage, wie sich diese Überredung der »todblinden« Vernunft durch die Einrede aus dem Untergrund des Bewußtseins vollzieht, wird man wiederum im Rückgriff auf den Modellgedanken des anselmischen Gottesbeweises antworten müssen. Danach ist zu den höchsten Ideen des Menschengeistes solange nicht das angemessene Verhältnis gewonnen, als ihnen nicht ein Eigenleben in dem Sinn zuerkannt wird, daß sie letztlich für sich selbst einstehen, zu sich selbst überreden und zu sich selbst provozieren. Deshalb sagt Paulus im Philipperbrief vom Frieden, daß er den Beter in seine Obhut aufnehme (4,7); und ebenso muß im Fall der Freiheit bei allem, was auf sie hinarbeitet, die von ihr ausgehende Provokation mitbedacht werden[14].

Der Todesgedanke gehört schon deshalb in diesen Zusammenhang, weil ihm, vergleichbar dem Grenzbegriff des »unüberdenklich Größten« die Vorstellung einer äußersten, unübersteiglichen Grenze zugrunde liegt. In dieser Sicht ist er das dem Denkenden Fremdeste, das er, stimuliert von seiner Unfähigkeit sich wegzudenken, mit letzter Kraft von sich abzuweisen sucht. Doch durch den dunklen Bescheid des Sterbenmüssens lernt er dieses Fremdeste als sein Eigenstes, ihn mittelbar Angehendes begreifen. So gelingt ihm die intellektuelle Akzeptanz des im Grunde Unannehmbaren. Doch damit verwandelt sich für ihn auch schon die ganze Szene. Wo alles in ein undurchdringliches Dunkel auszumünden schien, gewahrt er im Zentrum der Finsternis den wachsenden Dämmerschein eines Lichtes. Das drohende Ende wird ihm zum Ziel, zur Verheißung von Sinn im Abgrund des scheinbar Sinnlosesten. Zwar wird ihm dadurch der Tod nicht, wie Adorno gegen Heideggers These vom »Dasein zum Tode« einwandte, »zum Stellvertreter Gottes«, wohl aber zum Inbegriff einer Weisung, die seinem ganzen Denken eine vorher nicht gekannte Richtung verleiht[15]. Das meinte Schopenhauer, wenn er in den Ergänzungen zum vierten Buch von ›Die Welt als Wille und Vorstellung‹ bemerkt:

> *Der Tod ist der eigentlich inspirierende Genius oder der Musaget der Philosophie, weshalb Sokrates diese auch thanatou melete definiert hat ... Hauptsächlich auf diesen Zweck sind alle Religionen und philosophischen Systeme gerichtet, sind also zunächst das von der reflektierenden Vernunft aus eigenen Mitteln hervorgebrachte Gegengift der Gewißheit des Todes[16].*

Wenn Schopenhauer den Tod den »Musageten« und »Genius« der Philosophie nennt, bestätigt er fürs erste den erkenntnistheoretischen Befund, demzufolge zwar das Denken nicht zum Tod, wohl aber dieser durch die Einrede der »großen Vernunft« zum Denken kommt. Als Musaget führt er den Reigen der Gedanken in einer Weise an, daß sie trotz ihres anfänglichen Widerstrebens schließlich auf ihn hinauslaufen. Und als Genius bewirkt er die große Kehre, die zuletzt zur Annahme des Unannehmbaren verhilft. Gleichzeitig eröffnet er jene kognitive Perspektive, die Rosenzweig mit dem Eingangswort seines ›Stern der Erlösung‹ markiert:

> *Vom Tode, von der Furcht des Todes hebt alle Erkenntnis des Alls an.*

Nur die Erkenntnis des Alls, so ist aber jetzt zu bedenken, und nicht auch die seiner Überschreitung ins Jenseits? Das ist die Frage nach dem Unsterblichkeitsglauben, der bis auf die Schädelbestattungen des Frühmenschen zurückverfolgt werden kann und zum Grundbestand fast aller Weltreligionen, insbesondere der christlichen gehört. Als Problem beschäftigt er aber auch die Philosophie, und dies, angesichts ihrer kritischen Aufnahme mythischer Positionen, von ihren ersten Anfängen an[17]. Nach einer Bekräftigung dieses Glaubens in der mittelalterlichen Philosophie erreicht die Erörterung einen Höhepunkt bei Kant und Herder. Im Gefolge von Kants Kritik der traditionellen Metaphysik flacht die Diskussion fühlbar ab, obwohl der Unsterblichkeitsgedanke bei so unterschiedlichen Denkern wie Fichte, Schopenhauer und Fechner immer noch emphatische Zustimmung findet. Den Grund dieses Verdämmerns sieht Scheler, sicher zurecht, im gewandelten Verhältnis des modernen Menschen zum Tod.

Weil er den Tod, anders als in früheren Lebensverhältnissen, »nicht mehr anschaulich vor sich sieht«, sondern ihn aufgrund seiner »Lebensweise und Beschäftigungsart aus der klaren Zone seines Bewußtseins zurückgedrängt« habe, mußte für ihn »auch die Idee einer Überwindung des Todes im Fortleben« verblassen:

> *Der Typus moderner Mensch hält vom Fortleben vor allem darum nicht viel, weil er den Kern und das Wesen des Todes im Grunde leugnet*[18].

Grund dieser Todesverdrängung ist »der Sturz in den Strudel der Geschäfte um der Geschäftigkeit selbst willen«. In der den Menschen von sich abziehenden und der Diktatur des »Man« unterwerfenden Alltäglichkeit erblickt auch Heidegger die Ursache der Todesverdrängung. Doch zieht er daraus entgegengesetzte Konsequenzen. Gerade in diesem sorgenden und besorgenden »Sich-vor-wegsein« enthüllt sich für ihn die Grundstruktur des Menschseins als eines »Seins zum Tode«. Deswegen ist der Tod für Heidegger »die Möglichkeit der schlechthinnigen Daseinsmöglichkeit«, der sich ihm »als die eigenste, unbezügliche, unüberholbare Möglichkeit enthüllt«[19]. Das gilt auch insofern, als der Tod den Menschen aus dem Verfallensein an die Alltäglichkeit des »Man« zurückholt und vor sich selbst bringt. Damit bestätigt er nur, daß er sich bereits in der alltäglichen Hinfälligkeit des Daseins ankündigt, daß also der sich in der Betriebsamkeit des Alltags vollziehende Abfall des Menschen von sich selbst den definitiven Absturz im Tode vorwegnimmt. Um so begreiflicher ist dann die Tendenz des einzelnen und der Gesellschaft, den Tod so vollständig wie möglich aus dem Bewußtsein zu verdrängen. Wie aber verhält es sich in dieser Hinsicht mit dem religiösen Unsterblichkeitsglauben?

Fast schockierend wirkt beim ersten Hören das Urteil Simone Weils, die diesen Glauben geradezu schädlich nennt, weil er »den rechten Gebrauch des Todes« verhindere[20]. Bei näherem Zusehen wird freilich klar, daß der Unsterblichkeitsglaube tatsächlich zu einer Marginalisierung des Todes führt. In der von ihm bestimmten Sicht erscheint der Tod lediglich als das dunkle Tor, das beim Eintritt ins jenseitige Leben durchschritten werden muß, an dem aber als solchem nichts gelegen ist. Hinderlich war auch die aus der spätjüdischen Glaubenswelt übernommene und ans Ende der Zeiten verlegte Vorstellung vom Weltgericht, die zur alles dominierenden wurde, obwohl die präsentische Eschatologie der johanneischen Schriften allen Anlaß zu einer Zurücknahme auf das subjektive Lebensende geboten hätte. So bedurfte es der extremen Todeserfahrung dieses Jahrhunderts, um zusammen mit der Philosophie die Theologie zur Besinnung auf den Tod zu bewegen, auch wenn sich in ihrem Bereich diese Reflexion weitgehend in die Erörterung des Leib-Seele-Problems und seiner kategorialen Prämissen verstrickte[21]. Nach alledem führte der Unsterblichkeitsglaube durch die von ihm bewirkte Verlagerung des Daseinsgewichtes ins Jenseits faktisch zu einer neuerlichen, jetzt sogar religiös motivierten Todesverdrängung.

Doch dagegen erhebt seit alters die Dichtung Einspruch, die gerade in ihren Spitzenwerken zur Todesdichtung geworden war und mit der ihr eigenen Eindringlichkeit zur Besinnung auf das Ereignis des Todes aufruft[22]. Aus ihr erklingt, ebenso vielstimmig wie durchdringend, der Notschrei, mit dem Paulus die Sache des Menschen – exklamatorisch, wie es ihr entspricht – zum Ausdruck bringt: »wer wird mich von diesem todverfallenen Leib befreien?« Eine erste, wenngleich noch ungenügende Antwort ist bereits gefunden: Sie gibt der Todverfallene selbst, sofern er sich dazu durchringt, die Abschirmung gegen den Todesgedanken aufzugeben und ihn mit seinem dunklen Bescheid zu sich reden zu lassen. Dann lernt er, sich der Ungeheuerlichkeit seines Sterbenmüssens zu stellen, sich mit ihr abzufinden und sich mit ihr sogar, wenn zunächst auch nur intellektuell, zu versöhnen. Die volle Akzeptanz kann freilich nur mit Hilfe dessen gelingen, der den Tod stellvertretend für alle auf sich genommen und zuendegelitten hat. Und sie ist überdies an die Bedingung geknüpft, daß zuerst der Abgrund durchmessen wird, in dem der Tod täglich vorweggenommen und in seiner akuten Präsenz erfahren wird: der Abgrund der Angst. Ihrem Unwesen auf den Grund zu gehen, ist daher Ziel des nächsten Schrittes.

2. *Der tägliche Tod: Die Angst*

In seiner ›Erfahrung des Todes‹ nähert sich Landsberg bis auf einen kleinen Schritt dem Gedanken, daß die Angst als der vorgefühlte, wenn nicht gar vorweggenommene Tod zu gelten hat[23]. Das so von beiden, Angst und Tod, gesprochen werden kann, ist nach Philippe Ariès erst möglich, seitdem die mittelalterliche Vertrautheit mit dem Tod verloren ging und die Angst vor ihm die Schwelle des Unsagbaren, Unausdrücklichen überschritt[24]. Ähnliches trifft aber auch auf die Angst zu, deren metaphysischer Tiefgang erst von Kierkegaard entdeckt wurde. Die beiden Ströme flossen schließlich in diesem Jahrhundert der exzessiven Todeserfahrung und der sich jagenden Ängste zusammen. Jetzt konvergierten sie in einer Weise, daß beide gedanklich austauschbar wurden: die Angst – ein vorweggenommenes Sterben, der Tod – die radikalisierte und zu ihrer äußersten Konsequenz getriebene Angst.

Schon unter diesem Gesichtspunkt fällt die Todesangst aus dem Panorama der übrigen Ängste heraus. Doch ist sie von diesem auch strukturell verschieden. Auch wenn man mit Kierkegaard und Heidegger davon ausgeht, daß Angst im Unterschied zur Furcht kein konkretes Wovor hat, ist sie doch in der Vielfalt ihrer Erscheinungsformen stets auf das, was sie einflößt, gerichtet. In allen diesen Fällen ist sie eine Angst vor etwas. Anders die Todesangst, die zulänglich nur als Angst zu etwas, verstanden als das äußerste Woraufhin des Daseins beschrieben werden kann. In diesem Sinn legt die Todesangst, wie Heidegger betont, die Grundstruktur des Menschseins als ein »Sein zum Tode« frei[25]. Es hat, anders ausgedrückt, eine streng teleologische Struktur und ist darin, seltsam genug, mit der Sehnsucht vergleichbar[26]. Das rückt die Todesangst gleicherweise in die Nähe der Hoffnung wie der Utopie. Der Hoffnung, sofern diese ebenso auf ein letztes, nur affirmatives Woraufhin gerichtet ist. Aber auch der Utopie, sofern sich der zu Tode Geängstete auf eine letzte »Ortlosigkeit« hin entwirft.

Doch der tägliche Tod hat viele Gesichter, die im Durchgang durch das Panorama der Ängste aufscheinen. Daß von einem »Panorama« gesprochen werden muß, hängt mit der bestürzenden, geradezu explosionsartigen Vermehrung der Ängste in diesem Jahrhundert der exzessiven Angstverdrängung zusammen. Während in früheren Epochen stets eine Hauptform wie in der Antike die Schicksalsangst, im Mittelalter die Hexenangst, in der Reformationszeit die Teufelsangst dominierte, jagen sich in der zweiten Jahrhunderthälfte geradezu die Ängste, obwohl mit dem Ende des Zweiten Weltkriegs der schwerste Anlaß weggefallen zu sein schien. Darin bestätigt sich die Beobachtung Werner Bergengruens, wonach die Angst ihre Anlässe zu überdauern pflegt, nicht weniger aber auch der Grundgedanke seines Romans ›Am Himmel wie auf Erden‹ (von 1940):

> daß ja die Furcht, dies dunkle Urgeheimnis unserer Art, zugleich die eigentliche Ursünde und die eigentliche teuflische Mitgift des Menschengeschlechts darstellt und daß sie zu allen Zeiten und an allen Orten die nämliche ist. Ständig liegt sie auf der Lauer, um sich der Menschen zu bemächtigen und sie sich dienstbar zu machen; und ein höllischer, dem eigenen Leben feindlicher Drang im Innern des Menschen strebt ihr gierig entgegen. Sie ist erfinderisch. Jeweils wählt sie sich die Verkleidung, die ihren Opfern am schrecklichsten einleuchtet, weil sie den Meinungen des Zeitalters angemessen ist[27].

Um einen Durchblick durch die ständig und in immer rascherer Abfolge wechselnden Maskierungen der Angst in der Gegenwart zu gewinnen, wird man zwischen den beiden Grundformen unterscheiden müssen, die sich schon am Begriff der Angst ablesen ließen. Von der Etymologie her ist die Angst, wie bereits erwähnt, primär Beengungs- und Strangulationsangst, die sich zur Klaustrophobie steigern kann. Dann hat der Geängstete den Eindruck, von einer unheimlichen, ihn bedrängenden Macht erdrückt und eingeschnürt zu sein. Er kann in seiner Bedrängnis nicht mehr aufatmen und fühlt sich wie gelähmt. Da alle Fluchtinstinkte in ihm erlöschen, gerät er in einen Zustand der Regungslosigkeit, die sich auch auf seine Kommunikationsfähigkeit niederschlägt. Dem Geängsteten »verschlägt es die Sprache«, das Wort »bleibt ihm im Halse stecken«, so daß er seiner Not nicht einmal mehr Ausdruck verleihen kann. Seine Kommunikationsfähigkeit erlischt; er ist wie ein lebendig Toter.

Dem steht der gegensinnige Eindruck des Geängsteten entgegen, in einen Zustand der Ort- und Haltlosigkeit versetzt zu sein, den man als eine universale Isolations- und Frustrationsangst bestimmen könnte. Wo ihm zuvor eine ungreifbare Macht den Atem zu nehmen schien, fühlt er sich nunmehr jedes Haltes beraubt und grenzenlos preisgegeben. Darin zeigt sich der enge Zusammenhang von Angst und Einsamkeit, der beide zu Wechselbegriffen verbindet, so daß die Einsamkeit als die soziale Erscheinungsform der Angst und diese als die Seele der Einsamkeit bestimmt werden können. Nach Max Picard, der die Lebensangst des heutigen Menschen auf seine »Flucht vor Gott« zurückführt, verliert der Geängstete Zug um Zug alles, was seinem Dasein Halt und Sinn verleiht: Liebe, Freundschaft, Glauben, Lehre und in alledem die Welt, so daß ihm nur der Eindruck einer grenzenlosen Verlorenheit bleibt:

> *Nichts gibt es in dieser Welt, rasch sind eine Liebe, Freundschaft, Lehre hergestellt, aber nicht einmal eine ganze, nur ein Stück von einer Freundschaft und Treue, und dieses Stück ist das einzige, was überhaupt von der Welt sichtbar ist*[28].

Mit dem Satz »die Flucht hat kein Gedächtnis« deutet Picard überdies an, daß für den Einsamen mit der Welt auch die Zeit verging. Wie er keine Zukunft vor sich hat, fällt auch die Erinnerung an das Vergangene von ihm ab. Im Gefühl dieser wachsenden Verlorenheit drängt sich ihm dann aber um so nachdrücklicher die Frage nach dem Verlorenen auf, wie sie sich dem jungen Nietzsche am Schluß seines Lebensrückblicks (von 1863) stellte:

> *Und so entwächst der Mensch allem, was ihn einst umschlang; er braucht nicht die Fesseln zu sprengen, sondern unvermutet, wenn ein Gott es gebeut, fallen sie ab; und wo ist der Ring, der ihn endlich noch umfaßt? Ist es die Welt? Ist es Gott?*

In rückläufiger Abfolge sind damit dann auch schon die beiden Hauptgründe der Beengungs- und Strangulationsangst angesprochen: Welt und Gott. Im Vorgefühl des Umschlags zum Gegenpol dichtete Goethe dazu im ›West-östlichen Divan‹:

Du danke Gott, wenn er dich preßt,
Und dank ihm, wenn er dich wieder entläßt[29].

Das aber hatte, lange zuvor, noch weit suggestiver der 139. Psalm mit den Worten zum Ausdruck gebracht:

Ringsum schließt du mich ein und legst auf mich deine
Hand.
Gar wunderbar ist dieses Wissen für mich. Nicht zu be-
greifen.
Denn wohin soll ich mich flüchten vor deinem Geist, wohin
vor deinem Antlitz fliehen?
Steige ich zum Himmel empor, so bist du zugegen, fahre ich
zur Unterwelt hinab, so bist du auch dort!
Und liehe ich mir Flügel vom Morgenrot, um mich niederzu-
lassen am fernsten Gestade: auch dort umgreift mich deine
Hand und hält mich deine Rechte (139,5–10).

Von hier spannt sich ein weiter Bogen bis zur Gegenwart hin, der den Gottesgedanken in einen Aspekt wachsender Verdüsterung treten ließ. So schon in der vielfach als Drohwort verstandenen Aussage des Hebräerbriefs »unser Gott ist ein verzehrendes Feuer« (12,29), erst recht in den Positionen der – vermutlich im Schattenwurf der Gnosis entstandenen – negativen Theologie, sodann in der Gottesverfinsterung des ausgehenden Mittelalters und schließlich im Gottesbild von Descartes und Kant[30]. Bei jenem registrierte Gerhard Krüger sogar eine Verfremdung Gottes zum Inbegriff einer den Menschen in jeder Hinsicht verendlichenden Übermacht[31].

Bis zu welchem Extrem sich diese Tendenz bei Kant steigerte, verdeutlicht die aus seiner Frühschrift ›Der einzig mögliche Beweisgrund zu einer Demonstration des Daseins Gottes‹ (von 1763) übernommene und um eine hintergründige Schlußfrage erweiterte Stelle aus seiner ›Kritik der reinen Vernunft‹:

Man kann sich des Gedankens nicht erwehren, man kann ihn
aber auch nicht ertragen: daß ein Wesen, welches wir uns als
das höchste unter allen vorstellen, gleichsam zu sich selber
sage: Ich bin von Ewigkeit zu Ewigkeit, außer mir ist nichts,
ohne das, was bloß durch meinen Willen etwas ist; aber wo-
her bin ich denn?[32]

125

Damit ist nicht nur, wie Kant unmittelbar zuvor versicherte, der »Abgrund für die menschliche Vernunft« aufgerissen; vielmehr versinkt hier Gott förmlich im Abgrund seiner ewigen Unerforschlichkeit, in den er zusammen mit allem, was nur durch ihn ist, auch den dieses göttliche Selbstgespräch Denkenden mit hineinreißt. Doch damit erweist sich der in sein eigenes Geheimnis versinkende Gott auch schon als das zentrale Motiv aller menschlichen Lebensangst. Denn ihm bricht der Boden ein, der dem Menschen Halt und Stand, Sicherheit und Zuversicht verleiht und ihn als solcher im Leben wie im Sterben trägt.

Hier schlägt freilich die Erfahrung der drückenden Übermacht Gottes bereits in die gegensinnige einer extremen Frustration um, so daß sich die Suche nach den Gründen der Strangulationsangst anderen Zielen zuwenden muß. Für die Frage des jungen Nietzsche nach dem alles umfassenden Ring steht Gott in der Alternative zur Welt. Und diese wird tatsächlich mit allem, was sie an Gegebenheiten, Ereignungen und Zumutungen enthält, nur allzu oft als der Inbegriff des »de trop« (Sartre), als ekelerregende Überfülle und Überforderung erfahren[33]. Vermutlich liegt dieser Eindruck auch dem vom Buddhismus gelehrten Heilsweg zugrunde, dessen Entdecker das ihn schockierende Elend des Daseins in dem sich ständig fortzeugenden Lebenswillen und in der Unersättlichkeit des menschlichen Lust- und Besitzstrebens vermutete[34]. Von daher eignet dem von ihm gewiesenen Heilsweg ein eskapistischer Zug: die Tendenz, einer gleicherweise übersättigten und von unersättlicher Lebensgier beherrschten Welt zu entrinnen. Sofern dabei eine spezifisch mundane Form der Strangulationsangst ins Spiel kommt, zeigt sich hier eine kaum vermutete Annäherung von Buddhismus und Christentum, die sich beide als Religionen der Angstüberwindung, wenngleich auf diametral entgegengesetzten Wegen, erweisen.

Nicht umsonst versichert Jean Paul Sartre, dem die Zudringlichkeit des Seienden zu einem Zentralproblem seines Philosophierens geworden ist, daß der von den Gegebenheiten des Daseins überflutete und in die Enge getriebene Mensch nicht nur Angst erleidet, sondern in seinem Menschsein »Angst ist«[35]. Für ihn schlägt sich das Erlebnis dieser bedrängenden viscosité insbesondere in dem Eindruck nieder, den Blicken der anderen ausgesetzt zu sein. Das verfaßt sich bei ihm schließlich in den von offenkundiger Bedrängungsangst eingegebenen Satz: »Kurz, ich bin gesehen«[36].

Der Blick der anderen stigmatisiert, schafft Unbehagen und Gefühle des Preisgegeben- und Eingeschlossenseins, wie es dann in Sartres Bühnenstück ›Huis clos‹ mit seinen Schlußsätzen »die Hölle, das ist der Blick«, »die Hölle, das sind die Andern« dramatisch gestaltet wird[37].

Kaum etwas markiert die in diesem Jahrhundert eingetretene Geistes- und Glaubenswende so drastisch wie die Tatsache, daß hundert Jahre zuvor Nietzsche in seinen ›Dionysos-Dithyramben‹ nahezu dasselbe sagte, jedoch von dem den gequälten Menschen wie ein Pfeil durchdringenden göttlichen Blick. Das Gesehensein durch Gott, das noch den Kusaner in die Seligkeit ekstatischer Gottesnähe versetzt hatte, wird zum Inbegriff höllischer Zerrissenheit.

Inzwischen trat aber auch insofern eine Denkwende ein, als sich der Weltbegriff, der sich seit Giambattista Vico vom kosmischen Universum auf die »ganz gewiß vom Menschen gemachte« geschichtliche Menschenwelt und damit auf die Gesellschaft verlagert hatte, wieder auf den naturalen Ausgangsbegriff zubewegt. Das bringt es mit sich, daß heute nicht mehr der fixierende Blick der »andern«, sondern die wachsende Verwüstung der Umwelt zum Inbegriff welthafter Bedrängnis wird. Nach neuesten demoskopischen Erhebungen, die über das deutsche Sprachgebiet hinaus Geltung haben dürften, steht an der Spitze der angsterregenden Motive zwar das der wachsenden Kriminalität, gefolgt von dem der befürchteten Arbeitslosigkeit. Im unmittelbaren Anschluß daran werden aber ökologische Besorgnisse genannt, und diese bei den dafür besonders sensibilisierten Bevölkerungsgruppen nicht nur in einer überraschend vielfältigen, vor allem auf die Gentechnik bezogenen Deklarierung, sondern noch vor der Angst vor Krankheit und den altersbedingten Problemen. Gegenüber früheren Recherchen springt die Ausklammerung des sozialen, ethischen und religiösen Bereichs in die Augen. Denn der befürchtete Verlust eines geliebten Menschen fällt ebenso wenig wie die wachsende soziale Kälte oder die Abkehr von Religion und Glauben als zentraler Angsterreger ins Gewicht. Hier wird die Statistik zum Indikator einer Bewußtseinsverschiebung, die ihrerseits den Tatbestand eines angsterregenden Prozesses erster Ordnung erfüllt[38].

Begriffsgeschichtlich gesehen brachte die ökologische Bewegung keineswegs die von Philosophen wie Karl Löwith aufgrund ganz anderer Voraussetzungen erhoffte Wiederkehr des kosmischen

Weltbegriffs, der im Gefolge Vicos und unter dem Eindruck des Marxismus durch den der gesellschaftlichen Menschenwelt verdrängt worden war, sondern allenfalls eine auf die »Natur« eingeschränkte Schrumpfvorstellung von Welt, die überdies die Ordnung der Geisteswelt so gut wie vollständig ausklammerte. Gerade deshalb muß im Interesse einer vollständigeren Erkundung des Panoramas der Ängste in beiden Richtungen weitergefragt werden. Gehen somit auch von der Gesellschaft und von der Kultur Bedrängnisängste aus?

Wer das Ziel des individuellen Menschseins weder marxistisch noch faschistisch in dessen Aufhebung in der Gesellschaft oder »Volksgemeinschaft« erblickt, weiß um die Gegebenheit des erfragten Tatbestandes. Die Gesellschaft lähmt und bedrängt. Doch dies nicht erst durch die vielfach beklagte Überforderung der meisten durch Beruf und Arbeit, sondern strukturell, da die auf ein noch näher zu bedenkendes zwischenmenschliches Spannungsverhältnis begründete Gesellschaft dem personalen Lebensinteresse des einzelnen von ihrer Konstitution her entgegensteht. Sie bietet ihm eine Unzahl von Vergünstigungen, ohne die er, auf das Leben in der Gruppe angewiesen, nicht bestehen und überleben könnte. Indessen gibt sie es ihm nur, um ihn von seinem personalen Strebeziel abzubringen. Ihr ist zwar wesentlich an seiner Funktion, insbesondere als Leistungsträger und Konsument, gelegen, nicht jedoch an seiner Person[39]. Dadurch greift sie, beengend und tendenziell extinguierend, nach der Personenmitte des Menschen, den sie dadurch in eine beständige Strangulationsangst versetzt. Die von Marx und Nietzsche gleichsinnig, nur von ganz heterogenen Voraussetzungen her angestrebte Aufhebung des Individuums waren, wie sich nunmehr zeigt, nur die theoriegestützten Radikalisierungen der in der Herrschaftsstruktur der Gesellschaft verankerten Tendenzen. Und die Beharrlichkeit, mit der die Gesellschaft diese Strategie verfolgt, zeigt sich nicht zuletzt daran, daß sie sich nach dem Untergang der Diktaturen in Gestalt der Medien ein neues Instrument schuf, welches das alte Ziel mit womöglich noch weit effektiverer Wirkung anstrebt. Wenn hier Abhilfe geschaffen werden soll, dann in letzter Hinsicht nur dadurch, daß das Grundkonzept der Gesellschaft durch das des von Jesus proklamierten Gottesreichs überwunden wird.

Unter dem Vorzeichen der Angst werden aber nicht nur die Ansprüche der Konsum- und Arbeitswelt, sondern auch die

Angebote und Anforderungen der Geisteswelt vielfach als beengend und bedrängend empfunden. Das gilt schon von dem Einstieg in sie, auf den das Schriftwort von dem schmalen Weg und der engen Pforte nur zu wörtlich zutrifft. Es gilt sodann von der Überfülle ihrer Angebote, die in solcher Menge anfallen, daß sie heute schon nur mit Hilfe elektronischer Speicherung registriert werden können und in dieser Unzahl den Rezipienten vor schwierige Auswahlprobleme stellen. Und es gilt nicht zuletzt von ihren Anforderungen. Denn die hochdifferenzierte und im Regelfall nicht minder hochstilisierte Form, in der die Kultur die meisten ihrer Inhalte vermittelt, lassen den Versuch der Verarbeitung nur allzu oft zum Balanceakt geraten. Die Herabsetzung dieses Standards auf das Niveau postmoderner Beliebigkeit kann unter diesem Gesichtspunkt, zumindest partiell, als Konzession an den strapazierten und ermüdeten Kulturkonsumenten verstanden werden.

Mit dem Ausdruck »Übermüdung« fällt aber auch schon das Stichwort für das gegensinnig-frustrierende Welterlebnis. Konnte die im Sinne der Mikrokosmosidee gedeutete und als solche im Menschen zentrierte Welt im Grenzfall als beengend und ausweglos empfunden werden, so trifft auf das moderne Weltbild das exakte Gegenteil zu. Seit Kopernikus rollt in dieser Welt der Mensch einem Nietzschewort zufolge immer schneller aus dem Mittelpunkte weg: »wohin? ins Nichts? ins durchbohrende Gefühl seines Nichts?«[40] Seinem Ruf »Wo bin ich?« antwortet das von Pascal registrierte »Schweigen der unendlichen Räume«. Wenn überhaupt noch von einem Ort die Rede sein kann, findet er sich in einem verlorenen Winkel des Universums, das, falls es ihn vernichtet, ungerührt über ihn hinweggeht[41]. Ihn befällt nicht nur das Gefühl einer grenzenlosen Verlorenheit, sondern, so wiederum Pascal, das ungleich peinigendere eines unaufhaltsamen Entgleitens: »Furchtbar ist's, wenn einem alles entgleitet, was man besitzt«[42]. Daß dieses Entgleiten auch vor dem betroffenen Subjekt nicht Halt macht, betont Karl Jaspers an einer bemerkenswerten Stelle seines Werks ›Von der Wahrheit‹ (1947), wenn er fragt:

Ist der Einzelne, der so ohne Welt dasteht, überhaupt noch?[43]

Das steigert sich schließlich zu dem Eindruck, inmitten der Welt in eine »weltweite« Leere und Öde geraten zu sein, verurteilt zu einem Dasein auf beständiger Flucht, bei der es kein Ankommen und kein Ziel gibt.

Umso mehr stellt sich die Frage nach dem »Wovor« dieser Flucht. Wie bereits erwähnt, bestimmte Max Picard dieses »Wovor« und den Versuch, ihm zu entrinnen, als die »Flucht vor Gott«. Das hängst zunächst mit dem schon im 139. Psalm beschworenen und von der spätmittelalterlich-kartesianischen Gottesverdüsterung vertieften Eindruck der göttlichen Übermacht und unnachsichtigen Einforderung zusammen. Doch ist auch hier der zentrale Schmerzpunkt erst dort berührt, wo dieser Eindruck in den gegensinnigen der Abkehr und Abwesenheit Gottes umschlägt. Dann fürchtet der von Gottesangst Befallene nicht mehr den ihn durchschauenden Blick und das ihn bedrohende Gericht, sondern das Gegenteil: von Gott aufgegeben, fallen gelassen, wenn nicht geradezu vergessen zu werden. Und dieses metaphysische Entzugserlebnis peinigt ihn mehr als jede religiöse Repression. Zu den bedenklichsten Fakten im Erscheinungsbild der neueren Theologie gehört zweifellos die Tatsache, daß sie sich in einer ihrer Randszenen mit diesem Verlust abgefunden hat. Anstatt ihre ganze Kraft auf die Wiedergewinnung des Gotteskontaktes zu konzentrieren, richtete sie sich in Gestalt der – inzwischen halbvergessenen – Gott-ist-tot-Theologie in der Entbehrung ein, doch ohne aus der Negation die für die negative Theologie großer Provenienz selbstverständliche Konsequenz positiver Ausfolgerungen zu ziehen. Sofern sich darin die Gefahr des Abgleitens in den Atheismus abzeichnet, wird hier dessen zentrale Ursache deutlich. Es ist dies nicht, wie man vermuten könnte, der Protest gegen Gott, der sich bei Nietzsche in die Alternative des »Er oder ich« zuspitzte, sondern – die Angst, die sich damit als der eigentliche Gegensatz des Gottesglaubens erweist[44].

In seinem Ergebnis stellt der Durchblick durch dieses Maskenspiel der Ängste unweigerlich vor die Frage nach den diesen unterschiedlichen Verkleidungen zugrunde liegenden Elementarformen der Angst, die nun aber, anders als in der ersten Ableitung, in ihrer genuinen Reihenfolge zutage treten[45]. Wenn die Angst, wie inzwischen deutlich wurde, der eigentliche Gegensatz des Gottesglaubens ist, kann die erste und wichtigste Antwort nur lauten: die Angst vor Gott, die sich geradezu physiognomisch in dem ambivalenten Gottesbild der Menschheit niedergeschlagen hat. Es ist geprägt, wie lange vor Rudolf Otto schon Augustin verdeutlichte, durch den Gegensatz von Mysterium fascinosum und Mysterium tremendum, also durch den zutiefst ambivalenten Eindruck, daß

Gott ebenso geliebt wie gefürchtet werden müsse[46]. »Was ist das
für ein Strahl?« fragt Augustin auf einem Höhepunkt seines
Bekenntniswerkes, »der mein Herz durchdringt, ohne es zu ver-
wunden?« Und er gibt sich selbst darauf die Antwort:

> *Ich erschauere und erglühe; ich erschauere, weil ich ihm un-*
> *ähnlich bin, und ich erglühe, weil ich ihm ähnlich bin. Die*
> *Weisheit, ja die Weisheit ist es, die mich durchleuchtet, die*
> *mir das Gewölk aufreißt, das mich, sobald ich von ihr lasse,*
> *mit Finsternis und dem Schutt meiner Strafen bedeckt*[47].

Nie vermochte sich die Menschheit dieser Dialektik zu entziehen; nie machte sie aber auch nur den geringsten Versuch, sie zu
überwinden, weil sie der Zwiespältigkeit des Menschen zu sehr entgegenkam und entsprach. Zweifellos verdankt die Menschheit die
Inspiration zu den größten Kulturleistungen der Architektur, der
Plastik, der Malerei, der Literatur und Musik der Faszination
durch das Gottesgeheimnis. Aber war es nicht zugleich die Gottesangst, die die gewaltigsten Bauten der Antike, die Pyramiden, zu
Denkmälern der Todverfallenheit gestaltete, die den Blick der griechischen Statuen verschattete, die die mittelalterlichen Dome ins
Ungreifbare emportrieb und die es dahin brachte, daß alle große
Dichtung Todesdichtung wurde? Nicht zu reden von der jahr-
tausendealten Blutspur, welche die Gottesangst, sei es als Opfer-
motiv oder als letzte Rechtfertigung von Verfolgung und Religions-
kriegen, in der Geschichte der Menschheit hinterließ. Erstaunlich
nur, daß sich niemals ein Notschrei erhob, der nach dem möglichen
Überwinder dieses Dilemmas rief. Läßt es darauf schließen, daß
sich der zwischenmenschliche Kommunikationsraum, an den sich
der Hilferuf in erster Linie hätte richten müssen, gegen diesen versperrt, weil er von einer vergleichbaren Ambivalenz belastet ist?

Schon diese Vermutung genügt, um die zweite Pfahlwurzel
der Angst ausfindig zu machen. Es ist die Angst des Menschen vor
dem Mitmenschen, den er einerseits als den Retter aus seiner Einsamkeit ersehnt und andererseits als denjenigen fürchtet, der sich
ihm unversehens in einen reißenden Wolf verwandeln könnte[48].
Wenn Dieter Wyss unter den »fundamentalen Enttäuschungen in
der Liebesbeziehung« an erster Stelle das vergebliche Verlangen,
daß der andere zu einem zweiten »Ich-Selbst« werde, erwähnt,
spricht das für den angenommenen Zustand[49]. Nur handelt es
sich dabei um kein Unvermögen, sondern um ein innerstes Wider-

streben. Denn auch der Liebende läßt den andern immer nur bis auf einen letzten Sicherheitsabstand an sich herankommen, weil er insgeheim befürchtet, daß sich in dem ersehnten Partner von heute der verhaßte Feind von morgen verbergen könnte. Und dieser Bruch durchzieht nicht minder den von derselben Ambivalenz geprägten gesellschaftlichen Lebenskontext.

Wie aber erklärt sich das stillschweigende Einverständnis mit dem gleicherweise zu liebenden und als letztem Schreckensgrund zu fürchtenden Gott? Offensichtlich aus dessen Entsprechung mit dem in einem permanenten Selbstzerwürfnis begriffenen Menschen, der nach Kierkegaards hellsichtiger Deutung vom Widerstreit zweier Willenshaltungen zerrissen ist: von dem verzweifelten Willen zu eigenverantwortlichem Selbstsein und dem nicht minder verzweifelten Widerwillen gegen dieses Verlangen[50]. Das steigerte Guardini in seinem Essay ›Die Annahme seiner selbst‹ (von 1960) zu der Behauptung, daß der Mensch bisweilen von dem Eindruck angewandelt werde, in die ihm auferlegte Seinsform eingesperrt, ja mit ihr geradezu betrogen zu sein[51].

Dieser Widerstreit schägt sich in Form einer fundamentalen Verunsicherung nieder, die sich bisweilen in das Gefühl verfaßt, sich nie voll »in die Hand zu bekommen« und, selbst wenn dies im Ausnahmefall gelingt, »nicht für sich einstehen« zu können. Doch diese Verunsicherung ist ein Nährboden für eine dritte Form der fundamentalen Angst, die man als die Existenzangst bezeichnen könnte.

Das Problem der Angst stellt, nach diesen wenigen Andeutungen zu schließen, das Menschsein so radikal infrage, daß die Diagnose nicht ohne einen Therapievorschlag zuendegebracht werden kann. Analog zu dem paulinischen Aufschrei »wer wird mich von diesem todverfallenen Leib befreien?« geht durch die heutige Lebenswelt der stumme, deswegen aber nicht weniger vernehmliche Notschrei: Wer wird uns von der Not unseres täglichen Sterbens, vom Sklavenjoch der uns bedrückenden und lähmenden Lebensangst befreien? Die Antwort darauf ist ebenso alt wie die Frage, und sie ist in beiden Fällen gleichlautend: die Lebensleistung Jesu![52] Sie bezieht sich in erster Linie auf seine Korrektur des Gottesbildes, die den Anlaß der tiefsten aller Ängste, die Gottesangst, zum Verschwinden bringt. Und sie bezieht sich ebenso auf seine gleichsinnige Bereinigung des gestörten Verhältnisses des Menschen zum Mitmenschen und zu sich selbst. Doch womit bewirkt er dies? Jeweils mit einem einzigen Wort!

Die Berichtigung des traditionellen Gottesbildes ist die Folge seiner kindlich-kühnen Anrede »Abba – Vater!« Denn Jesus ist der erste, der, ungeachtet aller religionsgeschichtlichen Vorformen, Gott mit dieser Zärtlichkeitsanrede anrief. Was er damit bewirkte, hat Paulus in spiritueller Spiegelung mit dem Wort des Römerbriefs zur Sprache gebracht:

> *Ihr habt doch nicht den Geist der Knechtschaft empfangen, so daß ihr euch aufs neue fürchten müßtet; vielmehr habt ihr den Geist der Sohnschaft empfangen, in dem wir rufen: Abba, Vater (8,15)*[53].

Auf das Gottesverhältnis Jesu extrapoliert, besagt das, daß sein Abba-Ruf jeden Schatten einer Heteronomie aus seinem Gottesbild und in der Konsequenz dessen aus dem Gottesbild der Menschheit beseitigte. Damit brach er das Moment des Bedrohlichen und Angsterregenden aus der menschlichen Gottesbeziehung heraus. Der Gott des Zornes und der Strafe hat in seinem Bild, so sehr er der Richter bleibt, keinen Anhalt mehr. Denn sein Gericht ist nicht mehr das Werk seiner Gerechtigkeit, sondern seiner Liebe, die sich schon nach alttestamentlicher Prophetie »himmelhoch«, wie es bei Jesaja (55,8 f) heißt, über allen menschlichen Vorstellungen von Recht und Unrecht, Schuld und Sühne erhebt. Gleichzeitig legt die Gottesanrede Jesu den Grund für sein neues Selbstverhältnis, das – wiederum analog zur paulinischen Nennung der Gotteskindschaft – seine Gottessohnschaft besagt. Indem er Gott Vater nennt, läßt er jede Distanz hinter sich und besiegelt so sein Sohnesbewußtsein. Die Konsequenzen für das Gottesbild der Menschheit drängen sich geradezu auf. Indem er Gott mit dem Vaternamen anruft, durchbricht er die Mauer seiner Unnahbarkeit, überbrückt er den Abgrund der Gottesferne und schafft so Zugang zum Herzen Gottes. Dadurch entzieht er der durch die Besorgnis, von Gott aufgegeben und fallen gelassen zu werden, eingegebenen Gottesangst den Boden. Denn, so resümiert der Erste Johannesbrief:

> *Furcht ist nicht in der Liebe; vielmehr treibt die vollkommene Liebe die Furcht aus (4,17f).*

Auch zur Behebung des angsterregenden Spannungsverhältnisses zum Mitmenschen genügt Jesus ein einziges Wort: »Liebe deinen Nächsten wie dich selbst!« (Mk 12,31). Bekanntlich plädierte Kierkegaard für die radikalere Übersetzung. »Liebe deinen Nächsten als dich selbst!« Begreife, daß in ihm dein Schicksal auf dem Spiel steht. Wenn du ihn aufgibst, läßt du dich selber fallen; wenn du ihm beistehst, nimmst du dich deiner selbst an. Oder nun Kierkegaard wörtlich:

> Dies »als sich selbst« läßt sich nicht drehen noch deuten; mit der Schärfe der Ewigkeit richtend dringt es in den innersten Schlupfwinkel ein, wo ein Mensch sich selbst liebt. Es läßt der Selbstliebe nicht die leiseste Entschuldigung übrig, nicht die mindeste Ausflucht offen. Wie wunderbar! Man könnte ja lange und scharfsinnige Reden darüber halten, wie ein Mensch seinen Nächsten lieben solle; und immer würde die Selbstliebe noch Entschuldigungen und Ausflüchte zu bringen wissen, weil die Sache doch nicht ganz erschöpft, ein Fall übergangen, ein Punkt nicht genau oder bindend genug ausgedrückt und beschrieben wäre. Aber dies »als sich selbst« – ja, kein Ringer kann seinen Gegner so fest, so unentrinnbar umklammern, wie dies Gebot die Selbstliebe umklammert ... Wie Jakob mit seinem Ringen mit Gott sich lahm gerungen hatte, so wird die Selbstliebe zerbrochen sein, wenn sie mit diesem Wort gerungen hat, das doch dem Menschen die Selbstliebe nicht absprechen konnte, das ihn vielmehr die rechte Selbstliebe erst lehren will. Wie wunderbar![54]

Doch damit ist auch schon jener Minimalabstand unterlaufen, den die Angst in jeder menschlichen Beziehung, auch der intimsten, einzuhalten nötigt. Und damit wird das Verhältnis von Mensch zu Mensch, wie es ihm vom Schöpferwillen her zugedacht ist (Gen 2,22ff), angstfrei.

Auch das menschliche Selbstzerwürfnis wird durch ein einziges Schlüsselwort des Evangeliums behoben: durch das Wort von der Gotteskindschaft, die nach johanneischem Verständnis unmittelbar aus der Entdeckung des Vatergottes hervorgeht.

> Seht doch, welch große Liebe der Vater zu uns hegt: daß wir Gottes Kinder nicht nur heißen, sondern sind (Joh 3,1)[55].

Das ist mehr als eine Feststellung; denn in diesem Wort wird die Liebe fühlbar, die den »Knecht« (Joh 15,15) über seinen kreatürlichen Status erhebt und ihn in ein genealogisches Verhältnis zum göttlichen Seinsgrund aufnimmt. Das zieht eine völlige

Umstrukturierung des menschlichen Selbstverhältnisses nach sich. Ergab sich dieses zuvor aus der Selbstunterscheidung von Welt und Gesellschaft, mit Buber gesprochen, von »Es« und »Du«, so jetzt, zumindest primär, aus dem Bewußtsein, von Gott bis zur Aufhebung der Kreatürlichkeit geliebt und in ein Kindesverhältnis versetzt zu sein. Kaum einmal wurde das, wenngleich mit einer auf die neuzeitliche Bewußtseinslage vorausweisenden Akzentverschiebung so klar artikuliert wie in dem Cusanus-Wort »Sis tu tuus«, das zur Selbstaneignung aufruft und dafür die göttliche Selbstübereignung – »et ego ero tuus« – in Aussicht stellt[56]. Cusanus ist schon so sehr dem neuzeitlichen Subjektivismus verpflichtet, daß er die Bedingung der Selbstwerdung als deren Folge ausgibt. In seiner Urgestalt ist dies jedoch das Programmwort einer Selbstannahme aufgrund eines vorgängigen Angenommenseins. Wenn sie an die Stelle der gewohnten Abgrenzungsstrategie tritt, kommt die Huld des annehmenden Gottes der menschlichen Besorgnis um ein gefestigtes Selbstsein zuvor. Und die aus der Mühe der Abgrenzung aufsteigende Angst wird förmlich vom Feuer der »von oben« teilnehmenden Liebe verzehrt.

Doch darin manifestiert das Christentum auch schon seine wohl zentralste Qualität als therapeutische Religion. Denn es ist nicht etwa von einer peripheren Zwecksetzung, sondern von seiner Mitte her die Religion der Angstüberwindung, der kein Wort so sehr auf den Leib geschrieben ist wie das Schlußwort der johanneischen Abschiedsreden, dessen Prädikatsbegriff »Bedrängnis« (thlipsis) Luther höchst zutreffend auf die menschliche Lebensangst bezog, so daß es in seiner Übersetzung lautet:

In der Welt habt ihr Angst; doch seid getrost,
ich habe die Welt überwunden (16,33)[57].

In diesem vom johanneischen Sprachgebrauch aufs deutlichste geprägten Schlußwort ist mit »Welt« (kosmos) mehr noch die in sich verschlossene gottfeindliche Menschenwelt als die vom göttlichen Logos durchlichtete Schöpfung angesprochen, indirekt aber auch die Existenznot derer, die sich darin zu behaupten haben. Sie könnten nicht bestehen, wenn ihnen nicht durch den Auferstehungssieg Jesu darin ein »Lebensraum« erschlossen wäre (Schnackenburg), in dem sie der angsterregenden Bedrängnis überhoben und, wie es im Auftakt zu der Stelle heißt, im Frieden dessen geborgen sind, der diesen Frieden dadurch gibt, daß er (nach

Eph 2,14) dieser Friede auf personale Weise ist. Damit klärt sich nun auch definitiv, woher die angstüberwindende Kraft des Christentums stammt. Es ist letztlich seine Tat, die Tat der Selbstvergegenwärtigung Jesu in dem von ihm geschaffenen Lebensraum, was dort, wo die Angst alles unter ihre lebenzerstörende Macht zu zwingen sucht, einen Raum des angstfreien Aufatmens entstehen läßt.

In geradezu schreiendem Gegensatz steht dazu der bedrückende Befund, den Oskar Pfister in seinem Werk ›Das Christentum und die Angst‹ (von 1944) veröffentlichte[58]. Danach entgeht keine der christlichen Konfessionen dem Vorwurf, ausgerechnet das dem Evangelium fremdeste Instrument zur Displinierung der Gläubigen eingesetzt und sie demgemäß mit der Peitsche der Angst in ihre Kirchen getrieben zu haben. Der dabei in Gang gesetzte Mechanismus ist ebenso effizient wie unchristlich. Mit Hilfe einer durch Strafsanktionen verschärften und als solche die meisten überfordernden Moral werden die Gläubigen zunächst in Gewissensnöte gestürzt, damit sie dann um so begieriger nach den ihnen gleichzeitig angebotenen Mitteln der Entsühnung und Rechtfertigung greifen. Die Achse dieses Mechanismus bildet die dem Geiste Jesu widerstreitende und dennoch schon in neutestamentlicher Zeit einsetzende Verklammerung von Erlösung und Sünde, die sogar Kierkegaard zu der seinen ganzen Ansatz desavouierenden Behauptung veranlaßte, daß nur das Sündenbewußtsein die Menschen zum Eintritt in das absurde System des Christentums bewege:

Allein im Bewußtsein der Sünde gibt es den Zugang; auf einem andern Weg hineinkommen wollen, ist Majestätsverbrechen gegen das Christentum[59].

Zu den wichtigsten Ergebnissen der neueren Kierkegaard-Forschung gehört die Erkenntnis der »Systemwidrigkeit« dieses mit »Moral« überschriebenen Einschubs, zu den wichtigsten Einsichten in die heutige Glaubenssituation aber die, daß sich der über Jahrhunderte hinweg so erfolgreich in Gang gehaltene Mechanismus totgelaufen hat und daß die Peitsche, die Unzählige immer wieder in die Kirchen trieb, zerbrochen ist[60]. Deshalb ist es für die Kirchen der Gegenwart eine Überlebensfrage, daß sie diese Tatsache zur Kenntnis nehmen, den Ballast einer dem Evangelium fremden Pädagogik abwerfen und sich auf die von der Heilsbotschaft selbst gewiesenen Wege des »Menschenfanges« (Mk 1,17) besinnen.

3. Der lockende Schrecken

Nichts spricht so sehr für den Tod als Tor zu Gott wie die Erfahrung, daß er in derselben Ambivalenz von Faszination und Schrecken erscheint wie er. Fürs erste ist er der Inbegriff des Schrecklichen, der schon als Gedanke den Denkenden in lähmendes Entsetzen stürzt. So beschreibt ihn bereits die größte Todesdichtung der Antike, die Odyssee, wenn es am Ende der Nekya von dem ins Totenreich hinabgestiegenen Odysseus heißt:

Aber es sammelten sich unzählige Scharen von Schatten mit grauenvollem Getöse, und bleiches Entsetzen ergriff mich. Fürchtend, es sende mir gar noch die strenge Persephoneia tief aus der Nacht das Schreckenshaupt des gorgonischen Unholds, floh ich eilends zum Schiff und befahl den Gefährten, rasch mit einzusteigen und die Seile vom Ufer zu lösen; Und sie stiegen hinein und setzten sich stumm auf die Bänke[61].

Als verstörenden Einbruch in das Festmahl des Lebens beschreibt auch Novalis den Tod in seinen ›Hymnen an die Nacht‹:

Nur ein Gedanke war's
Der furchtbar zu den frohen Tischen trat
Und das Gemüt in wilde Schrecken hüllte.
Hier wußten selbst die Götter keinen Rat,
der das Gemüt mit süßem Troste füllte.
Geheimnisvoll war dieses Unholds Pfad
Des Wut kein Flehn und keine Gabe stillte –
Es war der Tod, der dieses Lustgelag
Mit Angst und Schmerz und Tränen unterbrach[62].

An diesem »Felsen des unendlichen Verdrusses« brach sich, wie der Fortgang der Dichtung sagt, »die Woge des Genusses«. Um die Bitterkeit des Todes weiß aber nicht weniger das Buch Jesus Sirach; ebenso aber auch um seine tröstliche und lockende Gegenperspektive, aus der sich schon der betörende Sirenengang der Odyssee erhob:

O Tod, wie bitter ist der Gedanke an dich für den Menschen, der ruhig sein Heim bewohnt, für den Menschen, der sorglos in seinem Glück lebt und der noch stark genug ist, sich zu ernähren.

O Tod, wie süß ist deine Schickung für den Unglücklichen
und für den, dessen Kräfte schwinden, für den Greis, der ge-
beugt und von Sorgen bedrückt ist, der seine Zufriedenheit
und seine Geduld verlor (41,1f).

An diesen tröstlichen Gegenaspekt knüpft dann der Ausklang des Buches Kohelet an, der die Härte des Verfalls und Endes
durch die Suggestivität seiner Bildsprache verklärt:

Denke an deinen Schöpfer in den Tagen der Jugend, bevor
die bösen Tage kommen und die Jahre beginnen, von denen
du sagst: sie gefallen mir nicht, bevor sich die Sonne und das
Licht, der Mond und die Sterne verfinstern, bevor die Wol-
ken nach dem Regen wiederkehren, wenn die Wächter des
Hauses erzittern, wenn die starken Männer sich krümmen,
und die Mahlmägde feiern, weil sich der Tag in den Fenstern
verdunkelt, wenn sich die Tore nach draußen verschließen
und der Laut der Mühle verstummt, wenn die Stimmen der
Vögel verhallen und alle Lieder verklingen, wenn man sich
vor der Anhöhe fürchtet und die Wege mit Schrecken betritt,
wenn der Mandelbaum verblüht, das Heupferd erstarrt, die
Kapernuß platzt, wenn der Mensch seinem ewigen Haus ent-
gegengeht und auf der Straße die Klageweiber erscheinen,
bevor der silberne Strick zerreißt, die goldene Schale zer-
springt, der Krug an der Quelle zerschellt und das Rad am
Brunnen zerbricht, wenn der Staub zur Erde und der Odem
zu Gott zurückkehrt, der ihn gab. Nichtigkeit, nur Nichtig-
keit, spricht der Prediger, alles ist Nichtigkeit (12,1-8)[63].

Das Wunder dieses »Abgesangs« besteht vor allem darin,
daß er dem Todesgedanken die bedrückende Schwere nimmt und
ihn in einer fast schwerelosen Weise sagbar macht. In dieser Aussage klingen »silbern« und »golden« länger nach als die Vorstellungen von dem gerissenen Strick und der zersprungenen Schale. Das
aber beweist, daß dort, wo der Gedanke an das alles entziehende
Ende jede weitere Überlegung blockiert hatte – so das psychologische Äquivalent zu der logischen Unmöglichkeit des Denkenden,
sich wegdenken zu können –, ein wenn auch noch schwaches Licht
aufleuchtet, das im Ende einen Überstieg ins Un-Endliche denkbar
werden läßt. Es ist, theologisch gesehen, etwas von dem Licht, das
von der Verklärung des Auferstandenen auf alles fällt, was durch

seinen Sieg (Joh 16,33) überwunden wurde, zumal aber die Negativität des Todesgedankens.

Dieser Aufhellung aber bedarf es, wenn der dunkle Bescheid des Sterbenmüssens nicht verstörend, sondern eröffnend und weiterführend in das Denken eindringen soll. In dieser aufgehellten Form wird der zunächst schockierende Bescheid zur suggestiven »Überredung«, die das sich verweigernde Denken zur Einwilligung in die Todesbestimmung und, mit einem ihm angemessenen Paradox gesprochen, zur Annahme des Unannehmbaren bewegt. Der Hinweis auf die »Auferstehung« war auch insofern wichtig, als sich hier ein ganz ähnliches Sprachproblem stellt. Fehlte, nach der Abfolge der Bezeichnungen zu schließen, dort zunächst das für die Benennung dessen geeignete Wort, was in der menschlichen Erfahrungswelt noch nie der Fall war, so hier die Bereitschaft, den sich aus dem menschlichen Kommunikationsraum aufdrängenden Begriff »Tod« auf das vorgefühlte Sterbenmüssen zu beziehen[64].

Zu dieser »Überredung« trägt, wie nunmehr konzediert werden kann, die Fremderfahrung menschlichen Sterbens entscheidend bei, zumal sich aus der vorgegebenen Sprachwelt jener Begriff nahelegt, dessen sich der Denkende zunächst mit aller Energie zu erwehren sucht. Zwar sieht er sich unablässig – wie Buddha bei seinem ersten Ausritt – mit Bildern des Verfalls und Sterbens konfrontiert; doch weigert er sich, die dadurch an ihn ergehende Botschaft auch wirklich zu akzeptieren. Hier mischt sich der dunkle Bescheid insinuierend und schließlich sogar ermutigend in den blockierten Kommunikationsprozeß ein, so daß sich dieser schließlich zu jenem Lernprozeß gestaltet, an dessen Ende der subjektiv akzeptierte Begriff des Todes steht. Und diese Aneignung verläuft um so undramatischer, je vernehmlicher der Tod in den Aspekt des Anziehenden und Wünschenswerten getreten war.

Was damit nur angedeutet werden konnte, sagt mit der Eindringlichkeit der in ihr erklingenden vox humana die Dichtung, die unter dem Eindruck der extremen Todeserfahrung dieses Jahrhunderts in ihren Spitzenwerken mehr als je zuvor zur Todesdichtung wurde. Das gilt insbesondere von Hermann Brochs Roman ›Der Tod des Vergil‹ (von 1958) und den beiden themengleichen Erzählungen Gertrud von le Forts ›Die Letzte am Schafott‹ (von 1931) und ›Das Gericht des Meeres‹ (von 1940). In dieser Abfolge gelesen lassen die drei Werke ebenso viele Aspekte des angenommenen Todes aufscheinen: den Tod als Anruf, als Befreiung und als Bergung. In dem unter akuter Todesdrohung konzipierten und »gewissermaßen als private Todesvorbereitung« ausgearbeiteten Roman Brochs durchmißt der sterbende Dichter die sechs Stufen des biblischen Schöpfungswerks in rückläufiger Abfolge, bis ihn schließlich der entscheidende Anruf erreicht, nachdem er die zum Kreis geschlossene eisige Schlange der Zeit zerbersten sah:

> *Da durfte er sich umwenden, da kam ihm der Befehl zur Umwendung, da wendete es ihn um*[65].

Dieser Aufhebung des an Orpheus ergangenen und vom Evangelium (Lk 17,32) bestätigten Verbots der Rückschau aber befähigt ihn, mit seinem brechenden Auge das in seiner vierten Ekloge vorausgespiegelte Zeichen am Himmel, das »Urbild aller Bilder«, das »menschliche Antlitz in kampflosem Frieden, erblickbar als das Bild des Knaben im Arme der Mutter«, wahrzunehmen und darin das Erfüllungsziel des durchschrittenen Weges zu erkennen.

Vom Vorgefühl des kommenden Terrors bedrängt, verfaßte le Fort im »Achsenjahr der Angst« (1931) ihre Meisternovelle ›Die Letzte am Schafott‹, die den Weg der neurotisch geängsteten Titelfigur bis an den Fuß der Guillotine beschreibt, auf dem ihre Mitschwestern in den Schreckenstagen der französischen Revolution den Tod erleiden.[66] Weil sie, äußerlich zerbrechend, gelernt hatte, ihre Angst mit der Todesangst Jesu zu verbinden, gewinnt die in ihr geschehene Wandlung unversehens die Oberhand über ihre Furchtsamkeit, die jetzt, wie zur Besiegelung ihrer befreienden Metamorphose, wie eine Fremdgestalt von ihr abfällt. So geschieht das nicht Auszudenkende. Als der Gesang der Nonnen, die mit dem »Veni creator« auf den Lippen das Blutgerüst besteigen, abzubrechen droht, nimmt sie mit ihrer schwachen Stimme den verlöschenden Gesang wieder auf:

> *Es war eine ganz kleine, feine, kindliche Stimme: ich hatte die Vorstellung, als komme sie gar nicht von der Höhe des Schafotts herab, sondern klinge irgendwo aus der Tiefe der Menge empor, gleichsam als respondiere diese selbst.*

Und dann die sichtbar gewordene Verwandlung: Während sie in den Gesang ihrer Schwestern einstimmt, scheint sie ihr zusammengedrücktes Gesicht wie eine fremde Maske abzuwerfen; vor allem aber:

Sie sang. Sie sang mit ihrer kleinen, schwachen, kindlichen Stimme ohne jedes Zittern, nein, jubelnd wie ein Vögelchen; sie sang ganz allein über der großen, blutigen, schrecklichen Place de la Révolution das Veni creator ihrer Schwestern zu Ende[67].

Doch der letzte Aspekt des Todes ist der der Aufnahme in den bergenden, erfüllenden Frieden. Dazu bekannte sich die Dichterin in der Erzählung ›Das Gericht des Meeres‹ (von 1940), mit der sie trotz akuter Bedrohung auf dem Höhepunkt der Diktatur Einspruch gegen die Ermordung behinderter Kinder erhob. Titelheldin ist die kaum dem Kindesalter entwachsene Anne de Vitré, die es in einer ersten Regung mütterlicher Gefühle und einer Vorahnung der Menschwerdung Gottes nicht über sich bringt, das ihr übergebene Kind eines mörderischen Königs, wie ihr aufgetragen war, in den Tod zu singen. Dafür muß sie sterben; ein haßerfüllter Landsmann wirft sie von Bord des Schiffes, auf dem sie mit anderen deportiert werden sollte, ins Meer:

Sie erblickte das noch viel zu frühe Rosenrot des Morgens, das den Horizont bekränzte, sie sah noch, wie auf dem fernen Geleitschiff ein Segel gehißt wurde, als steige ein Schwanenflügel über der Flut auf – dann ließ Budoc sie fallen. Die Wasser schlugen brausend über ihr zusammen, Anne stürzte ins Meer, hinab in die bodenlose Tiefe – dort hinab, wo man alle Dinge mit demselben Namen rufen kann. Es kam die Qual des Ertrinkens – plötzlich nahm sie wieder jemand in die Arme – sie war gerettet –, das Leben ward ihr geschenkt! Die brausenden und sausenden Gewässer wurden sanft wie die kleinen Wellen am Strande, wenn sie einen Nachen schaukeln – Anne hörte dicht an ihrem Ohr eine Stimme, süß wie die Stimme der Mutter an der Wiege ihres kleinen Bruders Alain: sie sang dasselbe Lied, das Anne dem Kind des königlichen Mörders gesungen hatte – sie sang es zu Ende.

Das wirkt wie eine Konkretisierung des Satzes aus der Revolutionsnovelle, der von einem Absinken »durch alle Stockwerke des Seins bis auf jenen Grund der Dinge« spricht, der kein weiteres Fallen zuläßt, »weil er ein ewiger Grund, weil er ein göttlicher ist«.

Der Zusammenhang ergibt sich aus dem Freiheitsbegriff der Dichterin. Denn Freiheit ist für sie – wie für Paulus – primär Freiheit für und zu etwas und erst in zweiter Hinsicht Befreiung von etwas, also primär Freisetzung und dann erst Emanzipation. Als Befreier von den Fesseln der Angst erscheint der Tod in der Todesszene der Revolutionsnovelle. Hier jedoch, im ›Gericht des Meeres‹, wandelt sich der Befreier in den Vollender, der die Ertrinkende in jene Umarmung durch die Ewige Liebe aufnimmt, die gleichzeitig vollkommene Geborgenheit und Sinnerfüllung besagt. Damit gewinnt das Wort von der »Todverfallenheit« des Menschen einen neuen, unerwartet positiven Sinn. Denn es besagt im Licht dieser zweiten Todesszene, daß der Sterbende jenem göttlichen Grund aller Dinge anheimfällt, der allem Abbruch und Verlust ein Ende setzt, weil in ihm, was war und ist, im höchsten Sinn des Ausdrucks »aufgehoben« ist.

Es blieb der Musik vorbehalten, die Einwilligung des Sterbenden in den ihm »zugemuteten« Tod zu artikulieren. Das geschah in Alban Bergs »dem Andenken eines Engels« gewidmeten Violinkonzert (von 1935), mit dem er der früh und qualvoll gestorbenen Manon Gropius huldigte, nichtsahnend aber zugleich sich selbst ein klingendes Epitaph schuf[68]. Für das Auftragswerk, für dessen Ausarbeitung er die Komposition seiner Oper ›Lulu‹ unterbrach, wählte Berg eine in Terzen aufsteigende und in vier Ganztönen auslaufende Reihe, von der er erst zuletzt bemerkte, daß sie dem Anfang des Chorals »Es ist genug« aus Bachs Kantate ›O Ewigkeit du Donnerwort‹ (von 1723) entsprach. Das Werk folgt trotz seiner Abstraktheit so sehr einem Programm, daß dieses wenigstens in Umrissen nachgezeichnet werden kann. Danach steht am Beginn das Motiv des lebenslustigen Mädchens, das am Ende nochmals, dann aber transfiguriert zu einem »tanzenden Schatten« (Carner), aufscheint[69].

Dazwischen spielt sich das Drama der Todeskrankheit ab, deren brutalen Einbruch das Allegro zu Beginn des zweiten Satzes mit scharf rhythmisierten Orchesterschlägen imaginiert, während das abschließende Adagio das Ende darstellt, das nach der Intonation des Chorals in zwei sich steigernden Schritten von der Ergebung zur Verklärung führt. Was das Werk zu der erfragten Einwilligung zu sagen hat, bringen die von Berg in die Partitur eingetragenen Worte des Chorals, besser als jede Interpretation, zum Ausdruck:

Es ist genug!
Herr, wenn es dir gefällt,
So spanne mich doch aus!
Mein Jesus kömmt.
Nun, gute Nacht, o Welt!
Ich fahr' ins Himmelshaus.
Ich fahre sicher hin mit Frieden,
Mein großer Jammer bleibt darnieden.
Es ist genug. Es ist genug.

Abgesehen vom abrupten Wechsel der Todesszenen in der Odyssee wurde der Umschlag von Schrecken zu Trost kaum einmal so suggestiv vergegenwärtigt wie hier. Daß das Entsetzen in die Einwilligung übergeht, ist die Folge der Einladung und Lockung, die in Gestalt des Chorals an die Sterbende ergeht. Was er verheißt, ist die Entlastung vom »Sklavenjoch der Todesfurcht« und das Ende des »großen Jammers«, der mit der Qual des Sterbenmüssens verbunden war. Doch dazu konnte er nur überreden, weil er der Sterbenden die Zuversicht eingab: »mein Jesus kömmt«. Daß seine Ankunft fühlbar wurde, während die ganze Lust und Last des Daseins und das Leben selbst verloren gingen, das brachte es da hin, daß der Schmerz der Trennung in Trost und Frieden überging. Was das Werk, das seinem Schöpfer nicht umsonst zu seinem eigenen Requiem geriet, an einem Einzelschicksal abliest, gilt für die Frage der Todesbewältigung grundsätzlich und allgemein: Vor der Ergebung in das Unabwendbare bäumt sich der Lebenswille noch einmal in jener leidenschaftlich-resignierenden Weise auf, der Paulus, stellvertretend für die von der Todeswunde versehrte Menschheit, im Aufschrei seines Römerbriefs Ausdruck verlieh. Was aber geschieht dann?

4. Wer wird mich befreien?

Nach dem vollständigen Wortlaut des Aufschreis, der die ersehnte Befreiung von dem »todverfallenen Leib« erfleht, ist es das Todesmotiv, das den Menschen dazu nötigt, seine Sache exklamatorisch zur Sprache zu bringen. Dabei bezeichnet »Leib« (soma), wie Bultmann zeigte, nicht nur die physiologische Leiblichkeit, sondern mit ihr zusammen die gesamte, auf Vergänglichkeit angelegte und deshalb von Sorge und Angst bestimmte Sphäre des Menschseins[70]. In ihr läuft das Menschenleben auf sein unabwendbares Ende zu, so daß es ganz im Zeichen des – verzweifelten – Versuchs besteht, dem progressiven Verlust, den es erleidet, Momente eines rasch verwehenden Gewinns und einer noch schneller vergehenden Lust abzugewinnen. So bestimmt sich die Signatur eines Daseins, das aus der insbesondere auch von Heidegger eröffneten Sicht unter dem Vorzeichen der Sorge steht[71].

Doch in diese Sphäre hat sich, wie Paulus mit dem anschließenden Dankeswort versichert, der Auferstandene eingemischt. Seither ist sie von seiner Gegenwart durchwaltet und von seinem Fortleben bestimmt. Wo sich die Sorge auf die Vergeblichkeit aller Mühen gefaßt machen mußte, stößt sie nunmehr auf Erweise einer Entgegenkunft, die den drohenden Verlust zum Verzicht aufwertet und schließlich in eine sublime Form des Selbstgewinns verwandelt[72].

Dabei ist die Danksagung des Apostels – »Gott sei Dank, durch Jesus Christus, unsern Herrn!« (7,25) – bereits so klar artikuliert, daß die Identität des erfragten Befreiers außer Zweifel steht. Daß es der Auferstandene ist, sah überraschend klar Reinhold Schneider, obwohl er es nur zu einem gebrochenen Verhältnis zum österlichen Mysterium brachte[73]. Christus, so betonte er in ›Winter in Wien‹, »ist nicht der Ordner der Welt. Er ist unsere tödliche Freiheit«[74]. Unterschwellig stimmt Schneider, wenngleich gegen den von ihm erlittenen Glaubensentzug, mit diesem Wort dem christlichen Grundsatz zu, der den Auferstandenen den Befreier von der Todverfallenheit des Menschen nennt. Das mag ursprünglich in emanzipatorischem Sinn verstanden worden sein, als der Tod noch mythisch, als Herr des als Totenreich vorgestellten Hades gedacht wurde. In diese Unterwelt brach, wie es die ostkirchliche Anastasis-Darstellungen im Anschluß an das apokryphe Petrusevangelium veranschaulichen, der Auferstandene als Sieger ein, um die dort Gefangengehaltenen mit machtvollem Zugriff der Todesherrschaft zu entreißen.

Spätestens nach der von Bultmann proklamierten Entmythologisierung kann dieser Befreiungsakt nicht mehr emanzipatorisch verstanden werden. Das nötigt zur Besinnung darauf, daß Freiheit in ihrem christlichen Verständnis soviel wie die Aufnahme in die Lebenssphäre Jesu und insofern nicht so sehr Befreiung als vielmehr Freisetzung und Ermächtigung durch ihn besagt. Sie ist, wie sich jetzt zeigt, nicht so sehr die Tat des Freien als vielmehr Jesu Tat in ihm. Von der sich durch ihn ereignenden Gottestat sagt der Kolosserbrief:

> *Er hat uns der Macht der Finsternis entrissen und in das Reich des Sohnes seiner Liebe versetzt (1,13).*

Emanzipatorisch ist dieses Freiheitsgeschehen dem Kolosserwort zufolge nur insofern, als es zunächst die Bedingung für das schaffen muß, worauf es abzielt: auf die Verwandlung der Lebenswelt in das Gottesreich. In letzter Intention befreit Jesus zu sich und nur mittelbar von dem, was ihm entgegensteht. In diesem Sinn muß das mythische Bild von seinem siegreichen Rettertum überholt und zuendegedacht werden. Die Differenz, die dabei zu überwinden ist, läßt sich dahin bestimmen, daß im Fall des mythischen Bildes die Freiheit die Folge einer Machttat, im angezielten Fall jedoch eine Frucht der Liebe ist. Aber was hat die Liebe mit dem Tod zu tun?

Eine einstimmende Überlegung geht von der bereits gestellten, im Grunde aber unbeantwortbaren Frage aus, was den Schöpfer bewogen haben mag, eine endliche und deshalb todverfallene Welt ins Dasein zu rufen. Da eine vollkommene Welt absolut und deshalb einer Selbstaufhebung Gottes gleichgekommen wäre, konnte die zu schaffende Welt nur eine mit dem Stigma der Negativität behaftete endliche sein. Diese aber traf die in ihr existierenden Lebewesen am radikalsten in Gestalt der Todverfallenheit. Gemildert wurde dieser Schmerz jedoch durch die erstaunliche Verklammerung von Tod und Leben, die es mit sich bringt, daß der Tod der einen die Bedingung des Lebens und Überlebens anderer ist. Da die Weitergabe des Lebens im Regelfall sexuell erfolgt, kann man sagen, daß der Tod der Preis von Eros und Liebe ist. Wer sich die inspirierende und im höchsten Sinne kulturstiftende Kraft der Liebe vor Augen hält, begreift, wie arm und kalt diese Welt ohne diesen Impuls wäre. Und er begreift im Rückschluß auf das Grundmotiv, daß der Tod nicht nur, wie Schopenhauer sagte, der Musaget der Philosophie, sondern auch der größten und zweifellos schönsten Gestalten des kulturellen Lebens ist. Und gilt, wenn man sich die Rolle der Mutterliebe im Kontext der Sozialisation vergegenwärtigt, nicht Gleiches auch für die Grundformen des menschlichen Zusammenlebens?

Indessen sind dies nur präludierende Überlegungen zu dem Fragekreis, in dem sich der Zusammenhang von Tod und Liebe definitiv klärt. Und der betrifft das paradigmatische Sterben Jesu. Es untersteht freilich einer schiefen Optik durch den Rechtfertigungs- und Sühnegedanken, der seit neutestamentlicher Zeit den Zugang zum Problemzentrum behindert. Denn der wird erst frei, wenn der Tod Jesu im Sinne des erst in diesem Jahrhundert und hier zweifellos unter dem Eindruck des massenhaften und schließlich sogar industrialisierten Sterbens gewonnenen Todesverständnisses gedacht wird, das nach unvordenklicher Verschleierung zu der Erkenntnis durchbrach, daß der Tod als integraler Schlußakt des Daseins zweckfrei und damit aus sich selbst begriffen werden muß. In der traditionellen Optik aber war der Tod Jesu als stellvertretende Sühneleistung verstanden und damit einem Zweck unterworfen worden. Sprechendes Indiz dessen ist die sublime Instrumentalisierung des »für euch« (1 Kor 11,24), mit dem Jesus seinem Sterben die authentische Deutung gab[75]. Der Zusatz »für euch« bedeutet somit gerade nicht, daß er durch sein Sterben eine von seinem Gott geforderte Sühneleistung erbringen, sondern daß er sich den Seinen auf eine letzte und unüberbietbare Weise übereignen, daß er in sie eingehen und in ihnen fortleben wollte. Sein Tod war demnach von seiner Mitte her ein Akt der Hingabe und Selbstübereignung an alle, die sich diesem extremsten Liebeserweis erschlossen.

Er hätte die Welt verwandelt, und, fast augenblicklich, auf das Niveau des von Jesus angesagten Gottesreiches gehoben, wenn er in diesem Sinne begriffen und angenommen worden wäre. So gesehen verfolgt der Rechtfertigungs- und Sühnegedanke eine Immunisierungsstrategie, die die Gesellschaft in die Lage versetzt, trotz allen Glaubens es bei den eingefahrenen Verhältnissen bewenden zu lassen. Weil es dabei nicht bleiben darf, muß, zusammen mit der Verklammerung von Heil und Sünde, auch der Ballast dieser funktionalen Deutung des Todes Jesu abgeworfen werden, wenn der Christenheit der Einzug ins dritte Jahrtausend gelingen soll. Denn von einer durch pädagogische und immunisierende Hypotheken belastete und dadurch beschränkte Glaubenskraft ist die Lösung der dort anstehenden Aufgaben nicht zu erhoffen.

Indessen hatte der Tod Jesu nur deshalb die angedeutete Effizienz, weil sich seine Hingabe in erster Linie auf Gott bezog: auf den Gott, von dem er sich nach der wohl ältesten Verbalisierung des Schweigens, mit dem er, nach allen Umständen zu schließen, seine Passion und insbesondere auch die Kreuzestortur über sich ergehen ließ, verlassen wußte (Mk 15,34), nachdem er zuvor nicht nur seiner Kleider, sondern auch der Aureole seines Ansehens, seiner Großtaten und seiner Erfolge beraubt worden war[76]. In diesem Sinn nimmt den Sterbenden die »Wüste der nackenden Gottheit« (le Fort) auf. Denn vor dem letzten Schritt seines Sterbens verliert der Gekreuzigte, wie der Dialog mit der von Hans Jonas nach Auschwitz geübten Gotteskritik deutlich machte, auch das durch die Attribute der Gerechtigkeit und Barmherzigkeit geprägte Gottesbild seiner religiösen Herkunft[77]. Im selben Maß, wie die überlieferten Attribute aus dem Verhältnis Jesu zu seinem Gott herausfielen, trat dieser in das Geheimnis seiner unausdenklichen Absolutheit, seines ewigen Schweigens, seiner unaussprechlichen Verborgenheit und seines unzugänglichen Lichtes zurück. In dieses mit der göttlichen Wirklichkeitsfülle identische Geheimnis stirbt Jesus hinein. In seinem Tod erreicht er daher die vollkommene Identität mit Gott. Doch damit verliert der Tod seinen Charakter als Untergang und Ende, und er gewinnt den eines Aufgangs und Anfangs. Darum wußte schon die älteste, an den alttestamentlichen Prophetismus mit dem Bild von der »Entrückung« der Gottesboten – so des Propheten Elija im feurigen Wagen« (2 Kön 2,11f) – anknüpfende Tradition, die von der »Erhöhung« des Gekreuzigten (Phil 2,9) anstatt von seiner »Auferstehung« spricht[78]. Nicht umsonst stirbt Jesus nach der Johannespassion, die dieses Motiv auf den Höhepunkt führt, nicht mit dem Notschrei der Markuspassion (Mk 15,34) und ebensowenig mit dem Ergebungswort der Lukaspassion (Lk 23,46), sondern mit dem Siegesruf »Es ist vollbracht« (Joh 19,30). So ruft derjenige, der sich in jeder Hinsicht am Ziel weiß: nicht nur am Ziel seines scheinbar abgebrochenen und gescheiterten Lebenswerks, sondern am Ziel eines im Stil der Hingabe und Selbstübereignung gelebten Daseins, das sich jetzt endgültig angenommen und in seine höchste Seinsform »aufgehoben« weiß. Aber wie erklärt sich von hier aus sein Eintritt in die Wirkungsgeschichte, verstanden als die Initiation seines Fortlebens in den Seinen?

Die wohl gültigste Antwort gibt der Glaubensartikel »Abgestiegen in das Reich des Todes«, verstanden als sein Einzug in die Leerstelle, welche die mit der Negativität der Schöpfung gegebene Todesverfallenheit in denen hinterläßt, die (nach Hebr 2,15) lebenslang das Sklavenjoch der Todesfurcht zu tragen haben. Sterbend bettet er sich dieser Vorstellung zufolge in ihre Todesverfallenheit ein. Das hatte er beim Abschiedsmahl vorweggenommen, als er sich seinen Jüngern mit den Worten übergab: »das ist mein Leib – für euch« (1 Kor 11,24), und dies verbunden mit dem Gelöbnis: »Von nun an werde ich nicht mehr von der Frucht des Weinstocks trinken bis zu dem Tag, an dem ich von neuem davon trinke im Reiche Gottes« (Mk 14,25)[79].

Im Deutewort der Hingabe – »mein Leib für euch« – und dem Verheißungswort, das von dem neuerlichen Trinken im Gottesreich spricht, ist, in deren vollem Gewicht genommen, die ungeheure Spannung vom Tod zum gottgeschenkten Leben durchmessen. Denn mit der Hingabe beim Mahl ist der Anfang von dem gemacht, was sich in der Todeshingabe vollendet. Dort hat der Sterbende nichts mehr, was er nicht schon vergeben hätte. Selbst sein Gott ist ihm zur »Wüste« einer alles aufzehrenden Antlitzlosigkeit geworden. So stirbt er auch in die Seinen hinein. Dort aber trifft er nicht auf etwas, was auch nur von ferne der göttlichen Wirklichkeitsfülle entspricht, sondern auf deren äußersten Gegenpol: auf das durch seine Todverfallenheit versehrte und entleerte Menschenherz. Sterbend begibt er sich in diese Leere hinein; indem er selbst den Tod erleidet, trifft er auf den allen Menschen zugemuteten und auferlegten Tod. So stirbt er in den Seinen noch einmal und jetzt erst definitiv. Das ist sein »Abstieg« in das Reich des Todes, mit der alten Übersetzung dieses Artikels gesprochen: in die »Kältehölle« der menschlichen Preisgegeben- und Verlorenheit, die schon Dante als den Tiefpunkt aller möglichen Qualen beschrieb[80]. Doch mit dem Tiefpunkt ist auch schon das Ende der Qualen erreicht. Wer so weit kam, hat im tiefsten Sinn des Ausdrucks »ausgelitten«. Gleichzeitig beginnt sich das Verhältnis zum Tod auf unvermutete Weise zu wandeln, und dies für Jesus ebenso wie für den todverfallenen Menschen.

Anfänglich war der Tod der unerbittliche Vernichter, der mit dem Leben zusammen alles entriß, was es an Wert, Besitz und Leistung enthielt. Denn im Tode reißt nicht nur der sprichwörtliche Lebensfaden, sondern mit ihm zusammen auch die Bindung an das, was das Leben erfüllte und »lebenswert« machte. So versammelt sich in diesem Aspekt, in welchem der Tod zunächst »in Erscheinung tritt«, die Summe all dessen, was als Verlust, Entzug, Verarmung und Enttäuschung erlitten werden kann, so daß sich sein schauerliches Antlitz zum Inbegriff der Negativität verfaßt. Das meint der biblische Weisheitsspruch, der die »Bitterkeit des Todesgedankens« beklagt. Mit dem Eindruck, nun endlich »ausgelitten« zu haben, fällt jedoch ein unverhoffter Lichtstrahl in dieses Dunkel. In seinem Schein beginnt sich das Antlitz des Todes zu lichten: Der anfängliche Vernichter wandelt sich zu dem definitiven Befreier. Eindrucksvoll spricht davon das Buch Hiob bei der Beschreibung der Totenwelt, der Scheol, in der zwar niemand mehr des Schöpfers gedenkt, aber die Schrecken des Lebens von dem in dieses dunkle Reich Eingegangenen abfallen:

> Dort lassen die Frevler ab von ihrem Toben, dort kommen die Erschöpften zur Ruhe. Dort dürfen die Gefangenen rasten, sie hören nicht mehr auf des Fronvogts Stimme. Der Arme und der Reiche sind dort gleich, frei ist der Knecht von seinem Herrn! (3,17ff)

Von niemand gilt das mehr als von dem, der, zusammen mit dem »Widerspruch der Sünder« (Hebr 12,3), die Last der ganzen Welt auf sich genommen und getragen hatte. Sie fällt nun von ihm ab, aber nicht in die antlitzlose Leere, in die er eingegangen war, sondern an den zurück, der ihm die Last der Welt aufgebürdet hatte und der sie nun, zusammen mit ihm und allen »Mitverstorbenen« – so eine Anredefloskel Kierkegaards –, in sich zurücknimmt. Doch damit verliert die Welt ihre defiziente, durch das Stigma der Negativität gekennzeichnete Verfassung. Und sie wird endgültig zu dem, was Jesus als Aufgabe übernommen, ersehen, proklamiert und »getätigt« hatte: zum Reich Gottes. Deshalb spricht er in seinem Verheißungswort von seinem neuerlichen Trinken »im Gottesreich«.

Doch auch dabei bleibt die Metamorphose des Todes nicht stehen. Vielmehr gibt es hier gleichfalls, wie zu Beginn von Nietzsches ›Zarathustra‹ und in erstaunlicher Entsprechung damit »drei Verwandlungen« und als deren letzte die Verwandlung des Befreiers in den Vollender. Denn die Freiheit im Tode ist, wie die Freiheit der paulinischen Christusinterpretation, erst in zweiter Hinsicht eine emanzipatorische, primär jedoch eine elevatorische, verstanden als die Befähigung zur Selbstüberschreitung und Selbstübereignung an das göttlich höchste Erfüllungsziel. Das hat die Lukaspassion mit ihrem – zutiefst menschlichen – Sterbewort »Vater, in deine Hände übergebe ich meinen Geist« (Lk 23,46) ausgeleuchtet. Demnach äußert sich darin die Hingabe an den antlitzlosen, seiner Attribute verlustig gegangenen und darum gerade zum Nirwana gewordenen Gott. Doch gerade so erleidet die Todeshingabe an Gott dessen radikale Absolutheit und dies mit der Folge, daß die Hingabe selbst absolute Gestalt gewinnt. Wenn Jesu menschliche Aufgabe darin bestand, das, was er dem christologischen Zentraldogma zufolge von Ewigkeit her war, lebensgeschichtlich einzuholen, hat er dieses Ziel sterbend erreicht. Das bestätigt der die Exekution befehligende Hauptmann mit dem – christologisch zu hörenden – Ruf: »wahrhaftig, dieser Mann war Gottes Sohn!« (Mk 15,48).

Für Jesus selbst besagt die von ihm erreichte Absolutheit, vom Wortsinn her gesehen, fürs erste, daß die ihm auferlegten Einschränkungen, wie er es beim Audienzgesuch der Heiden (Joh 12,20–28) erschütternd erlebt, Zug um Zug von ihm abfallen. Nach der Darstellung der Evangelien sind seiner Wirksamkeit sowohl räumliche wie zeitliche Grenzen gezogen. Das eine markiert die Perikope der um Heilung ihrer Tochter bittenden Syrophöni-kierin, die von Jesus zunächst mit der Begründung »ich bin nur zu den verlorenen Schafen des Hauses Israel gesandt« (Mt 14,24) brüsk abgewiesen wurde. Das andere spricht aus der kaum minder harten Zurückweisung der eigenen Mutter, die um Abhilfe in einer Notsituation gebeten hatte und die statt dessen sich mit der Begründung abfinden muß: »meine Stunde ist noch nicht gekommen« (Joh 2,4). Schon im Vorgefühl seines Todes weiß sich Jesus dieser Grenzen überhoben. Absolut geworden, ist seine Hingabe zugleich universal. Jetzt kann er sich allen ausnahmslos zuwenden und dabei, wie Kierkegaard sensibel registrierte, einem jeden so nahe kommen, als gäbe es für ihn in aller Welt nur diesen einen.

Hier liegt, wenn irgendwo, die Wurzel für die raum- und zeitübergreifende und überdies alle Individualgrenzen durchbrechende Selbstvergegenwärtigung Jesu. Durch seinen Tod geht er in alle, die sich ihm nicht verweigern, ein; durch seine Auferstehung lebt er in ihnen auf und fort. Das faßte der Neutesta-mentler Alfred Wikenhauser in den Satz:

Der für mich am Kreuz Gestorbene führt nunmehr in mir als Auferweckter sein Leben[81].

Das Kreuz ist somit der Ursprung aller Christusmystik, die Auferstehung ihre Initiation und Erfüllung. In beiden aber ereignet sich der Übergang von der Lebens- zur Wirkungsgeschichte

Jesu, die, wie Kierkegaard erkannte, im Unterschied zu jeder anderen in seinem personalen Fortleben zentriert ist. So viel er der Menschheit an Inhalten hinterließ, die den religiösen Kernbereich seines Wirkens weit übergreifen: Unvergleichlich wichtiger noch ist es, daß er in ihr gegenwärtig bleibt und seine Lebensgeschichte auf vielfältige Weise in ihr erneuert.

Absolut ist seine Hingabe aber vor allem in dem Sinn, daß sie keinem Zweck unterworfen, sondern reiner Selbstzweck ist. So muß sein Tod schon im Licht der Einsicht gesehen werden, die das massenhafte Sterben in diesem Jahrhundert nach sich zog und die einen ihrer Schwerpunkte darin hat, daß der Tod des Menschen als absolut zwecküberhobenes Endereignis seines Daseins begriffen werden muß.

So wenig der menschliche Tod als Strafe verhängt werden darf, kann mit dem Tod Jesu die Vorstellung von einer Sühne- oder Rechtfertigungsleistung verbunden werden. Ungeachtet aller dahin lautenden Aussagen, die sich ausnahmslos als späte Deutungen erweisen, zwingt die auf ihn angewandte Meditatio mortis im Verbund mit einer sorgfältigen Textanalyse zu der Erkenntnis, daß er weder für die Entsühnung der Welt noch für die Rechtfertigung der Sünder, sondern im höchsten Sinn des Ausdrucks »umsonst« gestorben ist, weil er sterbend, wie sogar Nietzsche sah, die Summe aus seinem Leben zog und den höchsten Erweis dessen gab, was er lebenslang tätigte: den Erweis seiner »Liebe bis zum Äußersten« (Joh 13,1)[82].

Das aber heißt, daß durch sein Sterben das geschah, was in dieser Welt der Halbherzigkeit, der Mißgunst, des Hasses noch nie der Fall war: das Ereignis der reinsten, durch keinen Vorbehalt eingeschränkten Liebe. Das jedoch kam, mit Nietzsche gesprochen, dem Anbruch einer höheren Geschichte gleich, »als alle Geschichte bisher war«[83]. Es stellte, anders gewendet, die Welt auf eine neue Basis. Jetzt entstand, inmitten dieser von Ängsten und Zweifeln gepeinigten Welt die Chance, alle Lebensverhältnisse neu zu gestalten und insbesondere die von Ängsten und Befürchtungen durchsetzten zwischenmenschlichen Beziehungen aus dem Geist der Liebe zu entwickeln. Selbst dort, wo das nur ansatzweise geschah, gewann das Dasein ein neues Gesicht. Jetzt war die Ordnung unter Menschen nicht mehr dem Sog des Nichts abgerungen, vielmehr war sie die Frucht der »von oben« teilnehmenden Liebe. Das aber ist gleichbedeutend mit der These, daß es der Liebestod Jesu war, der die Welt in die Möglichkeit versetzte, das von ihm ersehnte, erdachte und proklamierte Reich Gottes zu werden. Das sagt der johanneische Jesus unter dem Eindruck der von ihm angesichts seiner Todesreife abfallenden Fessel mit dem Bildwort, das seine sterbende Einsenkung in den Acker der zu erneuernden Welt mehr noch vorwegnimmt als nur beschreibt:

Wenn das Weizenkorn nicht in die Erde fällt und stirbt, bleibt es allein. Wenn es aber stirbt, bringt es reiche Frucht (Joh 12,24).

5. Die Annahme des Unannehmbaren

Die Einsicht in die auf dem Befreiungsweg entdeckte Positivität des Todes stellt den Todverfallenen vor ein extremes Problem: Kann er diese mit dem Entsetzen, das ihm der drohende Abbruch seiner Lebensgestalt und der Verlust aller Lebensinhalte und Lebenswerte einjagen, auf sinnvolle und nachvollziehbare Weise vereinbaren? Das Problem spitzt sich noch dadurch zu, daß eine denkerische Vereinbarung durch das Unvermögen des Denkenden, sich wegdenken zu können, ausgeschlossen ist. Die dadurch aufbrechende Aporie nötigt zum Rückgang auf eine tiefere Lösungsebene, die mit der – ganz im Zug der Modalanthropologie liegenden – Besinnung auf den menschlichen Möglichkeitsspielraum erreicht wird. Denn der Mensch ist nicht, wie sich im Blick auf die vielen unter ihrem Niveau Lebenden nur zu deutlich zeigt, was er sein kann. Indessen wirft keine Macht der Welt den Menschen so weit hinter den faktischen Stand seines Seinkönnens zurück wie der vom Todesgedanken ausgehende lähmende, und das besagt, jede Spontaneität blockierende Schrecken. Dadurch gerät der Abstürzende in jene Kältezone, die der erlebnishafte Reflex der dem Dasein eingestifteten Negativität ist. Zwar ruft ihn ein aus seiner Existenzmitte ergehender Appell dazu auf, sich aus der erlittenen Verfassung zu befreien. Doch ist die Lähmung zu umfassend, als daß er sie aus eigener Kraft überwinden könnte.

Statt dessen behilft sich die große Mehrheit der Betroffenen mit einer Scheinlösung. Sie wählt den Weg der Todesverdrängung, wenn nicht gar den der Todeskosmetik. Wenn je einmal, setzt angesichts des Todes der Mechanismus ein, mit Hilfe dessen der Alltagsmensch bedrohliche Fakten, die er nicht wirklich zu beseitigen vermag, dadurch aus dem Weg zu räumen sucht, daß er ihre Gefährlichkeit zunächst herabspielt und sie schließlich aus seinem Wahrnehmungsfeld ausblendet. Wenn das Bedenken des Todes, wie ein Psalmwort versichert, dazu führt, daß »wir zur Weisheit des Herzens gelangen« (Ps 90,12), ist diese Todesverdrängung die Urtat der menschlichen Torheit. Denn damit sind dem permanenten Selbstbetrug Tür und Tor geöffnet. Wer den Tod verdrängt, geht am Leben vorbei. Wer den Menschen zu funktionalisieren sucht, wird das deshalb am wirksamsten dann erreichen, wenn er ihm den Tod verheimlicht. Doch gerade darauf besteht die heutige Konsum- und Leistungsgesellschaft. Sie macht sich den Menschen gefügig, indem sie den Tod aus seiner Erfahrungs- und Lebenswelt ausblendet.

Während der um das Gotteshaus angelegte »Kirchhof« das Zentrum der mittelalterlichen Siedlungen bildete, sind die Friedhöfe heute an den Rand der Städte verlegt und zudem in einer Weise gestaltet, daß sie eher Parkanlagen als »letzten Ruhestätten« gleichen. Selbst das Wort »Tod« ist in einer Weise tabuisiert, daß es in der euphemistischen Sprache der Todesanzeigen kaum noch vorkommt. Daß das mit einem signifikanten Wirklichkeitsverlust einhergeht, hat Rilke in der zehnten seiner ›Duineser Elegien‹ ausgesprochen:

> *O aber gleich darüber hinaus, hinter der letzten Planke, beklebt mit Plakaten des »Todlos«, jenes bitteren Biers, das den Trinkenden süß scheint, wenn sie dazu frische Zerstreuungen kaun . . . gleich im Rücken der Planke, gleich dahinter ist's wirklich.*

Wie der Hinweis auf die »Plakate« zeigt, geht die Todesverdrängung mit einer Suggestion einher, die den von Zerstreuungen Lebenden den bitteren Trank des Todesgedankens dadurch versüßt, daß sie ihnen diesen unentwegt ausredet. Es ist die Suggestion einer Gesellschaft, die den Tod systematisch verschleiert, weil sie sich davon die effektivste Entwirklichung der von ihr beherrschten Lebenswelt verspricht. Von seiner Wirklichkeit abgeschnitten, übernimmt der Mensch dann nur um so bereitwilliger die ihm zugedachten Funktionen als Leistungsträger und Konsument. Doch Rilke fügt seiner stark an Heideggers Analyse der in Akten des selbstvergessenen Besorgens und der Jagd nach immer neuen Zerstreuungen aufgehenden Alltagsexistenz erinnernden Beschreibung des »todlosen« Daseins, fast im Ton einer ermutigenden Warnung, den Hinweis an: doch »gleich dahinter ist's wirklich«. Wer es wagt, sich der trügerischen Verheißung der eingeredeten Todlosigkeit zu entziehen, gelangt, wie ein aus schwerem Traum Erwachender, auf den Boden der tragenden Lebenswirklichkeit.

Doch der »Schlaf der Welt« (Hebbel) ist zu berückend, als daß der von ihm Befallene durch bloße Akte der Desillusionierung aus ihm aufgeschreckt werden könnte. In den meisten Fällen wird er statt dessen versuchen, den Traum der Todlosigkeit auf andere Weise fortzuträumen. Dafür entwickelte der moderne Konsumismus eine seiner bizarrsten Auswüchse in Gestalt der Todeskosmetik. Zu welchen Exzessen sie bei den – nach David Riesman – mehrheitlich außengesteuerten Nordamerikanern führt, hat Evelyn Waugh in der grimmigen Satire ›Tod in Hollywood‹ (von 1950) festgehalten, die auf einem ihrer Höhepunkte den wie zu einer Party hergerichteten Leichnam eines Selbstmörders schildert:

Das Totenhemd war tadellos angepaßt. Eine frische Gardenie steckte im Knopfloch, und eine andere zwischen den Fingern. Das Haar war schneeweiß und von der Stirn bis zum Hinterkopf durch einen geraden Scheitel geteilt. Die Kopfhaut schien hindurch, farblos und glatt, als sähe man bereits den nackten, ewigen Schädel. Die vollkommene Stille war erregender als jede noch so heftige Bewegung[84].

So sorgfältig ist der – mit dem Verfasser identische – Erzähler von Franz Werfels letztem Romanwerk ›Der Stern der Ungeborenen‹ (von 1950), der zwischen dem Beginn und dem Ende seines Sterbens eine phantastische Jenseitsreise durchmißt, längst nicht hergerichtet, zumal man sogar vergaß, ihm seine Brille mitzugeben. Dafür treibt der »Reiseroman«, wie ihn der Autor beziehungsreich betitelte, das Motiv der Todeskosmetik auf die Spitze. Nur ist es in diesem Fall keine extravagante Randgruppe der Gesellschaft, sondern eine ganze, wenngleich in eine utopische Zukunft gerückte Welt, welche die als ihre höchste Errungenschaft eingeschätzte Abschaffung des Todes inszenierte und in dem Ort dieser Kulturtat, dem »Wintergarten«, ein unverkennbares Duplikat von Dantes Inferno schuf. Man betritt ihn freiwillig, um dort einen Prozeß der Rückbildung bis zur Pflanzlichkeit zu durchlaufen. Nur gestaltet sich dieser bei schwierigen Kandidaten –

und darin erreicht die Satire ihre schauerlich-skurrile Spitze – nicht plangemäß, so daß absurde Mißbildungen auftreten, die eine »Sonderbehandlung« erforderlich machen. So schlägt die Todeskosmetik in deren geradezu absurdes Gegenteil, eine extreme Demaskierung der Grausamkeit des Todes, um. Und die Global-Euthanasie, zu der sich die als Karikatur der Gegenwart gedachte Spätzivilisation entschloß, erweist sich als groteske Fehlleistung einer hybriden Planwirtschaft.

Indessen läßt das Werk bei aller Phantastik seiner mythologischen Rückbezüge überdies erkennen, daß die skurrilen Auswüchse, ungeachtet ihrer Absurdität, einer vom Tod selbst ausgehenden Insinuation entsprechen. Denn die Todeskosmetik treibt das auf die Spitze, was mit dem Sirenengesang der Todeslockung beginnt. Es ist somit die vom Tod – gerade auch auf den von Waugh anvisierten Selbstmörder – ausgehende Faszination, die zu seiner Trivialisierung und Verharmlosung anreizt[85]. Freilich kennt die lange und perspektivenreiche Geschichte menschlicher Todesbewältigung auch eine legitime Form der Auseinandersetzung mit dem »ansprechenden« Aspekt des Todes, die allerdings in den besonders im romanischen Kulturraum beliebten Todesfestivitäten wiederum absonderliche Blüten trieb[86]. Gemeint ist die im Mittelalter entwickelte und eingeübte »ars moriendi«, die als eine bewußt gepflegte Sterbekunst die Faszination des Todes verinnerlichte und zu einem geradezu artifiziellen Umgang mit der harten Realität des Sterbens anleitete[87]. Es war der Versuch, in das Erleiden der extremsten und schließlich zum Verlust des Lebens und aller Lebenskräfte führenden Passivität gestaltend einzugreifen und diesem äußersten Leiden den Stempel eines selbstverantwortlichen Handelns aufzuprägen. Doch wie ist das, wenn überhaupt, je möglich?

Wenn die Krankheit in Analogie zur Rede vom Schlaf als dem »Bruder« des Todes seine »Schwester« genannt werden kann, führt der Weg zur Beantwortung dieser Frage über sie. Unter dem Einfluß des Leistungsdenkens wird die Kankheit zwar gemeinhin nur als störende Unterbrechung des gewohnten Lebensablaufs empfunden, ganz anders jedoch, wenn sie, zumindest in Anbetracht der derzeit verfügbaren diagnostischen und therapeutischen Mittel, als »chronisch« angesehen werden muß. Dann sieht sich der Patient unausweichlich und auf unabsehbare Dauer mit dem Zustand der Passivität konfrontiert, in den ihn sein Leiden versetzt und, nach Erschöpfung aller Ausflüchte, nicht minder unweigerlich zur Auseinandersetzung mit ihm genötigt.

Sie beginnt situativ; denn der chronisch Kranke sieht sich nach einer Übergangszeit der erwiesenen Teilnahme zunehmend vereinsamt, und er erlebt, sich selbst überlassen, daß der ihm aufgenötigte Kommunikationsverlust nur das äußere Pendant eines inneren Unvermögens ist, das seine wachsende Lebensangst nach sich zieht; er erlebt somit, kürzer gesagt, den Verweisungszusammenhang von Angst und Einsamkeit. Denn die Einsamkeit ist, wie schon wiederholt bemerkt, die soziale Erscheinungsform der Angst und diese die Seele der Einsamkeit. Doch damit bricht seine medizinisch definierte Krankheit ein in die ihr zugrunde liegende Pathologie, die Kierkegaard als die jeden Menschen belastende »Krankheit zum Tode« nannte. Sie wurde freilich lange zuvor schon von Paulus diagnostiziert, als er im Römerbrief von jenem Selbstzerwürfnis sprach, das den Menschen trotz guten Willens das Böse tun läßt, das er nicht will (7,15), und das er letztlich auf das dem »Gesetz des Geistes« widerstreitende »Gesetz des Fleisches« zurückführt (7,23).[88] Es blieb Kierkegaard vorbehalten, diese moralische Umschreibung des menschlichen Existenzkonflikts auf dessen anthropologischen Grund zurückzuführen und im Zug dieser Anamnese jenen Ungrund ausfindig zu machen, wo dem verzweifelten Willen des Menschen zum Selbstsein ein nicht minder verzweifelter Widerwille entgegensteht, der als die zentrale Einbruchstelle für alle Antagonismen des Daseins zu gelten hat. Insofern stehen Krankheit und Tod, so sehr sie dem Lebenswillen des Menschen widerstreiten, zugleich im Bund mit seiner unterschwelligen Selbstverweigerung. Das bringt es mit sich, daß die sich mit ihm stellende Aufgabe letztlich nur mit Hilfe der negativen Dialektik beschrieben werden kann, die unter dem Eindruck der Grenzsituation, in die das Menschsein in diesem Jahrhundert geriet, entwickelt wurde[89]. Beide Male, im Fall der chronischen Erkankung wie in dem des Todes, handelt es sich, wenngleich in höchst unterschiedlicher Abstufung, um die Annahme des Unannehmbaren. Wie kann sie gelingen?

An dieser Stelle wiederholt sich, geradezu spiegelbildlich, die erkenntnistheoretische Ausgangssituation. Wie dort die Ansicht, daß der Todesgedanke durch die Erfahrung fremden Sterbens insinuiert werde, durch den Rekurs auf den dunklen Bescheid des eigenen Sterbenmüssens überholt werden mußte, so nun umgekehrt die naheliegende Meinung, daß diese extremste Aufgabe allein aus eigener Kompetenz gemeistert werden könne. Zwar muß dort der wenn auch noch so verzagte Anfang gemacht werden, wo der Wesenswille des Menschen im Konflikt mit sich selber liegt. Er muß lernen, in der dort aufbrechenden Negativität einen Halt, zumindest einen Anhalt, zu finden. Der eigene Beitrag muß also dort ansetzen, wo die innere Daseinsgestalt ins Bodenlose, in die Verlorenheit des Todes abzustürzen droht, und wo es nunmehr gilt, dem Sog des Nichts zu widerstehen. Denn der dunkle Bescheid verfügt über eine eigene, eindringlich-verführerische Beredtsamkeit. Er ist Drohung und Lockung zugleich und als diese der im Inneren erklingende Sirenenton. Die sich mit alledem stellende Aufgabe hat nachgerade mythischen Zuschnitt. Es gilt, wie Odysseus mit seinen Gefährten verfuhr, vor diesem lockenden Ton die Ohren zu verstopfen und dies, um einer anderen, leiseren Stimme Gehör zu verschaffen, die gleichfalls aus der Tiefe, jetzt aber nicht aus der des auf seinen Verfall angelegten Leibes, sondern aus der des Herzens ertönt. Sie wurde, höchst beziehungsreich, von Nikolaus von Kues vernommen und als Aufruf zur Selbstaneignung begriffen. Doch woher kommt sie?

Der naheliegende Hinweis auf den Lebenswillen greift schon deshalb zu kurz, weil er anderen Wesensschichten als denen des Herzens entstammt und weil er nach der symptomatischen Existenzerfahrung Reinhold Schneiders keineswegs bei allen in ungebrochener Identität vorausgesetzt werden kann. Da aber damit das Repertoire der inneren Widerstandskräfte erschöpft ist, kann der Zuspruch – wie jetzt im Blick auf die Erfahrung fremden Sterbens zu sagen ist – nur als Resonanz einer von außen kommenden Stimme erklärt werden. So wurde sie gleichfalls vom Kusaner verstanden, der in seiner Reflexion über die »große Stimme Jesu« davon sprach, daß diese durch die Jahrhunderte an die Menschheit ergehende Stimme gleichzeitig in der Tiefe des Menschenherzens widerklingt. Auf ihren letzten Ursprung wurde sie von Paulus zurückverfolgt, der in seiner Korrespondenz mit Korinth von den »Tiefen der Gottheit« sprach (1 Kor 2,10), also von jenem Abgrund der Selbstentschließung Gottes, der es zu verdanken ist, daß der ewig verborgene Gott aus dem Dunkel seines Geheimnisses hervortrat und der ewig verschwiegene Gott sein unvordenkliches Schweigen brach. Das aber geschah, wie sich im Offenbarungsdisput mit der Aufklärung zeigte, nicht in der Absicht, in den Erkenntnisprozeß der menschlichen Vernunft einzugreifen, sondern zu dem Ziel, den Menschen Antwort auf die Frage zu geben, an der Philosophie und Wissenschaft letztlich scheitern. Es ist die Frage nach dem Sinn seines Daseins, die eine göttliche Antwort erheischt, weil der Mensch, ungeachtet seiner vielfältigen Bedingtheit, mit seiner Sinnspitze ins Gottesgeheimnis hineinragt. Wenn ihm erschöpfend geantwortet werden soll, muß daher Gott aus sich herausgehen, um ihm das zu sagen, worin er sich definitiv beantwortet weiß: sich selbst. Nach kusanischem Verständnis bricht sich diese Zusage im Menschenherzen, wo sie als Anruf zur Selbstaneignung vernommen wird. In dieser Insinuation besteht der erste und grundlegende Anstoß, der dem vom todverheißenden Sog Ergriffenen zum Widerstehen und schließlich zur Annahme des Unannehmbaren verhilft.

Doch die Gottesoffenbarung ist, christlich gesehen, dreigestaltig. Sie will nicht nur vernommen, sondern ebenso auch geschaut und nicht zuletzt gefühlt werden. Geschaut vor allem in der Weise, daß dort, wo mit der Lebensform zusammen alle Sinngestalten zu zerbrechen drohen, eine letzte Sinnhaftigkeit wahrgenommen wird. In letzter Steigerung ist das jene Schau, die den Tod Jesu transparent auf seine Auferstehung sieht und im Antlitz des Gekreuzigten (nach 2 Kor 4,6) den Glanz der Gottherrlichkeit erblickt. In der konkreten Situation des leidbehafteten und todverfallenen Menschen besagt das, daß er Krankheit und Tod als Einübung in die Gottesweisheit begreifen lernen und zu der auf Dionysius Pseudo-Areopagita zurückgehenden Einsicht durchstoßen muß, daß das Gottesgeheimnis mehr noch durch Leiden als durch Wissen ergründet wird. Wer das von seiner Krankheit erwartet, wird sie nicht mehr als sinnlose Unterbrechung seiner vita activa empfinden, und wer so auf seinen Tod zugeht, wird im Antlitz des Zerstörers zunehmend die Züge des Befreiers erblicken.

Doch die göttliche Selbstzusage hat die Menschheit erst dann ganz erreicht, wenn sie nicht nur vernommen und geschaut, sondern auch gefühlt wird. Gefühlt, um es im biblischen Bild zu sagen, als die rettende Heilandshand, die den Sinkenden dem drohenden Abgrund entreißt. Wie sie von ihm erfahren wurde, sagt Paulus im Zug der »haptischen« Umschreibung seines Damaskuserlebnisses, wo sich in ihm alles zu dem Wunsch steigert, das zu ergreifen, wovon er sich (nach Phil 3,12) ergriffen weiß[90]. Doch wo ist diese Hand hier und heute fühlbar? Darauf antwortet, als wolle es das

paulinische Damaskuserlebnis verallgemeinern, das Johannesevangelium mit seiner im Abschiedsgebet Jesu erreichten Spitzen-
aussage, in welcher der auf der Schwelle zur Ewigkeit Stehende erklärt:

> *Vater, ich will, daß die, die du mir gegeben hast, dort bei mir*
> *seien, wo ich bin, damit sie die Herrlichkeit schauen, die du*
> *mir gegeben hast; denn du hast mich geliebt vor Grund-*
> *legung der Welt (17,24)*[91].

Alles trete hier in den Schatten eines majestätischen »Ich
will«, sagt Ernst Käsemann bei der Erklärung dieser Stelle[92]. Er
hätte besser noch sagen können, Jesus trete hier definitiv aus dem
Schatten der Worte und Texte hervor, um die Hand der Seinen zu
ergreifen und sie in die Sicherheit dessen aufzunehmen, der ewig
am Herzen des Vaters ruht. Und so hätte er um so mehr votieren
dürfen, als wichtige Anzeichen dafür sprechen, daß das Abschiedsgebet seinen ursprünglichen Platz nahe der Mitte des vierten Evangeliums hatte, so daß die Stelle, in der Jesus das Knechtsgewand
seiner Niedrigkeit abwirft, um im Königsornat seiner Sohnschaft
vor den Vater hinzutreten und die ihm zustehende Herrlichkeit für
die Seinen einzufordern, als seine Zentralaussage zu gelten hat.

Für den von Krankheit heimgesuchten und vom Tod bedrohten Menschen kommt alles darauf an, daß er die ausgestreckte
Retterhand auch tatsächlich ergreift und sich von ihr auf den
Standort des Retters emporziehen läßt. Und das besagt: Er muß
sich das rettende »Ich will« im tiefsten Sinn des Ausdrucks »gesagt
sein lassen« und versuchen, das, was in ihm nach einem Entrinnen
aus dem Sog des lockenden Abgrunds verlangt, in den ihm zugewandten Heilswillen zu bergen. Denn das »Ich will« verdichtet sich
für ihn jetzt zu dem Zuspruch »sei dein eigen, dann bin auch ich
dein eigen«. Es ist für ihn, wie der Kusaner mit dieser Wendung
zum Ausdruck brachte, somit ebenso Appell wie Verheißung. Verheißung, die ihm Beistand und Hilfe zusichert, sofern er es im Hinblick auf diese Zusicherung nur über sich bringt, sich in das Unver-
meidliche zu ergeben und durch diese Einwilligung seiner Negativität die Spitze abzubrechen. Doch was geschieht dann?

Auf diese Frage antwortet mit der ihr eigenen Beredtsamkeit
die Dichtung, die ja, wie bereits vermerkt, von Anfang an in ihren
Spitzenwerken Todesdichtung ist. Auf thematische Weise gilt das
von Hermann Brochs unter akuter Todesdrohung konzipierten

und »gewissermaßen als private Todesvorbereitung« geschriebenen Roman ›Der Tod des Vergil‹ (von 1958), der den sterbenden Dichter die sechs Stufen des biblischen Schöpfungsberichts rückläufig durchmessen läßt[93]. Am Schluß dieser »Rückschöpfung« (Wienold) heißt es:

> *Ohne Dauer und Zeit vollzog es sich, veränderungslos, freilich noch immer nicht endgültig, noch immer als etwas Erschautes und Erspürtes, zugleich aber schon darüber hinaus, jenseits von Nacht und Unnacht, und während es sich so vollzog, spürte er, daß alles Feste und Behaltbare sich auflöste, daß der Boden ihm unter den Füßen entsank, entsinkend ins Unermeßliche, entsinkend in Vergessen, in des Vergessens Unendlichkeit, in seine erinnerungslos erinnerte Unendlichkeitsdurchflutung ...*[94]

Deutlicher als mit diesem Verlust alles Festen und Behaltbaren und dem Wegsinken des tragenden Bodens kann der Vorgang des Sterbens kaum imaginiert werden. Doch ist das nur Anlauf zu dem Augenblick, wo an den Sterbenden nach der Auflösung des sich ins »Sternenhafte« und »Pflanzenhafte« verflüchtigenden »Tiernebels« in »Sturz und Gegensturz« der »Befehl zur Umwendung« ergeht, der ihn in einem letzten Aufblick hoch oben inmitten des Weltenschilds den Inbegriff des »kampflosen Friedens«, aufscheinend im »Bild des Knaben im Arme der Mutter«, erkennen läßt.

Doch bleibt es nicht bei der bloßen Schau; vielmehr gewinnt das geschaute Bild zusehends Macht über ihn, so daß er in der Anverwandlung des Sterbens zuletzt selbst zu dem »Sohn« wird, den er – eher noch im Sinn von Raffaels »Sixtinischer Madonna« als in dem seiner vierten Ekloge – »im Arme der Mutter« erblickt. So wird für ihn das Bild zum Wort von der Wiedergeburt, ja zu »des Wortes Wiedergeburt«, von der es heißt:

> *In liebender Erkenntnis nahm das Wort die Sehnsucht des Herzens und die des Denkens zu großer Gemeinsamkeit in sich auf, ward selber zur Nichtvergeblichkeit kraft seiner Notwendigkeit, aufnehmend die Sehnsucht des Gastes, daß er zum Sohne werde, erfüllt seine Aufgabe*[95].

So schließt sich der Ring vom Bild zurück zur Sprache, die sich zuvor in kaskadenhaften Schüben entladen hatte, und schließlich zurück zu deren Ursprung, zur wort- und namenlosen »Sprache der Vorschöpfung«, die gleichbedeutend ist mit dem uranfänglichen Schweigen:

> *Das Wort schwebte über dem All, schwebte über dem Nichts, schwebte jenseits von Ausdrückbarem und Nicht-Ausdrückbarem, und er, von dem Worte überbraust und in dem Brausen eingeschlossen, er schwebte mit dem Worte, indes, je mehr es ihn einhüllte, je mehr er in den flutenden Klang eindrang und von ihm durchdrungen wurde, desto unerreichbarer und größer, desto gewichtiger und entschwebender wurde das Wort, ein schwebendes Meer, ein schwebendes Feuer, meeresschwer und meeresleicht, trotzdem immer noch Wort: er konnte es nicht festhalten, er durfte es nicht festhalten; unermeßlich und unaussprechbar war es für ihn, denn es war jenseits der Sprache[96].*

Mit diesem verstummenden Eintritt in das ewige Schweigen erweist sich der Roman als eine hochaktuelle meditatio mortis, die das mit dem Tod aufgeworfene Erkenntnisproblem ans Ziel führt. Nach Götz Wienold ist das Ich des sterbenden Dichters »Erfahrungssubstrat und Beobachtungssubjekt zugleich«[97]. Im abschließenden Verstummen aber geht das beobachtende Ich, einer von Broch selbst entdeckten Analogie zur Erkenntnis mikrophysikalischer Prozesse entsprechend, ununterscheidbar in das beschriebene Ereignis ein, so daß sich im Tod die definitive Identifikation des Sterbenden mit seinem Leben ereignet[98]. Jetzt wird Vergil – leibhaftige Metapher jeden Sterbens –, der der Anwandlung, sein Werk zu verbrennen, widerstanden hatte, definitiv zum Dichter der Aeneis. Sterbend gelingt ihm die vollständige Aneignung seiner selbst. Und was könnte zumindest innerweltlich Größeres vom Tod gesagt werden?

II. DIE FALLSTRECKE

1. Am Rand der Absurdität

Die Frage »Wo bist du?« richtet sich in dem Augenblick an den Menschen, wo er aus der paradiesischen Vorgeschichte in die höchst unwirtliche Dimension seiner Geschichte entlassen wird, in der ihm der Schweiß seiner Lebensmühe auf dem Angesicht steht (Gen 3,25) und seine Lebenslinie sich zur Erde beugt, von der er genommen ist (3,19). Doch die ihm nachgerufene Frage verhallt nicht schon mit dem Ende seiner kurzfristigen Lebensgeschichte; sie übertönt diese vielmehr und hallt in den Raum der Menschheitsgeschichte hinein. Deshalb muß die Suche nach dem Sinn des Daseins, die mit der Wo-Frage aufgeworfen wurde, auf diese ausgedehnt werden. Sie aber ist nach der von Albert Camus zu Beginn seines Essays ›L'homme révolté‹ (von 1951) geäußerten Ansicht von der bisherigen qualitativ verschieden, da in ihr nicht nur Verbrechen geschehen, wie sie immer schon von den Tyrannen aller Epochen verübt wurden, sondern unvergleichlich Schlimmeres geschah: Versklavungen unter dem Banner der Freiheit und Massenmorde, die durch Menschenliebe oder den »Hang zur Übermenschlichkeit« gerechtfertigt wurden. Dadurch aber sei das Menschsein auf eine von der bisherigen verschiedene Basis gestellt worden:

> An dem Tag, an dem das Verbrechen – mittels einer seltsamen, unserer Zeit eigenen Verdrängung – sich mit den Hüllen der Unschuld schmückt, wird von der Unschuld verlangt, sich selbst zu rechtfertigen[99].

Es sei das Anliegen seines Essays, versichert Camus, diese Herausforderung anzunehmen. Denn die Unschuld ist in einer Welt, in der das Verbrechen zur Regel wurde, nicht mehr selbstverständlich; sie muß gerechtfertigt werden. Umgekehrt ist unter der Voraussetzung der Absurdität des Daseins »alles möglich und nichts von Wichtigkeit«[100]. Der Mord liegt dann ebenso nah wie der Selbstmord, und Selbstmördern, die sich wie Hitler »einen Tod mit Apotheose« zu inszenieren suchen, ist dann allenfalls noch daran gelegen, »alle Welt« mit in ihren Untergang hineinzureißen[101]. Dazu aber kommt es, wenn der Spiegel der Rationalität, in dem der abendländische Mensch ebenso seiner Welt wie seiner selbst ansichtig geworden war, zerbrochen ist und die Fragen der Zeit keine Antwort mehr finden. Dann hat das Absurde, wie ehedem der methodische Zweifel, »reinen Tisch gemacht«.

Als einzige Gewißheit bleibt dann die der Auflehnung, der Revolte. Sie aber hat ihre innerste Rechtfertigung darin, daß der Mensch das einzige Geschöpf ist, »das sich weigert, das zu sein, was es ist«[102]. Sie kann sehr hohe, sogar religiöse Formen annehmen. So bei Dostojewskij, der im Fall, daß Christus außerhalb der Wahrheit stünde, sich dafür entscheiden würde, »bei Christus und nicht bei der Wahrheit zu bleiben«[103]. Und so bei Meister Eckhart, der, wie Camus zitiert, »die Hölle mit Christus dem Himmel ohne ihn« vorziehen würde[104]. Beide Male ist das die Entscheidung für eine Welt ohne Sinn und Glück, aber gestützt auf den, der zumindest in der Sicht Dostojewskijs, eine Gestalt der Auflehnung und Revolte war. Zwar betont Aljoscha, der »engelgleiche« unter seinen Brüdern, den der Dichter als seine wirkliche Christusfigur konzipierte, daß er sich nicht gegen seinen Gott empöre; doch fügt er dem mit einem verzerrten Lächeln hinzu, nur wolle er seine Welt, diese Welt des namenlosen Leids Unschuldiger, nicht annehmen[105]. Dasselbe aber sagt der ungläubige Arzt Rieux in Camus' bedeutendstem Roman ›La Peste‹ (von 1947), wenn er seine Bereitschaft, im Kampf gegen die Epidemie selbst mit Geistlichen zusammenzuarbeiten, mit dem Bekenntnis einschränkt: »Ich werde es bis zu meinem Tode ablehnen, diese Schöpfung zu lieben, in der Kinder gefoltert werden«.

Um einen Sinn in der Welt zu finden, müßte man das Leben lieben können; doch dafür müßte die Welt, mit dem Stichwort Dostojewskijs gesprochen, »euklidisch« geschaffen sein, nicht aber so, daß ein unheilbarer Riß durch sie hindurchgeht und alle Harmonie durch ihre faktische Widersprüchlichkeit infrage gestellt wird. Was Dostojewskij als diesen nicht-euklidischen Charakter bezeichnet, entspricht vollauf dem, was Camus mit der Absurdität des Daseins meint. Sie trifft den fragenden Menschen um so härter, als ihm als Orientierungshilfe nur die Rationalität zu Gebote steht, die, zusammen mit dem Tod, die gesamte Negativität des Daseins ausblendet, so daß ihm diese dann, als peinigendes Implikat seiner Faktenwelt, ständig in die Quere kommt.

Wenn Camus durch den Mund der Hauptfigur seines Romans ›L'Étranger‹ (von 1942) erklärt, daß er seine knapp bemessene Zeit nicht mit Gott verlieren wolle, und wenn er für ein Leben ohne die das Absurde verbergenden spanischen Wände der Religion plädiert, könnte der Anschein entstehen, daß seine These wie bei Nietzsche und Sartre die Folge einer radikalen Bestreitung des Daseins Gottes und der mit ihr intendierten Entgöttlichung des Daseins sei. Indessen trifft dies nur sehr bedingt zu. Nach Äußerungen seines ›L'homme révolté‹ zu schließen, ist sie vielmehr christologisch motiviert. Solange im Abendland »die Evangelisten die Dolmetscher zwischen Himmel und Erde« waren, konnte jedem, der in seiner Einsamkeit aufschrie, das Bild des allergrößten Schmerzes in Gestalt des Kreuzes Christi beschwichtigend entgegengehalten und dadurch das Medusengesicht des Daseins verschleiert werden. Sogar ein menschliches Glück war möglich, weil »zwischen Himmel und Erde alles und ohne Ausnahme« dem göttlichen Schmerz ausgeliefert war. Nachdem dieser Glaube jedoch an der »Kritik der Vernunft« zerbrochen und die Gottheit Christi geleugnet worden war, wurde der Schmerz wieder zum allgemeinen Los der Menschen:

Der Abgrund, der den Herrn von den Sklaven trennt, öffnet sich von neuem, und die Revolte brüllt wieder vor dem vermauerten Angesicht eines eifersüchtigen Gottes[106].

Wie an anderen Stellen seines Essays wird hier der religiöse Grundzug des ganzen Entwurfs sichtbar, der von der Unannehmbarkeit einer Welt der unschuldig Leidenden ausgeht und sich in der Auflehnung gegen den dieses Leiden verhängenden Gott auf Christus beruft. Daß das auf Camus kaum weniger als auf Dostojewskij zutrifft, bestätigt der Satz, der von dem Unglück des von dem »grausamen Gott Abrahams« versklavten Menschen ausgeht:

Die Auflösung dieses neuen Zerwürfnisses zwischen dem universalen Gott und der Person wird von Christus bewirkt, der in sich selbst das Allgemeine mit dem Besonderen versöhnt[107].

Indessen gelingt diese Auflösung nur in der Abstraktion, während die Wirklichkeit durch den Gegensatz von Herrschaft und

Knechtschaft bestimmt bleibt, weil die dialektische Methode, mit deren Hilfe Hegel die Auflösung gedacht hatte, durch ihren Strukturzwang die Verhältnisse in dieser unaufgelösten Entgegensetzung festhält. Das bringt es mit sich, daß die durch diese Entgegensetzung aufgerissene Absurdität das ganze Antlitz der Welt bis hinein in Wirtschaft, Politik und Kunst bestimmt. Das betont Walter Jaide, wenn er in die »Zeitfalle« blickt, die die gesamte Produktivität in eine hektische Betriebsamkeit zwingt, so daß Sekundäres vorrangig behandelt wird, während das Unentbehrliche erst verspätet zustande kommt, überzogenen Ansprüchen Rechnung getragen, dringend Erforderliches jedoch aufgeschoben wird[108].

In diesem surrealistisch anmutenden »Archipel« wird man, wie Lyotard in seiner Schrift über den Enthusiasmus versichert, von der Woge des Übersinnlichen »von einem Inselufer zum anderen« getragen:

Man schwimmt im Historisch-Politischen, ohne es jemals wie einen Gegenstand zu besitzen. Man hat es nur mit Zeichen zu tun. Die Rundfahrt über alle Übergänge ist, kritisch gesprochen, unter der einen Bedingung legitim, daß jedes dieser Zeichen gemäß der Heterogenitäten, die es tatsächlich zusammenfügt . . ., aufgefaßt wird[109].

Wenn aber die Absurdität heute derart tief in die Denkstruktur eingreift, wie es bisher nur Nietzsche mit seiner Dynamisierung des Identitätsprinzips durch die Lehre von der ewigen Wiederkunft versuchte, ist die Rolle der Rationalität insgesamt infrage gestellt. Und es ist des weiteren zu fragen, wie es dann um das Mängelwesen bestellt wäre, wenn ihm nur die Rationalität als Kompensation seiner naturhaften Defizite zu Gebote stünde. Würde es dann nicht gleichfalls der Absurdität verfallen? Dieser Gefahr entgeht es nur aufgrund der bewußtseinsgeschichtlichen Tatsache, daß der Ausgestaltung der rationalen Denkform die ältere des prälogischen Bilddenkens und der variablen Identität voranging, wie sie noch immer im paranormalen Krankheitsbild der multiplen Persönlichkeitsspaltung durchbricht, und wie sie insbesondere in den mystischen Konzeptionen des Christenglaubens, so etwa in der des Corpus mysticum, weiterlebt[110]. Drohte der allein auf seine Rationalität gestützte Mensch in dieser verschlungen zu werden, so gewinnt der tatsächlich existierende hier, in diesen immer noch fortwirkenden Restbeständen eines umfassenderen Bewußtseins, einen Rückhalt, der die Ortsbestimmung »am Rand der Absurdität« rechtfertigt. Die volle Rechtfertigung kann jedoch erst der Rückgang in die christologische Mitte dieser Dimension erbringen.

Wie also verhält es sich mit der christologischen Rückkoppelung des ganzen Ansatzes, also mit der bei Dostojewskij auftauchenden und von Camus wenigstens kritisch aufgenommenen These, daß Jesus, wie schon Markion annahm, der Schöpfung, die Spuren des göttlichen Zornes aufweise, ablehnend gegenüberstand? Stand sie für ihn tatsächlich im Zeichen der Absurdität? Angesichts der Stellen, die (wie Mk 10,6 und Lk 20,38) für ein affirmatives Verhältnis zu ihr sprechen, kann die Frage nicht mit einem eindeutigen Ja beantwortet werden. Doch überwiegen im Urteil Jesu über die Verfassung der Welt unüberhörbar die kritischen Töne. Zwar umsorgt die Weisheit Gottes die Vögel des Himmels ebenso wie die Lilien des Feldes (Mk 12,24–32); doch fällt auch kein Sperling vom Dach ohne den Willen des Vaters (Mt 10,29). Der schmale Schatten, der von hier aus auf die Schöpfung fällt, breitet sich jäh derart aus, daß er sie schließlich völlig verdunkelt. Was sich in dieser Verdüsterung zeigt, ist nach Ausweis der Gleichnisse vom nächtlichen Einbruch (Mt 24,42 f) und dem durch den unverhofften Tod aus seinen großspurigen Plänen herausgerissenen Kornbauern (Lk 12,16–20) eine Welt voll böser Überraschungen, die, von Blitzen durchzuckt (Lk 17,24), ihrem Ende entgegenfiebert, in das sie dann doch wie in eine Falle hineinläuft (Lk 21,35).

Wie ein aktualisierender Kommentar dazu wirkt das durch Antinomien, Paradoxien und bizarre Querschläge gekennzeichnete Naturbild, das der späte Reinhold Schneider in selbstquälerischen Beobachtungen gewann und in seinem Bekenntniswerk ›Winter in Wien‹ (von 1958) dokumentierte. Für ihn steht die Natur ebenso wie die Geschichte im Zeichen einer das Menschenherz versehrenden Absurdität. Seine Eindrücke von den Exponaten des Naturhistorischen Museums, die Erinnerungen an die Höllen des Hieronymus Bosch in ihm weckten, faßte er in dem Satz zusammen:

Der schönste Vogel faßt im Fluge den schönsten Schmetterling. Er pflückt die Schwingen ab und läßt sie dahinwehen und verschlingt den zarten Leib, der sich für seine kurze Dauer mit ein wenig Nektar begnügte und schutzlos das Farbenspiel der Flügel, ein Blitz aus den Händen des Vaters,

an die Welt verschenkte ... Und das Antlitz des Vaters?
Das ist ganz unfaßbar[111].

Und der Weg durch das Ethnographische Museum erscheint ihm vollends wie der Durchgang durch die von den einzelnen Völkern durchschrittenen Folterkammern. Selbst die Toten haben noch Angst; deshalb muß man ihnen die Beine zerbrechen, damit sie sich nicht wieder einschleichen. Und schließlich:

Man muß aus diesen rotierenden Höllen aufblicken zum
Vater der Liebe – und – wer schlägt nicht die Hände vors
Gesicht?[112]

Wie in jähem Durchblick erschließt dieses Wort die Perspektive, in der die Welt in der Darstellung der heutigen Kunst erscheint. Es ist eine Kunst, die, analog zur Verabschiedung des allwissenden Autors in der Literatur, sich ihrer Funktion als das »allsehende« Auge des Zeitbewußtseins begeben hat und, vor allem im Werk von Joseph Beuys, sich aus ihrer Interaktion mit der Alltagswelt neu zu konstituieren sucht[113]. Repräsentativ ist dafür das exzentrische Werk Salvador Dalís, das seine Faszination weithin der Aufhebung der gewohnten Identitäts- und Verhältnisbestimmungen verdankt, so daß sich der Kopf einer Raffael-Madonna zur Kuppel des römischen Pantheon weitet, Giraffen wie Fackeln abbrennen, eine Menschenmenge zum Kopf des großen Paranoikers gerinnt, während sich der in sein Spiegelbild versunkene Narziß in Form einer versteinerten Hand wiederholt[114]. Sofern in diesen Imaginationen die Welt überhaupt noch aufscheint, ist es, mit Gustav René Hocke zu reden, wie schon im Manierismus die »Welt als Labyrinth«, eine sich auflösende, bisweilen aber auch auf dem Weg artifizieller Montagen neu geschaffene, stets aber vom »Schrecklichen« durchsetzte, bizarr-dämonische Welt. Sofern dies wie in den Arbeiten von Bruce Neumann, dessen Werk nach Bekunden seines Schöpfers »aus der Enttäuschung angesichts der Conditio humana« hervorging, die Welt der Medien ist – so seine Videoinstallation »Perfektes Gleichgewicht« und »Anthro/Sozio« (von 1992) –, erhebt sich aus ihr ein ununterbrochener Schrei, der akustisch bestätigt, daß gerade auch für die neueste Kunst die Sache des Menschen nur exklamatorisch zu verdeutlichen ist[115]. Unversehens tauchen in dieser Kunstszene Reminiszenzen aus der religiösen Bilderwelt auf, so das Motiv der Vertreibung aus dem Paradies, des Letzten Abendmahls, der Kreuzigung, des Todesschreies und der Pietà, bisweilen sogar, schattenhaft verfremdet, die Konturen der Gestalt Jesu, so daß sich der Ring zu diesem schließt. In seinem Fall sind es freilich nicht so sehr thematische Äußerungen, die für eine weltkritische Position sprechen; vielmehr ergibt sich diese aus der Alternative, die er der Welt in Gestalt der Zentralidee seiner Verkündigung entgegensetzt. Mit der Proklamation des von ihm angesagten und gelebten Gottesreiches stellt er sich außerhalb der vorgegebenen Welt und ihrer Ordnung, insbesondere auch außerhalb der auf eine zwiespältige Verhältnisbestimmung gegründeten Gesellschaftsordnung. In der von Sorgen beschwerten Lebensmühe und der von Ängsten durchsetzten Mitmenschlichkeit erblickt er die Folgen einer bis in das Gottesverhältnis hineinreichenden Gebrochenheit, die sich lähmend und zerstörend auf alle Lebensbeziehungen auswirkt. Dem setzt er in Gestalt seiner Verkündigung die rettende Alternative entgegen. Denn die von ihm in die Welt hineingesprochene Sozialutopie unterscheidet sich von allen übrigen Entwürfen grundsätzlich dadurch, daß sie nicht nur Entwurf und Zielbild, sondern in ihm selbst vorweggenommen und konkretisiert ist. Deshalb ist es nur ihr gegeben, es mit der Absurdität des Daseins aufzunehmen. Wer sich in ihre Einflußsphäre begibt, ist dem Sog der Negativität entzogen oder doch, sofern ihn die conditio humana in ihr festhält, wenigstens an ihren Rand gerückt. Und das bedeutet in dieser von ihrer Widersprüchlichkeit infrage gestellten Welt schon viel. Wie aber kommt es überhaupt dazu, daß sich der Mensch den desintegrativen Einflüssen überlassen und von sich selber abfallen kann? Läßt sich womöglich in ihm selbst eine »Anfälligkeit« dafür nachweisen? Das ist die Frage nach seiner »Geschichte mit sich selbst«.

2. Die innere Geschichte

Zu den Grundgegebenheiten des Menschseins gehört die Tatsache seiner Geschichtlichkeit. »Der Mensch ist seinem Wesen nach geschichtlich«, versichert Wolfhart Pannenberg in seltsam widersprüchlicher Formulierung, da sich das in seiner Titelfrage »Was ist der Mensch?« anvisierte »Wesen« im Sinn des klassischen, nach Bergson auf das Starre, gegenständlich Umschriebene gerichteten

Essentialismus von seiner ganzen Sehweise her dem geschichtlich Wandelbaren widersetzt[116]. Immerhin enthebt er sich mit seiner Formulierung der Pflicht, die Geschichtlichkeit des Menschenwesens zu begründen, während sie von anderen Teilnehmern des anthropologischen Disputs einfach als eine »Grundverfassung« des Menschen festgestellt wird[117]. Was erkundet wird, ist allenfalls das von Reinhard Wittram erfragte »Interesse an der Geschichte«, das seiner Ansicht nach jene Dimension freilegt, in der dem Menschen das Wichtigste widerfährt, was ihm überhaupt begegnen kann[118].

In allen diesen Fällen wird, dem klassischen Frageverhalten entsprechend, die Geschichte zum Menschsein hinzugedacht, jedoch nicht weitergefragt, wie es zu dieser eigentümlichen Verknüpfung des statischen Menschenwesens mit dem Inbegriff des Prozessualen kommt. Einen weiterführenden Hinweis gibt Wittram, sofern seinem Interesse an der Geschichte bereits die dann von Habermas herausgestellte Tatsache zugrunde liegt, daß das Interesse konstituierend in die Erkenntnis eingeht[119]. Nach Habermas ist dieses Interesse ein wesenhaft emanzipatorisches, da es auf den »Fortgang der Menschengattung zur Mündigkeit« abzielt. Doch dazu bedarf es der Rekonstruktion jenes Dialogs mit der Geschichte, der durch die in ihr waltende Gewalt immer wieder unterdrückt wurde. Das aber ist gleichbedeutend mit der von der Essentialanthropologie offen gelassenen Frage nach dem Ursprung der Geschichtsfähigkeit des Menschen.

Für ihre Beantwortung gab Rudolf Bultmann einen wichtigen Fingerzeig, als er zu Beginn seines Jesusbuchs (1926) unterstrich, daß sich das Verhältnis des Menschen zur Geschichte von dem zur Natur dadurch fundamental unterscheidet, daß er seiner Geschichte nicht als »neutraler Beobachter« gegenübertreten kann, weil er selbst »ein Stück der Geschichte« ist, so daß er mit jedem Wort über sie zugleich »etwas über sich selbst« aussagt. Da er nun aber unweigerlich ein von ihr Mitbetroffener und in Mitleidenschaft Gezogener ist, gestaltet sich das Verhältnis zu ihr von vornherein zu einem Dialog mit ihr, in dem er letztlich der von ihr Befragte ist[120].

In seinem Beitrag ›Zum Problem der Entmythologisierung‹ (1963) nahm Bultmann diesen Gedanken nochmals auf, jetzt aber mit dem Zusatz, daß inzwischen auch in der modernen Naturwissenschaft die Erkenntnis Platz gegriffen habe, wonach »das Beobachtete schon durch den Beobachter mitgestaltet« werde[121].

Daraus zog Max Scheler in seiner ›Philosophischen Weltanschauung‹ (von 1928) den – begründenden – Rückschluß, daß der Mensch, so sehr er sich die Welt zum Gegenstand seiner Erkenntnis und technischer Nutzung mache, selbst »kein Sein von der Form des Gegenstandes« sei[122]. Das aber kommt nicht nur einer Rechtfertigung des Satzes gleich, daß der Mensch »seinem Wesen nach geschichtlich ist«, sondern auch der Möglichkeit, diesen widersprüchlichen Satz sinnvoll, und das besagt, in einer Weise zuende zu denken, daß die immer noch offene Frage nach dem Grund der menschlichen Geschichtsfähigkeit beantwortet wird. Ist der Mensch am Ende deswegen geschichtsfähig, so ist jetzt zu bedenken, weil er vor jedem Verhältnis zur Geschichte eine Geschichte mit sich selbst durchlebt? Wenn ja, worin besteht dann diese?

Wenn die Geschichtsfähigkeit darauf zurückzuführen ist, daß der Mensch von invasiven, in sein Selbstbewußtsein und Reaktionsvermögen eingreifenden Geschehnissen betroffen wird, ist ihr Grund insofern in der inneren Geschichte zu suchen, als diese das existentiell vorwegnimmt, was den äußeren Geschichtsgang in seinem Wechselspiel von Siegen und Niederlagen kennzeichnet. Denkbar ist das freilich nur im Horizont der Modalanthropologie. Denn diese sieht den von Nietzsche als das »noch nicht festgestellte Tier« charakterisierten Menschen primär in seinem Möglichkeitsspielraum, so daß er sich ebenso unter- wie überschreiten kann. Wenn das erstere geschieht und er sich auch nur für Augenblicke fallen läßt, gewinnen äußere Vorgänge, auch ereignishafter Art, Einfluß und bestimmende Macht über ihn, während er im Fall seiner existentiellen Integration umgekehrt Einfluß auf das Geschehen um ihn auszuüben vermag. So wird er vielfach zum Opfer, seltener zum Täter und Gestalter der Geschichte.

Umgekehrt gewinnt nun aber auch der Begriff der inneren Geschichte deutlicheres Profil. Denn auch sie stellt sich jetzt, in den Kategorien der Weltgeschichte gesprochen, als ein Wechselspiel von Siegen und Niederlagen dar. Dabei bestehen diese in den vielfältigen – in der Folge noch genauer zu bestimmenden – Spielarten, wie der Mensch vor sich selbst zurückweicht, sich aufgibt und das ihm zubestimmte Niveau unterschreitet oder aber sich Einflüssen überläßt, die auf seine Erniedrigung und Funktionalisierung ausgehen. Denn der Mensch ist, wie es seiner Selbstreflexion immer schon bewußt war, wie sodann die Positionsbestimmung »am Rand der Absurdität« verdeutlichte und wie die Rede von der

»Kontingenzbewältigung« neuerdings in Erinnerung rief, so nah am Abgrund des Nichts angesiedelt, daß die Möglichkeit des Nichtseins ständig nach ihm greift. Wie der Tod wandelt ihn diese Möglichkeit aber nicht nur erschreckend, sondern auch verlockend und versucherisch an, so daß er die ihm zugemutete Desintegration als Eintritt in erleichterte Formen des Daseins empfindet[123]. Bekannt ist für das erste das vom Jakobusbrief (1,10) aufgenommene Jesaja-Wort:

> *Eine Stimme sagte: Verkünde! Ich fragte: Was soll ich verkünden? Alles Fleisch ist wie das Gras und all seine Schönheit wie die Blume des Feldes. Das Gras verdorrt, die Blume verwelkt, wenn der Atem des Herrn darüberweht (40,6f)*[124].

Demgegenüber schwingt in dem von Hermann Lübbe in die kulturanalytische Debatte geworfenen Begriff der »Kontingenzbewältigung« nur noch eine vergleichsweise ferne Erinnerung an das nach, was »Kontingenz« ursprünglich besagte: die in der »schlechthinnigen Abhängigkeit« des Menschen begründete Zufälligkeit und Instabilität seines Daseins[125]. Indessen muß diese Grundbedeutung aufgerufen werden, wenn die zwischen dem Nichts der Herkunft des Menschen und seiner Abhängigkeit von der ihn konstituierenden Schöpfermacht – denn von anderem könnte er nicht »schlechthinnig« abhängig sein – aufklaffende Möglichkeit seiner »Entwerdung« begreiflich werden soll. In diesen für alle nur möglichen Formen der Daseinsgestaltung offenen Spielraum gibt sich der vom Sog dieses Nichtigkeitsbereichs Ergriffene auf, sofern er nicht von den auf ihn einwirkenden Tendenzkräften in ihn hineingestoßen wird. Denn es gibt nicht nur die von der christlichen Glaubenserziehung beschworene Gefahr des Glaubensabfalls, sondern, wie hier deutlich wird, die im Vergleich dazu weit bedrohlichere des Abfalls des Menschen von sich selbst.

Der Möglichkeitsspielraum dehnt sich aber nicht weniger auch nach oben, in Richtung auf die mögliche Integration und Optimierung des auf der Suche nach sich selbst begriffenen Menschen. Es sind jene Möglichkeiten, die er instinktiv aktualisiert, wenn er versucht, handelnd und gestaltend in das Weltgeschehen einzugreifen, die sich ihm aber primär im Interesse seiner Selbstverwirklichung anbieten. Denn der Mensch ist, zumindest im abendländischen Kulturkreis, immer schon unterwegs zu sich selbst. Dieses rückbezügliche Interesse des mit seinen leiblichen und geistigen Augen zunächst auf seine Umwelt gerichteten Menschen erwachte, wie das ›Gespräch eines Lebensmüden mit seiner Seele‹ bestätigt, erstmals im Alten Ägypten und dann, unvergleichlich entschiedener, in den Konfessionen des Propheten Jeremia, die sich bis zu der ungeheuerlichen Anklage steigern:

Du hast mich verführt, Jahwe, und ich habe mich verführen lassen; doch du warst stärker als ich und hast mich überwältigt. Nun bin ich zum Gelächter geworden den ganzen Tag; jeder verspottet mich. Dachte ich aber: ich will nichts mehr von ihm wissen und nicht mehr in seinem Namen reden, da war's wie ein brennendes Feuer in meinem Herzen. Ich mühte mich, es niederzuhalten, und konnte es nicht (20,7ff) [126].

Indessen geht der volle Durchbruch ins personale Selbstbewußtsein, wie Guardini betonte, auf das »Miterleben der Christusexistenz« und damit auf die von seiner Selbstvergegenwärtigung getragene Wirkungsgeschichte Jesu zurück [127]. Ergriffen von diesem Impuls, brachte Augustin auf einem Höhepunkt seines Bekenntniswerkes den Umbruch vom kosmosorientierten zum selbstbezogenen Bewußtsein mit dem auf den kartesianischen Ansatz vorgreifenden Programmwort von dem sich selbst denkenden Menschengeist – »ego sum qui memini, ego animus« – zum Ausdruck [126]. Augustin ist freilich noch zu sehr christlicher Platoniker, als daß es bei der bloßen »Kehre« bleiben konnte. Vielmehr ist das Nachdenken über sich für ihn, wie der vorangehende Bericht über seine Ostia-Vision erkennen läßt, nur die rationale Form seiner Selbst-Suche, die ihrerseits den Aufstieg zur ewigen Weisheit intendiert. In später Augustinusnachfolge verdeutlichte das Schleiermacher in seinen ›Reden‹ mit der Feststellung:

In dem Leben eines jeden gibt es irgendein Moment, wie der Silberblick unedler Metalle, wo er, sei es durch die innige Annäherung eines höheren Wesens oder durch irgendeinen elektrischen Schlag, gleichsam aus sich herausgehoben und auf den höchsten Gipfel desjenigen gestellt wird, was er sein kann [129].

Wie der Abfall von sich selbst über zahlreiche Zwischenstufen bis zur Selbstzerstörung führt, so der Aufstieg über eine Reihe von Formen unterschiedlicher Selbstaneignung. Und wie die abwärtsgerichteten Stufen als die »Niederlagen« im Wechselspiel der inneren Geschichte zu gelten haben, so handelt es sich bei den Aufstiegsformen um die »Siege«, die auf dem Weg des Menschen zu sich selbst errungen werden. Bevor diesen genauer nachgegangen werden kann, gilt es zunächst, die Formen menschlicher Selbstverfehlung und detraktierender Fremdbeeinflussung genauer ins Auge zu fassen.

3. Formen der Selbstverfehlung

Was Dante auf seinem kathartischen Weg durch das Inferno erfuhr, das er keineswegs, wie Péguy meinte, als unbeteiligter Tourist durchschritt, was Bosch in den Schreckensgestalten seiner Hölle erblickte und was Goya in seinen späten Angstvisionen beschwor, beschrieb Hölderlin in seinem ›Hyperion‹, wenn er den Titelhelden gestehen läßt:

> *Es ist ein hartes Wort, und dennoch sag ich's, weil es Wahrheit ist: ich kann kein Volk mir denken, das zerrissener wäre, wie die Deutschen. Handwerker siehst du, aber keine Menschen, Denker, aber keine Menschen, Priester, aber keine Menschen, Herren und Knechte, junge und gesetzte Leute, aber keine Menschen – ist das nicht wie ein Schlachtfeld, wo Hände und Arme und alle Glieder zerstückelt untereinanderliegen, indessen das vergossene Lebensblut im Sande verrinnt?*

In bisweilen wörtlicher Anlehnung wiederholt das Nietzsche durch den Mund seines Zarathustra:

> *Wahrlich, meine Freunde, ich weile unter Menschen wie unter den Bruchstücken und Gliedmaßen von Menschen. Dies ist meinem Auge das Fürchterlichste, daß ich den Menschen zertrümmert finde und zerstreuet wie über ein Schlacht- und Schlächterfeld hin*[130].

In alledem bekundet sich ein Bewußtsein von der Fragmentarität des Menschen, das weit über das hinausgeht, was Gehlens Wort vom »Mängelwesen« oder Freuds Begriff des »Prothesengottes« zum Ausdruck bringen. Während sie auf eine defiziente

Ausstattung des Menschen abheben, geht es Hölderlin und Nietzsche darum, daß es eine übergroße Mehrheit nur zu einer bruchstückhaften Realisierung ihres Menschseins bringt, obwohl einem jeden die Aufgabe der integralen Selbstverwirklichung mit seinem Dasein gestellt ist. Um so mehr ist nach den Ursachen dieses Befundes und den einzelnen Formen der Selbstverfehlung zu fragen.

Die Ursache wurde in der mönchischen Askese der alten Kirche entdeckt und als das Laster des spirituellen Überdrusses (acedia) identifiziert[131]. Sie bezieht sich direkt auf die als bedrückende Bürde empfundene Vielfalt religiöser Verpflichtungen und Übungen, mittelbar jedoch auf die Zumutung, die eine auf die Erhebung des Menschen abzielende Religion und, radikaler noch, auf die Mühe, die das verantwortete Menschsein mit sich bringt. Was den religiösen Widerwillen anlangt, so sah Ernst Troeltsch in ihm jene sündhafte »Selbstversagung«, die Bismarck das »Sichschwer-machen gegen die Gnade« nannte[132]. Demgegenüber diagnostizierte Kierkegaard den Hang zur existentiellen Selbstverweigerung in seiner ›Krankheit zum Tode‹ als den verzweifelten Widerwillen des Menschen gegen die ihm auferlegte Seinsform. Von da führt schon ein kleiner Schritt zu der Erkenntnis des Zusammenhangs, in welchem dieses gemeinhin als »Trägheit« gekennzeichnete Laster mit dem Sinn- und Problemfeld der Melancholie steht[133]. Von ihm aus öffnen sich unterschiedliche Deutungswege, die ebenso zu einer erkenntnistheoretischen wie einer pathologischen und typologischen Erklärung der angesprochenen Fehlformen führen.

Der erkenntnistheoretische Weg erschließt sich, wenn man Dürers Schlüsselwerk in Gestalt seiner ›Melencolia I‹ (1514) auf ihren ikonographischen Kontext bezieht und als resignatives Schattenbild der Weisheit (Sophia) begreift[134]. So gesehen symbolisiert die wie ein gefallener Engel stilisierte Gestalt die Resignation, die das Denken der Dürerzeit befallen mußte, als es sich in der Reformation anschickte, sich von der kirchlichen Autorität zu emanzipieren, und damit einen Weg einschlug, den die Aufklärung mit der Verwerfung einer göttlichen Offenbarung zuende ging. Die schwermütig in sich versunkene Gestalt auf Dürers Stich hat sich betont von der von einem Regenbogen umschlossenen Wahrheitsquelle der christlichen Tradition abgewendet und sinnend in sich selbst zurückgezogen. Wie der spielerisch gehaltene Zirkel in ihrer Rechten zeigt, ist das Vertrauen, das sie in die ihr verbliebenen wissenschaftlichen Instrumente setzt, eher gering. Gering ist dann aber auch die Möglichkeit einzuschätzen, die dem zur Selbstgestaltung verpflichteten Menschen in dieser resignativen Szene bleibt.

Als Inbegriff depressiver Verstimmung ist die Melancholie sodann das Einfallstor für pathologische Fehlformen der Lebensgestaltung. Wie Hubertus Tellenbach zeigte, drängen sich dem Melancholiker insbesondere drei derartige Modelle auf, die in einer auffälligen Entsprechung zu Grundformen des Angsterlebnisses stehen: Inkludenz-, Isolations- und Schulddepressionen[135]. Was die erste anlangt, so ist sie die Folge von permanenter Überforderung, die dem Betroffenen das Gefühl eingibt, seinen Verpflichtungen nicht mehr nachkommen zu können, und ihn demgemäß in Zustände der Ausweg- und Hoffnungslosigkeit verfallen läßt. Dagegen ist die zweite die Folge einer vereinsamenden Entlastung, die in dem sich selbst Überlassenen den Eindruck erweckt, auf sich selbst zurückgeworfen und von niemand mehr beachtet und beansprucht zu werden. Dem Betroffenen kommt es dann so vor, als lebe er in einer »seelischen Wüste«, auch, und gerade auch dann, wenn er tatsächlich in einer Großstadt wohnt.

Symptomatisch für den pathologischen Charakter dieser Fehlformen ist das mit ihnen verbundene, aber auch unabhängig davon auftretende Schuldgefühl, das mit dem Eindruck einhergeht, der Mitwelt Entscheidendes schuldig geblieben und überdies am eigenen Unglück allein schuld zu sein. Hinter diesem depressiven Eindruck verblaßt die Einsicht, »daß der Mensch dem Dasein immer schon etwas schuldig bleibt«, ja daß es eine »daseinsimmanente Schuld« im Sinn eines ständigen Zurückbleibens hinter den eigenen Seinsmöglichkeiten gibt[136]. Mit schwersten psychotischen Störungen ist zu rechnen, wenn sich dieses Unvermögen zu wahnhaften Zuständen steigert und der darunter Leidende es im Grenzfall bedauert, daß er überhaupt noch lebt, obwohl er längst den Tod verdient hätte. In dieser Paradoxie schlägt für Tellenbach geradezu die Absurdität des Daseins durch: es bleibt »gleichsam hinter seinem Tod zurück – ein Phänomen des Absurden«[137].

Doch das ist nur der Grenzfall dessen, was Tellenbach im Anschluß an Kierkegaards Bestimmung der Schwermut als Hemmung im geistigen Selbstvollzug die »Remanenz«, verstanden als ein depressives »hinter-sich-zurückbleiben«, nennt[138]. Es ist der gemeinsame Nenner, auf den die drei Grundformen der Melancholie zurückzuführen sind: das peinigende Gefühl, den von der Lebenswelt erhobenen Ansprüchen nicht gewachsen zu sein und, schlimmer noch, der sich mit dem Dasein stellenden Aufgabe nicht genügen zu können. In diesem Gefühl der existentiellen Unterlegenheit gegenüber der Lebensaufgabe wurzelt die Neigung vieler, sich nicht nur faktisch, sondern existentiell aufzugeben und fallenzulassen, wenn meist auch nur in der von Hölderlin und Nietzsche anvisierten Weise, daß sie sich mit defizienten Formen des Menschseins abfinden. Doch worin bestehen diese?

Ein Hinweis zur Klassifizierung ist schon der Tatsache zu entnehmen, daß die Melancholie im Spiegel der antiken und mittelalterlichen Temperamentenlehre aufscheint[139]. Sie hält sich über Jahrhunderte hinweg durch, bis das starre System, so Klibansky, von Kant an entscheidender Stelle durchbrochen wird, wenn er den Melancholiker zum Repräsentanten seines Tugendbegriffs und zum Träger des Freiheitsideals erhebt[140]. Was bei Kant einsetzt, wird von der modernen Typenpsychologie aufgegriffen und weitergeführt, vor allem in deren kulturtheoretischer Ausgestaltung durch Eduard Spranger. In seinen »Lebensformen« (von 1930) unterscheidet er insgesamt sechs unterschiedlich ausgeprägte Idealtypen der menschlichen Individualität, in deren wertbezogener Reihung auf den aus systematischen Erwägungen vorangestellten theoretischen Typus zunächst der ökonomische und dann der ästhetische, der soziale, der politische und schließlich der religiöse folgt[141]. Da in dieser Reihung das platonische Aufstiegsmodell durchscheint, kann sie auch im Gegensinn als Orientierungshilfe für die Bestimmung menschlicher Verfallsformen gelesen werden.

Prototypisch steht dann an deren Spitze der Abfall vom Glauben, der sich in dieser Sicht aber nicht so sehr auf den Fall der schuldhaften Abkehr als vielmehr auf die Möglichkeit seiner inneren Pervertierung bezieht. Angesprochen ist damit die verbreitete Tendenz, den Glauben als eine Ideologie auszugeben und sich als deren militanten Vertreter aufzuspielen. In einer weniger elaborierten Form ist das der Fall des fundamentalistischen »Glaubenswächters«, der sich aufgrund eines kurzgeschlossenen Verhältnisses zum biblischen oder kirchlichen Wort im Besitz der Wahrheit weiß und sein schlechtes intellektuelles Gewissen durch aggressives Verhalten kompensiert. Auf einer noch niedrigeren Stufe ist es der Typus des religiösen »Mitläufers«, der die Überzeugungen seiner Umwelt unreflektiert übernimmt, sein Gewicht aber durchaus in die Waagschale zu werfen sucht, wenn es darum geht, den Trend der ihn tragenden Masse zu verstärken[142].

Die Anfälligkeit des politischen Typus für eine Selbstverwirklichung auf unterpersonalem Niveau hebt Spranger schon von sich aus dadurch hervor, daß er ihn als den typischen »Machtmenschen« bezeichnet[143]. Dabei bestimmt er Macht als die Fähigkeit, »die eigene Wertrichtung in den anderen als dauerndes oder vorübergehendes Motiv zu setzen«[144]. In milder Ausdrucksweise brachte er damit eine der härtesten und grausamsten Erfahrungen der Folgezeit zur Sprache. Mit welcher Pervertierung des humanen Ordnungsgefüges das einherging, umschreibt er mit dem Satz, daß der reine Machtmensch »alle Wertgebiete des Lebens«, angefangen von der wissenschaftlichen Erkenntnis bis hin zu seiner Menschenkenntnis, vor allem aber auch Politik und Religion »in den Dienst seines Machtwillens stelle«[145]. Es liegt auf der Hand, daß das nur auf der Basis einer Selbst-Instrumentalisierung des Machtmenschen zustandekommt. Bevor er andere seiner Zwecksetzung unterwirft, vertauscht er selbst den seinem Wesen nach offenen Sinn seines Lebens mit einem willkürlich festgesetzten Zweck, so daß er das in sich existentiell vorwegnimmt, was er in der Folge anderen antut. In der Verwüstung der ihm unterworfenen Masse spiegelt sich die Wüste seines pervertierten Innern.

Daß auch der soziale Typus zur Fehlform entarten kann, hängt wiederum mit dem zusammen, was Spranger als den zentralen Krisenherd des Machtmenschen ausmachte. Doch während jener Sinn und Zweck vertauschte, geht es hier um die Verlagerung des gesamten Lebenssinns in das Feld sozialer Aktivitäten. Daß hier der Sinnfindung Grenzen gezogen sind, betont die von Dichtern und Psychologen vertretene These, daß eine volle Identifizierung mit einem anderen Ich ausgeschlossen ist. In diesem Sinne dichtet Mörike:

> *Kann auch ein Mensch des andern auf der Erde*
> *Ganz, wie er möchte, sein? –*
> *In langer Nacht bedacht' ich mir's und mußte sagen:*
> *Nein!*[146]

Dem stimmt Dieter Wyss mit der Feststellung zu, daß es zwar zum Grundbedürfnis einer Liebesbeziehung gehöre, »die Identität mit dem andern zu suchen und mit ihm wie mit einem verdoppelten Selbst zu verschmelzen«, daß dieses Verlangen aber durch die Tatsache enttäuscht werde, »daß es eine Identität der je-meinigen Person mit einer anderen nicht gibt«[147].

Damit ist keineswegs verneint, daß sich im Bereich getätigter Mitmenschlichkeit und sozialen Engagements ein geradezu ideales Feld der Sinnfindung auftut; doch kommt es zu einem bedenklichen Gefühlsstau, wenn sich die Sinnsuche ausschließlich darauf bezieht. Frustrationen und emotionale Rückschläge bleiben dann nicht aus. Ungleich gravierender ist die dann zu befürchtende Verstörung jedoch in dem von Spranger erwähnten Fall, daß das »Wohl« des andern lediglich auf biologischem und ökonomischem Gebiet gesucht wird, weil sich echter Altruismus letztlich auf die Person des Mitmenschen beziehen muß[148].

In seinem Bestreben, der christlichen Nächstenliebe eine gottlose Alternative entgegenzusetzen, entwarf Nietzsche wie zur Illustration dessen das Zerrbild eines defizienten Sozialverhaltens, wenn er durch den Mund seines Zarathustra erklärt:

Rate ich euch zur Nächstenliebe? Lieber noch rate ich euch zur Nächstenflucht und zur Fernsten-Liebe![149]

Denn so sehr seine Kritik zutrifft, wonach die Nächstenliebe vielfach nur eine auf den andern projizierte Selbstliebe, und, schlimmer noch, Selbstflucht zum andern ist, führt die von ihm angebotene Alternative erst recht ins menschliche Defizit. Denn der »Fernste und Künftige«, zu dem er überreden möchte, der Übermensch, ist seinem eigenen Wort zufolge ein Gespenst, das den Menschen wie ein Irrlicht von sich wegführt und abbringt; es fehlt nur noch, daß dieses Phantom als Volk und Rasse oder, marxistisch, als Gesellschaft konkretisiert wird, weil dann erst die Fatalität der Alternative völlig offengelegt wäre. Zwar geht Nietzsche nicht so weit; doch zeigt diese Extrapolation, an welche Möglichkeit er bei dem Versuch angrenzt, die christliche Nächstenliebe in ihr Gegenteil zu verkehren.

Für Spranger ist der ästhetische Mensch dadurch gekennzeichnet, daß er die in der Wirklichkeit vorgegebenen oder in seiner Phantasie erzeugten Objektgebilde in ihrer »Gefühlsbedeutsamkeit« erlebt und in einer angemessenen Form darzustellen versucht[150]. Dabei erhebt er sich dadurch über den »naiven Genießer«, daß er das Objekt gleichzeitig theoretisch wahrnimmt und in seiner Bedeutsamkeit würdigt. Damit verglichen ist die auf der Fallstrecke an zweitletzter Stelle erreichte Fehlform durch die bewußte

Überspringung dieser Distanz gekennzeichnet. Wer sich auf sie herabsinken läßt, unterschreitet die durch die denkerische Freiheit gesetzte Differenz, weil ihm nur an der »Gefühlsbedeutsamkeit« der Gegenstände gelegen ist. Er macht sie sich zu bloßen Objekten seines sinnlichen Begehrens, in welchem er schließlich derart aufgeht, daß er keinerlei Neigung mehr verspürt, sich gestaltend darzustellen. Gleichzeitig sinkt seine ästhetische Seh- und Verhaltensweise auf das Niveau eines geistlosen Hedonismus herab. Während »alles ästhetische Verhalten«, wie Spranger betont, »begehrungslos« ist, überwuchert bei ihm die Genußgier die anfänglich gewahrte Distanz, so daß sich diese auf die Position verkürzt, die Kierkegaard in der Figur des Don Juan verkörpert sieht und zu Beginn seines ›Enweder – Oder‹ als die des »unmittelbar erotischen Stadiums« beschreibt[151]. Typisch dafür ist der Umstand, daß für ihn der vom ästhetischen Menschen streng eingehaltene Unterschied von dem »ästhetisch Geschauten« und dem ökonomischen Nutzwert hinfällig wird[152]. Was er wahrnimmt, muß er im elementaren Sinn des Wortes »haben«; es wird ihm zum Objekt genießender Besitzgier.

Im Unterschied dazu ist die ökonomische Fallstufe durch die forcierte Einbeziehung des Machtstrebens gekennzeichnet. Darin besteht die Steigerung gegenüber dem von Spranger herausgestellten Moment, daß der ökonomische Mensch »in allen Lebensbeziehungen den Nützlichkeitswert voranstellt«[153]. Insofern trifft auf ihn das auf exzessive Weise zu, was Spranger schon dem politischen Typus unterstellte: er frage immer nur nach der Verwertbarkeit der Dinge; zweckfreies Wissen empfinde er als bloßen Ballast. In erkenntnistheoretischer Hinsicht vertrete er den Pragmatismus, der »kein Eigengesetz des Erkennens gelten läßt, sondern richtig und falsch mit der biologischen Nützlichkeit oder Schädlichkeit« gleichstelle. Dadurch unterschreite er die Stufe des spezifisch Menschlichen, »in der die Selbsterhaltung nicht mehr bloß von Instinkten reguliert wird«[154]. Da aber die Instinktsteuerung bei dem auch in dieser Hinsicht als »Mängelwesen« anzusehenden Menschen wegfällt, übernimmt der Machtwille und das ihm unterworfene Denken die Steuerung der Verhaltensweisen. Was auf diesem Weg entsteht, ist eine Miniatur, um nicht zu sagen Karikatur des von Spranger der politischen Stufe zugeordneten Machtmenschen und darin ein extremes Zerrbild dessen, was dem Menschen mit seinem personalen Dasein aufgegeben ist.

4. Der Griff nach der Seele

Die neue Qualität, die das System der »totalen Herrschaft« (Arendt) in diesem Jahrhundert erlangte, besteht darin, daß sich der von ihm erhobene Herrschaftsanspruch nicht nur auf die Bewegungsfreiheit und Leistungskraft, sondern auch auf das Bewußtsein der Unterworfenen bezieht[155]. Darin kommen die beiden literarischen Utopien, die diese Eskalation beschwören, Kafkas Erzählung ›In der Strafkolonie‹ (von 1914) und Orwells ›1984‹ (von 1948) überein. Die Mittel sind bekannt: Propaganda, auf die Suspendierung der Urteilsfähigkeit abzielende Folter, Selbstbezichtigung, Liquidierung, bisweilen in Form des vor allem aus China bekannten »begeisterten Selbstmords«. Bei Orwell geschieht das mit Hilfe eines in dem anonymen Über-Ich des Big Brother kulminierenden Überwachungssystems, bei Kafka durch eine Hinrichtungsapparatur, die das Urteil dem Delinquenten buchstäblich auf den Leib schreibt und ihn bei dessen Entzifferung zum beglückenden Einverständnis mit der erlittenen Tortur gelangen läßt.

Nach Bert Nagel dient die von Kafka mit quälender Präzision beschriebene Hinrichtungsmaschine der »pompösen Selbstdarstellung eines diktatorischen Regimes«[156]. Nach Ausweis des den Opfern in qualvoller Tätowierung eingravierten Textes kennt dieses Regime als einziges Gesetz das der totalen Unterwerfung unter den Willen des Machthabers. Dabei kommt die Differenz gegenüber den traditionellen Formen der Unterdrückung darin zum Ausdruck, daß das in der Tötungsmaschine symbolisierte Regime die Opfer in blutige »Lesezeichen«, also in leibhaftige Metaphern dieses Gesetzes verwandelt, deren es sich dann allerdings im Augenblick ihrer Einwilligung in das ihnen auferlegte Schicksal wie eines entbehrlich gewordenen Produkts mit sanftem Schwung entledigt. Zweifellos erreicht die Erzählung darin ihren makabren Höhepunkt, daß sie die Opfer erst im Augenblick ihres Todes zur Kenntnis des über sie verhängten Schicksals und damit zu einer negativen Identität gelangen läßt. Doch eben darin nimmt sie die Zentralstrategie totaler Herrschaft in geradezu prophetischer Hellsicht vorweg.

Im Licht von Orwells Wiederaufnahme des Motivs, die bereits aufgrund einschlägiger Erfahrungen erfolgte, stellt sich das, was der Apparat symbolisiert, als systematische Manipulationsstrategie dar, die im Grunde nur das radikalisiert, was als Propaganda beginnt[157]. Sie entnimmt ihre Effizienz der Vertauschung der – nach Lessing stets zu suchenden – Wahrheit mit einer Ideologie, die ihre Suggestivität zwei Umständen verdankt. Zunächst dem Entlastungseffekt, der sich daraus ergibt, daß die Propaganda den von ihr Erfaßten der Suche nach Wahrheit enthebt, indem sie ihm diese im Anschein eines flüssigen, leicht rezipierbaren Gefüges festgelegter Sätze darbietet. Indessen wird dieser Effekt noch dadurch entscheidend verstärkt, daß sie die Ideologie im Gewand einer gleichsinnig verkürzten Sprache vermittelt. Es ist dies die Sprache, die nach Herbert Marcuse durch die »Absperrung des Universums der Rede« zustande kommt: eine Sprache, die der Fähigkeit der Vermittlung beraubt ist, weil in ihrer verkürzten und zusammengedrängten Syntax kein Raum bleibt, in dem sich Sinn entwickeln könnte; eine Sprache, die ihre Begriffe bewußt im politischen Sinn funktionalisiert und sich deshalb vorzugsweise in Synonymen und Tautologien ergeht, eine Sprache also, die tendenziell auf das Orwellsche Modell mit seiner manipulatorischen Vertauschung der Leitbegriffe – Friede als Krieg, Liebe als Haß – hinausläuft und die deshalb verharmlosend von der »sauberen Bombe« und dem »atomaren Niederschlag« reden kann[158].

In den Schreckenskammern der Diktatur wiederholte sich dasselbe am Menschen, der unter unerträglichen Qualen zunächst zum Verrat an seinen Freunden und Gesinnungsgenossen, dann aber im entscheidenden Zugriff an seinen Überzeugungen und an sich selbst gezwungen und dafür mit einer neuen, ihm durch die Ideologie vorgegebenen Identität »belohnt« wurde. Dabei entlarvte sich die Ideologie definitiv als die instrumentalisierte Selbstdarstellung des Machtapparats, die darauf angelegt ist, die Urteilskraft der Opfer zu suspendieren und ihre Selbstbestimmung gegen ein Leben in der Fremdregie des in der Führer- und Vatergestalt verkörperten Über-Ich auszutauschen. Was auf diesem Weg zustande kommt, ist eine kollektive Obsession, die in den von ihr Ergriffenen zu einer signifikanten Senkung der Hemmschwelle führt, so daß sie nicht nur zur Ausführung von Mord- und Ausrottungsbefehlen, sondern sogar zu Akten der Selbstauslöschung bereit sind.

Man ist versucht, an dieser Stelle mit Heine ironisch einzuwerfen: »Ihr meint, wir könnten jetzt nach Hause gehen. Bei Leibe, es wird noch ein Stück aufgeführt. Nach der Tragödie kommt die Farce«[159]. Die Einrede stammt von dem Medienkritiker

Neil Postman, der die Medien als die Vollender der Diktaturen ein-
schätzt, weil sie das, was jene mit ihrem Terror nur erzwingen
konnten, mit ihren persuasiven Mitteln ungleich sicherer erreichen.
Indem sie die harte Alltagswirklichkeit in eine Szene von Traum
und Show verwandeln, wirken sie auf den Rezipienten wie eine
Droge, die bei anhaltendem Konsum zu einer ausgesprochenen
Medienabhängigkeit führt. Indem sie ihn mit optischen und akusti-
schen Reizen überschütten, betreiben sie zugleich die Suspendierung seines logischen Denkens, so daß er in einen Zustand traum-
verlorener Urteilsunfähigkeit fällt. Und indem sie den Bestand der
Printmedien unaufhaltsam verringern, berauben sie ihn überdies
des Korrektivs, an dem er sich aufrichten und regenerieren könnte.
So wird er langsam, aber unaufhaltsam zu einer Metapher seiner
selbst. Wenn diese Folgen schon heute, am Anfang des Medienzeitalters, absehbar sind, läßt sich unschwer ermessen, wohin die fortgeschrittenen Stadien führen werden.

5. Die Sinnfrage

Am Ende des Weges, der durch die seelischen Höllen dieses
Jahrhunderts führte, ertönt nochmals die Frage, die nach dem
biblischen Bericht an den Menschen erging, als er im Begriff stand,
aus dem Paradies seiner uranfänglichen Geborgenheit vertrieben
zu werden: wo bist du? Jetzt aber ist diese Frage befrachtet mit der
nach rationaler Klärung verlangenden Existenzproblematik, die
den neuzeitlichen Menschen seit der romantischen Identitätskrise
und der extremen Todes- und Terrorerfahrung des Jahrhunderts
belastet. Unter diesem Druck fiel sie auf den erfragten Menschen
zurück, so daß er sich nicht nur vor sie gestellt sieht, sondern sie
aus existentieller Betroffenheit selber stellt und stellen muß. Im
Feuerofen der über ihn hereingebrochenen Gewalten und der inneren Erschütterung gestaltet sich die Paradiesesfrage in seinem
Munde neu: Er fragt – und dies aus innerster Notwendigkeit – nach
dem Sinn seines Daseins.

Obwohl schon Kierkegaard in der Schlüsselstelle seiner
Wiederholungsschrift von »Sinn« in dieser modernen Bedeutung
spricht – »mein Leben ist zum Äußersten gebracht; es ist geschmacklos, ohne Salz und Sinn« –, hat doch erst Milan Machovec mit

seinem Werk ›Vom Sinn des menschlichen Lebens‹ (von 1957) als deren bewußter Fragesteller zu gelten. Nachdem er zunächst die von der Geistesgeschichte präsentierten Äquivalente wie Sinnenlust, Lebensweisheit, Persönlichkeitskultur, Fatalismus und Askese verwarf und sich gleichzeitig dem religiösen Lösungsweg verweigerte, fordert er als die ihm vorschwebende Antwort:

> *etwas, das auf die gleiche Art und Weise wie die Religion das gesamte Leben integral und intensiv durchtränkt, ihm Einheit verleiht und dem Menschen eine gewisse Kraft und Stärke vermittelt, die Unbilden des Lebens und Schicksalsschläge zu ertragen*[160].

Indessen fehlt es weder an Vor- und Zwischenstufen noch an Einwänden. Als Vorstufe hat insbesondere die scholastische Suche nach dem intellectus fidei, verstanden als die Erkundung der den Glaubensgeheimnissen eingestifteten Struktur zu gelten. Nachdem sich der darin waltende Erkenntnisoptimismus erschöpfte, fiel die mit ihr verbundene Frage auf den Fragesteller zurück, der nun das Ziel zunächst in der Welt und Weltgeschichte und schließlich in sich selber suchte. Eindringlich dokumentiert diese Unsicherheit die Übersetzungsszene aus Goethes ›Faust‹, die mit der resignierenden Bemerkung einsetzt:

> *Ich kann das Wort so hoch unmöglich schätzen,*
> *Ich muß es anders übersetzen,*
> *Wenn ich vom Geiste recht erleuchtet bin.*
> *Geschrieben steht: Im Anfang war der Sinn.*

Auf derselben Linie liegt der Vorwurf Franz Overbecks, wonach es die Theologen waren, die »die Frage nach dem Sinn der Geschichte in Umlauf gebracht haben und noch heute daran festhalten«, obwohl es doch unter allen Fragen der Wissenschaften kaum eine andere gebe, »die seit der Forderung der Aufklärung, alle theologischen Elemente aus den Schranken der Wissenschaften fernzuhalten, schwieriger sein mag als die nach dem Sinn der Geschichte«[161]. Was er, wenngleich mit verneinender Tendenz, noch offen läßt, wird von Karl Löwith entschieden bestritten. Denn für ihn enthalten geschichtliche Ereignisse »nicht den mindesten Hinweis auf einen umfassenden, letzten Sinn«[162]. Das mag, zusammen mit theologischen Motiven, Gerhard Sauter veranlaßt haben, die Sinnfrage als solche infragezustellen und als eine »Götzenfrage«

zurückzuweisen[163]. Dazu aber wird sie, sofern der Mensch mit ihr die nur Gott zustehende Sache der Rechtfertigung an sich zu reißen und die Instanz, die über Wert und Recht des Seins entscheidet, in sich hineinzuverlegen sucht. Die Sinnfrage muß somit als menschliche Anmaßung abgewiesen werden, damit die Rechtfertigung des Sünders durch Gott und mit ihr das reformatorische Prinzip aufrechterhalten werden kann.

Obwohl die sich zusehends vertiefende Einsicht in den zweckenthobenen Sinn des Todes Jesu dem Sühne- und Rechtfertigungsgedanken den Boden entzieht, hat sich indessen so etwas wie eine konfessionsübergreifende »konzertierte Aktion« zu dessen Rettung herausgebildet[164]. Doch gerade aus diesen Kreisen erhebt sich, wie Horst Georg Pöhlmann feststellt, die Klage, daß der moderne Mensch nicht mehr nach der Rechtfertigung des Sünders, sondern nach dem Sinn des Lebens frage[165].

Dem stimmte Günter Rohrmoser mit der auf die Lutherfrage »wie bekomme ich einen gnädigen Gott?« anspielenden und damit ins Zentrum des reformatorischen Denkens vorstoßenden Frage zu:

Ist aber der Mensch der Gegenwart durch diese Frage Luthers noch erreichbar? Wird er von ihr noch betroffen oder entzieht sie sich völlig seinem Begreifen? Was bleibt vom Kernstück des ganzen Protestantismus, der Rechtfertigungslehre, wenn diese Frage nicht mehr das sie bewegende Zentrum bildet?[166]

Radikal geantwortet: Nach dem Evidenzverlust dieser zeitgebundenen Interpretationen der Lebens- und Heilstat Jesu bleibt nicht mehr und nicht weniger als diese selbst, verbunden mit dem Ansinnen, sie nun endlich aus sich und nicht mehr mit Hilfe vorgegebener theologischer und theoretischer Interpretamente zu deuten. Was aber den Verlust der Verständlichkeit anlangt, so ist er eindeutig die Folge der Tatsache, daß sich im Gegenzug zur lutherischen Rechtfertigungsfrage die Sinnfrage mit wachsender und alle Bedenken beiseiteschiebender Gewalt durchsetzte und bewußtseinsbildend wurde.

Doch die Klage der darüber entsetzten Theologen war unbegründet, da die Sinnfrage nicht weniger »heilsträchtig« ist als die nach dem gnädigen Gott. Im Gegenteil: während diese nur die Attribute seiner Gerechtigkeit und Barmherzigkeit anspricht, rührt die Sinnfrage an sein Herz. Denn der Mensch ist jenes paradoxe

Wesen, das, ungeachtet seiner Mängelstruktur und vielfachen Bedingtheit, nur im Unbedingten sein Genüge findet, weil er mit seiner Sinnspitze ins Gottesgeheimnis hineinragt, so daß Gott aus sich herausgehen, den Schleier seiner Verborgenheit abwerfen und sein ewiges Schweigen, wie Ignatius von Antiochien in seinem Magnesier-Brief (8,2) formulierte, brechen mußte, wenn der Mensch in seinen Lebenssinn eingesetzt werden soll. Insofern muß die Sinnfrage im Kontext der Wirkungsgeschichte des Christentums gesehen werden. Sie hat als eine spezifisch christliche, wenngleich keineswegs auf den christlichen Glaubensraum beschränkte Fragestellung zu gelten. »Sterblich ist der Sinn«, wie Baudrillard meinte, nur unter der Voraussetzung, daß der christliche Gottesglaube bis in seine letzten Schattenwürfe hinein, der Zielsetzung Nietzsches entsprechend getilgt werden könnte. Umgekehrt besteht sein »Leben« darin, daß er das Christentum auf seine Mitte hin befragt und, als der begriffliche Gegensatz zu »Zweck«, dazu verhilft, die Botschaft Jesu bis hinein in deren äußerste Radikalisierung in seinem Sterben zweckenthoben und damit frei von Sühne- und Rechtfertigungsvorstellungen zu begreifen.

Damit ist bereits gesagt, worin nach christlichem Verständnis die Beantwortung der Sinnfrage besteht. Sie ergeht aus der Mitte der Offenbarung, die nach der Erkenntnis der vor allem von Guardini und Rahner geförderten Theorie letztlich die Selbstoffenbarung des sich in seinem menschgewordenen Sohn mitteilenden Gottes ist. Antwort auf die menschliche Sinnfrage gibt somit Jesus, und er in der Totalität seiner Selbstdarstellungen, also ebenso in seinem Wort wie in seinem Schweigen, ebenso in seinem Handeln wie in seinem Leiden, zumal aber in seiner ebenso im Gottesgeheimnis verborgenen wie es enthüllenden Person.

Mitgesagt ist in dieser Auskunft aber auch schon der Modus dieser Antwort. Da Jesus wie kein anderer von Gott geredet, aber auch über seine Gotteserfahrung geschwiegen hat, besteht sie in dem durch ihn ergehenden Anruf, hat sie also den Charakter eines mit ihm aufgenommenen Dialogs. Sofern sein Wort und seine Gaben stets Symbole seiner Selbstübereignung sind, wird der in ihm erschlossene Sinn zuletzt in der mystischen Lebensgemeinschaft mit ihm gefunden. So entspricht es der Grundbedeutung von »Sinn«, die auf das verweist, worauf etwas letztlich »hinauswill«, die also eine Selbstüberschreitung insinuiert und von der Erwartung ausgeht, daß dieser etwas Gleichartiges ermöglichend und erfüllend entgegenkommt. Deshalb hat es mit der Sinnsuche auch bei einer gefundenen oder zugesprochenen Auskunft nie sein Bewenden; vielmehr kommt sie erst in Erfahrungen des Bestätigt-, Angenommen- und Aufgenommenseins ans Ziel. Kriterium des gefundenen Lebenssinns ist darum das Gefühl der Sättigung, der Erfüllung, des Einvernehmens und des Friedens. Das ist nach Paul Watzlawick gleichbedeutend mit dem Erlebnis, aus der Unruhe der Sinnsuche entlassen und der Belästigung durch die Sinnfrage enthoben zu sein[167].

Relative und vorläufige Sinnfindungen sind damit keineswegs abgewertet oder ausgeschlossen. Im Gegenteil: Sofern die Annäherung an Jesus den Charakter von Dialog und Begegnung hat, ist damit bereits angedeutet, daß Wort und getätigte Mitmenschlichkeit als Vorzugswege relativer Sinnfindung anzusehen sind. Vorausgesetzt ist dabei nur, daß das Wort in seiner transinformativen Qualität gesprochen und begriffen wird, also als ein Medium performativen und kommunikationsstiftenden Bewirkens. Und vorausgesetzt ist des weiteren, daß die Erweise der Mitmenschlichkeit als Anstöße zur Selbst- und Identitätsfindung gesehen und entgegengebracht werden. Das meint das schon eingangs zitierte Wort, mit dem Buber seinen Essay ›Urdistanz und Beziehung‹ beschloß:

> *Das Tier braucht nicht bestätigt zu werden, denn es ist, was es ist, unfraglich. Anders der Mensch: aus dem Gattungsreich der Natur ins Wagnis der einsamen Kategorie geschickt, von einem mitgeborenen Chaos umwittert, schaut er heimlich und scheu nach einem Ja des Seindürfens aus, das ihm nur von menschlicher zu menschlicher Person werden kann; einander reichen die Menschen das Himmelsbrot des Selbstseins*[168].

Mit der Rede vom Himmelsbrot ist freilich angedeutet, daß der Lebenssinn letztlich nicht schon im horizontalen Beziehungsgeflecht, sondern erst im Aufblick zum göttlichen Sinngrund gefunden wird. Daher liegt alles daran, daß die vertikale Perspektive offengehalten und nicht durch Fremdsteuerung verengt oder durch Ängste getrübt wird. Doch damit ist die Frage nach dem Menschen auch schon neu und jetzt im Blick auf seine Selbsttranszendenz und seine Fähigkeit gestellt, sich in dieser vertikalen Position zu behaupten.

III. DIE SELBSTTRANSZENDENZ

1. Das utopische Wesen

Die biblische Urfrage insinuiert dem Befragten, daß er nicht oder doch noch nicht dort ist, wo er letztlich hingehört. In ihrer Sicht ist er somit das unbehauste, nicht ganz ans Ziel seiner Selbstwerdung gelangte und in diesem wörtlichen Sinn »utopische«, noch auf dem Weg zu sich selbst begriffene Wesen. So bestimmte ihn Ortega y Gasset in seinem titelgleichen Essay (von 1951)[169]. Danach lebt der Mensch zu Unrecht in einem Zustand, der für das Tier der natürliche ist: in einem permanenten Außer-sich-Sein und damit in einem Zustand der Selbstentfremdung, in dem er zusätzlich zu seinem Hang von seiner Umwelt gehalten wird; denn:

> *Fast die ganze Welt ist sich selbst entfremdet, und in der Selbstentfremdung verliert der Mensch seine wesentlichste Eigenschaft: die Fähigkeit nachzudenken, sich in sich selbst zu sammeln, mit sich in Einklang zu kommen und sich klar darüber zu werden, was er glaubt und was er nicht glaubt, was er wirklich schätzt und was er verabscheut*[170].

Mit diesem Postulat greift er auf die mystische Tradition seiner spanischen Heimat zurück, mit seiner Kritik aber auch auf die vielfach betonte Exzentrität des Menschen, die seine Anfälligkeit für Zustände der Selbstentfremdung als Folge seiner gebrochenen Verfassung, nicht nur seiner Schwäche und der auf ihn einwirkenden Einflüsse erklärt. In diesem Zusammenhang ist ebenso an seine von Henri de Lubac hervorgehobene Bestimmung als Paradox in der patristischen Anthropologie zu erinnern wie an seine Ortung »in horizonte duorum mundorum« in den Aussagen der Scholastik, ebenso an Augustins »homo abyssus« wie an die schon bei Thomas von Aquin auftauchende Rede vom Menschen als »Mängelwesen«, und an deren Äquivalente in der Malerei von Bosch bis Goya, Dalí und Bacon[171].

Doch gestaltet sich auch die von Ortega geforderte Versenkung in die eigene Innerlichkeit, gerade auch unter Berücksichtigung der ihn inspirierenden Tradition, dramatischer, als vom bloßen Gegensatz zum Außer-sich-sein her zu erwarten ist. Vielmehr gilt hier die Antithetik, die Johannes vom Kreuz in seinem »Aufstieg zum Berge Karmel« in die Sätze faßte:

Willst du zu dem gelangen, was du nicht weißt,
so mußt du dorthin gehen, wo du nichts weißt.
Willst du das erlangen, was du nicht hast,
so mußt du dort hingehen, wo du nichts hast.
Willst du erlangen, was du nicht bist,
so mußt du dort hingehen, wo du nichts bist[172].

Das gilt, obwohl auf den mystischen Reinigungsweg bezogen, durchaus für den Weg der Versenkung in das unbekannte, wesenlose und nie ganz erreichte Ich. Der Weg der Einkehr führt, wie auch Goethe wußte, »ins Unbetretene, nicht zu Betretende . . ., ans Unerbetene, nicht zu Erbittende«. Somit nimmt die utopische Struktur des Menschseins hier, im Akt der Selbstidentifikation, ihren Anfang. Hier liegt dann aber auch der Ursprung der Selbsttranszendenz. Da der Mensch den Ort seiner Erfüllung nicht in sich selber findet, sucht er ihn, vom Außer-sich-sein auf sich selbst zurückgeworfen, über sich. Im Grunde müßte ihn das in den göttlichen Bereich (Teilhard de Chardin) führen. Doch dafür ist der utopische Mensch zu sehr in sich verstrickt und zu sehr von seiner inneren Negativität belastet. So entwirft er Bilder von sich, die das Göttliche meinen, ihm jedoch zu Projektionen seiner selbst geraten. Hier setzt Nietzsche an, wenn er den Menschen einen »Übergang und Untergang«, eine »Brücke« und einen »Weg zu neuen Morgenröten« oder, weniger poetisch, »das noch nicht festgestellte Tier« nennt und es als seinen »höchsten Gedanken« bezeichnet, daß er »überwunden werden solle«. Was es mit dieser Überwindung auf sich hat, verdeutlicht Zarathustras Begegnung mit seinem »Erzfeind«, dem Geist der Schwere:

O Zarathustra, raunte er höhnisch Silb' um Silbe, du Stein
der Weisheit! Du warfst dich hoch, aber jeder geworfene
Stein muß – fallen.
O Zarathustra, du Stein der Weisheit, du Schleuderstein, du
Stern-Zertrümmerer! Dich selber warfst du so hoch, – aber

jeder geworfene Stein – muß fallen! Verurteilt zu dir selber
und zur eigenen Steinigung: O Zarathustra, weit warfst du ja
den Stein, – aber auf dich wird er zurückfallen![173]

Deutlicher kann das Schicksal der utopischen Entwürfe
kaum umschrieben werden. Sie sind die Frucht einer vom Geist der
Weisheit eingegebenen Selbstprojektion. Dabei wird »Weisheit«
spiegelbildlich zu dem zu denken sein, was Nietzsche die große Vernunft des Leibes nannte. Wie bei der Herleitung des Todesgedankens verbindet sich damit die Vorstellung von einer Hierarchie des
Bewußtseins, dessen rationale Oberfläche zunächst von Strukturen
des immer noch nachwirkenden archaischen Denkens, dann aber
auch von einer Tiefenschicht biologischer, also der Leiblichkeit
entstammender Implikationen unterfangen ist. Wenn es sich aber
so verhält, muß angenommen werden, daß sich an der Spitze dieser
Hierarchie Gleichsinniges ereignet, das die Verflechtung der subjektiven Vernunft mit dem betrifft, was Hölderlin den »Gemein-
geist« nannte und noch in Hegels Begriff des »objektiven Geistes«
nachklingt. Gemeint ist die Verflechtung des subjektiven Bewußtseins mit der unvergessenen Fülle des Vorgedachten und insbesondere der darin nachwirkenden Sehnsucht nach Klarheit und Erkenntnis, die insgeheim vom Verlangen des Menschen nach Überschreitung und Optimierung seiner selbst getragen ist.

In dem versucherischen Wort, das der Geist der Schwere
Zarathustra zuraunt, verbirgt sich ein Wissen um die Vergeblichkeit dieses Bemühens, sofern es sich nicht mit der Entgegenkunft
dessen verbindet, den der Entwurf letztlich anzielt. Insofern steht
der Schöpfer der utopischen Entwürfe und Bilder des Menschseins
stets vor der von Maurice Blondel mit letzter Schärfe formulierten
Alternative:

Der Mensch verlangt danach, göttlich zu sein. Gottsein ohne
Gott und gegen Gott – oder Gottsein durch Gott und mit
Gott: das ist das Dilemma[174].

Das hatte Luther mit seiner gegen die scholastische Theologie gerichteten Disputationsthese (von 1517) vorweggenommen,
wonach der Mensch nicht wünschen könne, daß Gott sei, sondern
nur, daß er, der Mensch, selbst Gott sei[175]. Das wirkt sich auf den
utopischen Selbstentwurf des Menschen freilich nur in struktureller Hinsicht aus. Denn er entspricht keineswegs dem Willen, sich

189

von Gott loszusagen oder sich gar gegen ihn zu empören. Weit eher handelt es sich bei ihm um eine auf halbem Weg steckengebliebene Erhebung zu Gott, also um das Bild, das sich der »Stern-Zertrümmerer« gegen das nicht erreichte Ziel eingehandelt hatte. Das Ziel wäre der »Ort« der gesuchten Erfüllungsruhe; das Ergebnis ist die »Ortlosigkeit« des entworfenen Bildes, des an den Himmel der Sehnsucht projizierten Ideals. Als Frucht des vorstellenden Denkens unterliegt das Ideal aber, abgesehen von seiner problematischen Herkunft, jenem Vorbehalt, den Heidegger in seinen Ausführungen über die »Zeit des Weltbildes« angemeldet hat[176]. Zwar ist das Bild zunächst eine Folge der Freiheit und damit der Fähigkeit des Menschen, zu sich und seiner Welt auf Distanz zu gehen. Doch schafft er sich Bilder, um sich mit ihrer Hilfe der Dinge – und seiner selbst – denkerisch und praktisch bemächtigen zu können. Daher lassen sich die Bilder nur allzu leicht im Sinn der Machtausübung instrumentalisieren. In den Dienst politischer Propaganda gestellt, sinken sie zu Fang- und Feindbildern herab. Dem entspricht aber eine noch radikalere theologische Kritik, die sich in erster Linie auf die Verbildlichung des Göttlichen bezieht. Anstößig ist hier nicht so sehr der Versuch, das Gottesgeheimnis zu veranschaulichen, als vielmehr die Tendenz, die Gottesoffenbarung auf bestimmte Erscheinungsformen festzulegen. Deshalb sieht Gertrud von le Fort die Bilder in der Titelfigur ihrer Erzählung ›Die Abberufung der Jungfrau von Barby‹ wie die schönen Sterne vom Himmel fallen; und deshalb läuft nach Heidegger die Zeit des Weltbilds aus.

Die starke Ernüchterung, die im öffentlichen Bewußtsein um sich griff, signalisierte aber auch einen gleichsinnigen Verfall der politischen Utopien. Fast über Nacht zerstob der rote Traum, nachdem zuvor schon die perverse Proklamation eines »tausendjährigen Reiches« Lügen gestraft worden war. Zusammen mit diesen spektakulären Ausgeburten eines extremen Machtwillens zerrannen schließlich auch eine ganze Reihe von kleineren Phantomen, denen Sektengemeinschaften oder die Aspiranten einer »Wendezeit« nachhingen[177]. Behielt somit am Ende Georg Picht recht, der bei der Aufarbeitung der Frage ›Unterwegs zu neuen Leitbildern?‹ meinte, daß von diesem Titel nur das Eingangswort Bestand habe, nachdem weder von echten noch von neuen Leitbildern sinnvoll gesprochen werden könne[178]. War also, radikaler gefragt, die Rede vom Menschen als dem utopischen Wesen gegenstandslos; und muß sich der Mensch, um menschenwürdig zu leben, gleicherweise von politischen wie von privaten Utopien fernhalten?

Weder muß noch darf er es. Denn mit der Absage an politische Utopien würde er sich auch den Zugang zur Utopie Jesu und seiner Idee des Gottesreiches verbauen, mit der dieser den politischen Entwürfen die bessere Alternative entgegensetzte[179]. Was aber die utopischen Selbstentwürfe anlangt, so würde er sich mit ihnen zusammen seiner Werdemöglichkeiten berauben und einer verhängnisvollen Festschreibung seiner faktisch erreichten Verwirklichungsstufe verfallen. Mit seinen Idealen stößt er in den Bereich des von ihm noch nicht Erreichten vor, von dem er gleichzeitig weiß, daß dort das Ziel seiner Selbstwerdung oder doch wenigstens eine Vorstufe dazu liegt. Denn der Mensch ist, mit dem Leitwort dieser Abhandlung gesprochen, noch nicht das, was er sein kann. Er ist ein uneingelöstes Versprechen, eine offene Frage, ein Entwurf seiner selbst. Er ist es biologisch, sofern die Entwicklung seines Gehirns, zumindest im Bereich der Steuerung seines Sozialverhaltens, noch nicht abgeschlossen ist. Er ist es mehr noch in evolutionärer Hinsicht, sofern seine Tendenz, steuernd in seine eigene Entwicklung einzugreifen, mit seiner technischen Fähigkeit Hand in Hand geht, sein Gehirn symbiotisch mit Computern und Speicheranlagen zusammenzuschalten. Und er ist es vor allem existentiell, sofern seine Werdemöglichkeiten durch moderne Formen der acedia und niederhaltende Zwänge blockiert werden. Deshalb muß er im Sinn Ortegas als das »utopische Wesen« wiederentdeckt werden.

2. Der Gewissensruf

Der Mensch könnte die Frage »wo bist du?« nicht verstehen, wenn er nicht von innen her darauf angesprochen wäre. Zu klären ist daher das Problem des Sensoriums, das ihn seiner noch ungehobenen Werdemöglichkeiten bewußt werden läßt und ihm den Grad ihrer gelungenen oder verfehlten Realisierung vor Augen führt. Wer nicht Mystiker ist, weiß nur um eine Form des inneren Zuspruchs, die überdies nur metaphorisch als »Stimme« bezeichnet wird, da sie tatsächlich in Stimmungen, die über die Übereinkunft oder das Zerwürfnis mit sich Auskunft geben, besteht: um die Stimme des Gewissens. Deshalb muß am Gewissensphänomen eingesetzt und von ihm aus weitergefragt werden.

Die in dieser Frage bestehende Unklarheit rührt im wesentlichen davon her, daß das Gewissensphänomen, symptomatisch für die seit einiger Zeit zu beobachtende Verengung der Heilsbotschaft auf den moralischen Sektor, zunehmend einseitig im Sinn des moralischen Gewissens kultiviert und eingeübt wurde. Doch das Phänomen ist von Haus aus umfangreicher und vielschichtiger.

Es bezieht sich nicht nur auf die Ordnung des Guten, sondern im Sinn der von der klassischen Metaphysik entwickelten Transzendentalienlehre ebenso auch auf die des Wahren, des Schönen und des Einen, verstanden als die identitätstiftende Selbstverwirklichung des Menschen. Daß diese alternierenden Gewissensformen nicht ebenso wie die moralische ins Bewußtsein traten, ist die Folge ihrer andersartigen Deklarierung, die ihre Zugehörigkeit zum Gewissenskomplex verschleierte. Denn im Fall des kognitiven Gewissens spricht man von einem guten oder schlechten Urteil, im Fall des ästhetischen von einem guten oder schlechten Geschmack. Dabei geht es beim Urteil nicht um richtig oder falsch, sondern um jenes Grundverhältnis zur Wahrheit, das diese instinktiv von Lüge und Täuschung unterscheiden hilft. Das zeigte sich besonders deutlich während der Schreckensjahre der Diktatur, als Gelehrte widerstandslos der Suggestion des Systems verfielen, während einfache Arbeiter und Bauern unbeirrt an ihrer Ablehnung festhielten. Ähnlich verhält es sich mit der als »Geschmack« bezeichneten Reaktionsweise. Sie bezieht sich nicht auf Fragen des Stils und der Faktur, wohl aber auf die Grunddifferenz von Kunst und Kitsch, und das ganz unabhängig vom kunstgeschichtlichen Bildungsniveau des Urteilenden.

Wie Kant von den drei Grundfragen des Denkens auf eine sie umfassende, die Frage »was ist der Mensch?« zurückschloß, verhält es sich auch hier. Denn den drei unterschiedlichen Gewissensformen liegt eine vierte zugrunde: das Existenzgewissen. Es urteilt, wie angedeutet, über das Verhältnis des Menschen zu sich selbst, über seine gewonnene oder verfehlte Identität und den Grad der jeweils erreichten Selbstakzeptanz, die Guardini als die »Annahme seiner Selbst« kennzeichnete[180].

Mit diesem Stichwort ist angedeutet, daß es sich beim Existenzgewissen um einen mehrschichtigen Komplex handelt, der nicht nur die Zustimmung zu dem auferlegten und aufgegebenen Dasein, sondern auch die »Annahme des Unannehmbaren« bis hin zur Einwilligung in das Gesetz des Sterbenmüssens betrifft. Insofern ruft es mit seiner Stimme ebenso zur Verabschiedung wie zur Aneignung auf: zu jener, weil aller menschlicher Besitz und Zugewinn an die Bereitschaft zum Loslassen gebunden ist und nur unter dieser Voraussetzung in seiner vollen Werthaftigkeit aufleuchtet. Vor allem aber bewegt sie zur Aneignung, weil der zum Loslassen Bereite allein zu wirklicher Besitzergreifung befähigt ist.

Das betrifft in erster Linie die Zustimmung zur Gegebenheit des eigenen Daseins, also die Aneignung seiner selbst. Doch gerade dieser steht nach Kierkegaard der verzweifelte Widerwille des Menschen, sein Aufbegehren gegenüber der ihm auferlegten Existenzform, entgegen. Das aber macht ihn hellhörig für die Stimmen, die sich in den Zuspruch des Existenzgewissens bestätigend und verstärkend einmischen. Es sind dies zunächst schon Stimmen, die sich aus dem Fundus der ausgestandenen Existenznöte und bewältigten Lebensaufgaben erheben und dazu aufrufen, den bereits gewonnenen Selbstbesitz nicht zu verschleudern und sich die anzustrebende Existenzform weder konsumistisch aufreden noch manipulatorisch aufzwingen zu lassen, sondern sie selbstverantwortlich in die eigene Hand zu nehmen.

Als Zwischenfrage stellt sich damit nun definitiv die nach der Reaktionsform. Wie im Fall des moralischen Gewissens kann auch hier nur metaphorisch von einer »Stimme« die Rede sein. Tatsächlich handelt es sich um Stimmungen, die sich im Fall der verschuldeten oder erlittenen Abdrift vom Ziel der Selbstwerdung von Unbehagen, Befremden und Schuldgefühlen bis zu Selbstverachtung und Verzweiflung steigern können, im Fall der erfolgreichen Annäherung an das Werdeziel als Zufriedenheit und, im Optimum, als Beglückung empfunden werden. Doch worauf beziehen sich, zugespitzt gefragt, diese Stimmungen? Ist es im Fall der existentiellen Defizienz nur die oft genug zur Versuchung gesteigerte Möglichkeit des Abfalls von sich selbst und im positiven Gegenbeispiel nur die Fähigkeit des Menschen, sich aus seiner faktischen Verfassung »emporzuarbeiten« und über sich selbst zu erheben? Diese Frage stellen heißt sie verneinen. Vielmehr kommen hier wie kaum einmal sonst die vom heutigen Zeitbewußtsein immer deutlicher registrierten Vorgegebenheiten des Daseins, verstanden als jene Tendenzkräfte und Impulse ins Spiel, die es entweder auf die

Reduktion und Entpersonalisierung des Menschen abgesehen haben oder auf seine Integration und »Überbietung« ausgehen.

Die Zurücknahme des Menschen auf den antlitzlosen Status einer Welle im Ozean der Alltäglichkeit liegt, wie schon mehrfach betont, im Interesse der nur auf seine Funktionalität bedachten Gesellschaft, die sich, gerade in dieser Zeit, stets neue Instrumente der »Gleichschaltung«, angefangen von den Diktaturen bis hin zu den Medien, schuf. Und dies, weil sie auf jenes ebenfalls schon angesprochene Mißverhältnis gegründet ist, das die Keimzelle der Gesellschaft dadurch belastet, daß der Mensch dem Mitmenschen gleichzeitig erwünschter Partner und insgeheim gefürchteter Gegner ist. Doch treten zu diesen gesellschaftlichen Tendenzen noch subtilere hinzu, die mit dem Nachwirken der noch nicht zum subjektiven Bewußtsein erwachten Antike und dem Einfluß subjektfremder Kulturen, wie insbesondere der asiatischen, zu tun haben. Mit derartigen Infiltrationen ist auch im gegenläufigen Sinn der Optimierung zu rechnen. Hier sind es die von dem jüdisch-christlichen Kulturkreis ausgehenden Impulse, die sich motivierend, begleitend und inspirierend in die Akte der menschlichen Selbstergreifung einmischen. In einer noch subtileren Form geht es dabei um das, was Guardini den »jahrhundertelangen Mitvollzug der Christus-Existenz« nannte, der die menschliche Person wachruft, so daß sie die Augen aufschlägt und zu sich selbst kommt, »ob sie will oder nicht«[181]. Darin ist mitgesagt, daß im abendländischen Kulturkreis ein Überhang an Integrationskräften besteht, der sich einmal von der Nachwirkung des jüdischen Personalismus, sodann und entscheidend aber von der Wirkungsgeschichte Jesu herleitet, weil sich diese von jeder anderen dadurch unterscheidet, daß er in seinen Wirkungen – persönlich und personalisierend – weiterlebt. Doch damit spitzt sich die Frage erneut zu, so daß sie sich nunmehr auf das Sensorium, verstanden als das wahrnehmende Organ dieser Einwirkungen, konzentriert.

Fundamentierend bestimmte dieses Organ aufgrund einer bis auf die Vorsokratiker zurückreichenden Tradition der Kusaner mit dem in der ›Docta ignorantia‹ (II,c.5) entfalteten Prinzip des »Jegliches in jeglichem« (Quodlibet in quolibet), strukturell Peter Wust mit seinem Begriff des »nexus animarum« und thematisch Franz von Baader mit seinem Begriffsbild von dem alles in sich einbegreifenden »Zentralherzen«. Das faßte die auf Pseudo-Dionysius bezogene Tradition in den Gedanken von der gegenseitigen Einwohnung aller in allen zusammen[182]. In diese subjekt-übergreifende Einung bringen die Individuen aber mit sich zusammen auch das jeweils mit ein, was sie aus sich machten und was sie an kultur- und zeitgeschichtlichen Einflüssen prägte. Im Maß der Annäherung entwickelt sich in ihnen ein Organ für die aufgenommenen Impulse, durch das sie sich im Kontext dieser Einflüsse wahrnehmen, und zwar in einer Weise, daß sie den Abfall von sich als Folge der erfahrenen Entfremdung, die Ermutigung zum Selbstsein jedoch als Frucht hilfreicher Interventionen begreifen.

Doch die mystische Tradition weiß um eine noch weit direktere Wahrnehmung, die sich in dem Maß verdeutlicht, wie sich der Mystiker in die Mitte seines Selbstseins versenkt und dieses als ein ergreifendes Ergriffensein begreift. Die dort fühlbar werdende Entgegenkunft umschrieb Nikolaus von Kues mit dem für den Hervorgang der Subjektivität aus dem Geist der Mystik typischen Satz:

> Während ich in schweigender Betrachtung verharre, antwortest du mir, Herr, in meinem Innern mit den Worten: Sei dein eigen, dann bin auch ich dein eigen (sis tu tuus et ego ero tuus)[183].

Unterbaut ist dieser Zuspruch von dem Theorem der »großen Stimme«, das der Kusaner in seinen ›Erhebungen‹ entwickelte und den Offenbarungsgedanken in seinen unterschiedlichen Dimensionen und Modulationen darstellt: als die »in der Tiefe unseres Herzens« ertönende, von den Propheten in die Welt hineingesprochene, in der Lebensgeschichte Jesu dramatisch abgewandelte und sich endlich in seinem Todesschrei erschöpfende Stimme[184]. Danach entstammt der entscheidende Anstoß zur personalen Selbstwerdung nicht, wie im Sinn der humanistischen Sehweise angenommen werden könnte, der kulturellen Evolution, sondern, mit Goethe gesprochen, der teilnehmenden Liebe von oben, also jener offenbarenden Entgegenkunft Gottes, die dem sich ungeachtet aller Bedingtheit ins Unbedingte überragenden Menschen die vollgültige Antwort auf seine Sinnfrage gibt. Grund und Abgrund dieses Impulses ist somit die – nach Blondel – ebenso notwendige wie uneinklagbare Gottesoffenbarung[185].

Damit hängt es zusammen, daß der Zuspruch die Form eines Imperativs – »sei dein eigen!« – annimmt. Wenn sich der Mensch über den Stand seiner faktischen Verfassung erheben soll, muß er dazu bewogen und von oben her aufgerufen werden. Damit nimmt jener »Befehl« seinen Anfang, der nach Hermann Broch noch ein letztes Mal an den Sterbenden ergeht und ihn zu jener Blickwendung veranlaßt, die ihn das Sinnbild des definitiven Erfüllungsfriedens gewahren läßt. Doch dieses Zielbild hat viele Vor-Bilder, zu denen der zur Optimierung seiner selbst Aufgerufene durchaus aus eigener Entschließung aufbrechen kann und die nun ins Auge gefaßt werden müssen.

3. Bilder des Gelingens

Während die Verfallsformen den Menschen in einer Weise »überkommen«, daß es dazu von seiner Seite lediglich jener Inklination bedarf, die mit der Möglichkeit seines Abfalls von sich selbst gegeben ist, bedarf es auf der positiven Gegenseite seines kooperierenden Einsatzes. Somit tritt hier die Ableitung in ihren ethischen Aspekt, modalanthropologisch ausgedrückt, von dem des »Könnens« in den des »Sollens«. Davon geht Kant zufolge eine Provokation gleich jener aus, womit alle großen Ideen zu sich selbst aufrufen und damit die Bedingung dafür schaffen, daß sie angestrebt und in den geistigen Besitz der Menschheit eingebracht werden können. In der suggestiven Fassung, die Kant ihr gab, lautet sie: Was der Mensch »auf Geheiß seiner moralisch-gebietenden Vernunft« begreift, daß er es soll, das kann er auch, oder kürzer: du kannst, denn du sollst![186] Nur betrifft die Provokation in diesem Fall nicht eine der großen Leitideen, sondern die »Idee« des Menschen von sich selbst. Daraus leitete Nietzsche den Gewissensruf her: »Du sollst werden, der du bist!«[187] Und er macht sich schließlich in der Rolle seines Zarathustra diesen Spruch selbst zueigen, wenn er seinen Willen als »Züchter und Zuchtmeister« auf die Formel bringt: »Werde, der du bist!«[187] Eingeflossen ist in diesen Appell die Auffassung, daß dem zu solcher Selbstwerdung entschlossenen Menschen ein Zielbild vorschwebt, auf das er sich in seinem Streben zubewegt. Daß ihm dabei dieses Ideal selbst zuhilfe kommt, verdeutlicht Friedrich Rückert mit dem Vers:

Vor jedem steht ein Bild des, was er werden soll; solange er das nicht ist, ist nicht sein Friede voll[189].

Konkretisiert wird dieses Bild erstmals in der antiken Tugendlehre, die bei Aristoteles die Tugend als die Fähigkeit des Menschen definiert, seine Anlage zur Selbstvollendung in aktuelle Lebenspraxis umzusetzen, und die Augustin Tugend geradezu als Weg zur Selbstoptimierung begreifen läßt: animam fecit optimam[188]. Was die Tugenden in einzelne Aspekte der Selbstwerdung entfalten, bezog das antike Ideal des schönen und guten (kalos kai agathos) Menschen auf das Ziel der Selbstwerdung zurück, dem im philosophischen Begriff des Weisen und im stoischen Postulat der Ataraxie konkurrierende Werdeziele entgegentraten. Was aber der Antike trotz mancher Ansätze fehlte, war der Begriff des Subjekts und damit der zentrale Antrieb zur Entwicklung einer Persönlichkeitskultur. Der Wandel, den das Christentum mit seiner Betonung der unvertretbaren Personwürde des Menschen darin herbeiführte, wurde am sensibelsten von Augustin registriert, als er im Bruch mit der antiken »Weltorientierung« das Erwachen des subjektiven Selbstbewußtseins mit dem Satz umschrieb: »ich bin es, der über sich nachdenkt, ich, der Menschengeist«; und er wurde vollends besiegelt, als Boethius die Individualität (individua substantia) in die Mitte seines Personbegriffs rückte. Welche Spannung damit in den menschlichen Selbstvollzug hineingeriet, wurde zweimal, zu Beginn und gegen Ende der damit eröffneten Epoche ausgesprochen. Zu Beginn in dem Gebet, mit dem Cassiodor seine Schrift ›De anima‹ beschloß:

> *Herr, in uns ist nichts, was du belohnen könntest; aber in dir geht der Reichtum nie aus. Entreiße mich mir selbst und bewahre mich in dir. Bekämpfe, was mein Werk ist, und erobere dir dein Werk zurück. Denn mein bin ich nur, wenn ich dir gehöre. Wissen will ich, was ich bin, um das zu erreichen, was ich nicht bin. Alles schlägt zum Verderben aus, was von deiner gütigen Majestät getrennt ist. Dich lieben heißt das Heil erlangen, dich fürchten, heißt sich freuen, dich finden, heißt wachsen, dich verlieren – zugrundegehen. Dir dienen ist vornehmer, als alle Reiche der Welt zu besitzen. Denn aus Knechten werden wir Söhne, aus Frevlern Gerechte, aus Gefangenen Befreite[191].*

Hier ist, getreu dem paulinischen Wort vom Schatz im Tongefäß (2 Kor 4,7), die Erhebung des Menschen ganz an die göttliche Entgegenkunft gebunden, da er nach der pessimistischen Formulierung des Zweiten Konzils von Orange dazu nichts einzubringen vermag »außer Lüge und Sünde« (nisi mendacium et peccatum)[192]. Ganz anders die Sicht, in die dasselbe Werk bei dem Renaissance-philosophen Pico della Mirandola rückt. Für ihn ist der Mensch, wie er zu Beginn seiner Rede ›De dignitate hominis‹ (von 1485) sagt, der Dolmetscher der Natur, der Ruhepunkt zwischen Zeit und Ewigkeit und das Band, »das die Welt zusammenhält«. Deshalb läßt er den Schöpfer auf dem Höhepunkt der Abhandlung zu seinem Vorzugsgeschöpf sagen:

> *Wir haben dir keinen besonderen Wohnsitz, kein eigenes Gesicht noch eine besondere Gabe verliehen, damit du dir jeden beliebigen Wohnsitz, jedes beliebige Gesicht und alle Gaben, die du dir wünscht, aus eigener Entscheidung geben kannst. Weder himmlisch noch irdisch, weder sterblich noch unsterblich haben wir dich geschaffen, damit du dich als dein eigener Bildner und Dichter selbst in die Form bringen kannst, in der du leben willst*[193].

In diesem Text, den Jacob Burckhardt »eines der edelsten Vermächtnisse der Kulturepoche der Renaissance« nannte, ist der Mensch gerade kontrapunktisch zum Gebet Cassiodors dargestellt, ganz zum Täter seiner Selbstwerdung geworden. In dem damit ausgemessenen Spannungsfeld bewegen sich die Bilder des gelingenden Menschseins, die das augustinische Optimierungsziel anstrebten. Daß dabei ein Impuls wirksam geworden war, der die Menschen zur Selbstoptimierung antrieb, wurde selbst von Christen staunend vermerkt. »Muß hier nicht«, so fragte Origenes, »etwas Göttliches am Werk sein, wenn sogar so viele Griechen und Barbaren sich sittlich gebessert haben?«[194] Augustin beantwortet seine Frage, sofern er die Milde, welche die Goten bei der Eroberung Roms (410) walten ließen, auf den Einfluß des Christentums zurückführte[195]. Bei der Konkretisierung dieses Impulses und der Entwicklung eines aufstrebenden Lebensstils griff die christliche Ethik wie schon bei Klemens von Alexandrien auf die um die spezifisch christlichen Haltungen erweiterte Tugendlehre der Antike zurück. Bahnbrechend war dafür die ›Psychomachie‹ des Prudentius, die den Sieg der Tugenden, angeführt von Glaube, Geduld und Demut, über den Ansturm der Laster in dramatisch gestalteten Bildern schildert. Das Programm der umfangreichen Dichtung hatte Tertullian in seiner Schrift ›De spectaculis‹ mit den Worten vorweggenommen:

Willst du Faust- und Ringkämpfe? Die gibt es und sogar in Hülle und Fülle! Schau hin, wie die Unzucht von der Keuschheit niedergeworfen, der Unglaube vom Glauben überwunden, die Härte vom Mitleid aus dem Feld geschlagen und die Schamlosigkeit von der Demut beiseitegedrängt wird! Das sind die inneren Wettkämpfe, in denen wir den Siegeskranz davontragen[196].

In der Folge traten dazu sekundierend, weil auf einzelne Gruppen und Stände bezogen, das asketische Ideal des Anachoreten, des zölibatären Mönchs und des zu einem edlen Menschentum herangebildeten Ritters hinzu, wie es ansatzweise schon im Nibelungenlied, vor allem aber in der Figur des Bamberger Reiters und der Titelgestalt des Parzival-Epos Ausdruck gewann[197].

Auf der Höhe des Mittelalters erfährt dieses Motiv des kämpferischen Aufstiegs eine geistvolle Umkehrung im »Anticlaudianus« des Alanus ab Insulis. Hier entschließt sich die als Stellvertreterin Gottes (vicaria Dei) auftretende Natur, die in ihrer vom gleichen Autor verfaßten ›Klage‹ den Verfall der Sitten betrauert hatte, dazu, den neuen vollkommenen Menschen zu bilden. Ihres Unvermögens bewußt, beruft sie ein Konzil der Tugenden ein, das sie in Begleitung der sich zur Phronesis und Sophia wandelnden Klugheit zum Empyreum entsendet, wo sie von Gott die Gewährung ihrer Bitte erwirkt. In ihr Haus zurückgekehrt, gestaltet sie den neuen, am Modell des edlen Rittertums orientierten Menschen, den die Tugenden mit ihren Gaben beschenken. Das Werk bleibt nicht unangefochten. Die Unterwelt versammelt sich zu einem Gegenkonzil, das sich gegen den himmlischen Menschen verschwört. Doch dieser geht aus dem von der Zwietracht eröffneten Kampf, unterstützt von den Tugenden, als Sieger hervor. Nach dem Sturz der Zwietracht herrschen nur noch Liebe, Friede und Freundschaft. Die Erde verwandelt sich in einen paradiesischen Blüten- und Früchtegarten und leuchtet im Glanz einer neuen Jugend[198].

Nirgendwo wurde der Umschwung von diesem theonomen Menschen des Mittelalters zum autonomen der Renaissance und des Humanismus eindrucksvoller akzentuiert als in Michelangelos ›David‹, der das Epochenbewußtsein auf geradezu paradigmatische Weise verkörpert. Dem entspricht das Ideal des Prometheus, dem Goethe in seiner titelgleichen Hymne huldigte und den noch Marx den »vornehmsten Heiligen und Märtyrer im philosophischen Kalender« nannte[199]. Was Michelangelo in Gestalt seines ›David‹ schuf, leistete Goethe mit der Schaffung des Faust-Symbols, das nach einer wegwerfenden Bemerkung Mephistos sogar schon den »Übermenschen« vorwegnahm[200]. Faust scheitert freilich zumindest diesseitig, mit seinem immer strebenden Bemühen; und die jenseitige Vollendung durch die teilnehmende Liebe »von oben« wurde vom Dichter durch seine Äußerungen über die Funktion der Schlußszene deutlich genug problematisiert[201]. Gleiches gilt von Nietzsches Apotheose des Übermenschen, bei der er zwar, laut »Zarathustra«, den Schleuderstein seiner Weisheit höher als je zuvor emporwarf, dies jedoch im Bewußtsein, daß er auf ihn selbst zurückfallen werde[202].

So lag es im Zug der Entwicklung, daß die Bilder menschlicher Optimierung verfielen, sei es, daß sie bis zur Unbestimmtheit des »Mannes ohne Eigenschaften« (Musil) verblaßten, sei es, daß sie in der von Ernst Bloch beschriebenen Weise in eine Vielzahl von Hoffnungszielen zerfielen, oder sei es gar so, wie Jochen Schmidt in seiner ›Geschichte des Genie-Gedankens‹ (von 1985) zeigte, daß sich das Strebeziel ins Kollektiv verlagerte und schließlich in den Bannkreis des »Führers« und »Großen Bruders« geriet[203]. Doch verbirgt sich in dieser fatalsten Entgleisung am Ende die Ahnung einer Selbstfindung im andern, womöglich sogar in dem, was der Gesellschaft vorangeht und sie zugleich überbietet: in der Gemeinschaft?

4. Selbstfindung im andern

Die Gegenwart lebt von unterschwellig gehegten Hoffnungen, und dazu zählt in erster Linie die auf eine Falsifizierung der These von der Unmöglichkeit, je ganz, wie Mörike dichtete, »des andern« zu sein[204]. Diese Erwartung setzt zu dem Zeitpunkt ein, als Max Stirner den Individualismus mit seiner Schrift ›Der Einzige und sein Eigentum‹ (von 1844) auf die Spitze getrieben und damit seinerseits die Erwartung verbunden hatte, den Anfang mit einer neuen, radikal ichbezogenen Welt gemacht zu haben[205]. Ein Jahr zuvor (1843) veröffentlichte Ludwig Feuerbach seine ›Grundsätze einer Philosophie der Zukunft‹, die nun umgekehrt diese Zukunft auf das Verhältnis von Ich und Du gegründet sah, denn nicht das Ich, sondern Ich und Du, genauer noch »der Gedanke, in dem sich Ich und Du vereinigen«, ist für sie »das wahre Prinzip des Lebens und Denkens«[206].

In der Rückschau auf diesen Umbruch, seine Vorgeschichte und den eigenen Beitrag sprach Martin Buber von der Entdeckung und der »Geschichte des dialogischen Prinzips«[207]. Erhärtet wurde demzufolge diese Entdeckung in der »vesuvischen Stunde« des Ersten Weltkriegs, als Hermann Cohen zu der Erkenntnis durchstieß, daß das Ichbewußtsein am Du erwache und Franz Rosenzweig »in den mazedonischen Schützengräben an seinem ›Stern der Erlösung‹ (1921) zu bauen begann«[208]. Für den vorliegenden Gedankengang fällt dabei besonders ins Gewicht, daß er im gleichen Zusammenhang Rosenzweig als den Denker würdigt, der »Gottes an Adam gerichtetes Wo bist du?« erstmals in seiner für eine zeitgerechte Anthropologie grundlegenden Bedeutung erfaßte[209]. Im Fortgang erwähnt er aber auch die Gefährdung Rosenzweigs, der wie Kierkegaard das Du zwar in Gott, nicht aber im Mitmenschen zu finden vermochte und befürchtete, an dieser »Unmöglichkeit« geistig zugrundezugehen, und dies in eklatantem Gegensatz zu Jaspers, der umgekehrt behauptet, daß die Kommunikation zur Gottheit die von Selbst zu Selbst lähme und hemme[210].

Was seinen eigenen Beitrag betrifft, so führt ihn Buber auf den prägenden Einfluß des Chassidismus zurück, der ihn dazu gebracht habe, das Verhältnis von Mensch und Gott als das eines »freien Partnertums« zu verstehen, das sich dialogisch und deshalb ebenso als ein Geschehen von oben nach unten wie als ein darauf antwortendes von unten nach oben vollzieht. In radikaler Unterscheidung von der Einseitigkeit des Mythos ging es ihm dabei um das Wechselverhältnis zwischen dem Berufenen und Berufenden, des Endlichen, der ins Unendliche eingeht, und des Unendlichen, der des Endlichen bedarf[211]. Bestätigt wurde ihm die Richtigkeit dieses Ansatzes durch die Entdeckung der vielfältigen Annäherungen, zu denen ihn der eingeschlagene Denkweg führte, vor allem durch die »fast unheimliche Nähe« seines Denkens zu demjenigen Ferdinand Ebners. Bei Karl Heim stieß er sogar auf die Behauptung, daß die Entdeckung des Ich-Du-Verhältnisses eine »viel radikalere Umwälzung« mit sich gebracht habe als die eines »neuen Weltteils oder die Erschließung neuer Sonnensysteme«[212].

Die Umschreibung der eigenen Position dient aber nicht zuletzt auch der Abgrenzung, insbesondere von der Jasperschen Kommunikationslehre, der er vorwirft, sich der Neuentdeckung

»reduzierend bemächtigt« zu haben. Für Buber enthüllt sich im biblischen Doppelgebot von Gottes- und Nächstenliebe die Transparenz des endlichen Du auf das Göttliche hin, so daß das in der Mitmenschlichkeit erfahrene Du als dasselbe erscheint, »das vom Göttlichen her zu uns niederfährt und von uns her zu ihm aufsteigt«. Bei Jaspers verbietet es dagegen eine philosophische Berührungsangst, sich die Gottheit zum Du zu machen, weil dann nicht nur die Transzendenz angetastet, sondern auch die mitmenschliche Kommunikation »gelähmt« werde. Um so entschiedener besteht Buber in der abschließenden Kontroverse mit Karl Barth darauf, daß die Freiheit des Herzens, die der protestantische Kritiker an ihm vermißte, nirgendwo mehr als in der dialogischen Glaubensform gelebt werde, und in ihr nicht etwa als Konsequenz, sondern als deren innerste Voraussetzung, als der »Grund des Grundes«[213].

Wenn Buber zu Beginn seines Berichts das dialogische Prinzip in seine Vorgeschichte bis zu Jacobi zurückverfolgt, gibt er damit den Blick auf noch viel weiter zurückliegende Ansätze und Vorformen frei. Dabei muß bei Paulus der Anfang gemacht werden, weil bei ihm die Gottes- und Christusmystik, wie der Mittelbegriff des Corpus mysticum lehrt, zugleich Sozialmystik ist. Deshalb kann er seinen Adressaten in Korinth und Philippi versichern, daß er sie in seinem Herzen trage (2 Kor 7,3; Phil 1,7), und deshalb kann er dem entlaufenen Sklaven Onesimus die Erklärung mit auf den Weg geben: »Ich schicke ihn dir zurück, das heißt, mein eigenes Herz« (Phlm 1,12). Basis dieser einbeziehenden Identifikation ist für Paulus die Verbundenheit in der Seins- und Lebensgemeinschaft mit Christus, durch die die in ihm Geeinten nicht nur wie bei Beethoven zu »Brüdern«, sondern zu Gliedern des sie umgreifenden mystischen Leibes werden. Darauf baut Origenes auf, wenn er im Blick auf die sakramentale Verbundenheit mit Christus erklärt:

Mit dem Fleisch und Blut seines Wortes tränkt und belebt er als reine Speise und reiner Trank das ganze Menschengeschlecht. An zweiter Stelle nach seinem Fleisch sind aber auch Petrus und Paulus und alle Apostel eine reine Speise und an dritter Stelle deren Jünger. Und ebenso kann ein jeder nach dem Grad seiner Würdigkeit und der Reinheit seines Sinns eine reine Speise werden[214].

Wie sehr sich Buber in Übereinstimmung mit diesen frühen Zeugnissen einer Sozialmystik befindet, zeigt eine Stelle bei Claudianus Mamertus, der den Gedanken der gegenseitigen Verbundenheit aus dem Motiv der Gottebenbildlichkeit herleitet:

Wer in sich das Bild Gottes sucht, der sucht ebenso sich selbst wie seinen Nächsten; und wer es bei dieser Suche in sich selbst zu entdecken vermochte, der findet es schließlich auch in jedem Menschen wieder. Suche also deinen Gott und liebe in Gott deinen Nächsten, das Bild deines Gottes. Umgekehrt liebe aber auch er dich in Gott, indem er seinen Gott liebt. Dann werdet ihr immerfort beieinander sein, weil ihr in ein und demselben fest gegründet seid[215].

Das entwickelte ein mittelalterlicher Kommentar folgerichtig zur Vorstellung von einer gegenseitigen Einwohnung fort:

Du bist mir gegenwärtig, und ich bin dir gegenwärtig in deinem Gebet. Sei nicht erstaunt darüber, daß ich von Gegenwart rede. Denn wenn du mich liebst und deshalb liebst, weil du in mir das Bild Gottes erblickst, das du liebst, bin ich dir ebenso gegenwärtig wie du dir selbst. Wenn du das Bild Gottes liebst, liebst du mich, sofern ich Bild Gottes bin; und wenn ich meinerseits Gott liebe, liebe ich auch dich. So sind wir, indem wir das Gleiche suchen und dem Gleichen entgegenstreben, einander immerfort gegenwärtig[216].

Ungeachtet der Exzesse von Wahn, Haß und Grausamkeit, die den Weg des Mittelalters verdüstern, ist damit der Mitmenschlichkeit eine von keiner anderen Lebensordnung erreichte Bahn gebrochen. Bewußtseinsbildend wurde sie freilich erst, als auf dem Höhepunkt der Neuzeit der Individualismus in die von der Romantik reflektierte Identitätskrise umschlug, wie sie sich in den Dichtungen Heinrich von Kleists, Adalbert von Chamissos und den um das Doppelgängermotiv kreisenden Werken Heines und Schuberts spiegelt. Jetzt schuf Franz von Baader das Symbol einer transindividuellen Lebensgemeinschaft, als er zu bedenken gab:

Gäbe es kein Zentralherz, und könnten die Menschen sich nicht gemeinschaftlich von diesem Herzen ersättigen und beleiben, so würden sie auch nicht wechselseitig sich von einander sättigen können, und ein Mensch müßte den andern, wie es denn auch nur zu oft geschieht, von sich ausspeien[217].

Jetzt entwarf Novalis in dem für die Vollendung seines Romanfragments ›Heinrich von Ofterdingen‹ vorgesehenen »Lied der Toten« die Utopie einer Lebensgemeinschaft, die, bewegt vom »Geist des höchsten Strebens«, aus dem Herzen Gottes hervorgeht, um »sich im Wechsel zu verzehren« und schließlich wiederum in die Tiefe der Gottheit einzumünden[218]. Und jetzt wird die von Mörike und Wyss behauptete Unmöglichkeit einer Verschmelzung von Ich und Du definitiv und formell falsifiziert durch das Novaliswort: »Ich bin Du«[219].

5. *Die menschliche Gegenfrage*

Daß diese These gegen eine ebenso tiefsitzende wie breitgestreute Überzeugung gewagt werden konnte, hatte die Falsifizierung des Einwands zur Voraussetzung, den Jaspers gegen Buber erhoben hatte. Widerlegt aber wurde er bereits in den patristischen und mittelalterlichen Zeugnissen, die von der personalen Übereinkunft im gegenseitigen Wissen um die Gottebenbildlichkeit sprachen. Denn in ihnen war die menschliche Symbiose stets an die Hingabe an Gott zurückgebunden. Niemals konnte davon eine Lähmung der mitmenschlichen Kommunikation ausgehen. Eher ist mit Jaspers in umgekehrtem Sinn zu fragen, ob es der Würde der Gottheit angemessen sei, sie sich »zum Du« machen zu lassen. Denn er selbst, so referiert ihn Buber, weiche vor der Neigung dazu zurück, weil er fürchte und sich scheue, dadurch die Transzendenz anzutasten[220].

Die Frage ist keineswegs durch die Erkenntnis entschieden, daß die als Selbstoffenbarung begriffene Gottesoffenbarung im Interesse der Selbstfindung des Menschen erfolgt und ihm die einzig zulängliche Antwort auf seine Sinnfrage gibt. Denn in dieser »Lösung« bleibt immer noch die Frage nach der möglichen Verständigung ungelöst. Wie soll der endliche Geist die Selbstzusage des unendlichen Gottes fassen, selbst wenn diese unmittelbar auf seine Ich-Mitte zielt? Von der Schwere des Problems vermittelt der Text einen Begriff, der es von seinem Ansatz her aufrollt, also von der menschlichen Gegenfrage zu der ihm nachgerufenen Urfrage »wo bist du?«. Denn der »Ortlosigkeit« des Menschen, die diese Frage unterstellt, entspricht auf der Gegenseite die Verborgenheit

Gottes. Daran entzündet sich die Frage des 42. Psalms »wo ist dein Gott?« (Ps 42,4), die Augustin in seinem Psalmenkommentar aufgreift und zum Ausgangspunkt seiner Reflexion erhebt, die in eine regelrechte Sprachekstase ausmündet:

> *Mögen die Spötter nur fragen »wo ist dein Gott?«. Laß sie reden; ich aber werde, solange ich nicht schaue, »Tag und Nacht das Brot meiner Tränen essen«. Und wenn sie noch einmal fragen »wo ist dein Gott?«, so suche ich ihn in jedem körperlichen Geschöpf, sei es im Himmel oder auf Erden, aber ich finde ihn nicht. So suche ich ihn denn in meiner Seele, und finde ihn nicht. Und doch lasse ich in meiner Suche nicht nach. Denn dort, über meiner Seele, ist Gottes Haus, dort wohnt er, von dort schaut er auf mich herab, von dort erschuf er mich, von dort lenkt er mich, von dort umsorgt er mich, von dort ruft er mich, von dort ermutigt er mich, von dort leitet er mich, von dort führt er mich, von dort geleitet er mich zum Ziel[221].*

Aufs deutlichste kommt in den Schlußwendungen, in denen die Sprache in eine Eigenbewegung zu geraten scheint, der für den mystischen Aufstieg charakteristische Umschwung von Ergreifen in Ergriffensein zum Ausdruck, weniger deutlich jedoch die sich letztlich verweigernde Antwort, die allenfalls darin fühlbar wird, daß das »von dort ruft er mich« in der Fülle konkurrierender Wendungen förmlich untergeht. Um so klarer spricht davon Augustins Bericht von seiner Ostia-Vision, der in der Aussage gipfelt:

> *Und während wir sehnsuchtsvoll von der ewigen Weisheit redeten, rührten wir leise an sie in einem Moment höchster Herzenserhebung; da seufzten wir auf und ließen dort die Erstlinge unseres Geistes angebunden zurück, um uns wieder den Erdendingen zuzuwenden, wo die Worte einen Anfang und ein Ende haben[222].*

Kulminationspunkt des Aufstiegs war somit eine Herzensfühlung, die in einem Erlebnis der Befestigung, nicht aber einer Verständigung ihre Mitte hatte. Denn diese gehört der Ordnung der »Erdendinge« an, wo sich Sprache in Form von definierten Worten artikuliert. Um so mehr bleibt zu klären, ob trotz der zwischen Gott und Mensch bestehenden Sprachbarriere auch zwischen diesen höchst ungleichen Partnern eine dialogische

Verständigung möglich ist und worin diese, falls das gegeben ist, besteht.

Die von den drei Offenbarungsreligionen – und nur sie sind in dieser Frage wirklich kompetent – gebotenen Lösungen gehen weit auseinander. Die scheinbar plausibelste bietet das Judentum mit dem Begriff des anstelle Gottes redenden Propheten. Bei genauerem Zusehen wird dabei jedoch die mit der unendlichen Differenz gegebene Problematik dem Propheten aufgebürdet, der sie, weil er davon existentiell betroffen ist, nur leidend aufzuarbeiten vermag. Sprechender, um nicht zu sagen schreiender Beleg dafür ist die Stelle aus den Konfessionen des Jeremia, an welcher der Prophet Klage darüber führt, daß er von Gott verführt und überwältigt worden sei, obwohl er sich dem an ihn gerichteten Ansinnen verweigern wollte:

> *Dachte ich aber: ich will nichts mehr von ihm wissen und nicht mehr in seinem Namen reden, da war's wie ein brennendes Feuer in meinem Herzen. Ich mühte mich, es niederzuhalten, und konnte es nicht*[223].

Dieses Problem umgeht der Islam dadurch, daß er die Gottesoffenbarung dem »Propheten« als ausgearbeiteten Text, also in einer bereits mediatisierten Form gegeben sein läßt. Mit dieser Verlagerung des Problems ins Gottesgeheimnis hinein ist aber alles und nichts erklärt.

Demgegenüber mutet die christliche Lösung zunächst wie eine Verlagerung ins Metasprachliche an. Denn Träger des Problems ist hier derjenige, durch den die Gottesoffenbarung – leibhaftig und nicht nur medial – an die Welt ergeht: der menschgewordene Gottessohn, der die Selbstmitteilung Gottes ebenso in seinem Reden wie in seinem Schweigen, ebenso in seinem Handeln wie in seinem Leiden und in alledem substantiell, also in seinem Sein und seiner Lebensgeschichte, artikuliert. Damit erscheint er in der Funktion des lebendigen Mediums der Gottesoffenbarung. Wie es dazu kommt, daß der Johannesprolog ihn geradezu das fleischgewordene Wort nennen kann, beantwortet sich dann aus seinem gott-menschlichen Lebensvollzug, näherhin aus dem Prozeß, in dem er sich sein ewiges Gottsein menschlich aneignet und darin den Ausgangspunkt seiner Verkündigung und Wirksamkeit gewinnt. So sah es bereits Pascal, als er an zentraler Stelle seiner ›Pensées‹ versicherte:

Nicht nur Gott kennen wir allein durch Jesus Christus,
auch uns selbst kennen wir nur durch Jesus Christus,
Leben und Tod kennen wir allein durch Jesus Christus.
Ohne ihn wissen wir weder, was unser Leben noch was
unser Tod noch was Gott ist, noch was wir selbst sind
(§ 548).

So sehr sich hier die Wege der Offenbarungsreligionen trennen, wäre eine Ausschließungsstrategie doch die fatalste Folgerung. Statt dessen müßte eine Diskussion einsetzen, in der diese Modelle miteinander verglichen und in Beziehung gesetzt werden, und das selbst auf die Gefahr hin, daß eine Verständigung auf lange Sicht nicht zustandekommt. Für das Christentum aber dürfte die Konsequenz nur die sein, daß die dialogische Komponente aller Lebensvollzüge Jesu in höchster Deutlichkeit herausgestellt wird. Neben die Erforschung der Sprachwelt Jesu in ihrem Verhältnis von originären und nachgestalteten Herrenworten müßte endlich auch eine Erschließung seines vielfach bezeugten Schweigens treten, das insbesondere in seiner Passion den Tatbestand eines höchst beredten Schweigens erfüllt. Gleiches hätte im Blick auf seine Wirksamkeit zu geschehen. Hier müßten die Wunder, ihrer Offenbarerfunktion entsprechend, auf neue Weise zum Reden gebracht werden. Und ebenso ginge es darum, das Kreuz als die mit Blut und Wunden ausgefertigte Magna Charta der Gottesoffenbarung zu erweisen. Vor allem aber müßte der Offenbarungswert der Auferstehung hervorgehoben werden, und dies in konsequentem Rückbezug auf das viel zu wenig beachtete Osterzeugnis des Apostels Paulus.

Damit wäre eine wichtige Brücke zu den Positionen der jüngsten und der ältesten Abrahamreligion geschlagen. Dem Judentum könnte aus dem Paradigma Jesu deutlich werden, wie sich die Verarbeitung der von den Propheten erlittenen Differenz von Gottesoffenbarung und Menschenwort erklären läßt, und der Islam könnte sich im Blick auf dasselbe Paradigma veranlaßt fühlen, die Mediatisierung der Offenbarung aus dem unzugänglichen Geheimnis Gottes herauszulösen und theologisch zu reflektieren, und dies womöglich mit der Konsequenz, daß erstmals bewußt nach den menschlichen Entstehungsbedingungen des Koran gefragt würde.

Die Folgen dieser Klärung springen in die Augen. Wenn wir Pascal zufolge Gott nur durch Jesus Christus kennen, ist die an den

Beter des 42. Psalms gerichtete Frage »wo ist dein Gott?« im positiven Sinn beantwortet, sofern Jesus nur in seiner spezifischen Transparenz, als der in all seinem Reden und Tun an Gott Erinnernde und auf ihn Verweisende gesehen wird. Denn er spricht nicht nur von Gott; vielmehr spricht auch alles an ihm für Gott. Was im Anschluß an Rahner von der Gottessuggestion zu sagen ist, die so sehr von den biblischen Schriften ausgeht, daß diese keine Notwendigkeit empfinden, ihre Botschaft durch Gottesbeweise argumentiv zu unterbauen, gilt erst recht von dem, den diese Schriften bezeugen[224]. Er ist die leibhaftige, aus elementarer Mitwisserschaft um die conditio humana und höchster Kompetenz gegebene Antwort auf die Gottesfrage.

Wer sich diese Antwort gesagt sein läßt, weiß aber zugleich auch um den Ort, nach dem sich das primordiale »wo bist du?« erkundigte. Denn diese Urfrage unterstellte ja, daß der Fragesteller selbst als Inbegriff menschlicher Selbst- und Sinnfindung erkannt werden sollte. Die menschliche Gegenfrage – »wo ist mein Gott?« – schuf lediglich die hermeneutische Voraussetzung dafür, daß der Erfragte als der »Ort« der definitiven Geborgenheit identifiziert werden konnte. Wer Gott kennt, kennt nicht nur, wie Guardini betonte, den Menschen; er weiß auch um sein Erfüllungsziel, weil er weiß, daß er letztlich dorthin gehört, wohin er sich mit der Sinnspitze seines Wesens überragt. Doch dazu bedarf es einer seiner Sinnerwartung entgegenkommenden Auslegung des Gottesgeheimnisses. Daß diese nach christlichem Verständnis abschließend und unüberbietbar in der Person und Lebensgeschichte Jesu erfolgte, wurde kaum einmal so nachdrücklich wie durch das angeführte Pascalwort gesagt. Zu zeigen, worin diese leibhaftige Gottesauslegung ihre Mitte hatte, blieb Kierkegaard vorbehalten, der seine eigene notvolle Lebensgeschichte und die der von der Krankheit zum Tode befallenen Menschheit als Lesehilfe an den »Text« des Lebenswerkes Jesu herantrug, um ihn von seiner Mitte her entziffern zu können. Das Ergebnis seiner Lektüre erhob er zum Leitwort seiner ›Einübung im Christentum‹ (von 1850), das er der Inschrift auf dem Sockel der von Thorwaldsen geschaffenen Christusstatue in der Frauenkirche von Kopenhagen entnommen hatte. Es ist die Einladung an die Bedrückten und Beladenen (Mt 11,28), denen Jesus die in ihm und mit ihm gegebene »Ruhe« zusichert. Kriterium des überragenden Stellenwertes dieses Herrenworts ist für Kierkegaard die Tatsache, daß selbst für den – von ihm in

erstaunlicher Vorahnung moderner Forschungsergebnisse angenommenen – Fall, daß es vom historischen Jesus nie gesprochen
wurde, doch durch sein ganzes Wesen und Verhalten gedeckt sei:

> *Kommt her zu mir alle, die ihr mühselig und beladen seid. So*
> *spricht er, und diejenigen, die mit ihm lebten, sahen, daß es*
> *in der Weise, wie er lebte, nicht das Mindeste gab, was dem*
> *widersprochen hätte. Mit der ebenso stillen wie aufrichtigen*
> *Beredtsamkeit der Tat drückte es sein Leben aus, und hätte*
> *er es auch niemals gesprochen, so wäre es doch dieses Wort,*
> *das sein Leben ausdrückte*[225].

Und er fügt dem noch ein weiteres, seiner »Christologie von
innen« entstammendes Kriterium hinzu. In diesem Wort, so meint
er, gebe sich die Liebe Jesu den Anschein, dessen selbst bedürftig
zu sein, was sie bietet und verspricht:

> *O wunderbar! Ja wunderbar, daß er, der Hilfe bringen*
> *kann, es auch ist, der sagt: kommt her! Welch eine Liebe!*
> *Liebe wäre es ja schon, wenn man dem hilft, der darum*
> *bittet. Aber die Hilfe selbst anbieten! Und sie allen anbieten!*
> *Und sie gerade jenen anbieten, die nicht wieder helfen kön-*
> *nen! Sie anbieten, nein, es ausschreien, als wäre es der Helfer*
> *selbst, der der Hilfe bedarf, ja, als wäre er des Helfens selbst*
> *bedürftig und der Leidenden, denen er hilft!*[226]

Mit dieser Interpretation wäre es freilich nicht getan, wenn
sie nicht von der Lebensgeschichte Jesu selbst unterbaut würde.
Das geschieht bereits in dem typisierenden Drohwort, in welchem
sich Jesus auf paradigmatische Gestalten der Vorzeit bezieht: auf
Jona, der mit seiner Gerichtspredigt Ninive vor dem Untergang
bewahrte, und auf die Königin von Saba, von der es heißt:

> *Im Gericht wird sich die Königin des Südens gegen die Män-*
> *ner dieses Geschlechts erheben und sie verurteilen; denn sie*
> *kam von den Enden der Erde, um die Weisheit Salomons zu*
> *hören: hier aber ist mehr als Salomon (Lk 11,29)*[227].

Wenn Ludger Schenke mit seiner Vermutung recht behielte,
daß es sich dabei um ein authentisches »Jesuslogion« handeln
könnte, wäre damit der Beweis erbracht, daß Jesus schon selbst
den Anspruch erhob, der höchste Weisheitslehrer der Menschheit,
womöglich sogar die menschgewordene Weisheit selbst zu sein,

so daß die Übertragung von Weisheitsworten, wie sie für die Große Einladung anzunehmen ist, in seinem Selbstverständnis begründet wäre[228]. Unter den zahlreichen nachösterlichen Interpretationen hätte dann wenigstens diese einen lebensgeschichtlichen Anhalt[229].

Der mächtigste und entscheidende Schub ging jedoch fraglos von jenem Ereignis aus, das als die »göttliche Interpretation« des Lebens und zumal des Kreuzesleidens Jesu zu gelten hat: von seiner Auferstehung[230]. Sie rückte den scheinbar Gescheiterten und von Gott Verworfenen in das Licht einer unüberbietbaren Affirmation, die sich sogar – und gerade – der peinigendsten Form des Daseins, seiner Todverfallenheit, bemächtigte und den blutigen Kreuzestod Jesu als die höchste Bekundung der göttlichen Liebe erwies. Den Rückbezug auf die Große Einladung verdeutlichte wiederum Kierkegaard, sofern er diese im Fortgang der ›Einübung im Christentum‹ mit dem Verheißungswort parallelisierte: »Wenn ich von der Erde erhöht bin, werde ich alle an mich ziehen« (Joh 12,32)[231]. Dieser Stelle entnimmt er das letzte Leitwort seines Werkes: »Von der Hoheit her will er alle an sich ziehen«, das er als die höchste Steigerungsform der Großen Einladung versteht; das ergibt sich daraus, daß er in einer von Bultmann übernommenen Interpretation betont, daß Jesus nicht etwa »locken« wolle, weil sich das nur auf seine sieghafte Herrlichkeit bezöge. Damit aber würde sein Angebot halbiert, weil seine Niedrigkeit ebenso zu seiner Wahrheit gehöre wie seine Verherrlichung. Weil der Erniedrigte sein hoheitliches »Emporziehen« ankündige, müsse deshalb mit und bei ihm der Anfang gemacht werden:

> Die Erniedrigung gehört ihm ebenso wesentlich an wie die Erhöhung. Wer ihn also nur in seiner Hoheit lieben könnte, dessen Blick ist verwirrt; er kennt Christus nicht, er liebt ihn also auch nicht; er mißbraucht ihn[232].

Unwillkürlich stellt sich die Frage, ob beides, die Zurückstoßung und die Anziehung, zu vereinbaren und in diesem Zueinander als das Bild der Liebe glaubhaft zu machen sind. Die Antwort gibt ein Selbstporträt, das zwischen den beiden Aktivitäten die Mitte hält und das Jesus, wie beschwörend, dem sich ihm verweigernden Jerusalem vor Augen stellt:

> Jerusalem, Jerusalem, du tötest die Propheten und steinigst die, welche zu dir gesandt sind. Wie oft wollte ich deine

Kinder versammeln, so wie eine Henne ihre Jungen unter
ihre Flügel nimmt; ihr aber habt nicht gewollt (Lk 13,34)[233].

Wenn im Anschluß daran gedroht wird, daß das »Haus« –
der in Israel wohnhaft gewordenen Weisheit – verlassen werde,
ist für Schenke damit die weisheitliche Herkunft des Wortes
erwiesen[234]. Dann aber muß das Wort auch im Zusammenhang mit
der Einladung an die Bedrückten und Beladenen gesehen werden:
als die suggestive Selbstpräsentation der Heilandsliebe, die ihre
bergenden Flügel über die Bedrohten und Schutzbedürftigen ausbreitet und sich ihnen so als den Inbegriff der Geborgenheit und
»Ruhe« darstellt. So aber wurde die Lebenspraxis Jesu dem heutigen Forschungsstand zufolge erst nachösterlich, also im Licht der
mit seiner Auferstehung gegebenen göttlichen Interpretation,
lesbar. Mit seiner Auferstehung schuf Gott somit das Medium,
durch das weltweit erkennbar wurde, daß die Lebensgeschichte
Jesu in ihrer nun deutlich zutage tretenden Mitte so auf ihn verwies, daß er, der so lange Gefürchtete, tatsächlich als die Alternative zu den von ihm umlaufenden Schreckbildern gesehen
werden wollte, erkennbar als die liebende Antwort auf die menschliche Sinnfrage, und dies in einer so überwältigenden Weise, daß
diese bedrängende Frage in der Fühlung seiner bergenden Liebe
verstummt[235].

DRITTER TEIL:
DASEIN IM AUFBLICK

I. DIE ERHEBUNG

1. Die realisierte Utopie

Ein unvoreingenommener Blick in die Menschheitsgeschichte lehrt, daß die Mühe, Mensch zu werden, trotz aller Rückschläge und Rückfälle zuletzt doch keine vergebliche und an ein utopisches Ziel verschwendete Liebesmühe war. Nur gegenwartsblinde Nostalgiker können im Ernst wünschen, lieber in der Antike oder im Mittelalter gelebt zu haben; denn wer wollte offenen Auges auf die Vergünstigungen der freiheitlich-demokratischen Lebensordnung verzichten oder sie gar gegen die Verhältnisse früherer Gesellschaftsformen austauschen?

Dieser Frage liegt die Erkenntnis zugrunde, daß es in erster Linie Gegebenheiten der Lebenswelt sind, die auf eine Realisierung der dem Menschen eingeschriebenen Utopie drängen. Von dem durch Norbert Elias beschriebenen »Prozeß der Zivilisation« geht eine sich bisweilen bis zur Nötigung steigernde Insinuation an den einzelnen aus, sich dem jeweils erreichten Stand der Zivilisation anzugestalten und ihn, wesentlicher noch, durch die Entwicklung einer eigenen Persönlichkeitskultur mitzuvollziehen. Im Leben der Gesellschaft, so betont Elias, seien ständig politische und wirtschaftliche, aber sicher auch kulturelle »Verflechtungszwänge« am Werk, von denen manche unter dem Eindruck der sie beengenden Schraubendrehung wünschen mögen, daß ihnen Einhalt geboten werde; doch:

> *Im Lauf der bisherigen Geschichte haben sich Verflechtungszwänge dieser Art noch immer als die stärkeren erwiesen als die Macht dieser Wünsche*[1].

Freilich weiß er auch um das labile Gleichgewicht, das gerade auf diesem Feld zwischen Zwang und Neigung herrscht; deshalb fügt er dem, offensichtlich in Erinnerung an den jähen Absturz der humanistischen Kultur in den Abgrund einer atavistischen Barbarei, die einschränkende Bemerkung hinzu:

Wir sind uns kaum noch dessen bewußt, wie schnell das, was
wir unsere »Vernunft« nennen, wie schnell diese relativ lang-
sichtige, triebbeherrschte und differenzierte Steuerung unse-
res Verhaltens abbröckeln oder zusammenbrechen würde,
wenn sich die Angstspannung in uns und um uns veränderte,
wenn die Ängste, die in unserem Leben eine Rolle spielen,
mit einem Male wieder erheblich stärker oder erheblich ge-
ringer würden, oder, wie in vielen einfacheren Gesellschaf-
ten, beides zugleich, bald stärker und bald geringer[2].

Da bei diesem Zivilisationsdruck die Angst als Zentralmotiv
ins Spiel kommt, ist mit einem folgenreichen Spannungsabfall zu
rechnen, sobald das Angstpotential durch Gegenkräfte vermindert
oder ganz beseitigt wird. Das ist, wie die jüngste Geschichte lehrte,
dann der Fall, wenn der seelische Ausgleich durch revolutionäre
Erschütterungen oder den Ausbruch kollektiver Wahnpsychosen
außer Kraft gesetzt wird. Dann kann sogar der Fall eintreten, daß
die von der Psychose erfaßten Massen in ihrer Fanatisierung, wie
die berüchtigte »Beschwörung des totalen Kriegs« im Berliner
Sportpalast zeigte, unter Mißachtung ihrer vitalen Lebensinteres-
sen den eigenen Untergang herbeireden.

Auf entgegengesetztem Weg dürften die christlichen, mit der
ideellen Wirkungsgeschichte Jesu gegebenen Prinzipien Einzug in
die abendländische Lebenswelt gehalten haben. Auch hier bedurfte
es einer Suspendierung der vorangegangenen Ordnungsfaktoren,
weil die Integration der neuen Prinzipien nur in einem strukturellen
Vakuum erfolgen konnte. Dafür schuf die angstüberwindende
Kraft des Christentums die Voraussetzung, die ihre Effizienz erstmals bewies, als es der urchristlichen Verkündigung, vorab in
Gestalt der paulinischen Freiheitsbotschaft, gelang, die fatali-
stische Lähmung der spätantiken Gesellschaft zu überwinden[3].
Damals ereignete sich der wohl größte Umbruch in der Hierarchie
der Werte, als die Hoffnung, die dem antiken Mythos als der
Bodensatz in der Unheilsbüchse der Pandora galt, an die Spitze des
Tugendkosmos rückte und die vom Schicksalsglauben bedrückte
Menschheit frei aufatmen ließ[3]. Eindrucksvoll bringt das ein
Hymnus aus dem Epheserbrief des Märtyrerbischofs Ignatius von
Antiochien zum Ausdruck:

Ein Stern erstrahlte am Himmel, heller als alle Sterne. Sein
Licht war unaussprechlich, und seine Neuheit erregte

Staunen. Alle anderen Sterne umgaben diesen Stern samt Sonne und Mond im Reigen. Er selbst übertraf durch sein Licht die übrigen. Alles geriet in Verwirrung darüber, woher diese neue unvergleichliche Erscheinung käme. Alle Magie löste sich auf, und jede Fessel der Bosheit zerbrach. Die Unwissenheit wurde beseitigt und die alte Herrschaft zerstört, als Gott in Menschengestalt erschien zu neuem ewigen Leben und als das seinen Anfang nahm, was bei ihm bereitstand. Alles geriet in Bewegung, weil die Vernichtung des Todes ins Werk gesetzt war (19,2f).

Daß mit dieser Lebenswende auch die Liebe in eine haßerfüllte Gesellschaft Einzug hielt, in welcher gegenseitige Zuwendung als törichte Selbstbeschädigung galt, bezeugt Tertullian an einer markanten Stelle seines ›Apologeticum‹. Anders als in der heidnischen Konsumgesellschaft werde bei den Christen kein Geld für Schlemmereien und Trinkgelage ausgegeben, wohl aber für den Unterhalt und für das Begräbnis Armer, für mittellose Knaben und Mädchen, die keine Eltern mehr haben, für alt- und arbeitsunfähig gewordene Diener, für Schiffbrüchige und jene, die in Bergwerken und Gefängnissen leiden müssen:

Doch eben diese Liebeswerke drücken uns in den Augen vieler ein Mal auf. »Seht«, sagen sie, »wie sie sich gegenseitig lieben« – sie selbst begegnen sich dagegen mit Haß – »und wie sie sogar für einander zu sterben bereit sind« – sie selbst würden sich lieber gegenseitig umbringen[4].

Kaum ein Kriterium spricht so deutlich für den schon von Guardini beklagten Schwund der christlichen Impulse in der heutigen Lebenswelt wie die – sich wie der Vorbote einer kulturellen Eiszeit ausnehmende – soziale Unterkühlung, die auf die Welle der Hilfsbereitschaft nach dem freiheitlichen Umbruch von 1989 und die wiedergewonnene Einheit folgte[5]. Doch wäre es verfehlt, zumindest aber weit überzogen, wenn man daraus auf eine totale Entchristlichung dieser Gesellschaft schließen wollte. Denn wenn Hoffnung und Liebe auch aus dem öffentlichen Sprachgebrauch und Motivationsfundus verschwunden sind, wirken sie doch in ihrer säkularisierten Form fühlbar fort. Am wenigsten gilt das freilich für die Liebe, da diese sich, wie das ungebrochene Engagement für die Notleidenden der Dritten Welt beweist, allenfalls noch in

Gestalt der von Nietzsche geforderten Fernsten-Liebe, nicht mehr jedoch in ihrer christlichen Urform der Nächstenliebe weiterlebt[6].

In geradezu dramatisch gesteigerter Form gilt das jedoch vom Impuls der Hoffnung, der seine Stoßkraft zwar bewahrt, womöglich sogar noch gesteigert, jedoch sein Antlitz verloren hat, nachdem die in den Sog des Säkularisierungsprozesses geratene Hoffnung, auf innerweltlich Machbares zurückgenommen, zum Fortschritt geworden ist[7].

Von einer dramatischen Steigerung muß deshalb gesprochen werden, weil diese von Karl Löwith in kulturkritischer Sicht entwickelte These zunehmend auf binnenchristliche Verhältnisse zutrifft. Denn der Wandel, der im heutigen Glaubensbewußtsein festzustellen ist, besteht nicht zuletzt darin, daß die eschatologische Zielsetzung ausgeblendet und durch das Interesse an sozialen Aufgaben verdrängt wird.

Indessen zeichnet sich gerade in diesem Extremfall neuerdings eine immer deutlicher fühlbare Inversion ab. Nicht nur, daß sich die »Augen des Glaubens« (Rousselot) wieder auf die jenseitigen Erfüllungsziele richten; auch die Hoffnung selbst wird wieder, wie zu Beginn der Christentumsgeschichte, als das »Pharmakon« einer unter Ängsten und Zweifeln leidenden Gesellschaft erkannt, nachdem sie von Ernst Bloch als »Prinzip« entdeckt und von Karl Matthäus Woschitz als christlicher »Schlüsselbegriff« herausgestellt worden war[8]. Dabei beziehen sich die Zweifel der Gegenwart zunehmend auf ihre tragenden Gestaltkräfte. Nachdem Leszek Kolakowski den »Zweifel an der Methode« angemeldet hatte, machte sich ein zunehmendes Unbehagen am Fortschritt bemerkbar, der für immer breitere Bevölkerungskreise zu den ausgesprochenen Phobien des Zeitalters zählt[9]. Doch damit wächst die Chance, daß sich der ins Zwielicht geratene Fortschritt wieder in seine Ursprungsgestalt zurückverwandelt und in dieser Grundform Macht über die Geängsteten gewinnt. Selbst wenn aufgrund dieser schwindenden Zustimmung der zivilisatorisch-technische Prozeß an Elan verliert, stünde dem ein nicht hoch genug zu veranschlagender Gewinn im Feld der Persönlichkeitskultur, ein »Fortschritt« hinsichtlich der Realisierung der Utopie Mensch, entgegen. Und darin würde sich bestätigen, daß mit dem Einbruch des Säkularismus und seinen Folgen die auf die Auferbauung des Menschen hinwirkenden Impulse keineswegs erloschen sind.

Das gilt auch im Blick auf den Einfluß, der von den als Protagonisten der Humanität wirksam gewordenen Vorbildgestalten und Leitfiguren der abendländischen Kultur ausging, gleichgültig, ob ihre Biographie dieser Einschätzung entspricht oder ob sie dazu erst infolge ihrer wirkungsgeschichtlichen Rezeption gelangten. Die kirchliche Tradition entwickelte dafür eigene Kriterien in Form der spontanen oder kanonischen Deklarierung solcher Persönlichkeiten zu »Heiligen«; doch gingen ähnliche Impulse auch von großen Gestalten der Geistes- und Kunstgeschichte wie Lessing, Kant, Goethe, Beethoven, Novalis, ja, von seiner Wirkungsgeschichte her zu schließen, selbst von Nietzsche aus[10]. Mit den meisten von ihnen schienen ein Damm gegen jeden nur erdenklichen Einbruch der Barbarei aufgeworfen und eine Demarkationslinie gezogen zu sein, die nicht mehr hinterschritten werden konnte. Demgemäß ging der noch längst nicht verwundene Schock der Gegenwart davon aus, daß das dann doch und zudem in einer selbst die finstersten Vorstellungen sprengenden Form geschah, so daß das Land der »Dichter und Denker« zum Laboratorium einer infernalischen Todesmaschinerie wurde.

Daß das möglich wurde, war die Folge der Tatsache, daß der utopische Zug im Menschen mit seinem Gegenteil zusammengedacht und daß er demgemäß als das utopisch-dekadente Wesen bestimmt werden muß. So folgt es nicht zuletzt auch aus dem – im Fortgang noch genauer zu bestimmenden – Charakter der Zeit, die gleicherweise als eine utopisch-atavistische zu kennzeichnen ist. Wenn daraus nicht auf die Vergeblichkeit aller auf die Optimierung des Menschen gesetzten Hoffnungen geschlossen werden soll, dann nur im Vertrauen auf die ihm eingestifteten Selbsterhaltungs- und Selbstheilungskräfte. Denn auf der Waage zwischen Selbstaneignung und Selbstverwerfung verhält sich dieser keineswegs indifferent. In dieser Entscheidung kommt ihm auch nicht nur der Ruf seines Existenzgewissens zuhilfe, sondern auch das, was diesem vorgeordnet ist: sein Lebenswille. In dem von Kierkegaard diagnostizierten Zwiespalt zwischen dem verzweifelten Willen zum Selbstsein und dem ihm entgegengesetzten Widerwillen hat jener eindeutig das Übergewicht. Das gilt auch angesichts der inzwischen epidemisch gewordenen Krise des Lebenswillens, die Reinhold Schneider in seinem Spätwerk ›Winter in Wien‹ aus existentieller Betroffenheit zur Sprache brachte. Sein Befund betrifft den Menschen aber doch eher in seiner Kulturgestalt als in seiner leibhaftigen Existenz. Auch wenn er nur noch über einen gebrochenen Lebenswillen und eine, wie dem Herbert Marcuse hinzufügte, geschwächte Triebstruktur verfügt, bleibt die Tendenz, sich im Dasein zu behaupten, in ihm doch dominant[11]. Daß er sich dennoch in einer übergroßen Anzahl von Fällen faktisch aufgibt oder es nur zu einer fragmentarischen Selbstverwirklichung bringt, ist die Folge der auf seinen defätistischen Hang einwirkenden Tendenzkräfte, zumal sich diese durch die spezifischen Nöte der Zeit, angefangen von der Arbeitslosigkeit bis hin zu den reduktiven Auswirkungen der Konsum- und Leistungsgesellschaft, verhängnisvoll verstärken.

Indessen gibt es offensichtlich Geschichtsimpulse, die diese Tendenzkräfte überlagern und, wenigstens für den Augenblick des Kairos, in den Hintergrund drängen. Dann wachsen die Chancen dafür, daß sie, im Bund mit den menschlichen Selbstheilungskräften, das Werk der Optimierung befördern. Das war der Fall bei dem großen Umbruch von 1989, der, zusammen mit der jahrzehntelang entbehrten Freiheit, trotz aller damit einhergehenden Komplikationen, der verschütteten Hoffnung aufs neue Bahn brach, ganz davon zu schweigen, daß er einer, wenn auch sicher nicht moralischen, so doch historischen Exkulpierung der Nation gleichkam, die die Hauptschuld an dem Absturz in die Barbarei trug[12]. Seitdem ist, von den meisten unbemerkt, das Menschsein in dem von dem Desaster dieses Jahrhunderts am schwersten betroffenen Kulturkreis auf einen höheren Nenner gehoben, so daß für die Realisierung der Utopie Mensch bessere Ausgangsbedingungen als seit langem bestehen. Im Blick auf eine Wendung Giambattista Vicos könnte man sagen, daß seither aus dem ungeheuren Ozean des Zweifels – und der postmodernen Indifferenz – ein »winziges Stück Erde« inselgleich herausragt, auf dem der nach Halt und Stand verlangende Mensch beim Versuch seiner Selbstoptimierung Fuß fassen kann[13]. Es kommt nur darauf an, daß er die ihm gebotene Vergünstigung erkennt und sie zu Akten gezielter Selbstgestaltung nutzen lernt.

2. Gottebenbildlichkeit und Gotteskindschaft

Wenn der Selbstgestaltungswille des Menschen aktiviert werden soll, bedarf es aber außer der ihm von seinem Umfeld zufließenden Hilfen auch wegweisender Zielvorgaben, wie sie ihm bei seiner Suche nach sich selbst immer schon vorschweben. Doch diese waren von dem Verlangen nach Freisetzung seiner größeren Möglichkeiten eingegeben und insofern Entwürfe seiner Sehnsucht, die als solche in seinem Möglichkeitsfeld verblieben. Was ihm aber tatsächlich weiterhilft, sind Vorgaben aus einer ihm überlegenen Ordnung, sei es der Kultur oder der Religion. Was jene anlangt, so schuf sie mit dem Postulat des edlen, hilfreichen und guten Menschen zwar ein Ideal von großer Leuchtkraft, doch ohne den zu seiner Verwirklichung erforderlichen Impuls. Was in dieser Hinsicht zu wünschen bleibt, wären Bilder, die kraft ihrer Dignität auf ihre Realisierung hinwirken oder doch das menschliche Kräftepotential steigern. Bilder dieser Qualität aber finden sich nur in den biblischen Schriften, wobei die Kräftesteigerung vom alttestamentlichen, die Ermächtigung dagegen vom neutestamentlichen Bildgedanken ausgeht.

Was die Genesisstelle (1,26) von der Gottebenbildlichkeit des Menschen anlangt, so steht sie freilich noch immer im Zwielicht gegensinniger Interpretationen. Dabei insistiert eine mächtige, das Alte Testament im Licht des Neuen und dem von diesem entwickelten Gedanken von der Gleichförmigkeit mit Christus (Röm 8,29) lesende Tradition auf ein in engerem Sinne bildhaftes Verständnis der Stelle, wobei das platonische Bilddenken bei den meisten dieser Interpreten eine kategoriale Vorentscheidung nach sich zog[14]. Während sie die menschliche Bildhaftigkeit vornehmlich in der Geistnatur des Menschen suchten, brachte es der neuzeitliche Personalismus mit sich, daß im Gefolge der romantischen Theologie eine neue »dynamisch-personale« Auffassung zum Zug kam (Scheffczyk). Dieser an der Grundbedeutung von säläm, das so viel wie Gestalt oder Statue besagt, orientierten Auslegung trat dann aber Gerhard von Rad mit der These entgegen, daß die in ihrem kulturgeschichtlichen Kontext gelesene Stelle keine Auskunft über das Worin der Gottebenbildlichkeit gebe, wohl aber über deren Wozu. Das entspricht nicht nur der profangeschichtlichen Einsetzungsformel, mit welcher der Großkönig einen Satrapen zu seinem »Bild« im Sinne seiner Stellvertretung in einer Provinz erklärte, sondern insbesondere auch dem achten Psalm, der die Ebenbildlichkeit des Menschen mit den Worten interpretiert:

Blick ich auf deinen Himmel, das Werk deiner Hände, den
Mond und die Sterne, welche du unvergänglich geschaffen

hast; was ist dann der Mensch, daß du seiner gedenkst, ein
Menschenkind, daß dir an ihm liegt? Und doch hast du ihn
nur wenig unter die Gottheit gestellt, mit Ehre gekrönt und
mit Herrlichkeit (8,4ff)[15].

Das erläutert Augustin in ›De trinitate‹ mit dem Gedanken,
daß die »Ehre« des Menschen darin besteht, dem Bilde Gottes
gleich zu sein und daß seine »Unehre« auf seine Ähnlichkeit mit
dem Tier zurückgehe[16]. Der Psalm steigert das noch, sofern er den
mit dem Kosmos verglichenen Menschen zu einer Unerheblichkeit
herabsinken läßt, dies jedoch nur, um in jähem Umschwung seine
gottähnliche Würde um so machtvoller hervorzuheben. Gerade
dieses Nichts hat Gott nur wenig unter sich selbst gestellt und in
dieser Vorzugsstellung zudem dadurch ausgezeichnet, daß er ihn
mit dem Glanz seiner Herrlichkeit krönte. Sogar das paradoxe
Pascal-Wort vom denkenden Schilfrohr reicht an die gewaltige
Spannweite dieser dialektischen Bestimmung nicht heran. Aus
dieser Spannung leitet sich dann aber auch die vom Menschen ausgesagte Machtposition her. Alles ist ihm als Domäne seiner Herrschaft und Verwaltung zu Füßen gelegt: der ganze Bereich der ihm
als dem idealen Stammvater zuerschaffenen Geschöpfe. Doch ist
diese Machtstellung in jeder Hinsicht an den zurückgebunden und
in ihrer Ausübung dem verpflichtet, der sie ihm verlieh. Es ist die
Machtstellung einer heteronomen Autonomie.

Wenn zwischen den beiden konkurrierenden Auffassungen
vermittelt werden soll, dann am besten mit Hilfe einer von Karl
Ludwig Schmidt herausgestellten Bedeutung des Schlüsselbegriffs,
wonach säläm auch soviel wie »Schattenriß« besagt[17]. Danach ist
der zum Bild Gottes geschaffene Mensch der Schattenwurf Gottes,
der, Gott repräsentierend und – schattenhaft – an seiner Macht
partizipierend, in die Schöpfung fällt. Sofern damit ein dynami-
sches Moment verbunden ist, schlägt diese Vorstellung die Brücke
zu dem von Gordon D. Kaufmann ausgearbeiteten Vorschlag, die
Gottebenbildlichkeit des Menschen auf seine Geschichtlichkeit zu
beziehen[18]. Weil er diese primär in der Fähigkeit des Menschen,
sich selbst in der Interaktion mit dem Geschichtsgang stets neu zu
erschaffen, gegeben sieht, grenzt sein Ansatz überdies an den Begriff der »Geschichte des Menschen mit sich selbst« an. Und es ist
kein Zufall, daß in seiner Ableitung auch das Motiv der Gotteskindschaft auftaucht, das sich deutlich von dem der christlich ver-

standenen Gottebenbildlichkeit abhebt. Die Brücke von einem zum andern schlägt Gottlieb Söhngen, sofern er den Begriff der Gottebenbildlichkeit in einer Weise entfaltet, daß er eigengesetzlich in den der Gotteskindschaft hinüberspielt[19]. Doch was hat es mit dieser auf sich?

Nachdrücklicher als mit jeder theoretischen Umschreibung antwortet der Erste Johannesbrief darauf mit einem Ausruf, der auf die plausibelste Weise bestätigt, daß die Sache des Menschen gerade auch hinsichtlich seiner Optimierung nur exklamatorisch zur Sprache zu bringen ist:

Seht doch, welch große Liebe der Vater zu uns hegt, daß wir Kinder Gottes nicht nur heißen, sondern es auch sind! (3,1)[20]

Es ist, als respondiere der johanneische Kreis damit der Selbstentschließung Gottes zur Schaffung des ihm ebenbildlichen Menschen, dies jedoch in dem Bewußtsein, daß sich diese Selbstentschließung inzwischen zur offenbarenden Selbstmitteilung steigerte, die das Ebenbild in ein überkreatürliches Seinsverhältnis zieht. Das aber ist ein Verhältnis, das nur vom wesensgleichen Gottessohn her bestimmt werden kann und deshalb die Qualität einer nicht nur zugesprochenen, sondern realen Kindschaft besitzt.

Daß die Stelle mit der Aufforderung hinzuschauen – »seht doch!« – einsetzt, will offensichtlich besagen, daß etwas überragend Bedeutungsvolles und Staunenswertes zur Sprache kommen soll. Und die dadurch geweckte Erwartung entdeckt unschwer, daß von da eine Querverbindung zur Taufszene zurückführt, die die älteste Tradition mit der Einweihung Jesu in sein Sohnesbewußtsein in Verbindung bringt. Was dort in einer Jesus mit seinem Gott verbindenden Ausschließlichkeit – »niemand kennt den Sohn als nur der Vater und niemand den Vater als nur der Sohn« (Lk 10,21) – beschrieben wurde, wird hier in einer nun alle Glaubenden umschließenden Form auf diese übertragen. Ungeachtet der ihnen nach wie vor anhaftenden Kreatürlichkeit und Relativität werden sie in eine Gottesbeziehung aufgenommen, die im Prinzip nur dem »Sohn« zukommt, jetzt aber infolge seiner Heilstat, durch die er seine Attribute an die Seinen übereignete, nun alle einbegreift. Nietzsche nannte die Rückerstattung der an Gott abgetretenen Attribute an den Menschen dessen »schönste Apologie«. Was er postulierte und durch den Begriff des »Übermenschen« ins Bild hob, war aber längst schon geschehen, so daß er sich mit dem Versuch, eine antichristliche Alternative zu schaffen, nur fatal vergreifen konnte. Umgekehrt kann dann aber von der Gotteskindschaft gesagt werden, daß der Mensch durch sie seine denkbar schönste Apologie erfuhr, daß also das vielfach bezweifelte und durch die Geschichte der menschlichen Selbstzerstörung aufs schwerste desavouierte Recht des Menschseins nie überzeugender bestätigt wurde als durch sie. Doch was besagt sie konkret?

Im hohen Ton des johanneischen Ausrufs antwortet darauf Gregor von Nyssa in seinen Reden über die Seligpreisungen:

Wie könnte man Gott für diesen Hulderweis würdig danken, welche Begeisterung würde hinreichen, um das Übermaß dieser Gnade zu preisen und zu würdigen? Weit schreitet der Mensch über seine Natur hinaus, da aus einem Sterblichen ein Unsterblicher, aus einem Vergänglichen ein Unvergänglicher, kurz aus einem Menschen ein Gott wird. Wer so erhoben wurde, ein Kind Gottes zu sein, der muß auch die Würde des Vaters erhalten und seine Güter erben. O Freigebigkeit dieses gütigen Herrn! O offene Hand! O mächtiger Arm! Wie unermeßlich sind doch die Gnaden, die er aus seiner verborgenen Schatzkammer hervorholt, um sie uns zu spenden! Aus reiner Liebe zum Menschen erhebt er unsere Natur, die ihre Ehre und Hoheit durch die Sünde verlor, nahezu zu seiner eigenen Würde! [21]

Gott versetzte den in diesem Makarismus selig gepriesenen Friedensstifter, so begründet Gregor seine Danksagung, geradezu in den Ursprung des Friedens, damit er seinerseits zum Urheber liebender Übereinkunft werde und die Trennwand des Bösen in seinem eigenen Herzen beseitigen lerne. Erst dadurch ist er befähigt, auch andere durch das Band des Friedens aneinanderzuketten[22]. In Form einer Formalbestimmung wiederholt das am Ende des Mittelalters Nikolaus von Kues, wenn er in seiner Schrift über die Gotteskindschaft versichert:

Meiner Ansicht nach werden wir nicht in dem Sinn Kinder Gottes, daß wir dann etwas anderes würden, als was wir jetzt sind; wohl aber werden wir dann in einem andren Maß und wie das sein, was wir jetzt in der unserem heutigen Zustand angemessenen Seinsweise sind[23].

Das faßte er im weiteren Verlauf dieser für die Motivgeschichte grundlegenden Schrift in die definitionsartige Formel
zusammen:

*Die Kindschaft ist somit die Aufhebung aller Andersheit und
Verschiedenheit und das Aufgehen von allem in eins, was
zugleich den Aufgang des Einen in alles besagt*[24].

Das ist in direkter Rückbezug auf die kusanische Unend-
lichkeitslogik gesagt, mittelbar aber auch in Erinnerung an das
Paulus-Wort von der endzeitlichen Unterwerfung der Schöpfung
unter den Sohn und dessen Unterwerfung unter den Vater, »damit
Gott alles sei und in allem« (1 Kor 15,28). Wenn damit das eschatologische Ende der Lebensgeschichte Jesu angesprochen ist, dann
spricht die hymnische Stelle des Nysseners von deren mit der Bergpredigt gesetztem Anfang, den die Seligpreisungen in Form von
suggestiven Sprachimpulsen markieren. Während die Seligprei-
sung der Armen, denen das Gottesreich zugesprochen wird, das
Thema der Verkündigung Jesu intoniert, nennt die der Friedensstifter die Bedingung der Zugehörigkeit zu dem in Jesu Wort und
Wirken bereits anbrechenden Gottesreich:

*Selig die Friedensstifter; sie werden Kinder Gottes heißen
(Mt 5,9).*

Das ist ohne jeden moralischen Appell gesagt. Denn das,
was die Friedensstifter als Gotteskinder sind, bewirken sie auch.
Der Friede ist ihr spontanes Selbstzeugnis, ihre soziale Selbstdarstellung, ihre Wesenstat. Ohne daß sie es hindern könnten, leuchtet
er aus ihrem Verhalten und Sein hervor. Was sie aber mit dem
ganzen Einsatz ihrer Kraft »erbringen« müssen, ist der Zentralfor-
derung der Bergpredigt zufolge die Liebe, und zwar in ihrer höchsten, schier übermenschlichen Form:

*Liebt eure Feinde, tut Gutes und leiht, ohne etwas zurück-
zuerwarten. Dann wird euer Lohn groß sein, und ihr werdet
Söhne des Höchsten sein, der gütig ist, sogar gegen die Undankbaren und Bösen. Seid barmherzig, wie euer Vater
barmherzig ist! (Lk 6,35f)*[25]

Hier taucht der Schlüsselbegriff zum zweiten Mal an einer
auf die Lebensgeschichte Jesu bezogenen Stelle auf. Eine dritte
bezieht sich auf die Gleichnishandlung, bei der Jesus ein Kind in

die Mitte seiner zerstrittenen Jünger stellt, es in seine Arme schließt und erklärt:

Wer auf meinen Namen hin eines von der Art dieser Kinder aufnimmt, der nimmt mich auf. Und wer mich aufnimmt, nimmt nicht nur mich auf, sondern den, der mich gesandt hat (Mk 9,37).

Wie bei den Wortgleichnissen geht es auch hier nicht um Verbildlichung und Allegorese, sondern um den Einzug ins Gottesreich, der wie bei der Botschaft Jesu an einen Akt der Metanoia, verstanden als der einer radikalen Denk- und Lebenswende, gebunden ist. Sie besagt in diesem Kontext so viel wie Kindwerdung, und dies in existentiellem Anschluß an den, der als der einzige Sohn Gottes in das Gottesreich ruft und der den Einzug deswegen an seine »Aufnahme« bindet, weil er selbst die personale Urform der Basileia und weil diese seine soziale Selbstveräußerung ist.

Protagonist in der Überlieferung und Explikation der Gottesbotschaft ist jedoch Paulus, der seinen Abriß der Heilsgeschichte in diesem Motiv gipfeln läßt:

Als die Zeit erfüllt war, sandte Gott seinen Sohn, geboren aus einer Frau und dem Gesetz unterstellt, damit er die dem Gesetz Unterworfenen befreite und damit wir zur Sohnschaft gelangten (Gal 4,4 f) [26].

Allen Versuchen, den Gedanken zu einem bloßen Adoptivverhältnis herabzuspielen und – womöglich im Bann der reformatorischen Imputationslehre – auf eine bloße Nominierung zurückzunehmen, widersetzt sich diese Aussage dadurch, daß für sie alles von derselben Wirklichkeitsdichte ist: die Sendung des Sohnes ebenso wie seine Geburt aus der Frau, und die von ihm bewirkte Befreiung vom Gesetz ebenso wie die Einsetzung in die Gotteskindschaft. Wenn sich manche Belegstellen des Motivs im Sinn einer bloßen Adoption ausnehmen, ist das aus der juristischen Herkunft der Bezeichnung (hyiothesia) zu erklären. Doch auch sie sind durchstrahlt von der Fundamentalaffirmation, in der von Gotteskindschaft insgesamt die Rede ist. Als Kennzeichnung der Zugehörigkeit zum Gottesreich ist sie so real wie dessen eigene, wenngleich nach Art einer jetzt noch verborgenen und erst im Eschaton enthüllten Realität. Diese Realität bedeutet für Paulus Leben, konkreter noch, geistgewirkten Mitvollzug des zentralen

Lebensaktes Jesu, seiner vom Abba-Ruf besiegelten Hingabe an den Vater:

> *Da ihr Söhne seid, sandte Gott den Geist seines Sohnes in unsere Herzen, in dem wir rufen: »Abba, Vater!« (Gal 4,6)* [27]

Auch wenn der Wortlaut der Stelle auf kein genealogisches Verhältnis schließen läßt, ergibt sich dieses doch zwingend aus der Gedankenfolge. Im Medium des Geistes sandte Gott seinen Sohn als Lebens- und Wirkprinzip in die Herzen der Glaubenden, die nun in einem Synergismus mit ihm Gott mit dem Vaternamen anrufen. Der Lebensakt des Sohnes ist der ihre geworden. Als Kinder Gottes vollziehen sie sein Leben mit. Doch damit hat sich ihr Sein von Grund auf geändert. Ohne daß sie aufhören, Kreaturen zu sein, hat sie der Vater in ein Kindesverhältnis zu sich aufgenommen, das ihr Dasein und ihre Lebensbezüge neu strukturiert. Kriterium dessen ist ihre Entlassung aus den Zwängen des welthaften Daseins. Das sagt der nachpaulinische Kolosserbrief mit dem großen Wort:

> *Er hat uns der Macht der Finsternis entrissen und in das Reich des Sohnes seiner Liebe versetzt (1,13).*

Im Lebensakt der Gotteskinder beginnt das Gottesreich; Ursprung dieses Reiches aber ist die in die Welt herabgestiegene und mitvollziehbar, mitlebbar gewordene Liebe Gottes, die fruchtbar wurde in seinem Sohn. Damit ist ein neuer Anfang gesetzt, der die Macht der repressiven Gewalten gebrochen und eine Neugestaltung des Daseins ermöglicht hat. Dasselbe aber sagt bereits Paulus, wenn er in der späten Parallelstelle zu der Grundaussage erklärt:

> *Ihr habt doch nicht den Geist der Knechtschaft empfangen, so daß ihr euch aufs neue fürchten müßtet; vielmehr habt ihr den Geist der Sohnschaft empfangen, in dem wir rufen: Abba, Vater (Röm 8,15).*

Die Gotteskindschaft, so Paulus an dieser herausragenden Stelle, bricht mit dem Geist der Heteronomie und führt in eine Zuversicht, die allen Schrecknissen des Daseins gewachsen ist. Denn die Welt liegt auch nach paulinischem Verständnis im Argen. Ihre Gestalt vergeht (1 Kor 7,31). Und der in sie verwiesene Mensch hat sein unabwendbares Ende vor Augen. Da steigert sich in ihm alles zu dem Wunsch, nicht »entkleidet«, also nicht sich selbst und seinem Inbesitz entrissen, sondern »überkleidet« zu werden (2 Kor 5,4). Damit konkretisiert sich aber auch schon der Komplex des Furchterregenden, dem sich das Gotteskind entrissen sieht. Es ist in erster Linie die Todesangst und mit ihr als Speerspitze die Summe aller Daseinsängste. Es sind sodann aber auch alle Dränge und Zwänge, die Paulus mit dem Begriff der durch Christus entmachteten »Weltelemente« umschreibt[28]. Und es sind schließlich die vielfältigen Sorgen, die der tägliche Lebenskampf mit sich bringt (Lk 12,22; 21,34). Nicht als würde all das gegenstandslos; aber dem zur Gotteskindschaft erhobenen Menschen eignet demgegenüber eine höhere Kompetenz und jene Sicherheit, die er aus dem liebenden Mitvollzug der Abba-Anrufung Jesu schöpft. In diesem Ruf weiß er sich der tiefsten aller Ängste, der Gottesangst, überhoben, weiß er sich der Liebe Gottes versichert und von dieser Liebe wie nur je ein in die väterliche Obhut genommenes Kind umhegt.

Es blieb dem Johannesevangelium vorbehalten, den genealogischen Charakter dieser neuen Gottesbeziehung herauszustellen. Im Nikodemus-Gespräch antwortet Jesus dem nächtlichen Fragesteller:

Wer nicht aus Wasser und Geist wiedergeboren wird,
kann nicht in das Reich Gottes eingehen (Joh 3,5)[29].

Was das Taufsakrament besiegelt, ist vom Gottesgeist seinshaft bewirkt: eine Geburt »von oben«. Es ist jene Wieder- und Hochgeburt, die der Prolog von denen aussagt, die den von der Welt und sogar von den »Seinen« Verworfenen »aufnahmen« und im Gegensatz zu den dem Fleisch und Blut Entstammenden »aus Gott geboren« sind (Joh 1,13). Gott hat über ihnen den Schoß seiner Liebe aufgetan, so daß sie fortan nicht mehr nur das Werk seiner Hände, sondern die Frucht seines Herzens sind. Obwohl die kreatürliche »Kondition« ihres Seins fortbesteht, ist diese doch zugleich aufgehoben in einen nur ihnen erfahrbaren Status; obwohl sie nichts anderes werden als das, was sie bisher waren, werden sie es, kusanisch ausgedrückt, doch anders im Sinn einer gottentstammten Seinsweise. Die Nikodemusstelle fügt dem die Perspektive des Gottesreichs hinzu. Die Gotteskindschaft muß deshalb dynamisch, als Einstieg und Einbürgerung ins Gottesreich gedacht werden. Die Zugehörigkeit zu ihm ist ihr Zweck, der Künder und Stifter des Gottesreichs ihr Grund. So entspricht es der Urtat der

Gotteskindschaft, der Friedensstiftung. Denn das Gottesreich unterscheidet sich von den welthaften Herrschaftsformen in erster Linie dadurch, daß es nicht auf das Gesetz der Macht, sondern auf das des Friedens gegründet ist. In seinem Lebensraum zeigt sich, daß der Friede, christlich gesehen, nicht so sehr Folge als vielmehr Anfang und Prinzip ist, so daß von ihm das erhofft werden kann, was keine Gewaltordnung zu leisten vermag: ein angstfreies Zusammenleben im Geist der Brüderlichkeit, Solidarität und Liebe[30].

3. Der innere Zuspruch

Wenn es zutrifft, daß das Unwesen der Sünde in einem »Sich-schwer-machen« gegenüber Gottes Ruf und Liebeswillen besteht, ist die Einwilligung des Menschen in den Status der Gotteskindschaft nicht selbstverständlich. Eher noch neigt er aufgrund seiner »Schwerkraft« dann dazu, sich dem Angebot einer höheren Seinsform zu verweigern und »schwermütig« auf der von ihm faktisch eingenommenen zu bestehen. Wenn diese Schwerfälligkeit überwunden werden soll, dann sicher nur mit Hilfe dessen, der den Himmel seiner Transzendenz durchbrach, um den Menschen zu sich emporzuziehen. Obwohl Gott der Urheber der Kindschaft ist, genügt der Rückverweis auf ihn nicht. Vielmehr muß die Suche nach dem der menschlichen Schwachheit aufhelfenden Impuls bis zu dem weitergeführt werden, der nach christlichem Verständnis der »Sohn« im höchsten und ausschließlichen Sinn des Ausdrucks ist.

Ihn erkärt wie im Stil einer vorweggenommenen Antwort der Römerbrief zum »Erstgeborenen unter vielen Brüdern« (8,29). Aber wie kommt es zu dieser Bruderschaft mit dem »Einziggeborenen vom Vater« (Joh 1,18)? Wie sich von selbst versteht, führt der Lösungsweg allein über das Selbst- und Sohnesbewußtsein Jesu. Nach dem Bericht des Markusevangelisten wird Jesus bei seiner Taufe durch Johannes durch den Zuspruch der Himmelsstimme »du bist mein geliebter Sohn; dich habe ich erwählt« (Mk 1,11) in dieses Bewußtsein eingeweiht. Da es sich dabei aber nach dem neuesten Forschungsstand um eine taufätiologische, also von der Urgemeinde nachgestaltete Szene handelt, wird man die Ursache im Gottesverhältnis Jesu zu suchen haben, wie es sich in dem von seiner religiösen Erfahrung eingegebenen Vaterunser spiegelt[31].

Ausgangspunkt ist dann die Bitte um die Heiligung des göttlichen Namens, die Jesus gleicherweise zur Erkenntnis geführt haben dürfte, daß sie ihn auf exzeptionelle Weise betraf, wie auch, daß dafür die traditionelle Gottesanrede nicht genügte, weil Gott von ihm auf neuartige Weise, mit dem ganz persönlich artikulierten Vaternamen angerufen werden wollte. Dann aber verfaßte sich alles in ihm zu der Frage nach seiner Identität, der jetzt nur eine gleichsinnige Antwort nach Art des himmlischen Zuspruchs »du bist mein geliebter Sohn« genügen konnte. Das führte die reflektierende Gemeinde zur Gestaltung der Taufszene, mit der sie gleichzeitig ihre sakramentale Praxis legitimierte[32]. Wie aber entwickelte sich aus diesem Selbstverständnis das Sendungsbewußtsein Jesu?

Es war offensichtlich das Moment der Ausschließlichkeit, das diesen Umschlag bewirkte. So ergab es sich aus der völlig neuartigen Struktur seines Identitätsgewinns. Wir sagen »du« und »es«, um »ich« sagen zu können, und gelangen so durch Akte der Selbstunterscheidung von Welt und Mitwelt zur Identifikation mit uns selbst. Wer aber wie Jesus als Adressat eines göttlichen Zuspruchs zum Bewußtsein seiner Identität gelangt, ist dadurch von seinem Selbstbegriff her auf den Weg der Hingabe verwiesen. Indem er sich vergibt, gelangt er zu sich selbst. So kam es in ihm jedoch zu einem Konflikt zwischen der Ausschließlichkeit seines Sohnesbewußtseins und seinem zu schrankenloser Selbstübereignung bewogenen Wesenswillen, der mit dem Sieg seiner Liebe über seine einzigartige Würde endete. Und dieser Sieg besagte, daß er sich fortan dazu angehalten und bestimmt wußte, seine Sohneswürde an alle, »die ihn aufnahmen«, weiterzugeben. Ihnen verlieh er, so der Johannesprolog, die »Vollmacht, Kinder Gottes zu werden« (Joh 1,12). Damit war der Auftrag, den göttlichen Namen zu heiligen, erst ganz erfüllt.

Doch dazu bedurfte es eines Mittelbegriffs, mit dessen Hilfe das alle menschlichen Denk- und Verstehensformen überfordernde Sohnesbewußtsein weitergegeben und vermittelt werden konnte. Ihn fand Jesus im alttestamentlichen Gedanken von der Gottesherrschaft, den er von Anfang an ins Zentrum seiner Verkündigung rückte. Demgemäß faßt der Markusevangelist den Beginn seiner Tätigkeit in den Satz zusammen:

Die Zeit ist erfüllt und das Reich Gottes nahegekommen;
kehrt um und glaubt an die Heilsbotschaft! (Mk 1,14)

Auch wenn gegen den Trend der heutigen Forschung angenommen werden darf, daß Jesus dazu vor allem durch seine Identifikation mit der – nach der Danielvision (7,13 f) mit der Heraufführung des Gottesreiches beauftragten – Himmelsgestalt des Menschensohnes geführt wurde, kommt dieses »angereicherte« Selbstverständnis doch auf jeden Fall zu spät, als daß damit die primordiale Stellung des Motivs erklärt werden könnte[33]. Deshalb bleibt auch hier nur der Rückgriff auf die Gebetswelt Jesu. Sofern sich diese im Vaterunser spiegelt, folgt hier tatsächlich (nach Lk 11,2) auf »geheiligt werde dein Name« die Bitte »dein Reich komme!« Betend stieß Jesus somit auf den erforderlichen Mittelbegriff und dies offensichtlich so, daß er darin das sprachliche Gefäß für die Übereignung seines Sohnbewußtseins entdeckte. Das könnte sich, rekonstruierend gesprochen, in zwei Schritten vollzogen haben. In einem ersten, bei dem er das Gottesreich als den »Ort« der vollkommenen Heiligung des göttlichen Namens begreifen lernte. Und in einem zweiten, bei dem es für ihn zum Medium konkreter Selbstfindung wurde. Denn als Inbegriff der Gottesherrschaft verwies es ihn ebenso ganz an Gott wie an die, die seiner Liebesherrschaft unterworfen werden sollten. So aber entsprach es vollauf dem Gesetz, nach dem er »angetreten« war, und dem Weg, auf dem er zu sich selbst gelangte. Er war, wie es nur der Gottessohn sein konnte, vollkommen auf Gott hingeordnet und nicht minder an die hingegeben, die es für sein Reich zu gewinnen galt.

Ähnliches galt dann aber auch für diese. Wer zur Fühlung der mitgeteilten Gottessohnschaft Jesu gelangte, trat spontan in Verbindung mit den vielen, an die er sich in seiner Selbstübereignung »vergab«. Denn er geriet so stark in das Kraftfeld der göttlichen Identität, daß er darin nur in Gemeinschaft mit diesen bestehen konnte. Das mitgeteilte Sohnesbewußtsein wurde für ihn so zum Medium einer zweifachen Intensivierung: einmal seiner Bindung an Gott im Sinne des Allgemeinbegriffs von religio, sodann aber auch seiner Sozialbeziehung, die ihn jetzt über die gebrochene Verfassung der Gesellschaft hinaustrug und ihn in jene Gemeinschaft erhob, der Jesus ebenso mit seinem »anstößigen« Verhalten wie mit seinem Gebot der Nächstenliebe das Wort redete. Das ist die Gemeinschaft, die er als der »Erstgeborene unter vielen Brüdern« um sich scharte, die Gemeinschaft derer, die durch die an sie weitergegebene Gottessohnschaft zu Gotteskindern und dadurch zu Bürgern seines Reiches wurden. Wie aber wußten sie um ihre Erhebung in diesen neuen, ebenso gottnahen wie gottverbundenen Stand?

Das ist die Frage nach ihrer Vergewisserung und nach der der neuen Genealogie korrespondierenden Genese ihres Kindschaftsbewußtseins. Nach der Schlüsselstelle des Galaterbriefs (4,6) ist es die pneumatische Selbstmitteilung Jesu, die zur Gottesanrufung im Sinn und Geist des Sohnes ermächtigt und so zu der erfragten Gewißheit führt. Vorzugsakt dieser Geisterfahrung ist das Gebet, da sich der Geist (nach Röm 8,26) der Schwachheit des Beters annimmt, um sich dessen Anliegen zueigen zu machen und es vor dem Antlitz Gottes zu vertreten. So wird der Beter zum Gefäß der Selbstbegegnung und Selbstverständigung Gottes, auch wenn ihm das nur in der Form bewußt wird, daß er sich im wachsenden Maß angenommen und in ein Kindesverhältnis gezogen fühlt. Wie aber kann das heute, unter den desintegrativen Bedingungen einer dem urchristlichen Enthusiasmus so ferngerückten Zeit erfahren oder doch nachvollzogen werden?

In einer kommunikationstheoretisch explizierten Form antwortet darauf der frühe Augustin mit dem Theorem des »inwendigen Lehrers«[34]. Davon handelt die dem Andenken seines frühverstorbenen Sohnes Adeodat gewidmete Schrift ›De magistro‹, die dem jugendlichen Gesprächspartner das zusammenfassende Schlußwort überläßt:

Ich habe durch deine Worte verstehen gelernt, daß der Mensch durch die Vokabeln lediglich die Anregung dazu empfängt, wie er sich belehren soll, und daß die Sprache nur einen kleinen Teil von dem mitzuteilen vermag, was ein Sprechender sich denkt. Klar geworden ist mir insbesondere, daß immer dann, wenn ein Lehrer etwas Wahres sagt, in Wahrheit uns derjenige belehrt, der uns durch die äußeren Worte von seinem Wohnen in unserem Innern in Kenntnis setzt. Ihn will ich, wenn seine Gnade mir hilft, lieben und dies mit um so heißerer Glut, je mehr ich in der Lehre Fortschritte mache[35].

Was das »Wunder des Verstehens« (Gadamer) bewirkt, ist somit weder die sprachliche Kompetenz des Redenden noch die ihm entgegengebrachte Aufmerksamkeit des Rezipienten, soviel an beidem gelegen ist, sondern die Intervention eines Dritten, den Augustin den Magister interior nennt. Im Rückgriff auf die biblischen Ausgangsdaten wird aber deutlich, daß er sich in dieser hermeneutischen Funktion nicht erschöpft. sondern außerdem in das Werk des Existenzgewissens eingreift. Dabei verinnerlicht er die vom Kusaner vernommene Aufforderung zur Annahme seiner selbst (Guardini) in einer Weise, daß in ihr die Große Einladung hörbar wird, mit welcher Jesus zur Lebensgemeinschaft mit sich ruft. Jetzt aber wird dieser Ruf zur Tat, durch die er sich dem Glaubenden als das Prinzip eines neuen Selbstseins einstiftet; denn er will in ihnen auferstehen und zugleich wiedergeboren werden. Das eine, weil er den Übergang von der Lebensgeschichte zur Wirkungsgeschichte, mit dem sein Fortleben einst begonnen hatte, stets neu vollzieht. Das andere, weil er dabei seine Lebensgeschichte von ihrem Anfang an rekapituliert. So sah es Gregor von Nyssa, als er in seinem Hoheliedkommentar versicherte:

> *Das in uns geborene Kind ist Jesus, der in denen, die ihn aufnehmen, auf unterschiedliche Weise an Weisheit, Alter und Gnade heranwächst. Denn er ist nicht in jedem der gleiche. Nach dem Gnadenmaß dessen, in dem er Gestalt annimmt, und nach der Fähigkeit des ihn Aufnehmenden erscheint er einmal als Kind, dann als Heranwachsender und schließlich als Vollendeter[36].*

In diese zugleich christologische und lebensgeschichtliche Perspektive gerückt, ist das die Grundfassung des mystischen Zentralgedankens von der »Gottesgeburt«, der noch in Guardinis Jesus-Buch ›Der Herr‹ einen fast wörtlichen Nachklang findet; er schreibt:

> *In jedem Christen lebt Christus gleichsam sein Leben neu: ist zuerst Kind und reift dann heran, bis er das volle Alter des mündigen Christen erreicht. Darin aber wächst er, daß der Glaube wächst, die Liebe erstarkt, der Christ sich immer klarer seines Christseins bewußt wird und mit immer größerer Tiefe und Verantwortung sein Dasein lebt[37].*

Hauptzeuge der Motivgeschichte ist wiederum Augustin, bei dem man einmal sogar einen Vorklang der kusanischen Bestimmung der Gotteskindschaft zu vernehmen glaubt, wenn er erklärt:

> *Wir werden nicht in dem Sinn Gottes teilhaftig, daß wir das vollständig würden, was er ist, sondern so, daß wir ihn auf*

die innigste, wunderbare und intelligible Weise berühren
und von seiner Wohltat und Liebe zutiefst erleuchtet und
ergriffen werden[38].

Auf der Höhe des Mittelalters steigert das Meister Eckhart
zu dem von der damaligen Kirche verworfenen Gedanken, daß der
zur Gotteskindschaft Gelangende in die ewige Zeugung des Sohnes
aus dem Vater einbezogen wird, so daß er von sich sagen kann:

Der Vater zeugt mich als seinen einen und denselben Sohn;
was Gott wirkt, ist ein Einziges; darum zeugt er mich als
seinen Sohn ohne allen Unterschied?[39]

Das entspricht im Denken des Bernhard von Clairvaux dem,
was er unter dem höchsten Grad der Liebe versteht und mit den
Worten rühmt:

O reine und heilige Liebe!
O süße und wohltuende Liebkosung!
Es ist ein wahres Gottwerden, wenn man
durch eine solche Erfahrung hindurchgeht[40].

Wenn das nachvollziehbar werden soll, muß nur noch die
christologische Vermittlung hinzugenommen werden, die am Anfang der Motivgeschichte noch ganz im Vordergrund stand. Und
diese muß überdies als Frucht der spontanen Einverleibung Jesu im
Rezipienten, als Jesu Selbstidentifikation mit ihm, begriffen
werden. Das aber heißt für den Empfänger, daß das sich ihm zu-
eignende Selbst der Mühe seiner Identifikation zuvorkommt, so
daß die Not der Abgrenzung im Glück der erfahrenen Entgegenkunft untergeht.

Meister Eckhart stellte sich auch der Frage nach dem Kriterium und meinte, daß es in der völligen Indifferenz gegenüber jeglichem Leid bestehe. Im Anschluß an eine Bemerkung Paul Watz-
lawicks aber könnte man realistischer sagen, daß die Erreichung
der Gotteskindschaft daran erkannt werden könnte, daß die Belästigung durch die Sinnfrage entfällt[41]. Das könnte konkret auch
heißen, daß der zur Gotteskindschaft Gelangte in seinem Selbstsein
nicht mehr bestätigt zu werden braucht, weil ihm diese Anstrengung
durch den abgenommen wurde, der ihn durch seine Selbstübereignung im höchsten Sinn des Wortes »angenommen« hat. In
seinem Fall versinkt die »Annahme seiner selbst« in das Wider-

fahrnis eines alle Not der Selbstsetzung überholenden Zueigen-
genommenseins. Aus dieser Überholung erhebt sich der vergewis-
sernde Zuspruch, der in unterschiedlicher Intensität artikuliert
wurde. Verhalten bei Pascal, der sich in seiner Meditation über das
Mysterium Jesu an der Zusage aufrichtet: »Tröste dich, du würdest
mich nicht suchen, wenn du mich nicht gefunden hättest«. Inten-
siver bei Cusanus, wenn die innere Stimme ihren Appell »sei dein
eigen« mit der Verheißung verbindet: »dann werde auch ich dein
eigen sein«. Am deutlichsten aber in dem Jesaja-Wort: »Ich habe
dich beim Namen gerufen; du bist mein!« (43,1)

4. Das überlegene Sozialkonzept

Vor dem Hintergrund einer bereits fortgeschrittenen Entwicklung der Kirchenstrukturen fragt der sich in die Rolle des
Apostels Paulus hineinspielende Verfasser des Epheserbriefs nach
dem Sinn der Dienstleistungen und Ämter. Seine Antwort lautet:

> *Er bestimmte die einen zu Aposteln, die andern zu Prophe-
> ten, zu Kündern, zu Hirten und Lehrern, damit sie die Heili-
> gen zu ihrem Dienst heranbildeten, zur Auferbauung des
> Leibes Christi, bis wir alle zur Einheit des Glaubens gelang-
> ten und zur Erkenntnis des Gottessohnes, zur vollen Man-
> nesreife und zum Vollmaß der Fülle Christi (Eph 4,11ff)*[42].

Wenn mit dem »Dienst«, zu dem die Gläubigen herangebildet werden sollen, die Einübung in den Geist der Gotteskindschaft
gemeint ist, spricht die zweite Satzhälfte von deren »Erweiterung«
ins religiöse Kollektiv, das der paulinischen Vorstellung von dem
mystischen Leib Christi entspricht[43]. Subjekt dessen, was Gotteskindschaft besagt, ist somit nicht schon der einzelne, der sich dazu
»herangebildet« weiß, sondern erst der als »Haupt« seines Leibes
waltende Gottessohn. Seine »Glieder« wissen um sich, sofern er
sich in ihnen erkennt. Sofern sie sich von dieser Entgegenkunft zur
Liebe bewegen lassen, liebt Christus sich selbst in ihnen: unus
Christus amans seipsum, wie Augustin mit Nachdruck betont[44].
Prägnanter als mit dieser »wunderbaren Formel« (Lubac) könnte
nicht mehr gesagt werden, was es heißt, mit dem »Haupt« zusammen in der Interaktion des mystischen Leibes zu stehen. Der sich

in seinen »Gliedern« Liebende legt die von Mißtrauen, Angst und Egoismus errichteten Mauern Zug um Zug in ihnen nieder; denn kein Ringer könnte, so Kierkegaard, seinen Gegner so mächtig umfassen, wie es der Selbstliebe durch die gerade auch vom fortlebenden Christus erhobene Forderung der Nächstenliebe widerfährt[45]. Was aber hat das mit der Botschaft des historischen Jesus zu tun?

Die Frage erledigt sich durch die Erkenntnis, daß der Blick in die dem Vollalter Christi entgegenreifende Glaubensgemeinschaft die Innensicht dessen erschloß, was die Verkündigung Jesu »Reich Gottes« nennt. Wenn man sich vergegenwärtigt, daß dieser Begriff das Herzstück seiner Botschaft bildet, kann man das Schicksal, das dieser Gedanke in der Folge erlitt, nur mit wachsender Verwunderung registrieren. Dabei ereignete sich der schwerste Einbruch schon in neutestamentlicher Zeit, als Paulus der Jesusüberlieferung dadurch zuvorkam, daß er seine Verkündigung, anders als der Stifter des Christentums, auf die Basis der Freiheitsidee stellte und dadurch seiner Glaubensbotschaft in der hellenistischen Welt zum entscheidenden Durchbruch verhalf. Obwohl Origenes das Motiv radikaler, als dies je zuvor geschehen war, auf seinen Ursprung zurückführte, als er Jesus die autobasileia, also das Gottesreich »in Person«, nannte, entfernte sich das Verständnis in der Folge immer weiter vom jesuanischen Ausgangspunkt. Entscheidende Wegscheide war dabei die augustinische Unterscheidung von civitas Dei und civitas terrestris, die zu Beginn der Neuzeit in Gestalt der reformatorischen Zwei-Reiche-Lehre erneut zum Zug kam. Auch die Wiederentdeckung des Ursprungs durch Joachim von Fiore konnte den Fortgang der Entfremdung nicht verhindern, obwohl er mit seiner trinitarischen Reich-Gottes-Konzeption einen Höhepunkt der gesamten Motivgeschichte herbeiführte. Im einzelnen unterschied er ein Reich des Vaters, das als die Ordnung des Gesetzes, der Knechtschaft und Furcht im Zeichen des Sternenlichts steht, dem Nesseln und Wasser entsprechen, sodann das Reich des Sohnes, mit dem das Morgenrot der Gnade und des Glaubens anbricht und damit die Stunde der Rosen und des Weins, und schließlich ein Reich des Geistes, durchwaltet von Freiheit und Liebe, in welchem Öl und Weizen reifen[46]. Daran knüpft in der bereits abklingenden und deshalb für religiöse Impulse wieder empfänglichen Neuzeit Hegel an, der sich von seinen Studienfreunden Hölderlin und Schelling mit dem

Losungswort »Reich Gottes« verabschiedet hatte. Dies geschieht bei ihm freilich so, daß er das Motiv mit dem »Reich des reinen Gedankens« gleichsetzt und diesen als die progressive Aufhebung des Gegenstands in den Begriff deutet[47]. Sofern er darunter den sich geschichtlich vollziehenden »Fortschritt im Bewußtsein der Freiheit« versteht, stellt sich ihm die Frage nach dem Gestaltgesetz dieses Fortschritts. Wie das Motiv selbst findet er auch dieses bei Joachim, sofern er in der Abfolge der drei Reiche den dialektischen Prozeß vorgebildet sieht. Vermittelt – und vorangetrieben – durch das im Kreuz des Sohnes symbolisierte Moment der Negativität, erreicht die abstrakte Ausgangsbestimmung, wie sie dem Reich des Vaters zugrunde liegt, ihre konkrete Vollgestalt in dem zum vollen Selbstbegriff gelangten Geist[48]. Ging es Kant darum, das Wissen aufzuheben, um »zum Glauben Platz zu bekommen«, so betreibt Hegel dessen Aufhebung in die Wissensgestalt der Spekulation.

Während Hegel in der Reich-Gottes-Idee den Schlüssel zum »Gang des Geistes« (Heiß) fand, suchte die vom Geist der Romantik inspirierte Theologie darin den Ausgangspunkt für ihre Entwürfe, am deutlichsten bei Johann Baptist Hirscher, der seine Moraltheologie als die Verwirklichung des Gottesreichs konzipierte. Damit aber war prinzipiell auch schon die Frage nach dem Verhältnis des Gottesreichs zur konkret existierenden Kirche aufgeworfen und der Anlaß zu wachsender Kritik an ihr gegeben. Symptomatisch dafür ist der distanzierende Satz Alfred Loisys:

Jesus verkündete das Gottesreich, und es kam –
die Kirche[49].

Wurde hier eine geschichtliche Realität von einem Ideal her infragegestellt, so ereignete sich im politischen Raum das exakt Entgegengesetzte. Gemeint ist der diabolische Versuch, mit Hilfe des gegen seinen Sinn gewendeten Reich-Gottes-Gedankens Macht über die Wirklichkeit, tendenziell sogar über die Weltwirklichkeit zu gewinnen. Darin war dem braunen Experiment in Zentraleuropa das rote im Osten vorangegangen, das sich ideoloigsch gleichfalls auf eine pervertierte Form des biblischen Motivs, näherhin auf eine ihrer Mitte beraubte Zerrform von Gottesherrschaft, ein Gottesreich ohne Gott, stützte. Dennoch behielt der Gedanke selbst in dieser sinnentleerten Form noch so viel von seiner ursprünglichen Strahlkraft, daß seine volle Entzauberung noch immer nicht erreicht ist. Dabei bewies sich in beiden Fällen die

Geschichte als das Welt- und Geistesgericht. Nachdem der braune Traum unter den Stahlgewittern des Zweiten Weltkriegs zerstoben war, sprach Joachim Fest unter dem Eindruck der Wende von 1989 mit allen Zeichen der Erleichterung davon, daß nun auch der rote Traum »zerstört« worden sei[50].

Doch Träume sind zählebiger als die von ihnen geprägten politischen Verhältnisse. So kam es dazu, daß der braune Traum immer noch als unbeantwortete Frage fortlebt, die so lange ein bedrohliches Vakuum bilden wird, als seine geistige Herkunft und insbesondere die anthropologischen Voraussetzungen der unter seiner Obsession begangenen Barbareien nicht aufgeklärt sind. Vor allem aber ist der rote Traum, trotz Fests optimistischer Diagnose, noch immer nicht ausgeträumt, da ihm die von ihm berückten Literaten trotz des unmißverständlichen Urteilsspruchs der Geschichte immer noch nachhängen und die der Postmoderne verfallenen Philosophen sich der Prinzipien begeben haben, mit deren Hilfe sie ihm widerstehen könnten.

Aller Erfahrung nach lassen sich Träume aber weder durch Kritik noch durch den Hinweis auf das durch sie angerichtete Unheil, sondern nur mit Hilfe gültigerer Hoffnungsziele widerlegen. Das muß der Kritik Joachim Fests entgegengehalten werden, der das Kind mit dem Bad ausschüttet, sofern er einer Entzauberung das Wort redet, die faktisch auf den Zustand einer traumlosen Lebenspraxis hinausläuft. Wer dem Menschen das Träumen abzugewöhnen sucht, entzieht unvermeidlich auch der Sehnsucht und mit ihr der Hoffnung den Boden. Wenn aber das Sehnsuchtspotential nicht der Gefahr einer neuerlichen »Fremdbesetzung« verfallen soll, ist es an der Zeit, den durch die Geschichte widerlegten Traumzielen die gültigere Alternative entgegenzusetzen. Von allen Ordnungsentwürfen, die im Laufe der Menschheitsgeschichte entstanden, bietet sich dafür aber keine so unmittelbar an wie die Reich-Gottes-Botschaft Jesu. Im Rückgriff auf sie stellt sich jedoch die unumgängliche Frage nach ihrer Realisierung, da alle christlichen Glaubensgemeinschaften von dem wenngleich unterschiedlich akzentuierten Anspruch leben, die Realgestalt dessen zu sein, was Jesus mit seiner Botschaft proklamierte und wollte. Insbesondere ist der vieldiskutierte Cyprian-Satz »Extra ecclesiam nulla salus« nur von dieser Voraussetzung her verständlich. Ist das Reich Gottes somit eine bereits realisierte Utopie?

Im Zeitalter der sich annähernden und auf ihre Gemeinsamkeit besinnenden Konfessionen konnte es nicht ausbleiben, daß sich gegen diesen kirchlichen Ausschließlichkeitsanspruch wachsender Widerstand erhob, dem die distanzierende Behauptung Loisys geradezu programmatischen Ausdruck verlieh. Damit gab dieser aber nicht nur das Motto für die seither eskalierende Kritik an der institutionellen Verfassung und lehramtlichen Praxis der Kirche aus, sondern auch das Stichwort für die genauere Erforschung ihres Verhältnisses zu dem von Jesus verkündeten Gottesreich, das in der Folge als das einer nur partiellen Identität erkannt wurde. Wo sich diese Erkenntnis gegen die traditionelle Gleichsetzung durchsetzte, wuchs die Bereitschaft, das Gottesreich mit Hans Weder und Leonardo Boff als die Sozialutopie Jesu anzusehen[51]. Damit ist die Frage, ob es sich im angesprochenen Fall um eine realisierte Utopie handelt, keineswegs verneint, wohl aber in einem nur eingeschränkten Sinn bejaht. Außer Zweifel steht, daß Jesus seiner Botschaft auf ähnliche Weise innewohnt wie seinen Wirkungen. Er ist, mit Origenes gesprochen, das personalisierte Gottesreich, das demgemäß in dem Maß konkrete Kontur gewann, wie er sich in seinen Reden und Heilshandlungen verwirklichte. Der entscheidende Durchbruch zur Realisierung geschah aber in seiner Passion und seiner Auferstehung. In seinem Tod, sofern dieser als der Akt seiner vollkommenen Selbstübereignung an Gott und die Menschheit begriffen werden muß. In seiner Auferstehung, sofern mit ihr das Gesetz der universalen Todverfallenheit aufgehoben und das Dasein insgesamt auf das Prinzip Leben gegründet wurde. Und in beiden, sofern die Auferstehung des Gekreuzigten den Übergang von seiner Lebensgeschichte zu seiner – von ihm durchlebten – Wirkungsgeschichte besagt. Was aber das Verhältnis dieser realisierten Utopie zu den konkreten Daseinsstrukturen anlangt, so gilt in diesem Zusammenhang, daß die Realisierung einerseits bereits auf antizipatorische Weise gegeben ist, andererseits aber in ihrer Vollgestalt noch aussteht. Geradezu spiegelbildlich entspricht diesem Noch-nicht das von Paulus geforderte »fiktionalistische« Verhältnis zur faktisch bestehenden Lebenswelt: ein Haben, als hätte man nicht, ein Nutzen, als gebrauche man und nutze man nicht (1 Kor 7,29 f).

Die Differenz dieser partiellen Realisierung gegenüber den »abstrakten« Utopien ist vor allem in wirkungsgeschichtlicher Hinsicht bedeutsam. Während das von Jesus verkündete Gottesreich über soviel »Bodenhaftung« verfügt, daß es im Grunde niemals zu jenen phantastischen Vorstellungen hätte kommen können, die mit der Erwartung eines »tausendjährigen Reiches« schon seit der ersten Jahrtausendwende Unheilsgeschichte machten, sind Konzepte nach Art des »Sowjetparadieses« oder des »Dritten Reiches« ganz dazu angetan, unter den Händen von Diktatoren die Welt in eine Hölle zu verwandeln. Demgegenüber ist die Sozialutopie Jesu zweifach verankert: in der Menschenwelt, sofern sie durch seine Auferstehung in das »Grundgesetz« des todverfallenen Daseins eingreift, und in der Gotteswirklichkeit. Denn sie wagt es – und darin überragt sie alle übrigen Entwürfe –, Gott selbst als Gestaltprinzip der menschlichen Lebensordnung in Anspruch zu nehmen. Insofern wirkt sie wie eine zeitgeschichtliche Vorwegnahme dessen, was in paulinischer Sicht »das letzte Kapitel von der Geschichte der Welt« (Kleist) sein wird: Wie sich dort der Sohn dem Vater unterwirft, nachdem ihm alles, was ihm jemals entgegenstand, unterworfen ist, wird hier alles, was sich jemals von der Herrschaft Gottes emanzipierte und gegen sie zu behaupten suchte, auf diese zurückgeführt (Eph 1,22), so daß jetzt schon Gott, mit den Augen des Glaubens gesehen, »alles und in allem« ist (1 Kor 15,28).

Als einzigen der unterworfenen Feinde nennt Paulus namentlich den Tod. Insofern ist das Gottesreich die Einlösung dessen, was die Fiktion einer »todlosen« Welt der heutigen Verdrängungsmechanismen vergeblich erstrebt. Aus ihr wird, mit dem apokalyptischen Bild gesprochen, der Tod herausgeworfen und in sein eigenes – als »Feuerpfuhl« imaginiertes – Unwesen versenkt (Apk 20,14). Doch eben damit erweist sich das Gottesreich als die menschlichste aller Sozialutopien. Mit der Verheißung der Todüberwindung rührt sie wie keine andere an das durch das Gesetz der allgemeinen Todverfallenheit versehrte Menschenherz. Nachdem sie seine Sehnsucht nach einer auf Gott bezogenen und dadurch ausschließlich auf das »Prinzip Liebe« gestellten Gesellschaftsordnung stillte, entreißt sie ihm auch noch den bittersten Stachel, das Wissen um seine unabwendbare Todverfallenheit, das zwar nicht einfach beseitigt, wohl aber in die Hoffnung auf die von Gott geleistete endzeitliche Todüberwindung »aufgehoben« wird.

Gerade so entspricht es aber dem utopischen Charakter des Gottesreichs. Nicht weniger erklärt sich daraus auch, daß dieses Sozialkonzept keine Hinweise auf den Aufbau einer konkreten Lebensordnung und erst recht keine griffigen Handlungsanweisungen gibt. Um so schärfer tritt die revolutionäre Stoßrichtung des Konzepts zutage, die sich frontal gegen die auf Gewalt und Unterdrückung gegründete Gesellschaftsordnung wendet. In diesem Sinn erklärt ein ursprünglich klingendes Herrenwort:

Ihr wißt, daß die, welche als Herrscher gelten, ihre Macht zur Unterdrückung ihrer Untergebenen mißbrauchen und daß die Großen eine Gewaltherrschaft ausüben. Bei euch soll es nicht so sein. Vielmehr soll, wer obenanstehen möchte, euer Diener sein, und wer der Erste sein will, der Untergebene von allen (Mk 10,42 ff).

Das kommt einer vollständigen Umstülpung der gewohnten Ordnungsverhältnisse gleich. Gefordert sind ein Herrschen aus dem Geist der Dienstbarkeit und ein Befehlen aus der Gesinnung des Gehorsams. Aber gerade so hat es Jesus vorgelebt:

Denn auch der Menschensohn ist nicht gekommen, um sich bedienen zu lassen, sondern um zu dienen (Mk 10,45) [52].

So gesehen erweist sich die Basileia-Botschaft, auf ihren anthropologischen Kern zurückverfolgt, als die definitive und unüberholbare Antwort auf die im Menschen durch das primordiale »Wo bist du?« geweckte Frage nach dem Sinn seines Daseins. So sehr diese prinzipiell bereits durch die als Selbstmitteilung begriffene Gottesoffenbarung und insbesondere durch deren Manifestation in der Person und Lebensgeschichte Jesu beantwortet ist, kommt die in ihm ausgelöste Unruhe doch jetzt erst voll zur Ruhe. Denn der Mensch ist von seinem Ursprung her Sozialwesen. Deshalb ist in der Sinnfrage für ihn mit einem nur subjektiven Erfüllungsziel noch nicht das letzte Wort gesprochen. Von dem darin gewonnenen Glück gilt, wie es sogar in dem in der amerikanischen Verfassung verankerten allgemeinen Rechtsanspruch auf Lebensglück widerscheint, was von den größten Gütern der Menschheit insgesamt zu sagen ist: sie kommen dem einzelnen erst dann voll zugute, wenn sie zumindest allen erreichbar geworden sind; dagegen sind sein Lebensglück, seine Hoffnung, seine Freiheit und sein Friede so lange hintangehalten, als sie, wie es trotz aller Hilfsaktionen noch immer der Fall ist, einem Großteil der Menschheit vorenthalten bleiben.

Zwar finden sich im Munde Jesu Äußerungen, die (wie Mt 10,5 f; 15,24) auf eine zumindest anfänglich eingeschränkte

Sendung schließen lassen. Doch läßt der Fortgang seiner Lebensgeschichte keinen Zweifel daran, daß die ihm gezogenen Grenzen mit der Annäherung an seine Passion, zumal aber in dieser selbst von ihm abfielen, so daß sein Heilsangebot nun ausnahmslos allen gilt: Juden wie Heiden, Sklaven wie Freien, Fernen wie Nahen. So entspricht es dann auch dem tiefsten Sinnverlangen des auf Solidarität und Seinsglück angelegten Menschen. Wie aber gestaltet sich die dem Ziel des Gottesreichs entgegenstrebende Gemeinschaft?

5. Eine »durchseelte« Gemeinschaft

Die Frage kann in synchroner wie diachroner Hinsicht beantwortet werden. Aus diachroner Sicht formuliert, bezieht sie sich auf die Substrukturen, die der Gang der Geschichte aufweist, wenn er aus der Position des Gottesreichs und der Gotteskindschaft betrachtet wird. Aufschlußreich ist dafür die kollektive Fassung, die Paulus dem Motiv der mystischen Christusgeburt im Galaterbrief gibt, wenn er seinen verunsicherten Adressaten gesteht:

> *Nochmals leide ich um euch, meine Kinder, Geburtswehen, bis Christus in euch Gestalt gewinnt (4,19)*[53].

Hier gilt das mystische Fortleben Christi nicht so sehr dem einzelnen als vielmehr der ganzen von Paulus angesprochenen Glaubensgemeinschaft. Auf derselben Linie liegt das dem Apostel vom Kolosserbrief in den Mund gelegte Wort:

> *Jetzt freue ich mich über die Leiden, die ich für euch ertrage; denn so erfülle ich in meinem Fleisch, was am Leidensmaß Christi noch aussteht für seinen Leib, die Kirche (1,24)*[54].

Danach gibt es eine Fortführung der Lebens- und Leidensgeschichte Jesu, von der die in sie Eingegliederten in Mitleidenschaft gezogen werden, nicht weniger aber auch jenes vom Epheserbrief (4,13) beschriebene Heranreifen zum vollen Altersmaß Christi, das einer ständig wachsenden Erkenntnis des Gottessohnes gleichkommt. Daran schließt sich der von der Patristik entwickelte Gedanke einer über Vorausschattungen führenden schrittweisen Vergegenwärtigung Christi in der Menschheitsgeschichte an, der gelegentlich in aller Form mit dem Wunder unserer Annahme an Kindes statt (Lubac) gleichgesetzt wird[55]. Nach Origenes steigt aus diesem geschichtlichen Fortgang der Passion bisweilen ein Notschrei auf, der ebenso die Klage des am Kreuz Verlassenen wie die der Not der ganzen Menschheit ist[56]. So sieht es auch Augustin, wenn er betont:

> *Ob nun das Haupt spricht oder ob es die Glieder sind: stets*
> *spricht der eine Christus. Und das Haupt spricht ebenso in*
> *seinem eigenen Namen wie in dem seiner Glieder[57].*

Eine Brücke zur Fortentwicklung dieses Gedankens bildet die augustinische Vorstellung, wonach sich in den vier Weltaltern – der Natur, des Gesetzes, der Gnade und der endzeitlichen Heimholung in der Parusie – die »mystische Ontogenese« wiederholt[58]. Ausdrücklicher noch führt auf dieses Ziel der Vorschlag Julians von Toledo hin, daß man die Menschheitsgeschichte wie die eines einzigen Individuums auffassen solle, das sich über viele Entwicklungsstufen hinweg dem Vollendungsstadium nähert[59]. So müsse man sich, wie schon Irenäus von Lyon sagte, die »Eingewöhnung der menschlichen Natur in die Gottheit« vorstellen[60]. Demgegenüber setzte sich bereits bei Gregor von Nyssa die Überzeugung durch, daß dieser menschheitliche Entwicklungsgang zumindest punktuell von der Lebensgeschichte Jesu übergriffen wurde, sofern sich sein Auferstehungssieg stigmatisierend in sie einschrieb[61]. Diese Partizipation versteht Ambrosius wiederum als die zeitgeschichtliche Vorwegnahme des Endgeschehens; denn wenn die Heidenwelt der Herrschaft des Gottessohnes unterworfen ist, wird sich der Sohn seinerseits dem Vater unterwerfen und ihm den Glauben aller als Opfer darbringen[62].

Es gehört zu den mystischen Aufbrüchen im Gang der Ideengeschichte, daß diese Vorstellung auf dem Höhepunkt der der »reinen Vernunft« verschriebenen Neuzeit in Pascals Meditation über das Mysterium Jesu aufs neue und jetzt mit der Intensität eines Weckrufs auflebte:

> *Bis ans Ende der Welt dauert die Agonie Jesu;*
> *solange darf man nicht schlafen[63].*

Überzeugt davon, in dieser Agonie den Schlüssel für eine geschichtliche Stunde gefunden zu haben, die wie kaum eine zuvor im Zeichen kollektiver Ängste stand, griff Gertrud von le Fort in ihrer Meisternovelle ›Die Letzte am Schafott‹ (von 1931) das Motiv im Interesse einer religiösen Zeitdeutung auf. Angeregt durch Erich Przywara, zog sie in der Folge daraus geschichtstheologische Konsequenzen, die sie schließlich zu einer dichterischen Systematisierung der zuvor entwickelten Ansätze erweiterte. Danach ist der Geschichte durch das mystische Fortleben Jesu auch das Gesetz ihres Fortschritts eingestiftet. Mag sich ihr äußerer Ablauf noch so bizarr und verworren gestalten, so durchschreitet sie doch in der Abfolge ihrer Epochen, tiefer gesehen, die Stadien der Lebens- und Leidensgeschichte Jesu, so daß eine jede ihre innerste Sinnzuweisung aus je einem dieser Stadien gewinnt. Demgemäß steht die eine Epoche im Zeichen der Menschwerdung, eine andere in dem der Passion und Auferstehung und wieder eine andere in dem der sich vorausschattenden Parusie. Darauf sind auch die individuellen Lebensschicksale abgestimmt. Um das an einigen ihrer Gestalten zu verdeutlichen, so ist es darin begründet, daß diese ihre oft erst im Tod erreichte Sinnerfüllung in der Anverwandlung an Mysterien der Heilsgeschichte finden: so die zur Menschlichkeit bewogene Anne de Vitré (Das Gericht des Meeres) im Vorgefühl der Menschwerdung Gottes, die geängstete Blanche (Die Letzte am Schafott) in der Vereinigung ihrer Not mit der Todesangst Jesu, die Mystikerin des Agnetenklosters (Die Abberufung der Jungfrau von Barby) in der mit dem Verlust der Gottesattribute einhergehenden Entbildung, die Tochter Farinatas in der österlichen Gewalt- und Todüberwindung, der Kardinallegat in ›Die Consolata‹, die Frau des Pilatus in der visionären Vorwegnahme des rettenden Endgerichts und die Titelgestalt des zweiteiligen Romans ›Das Schweißtuch der Veronika‹ im schrittweisen Mitvollzug der von der ewigen Liebe durchmessenen Geschichte[64].

Nur scheinbar blieb dieser diachrone Durchblick der individuellen Perspektive verhaftet. In Wirklichkeit wurde durch die lebensgeschichtliche Deutung des Geschichtsgangs nur die mystische Tiefendimension der Sozialisation freigelegt, die sich aus der als gelebte Gotteskindschaft verstandenen Utopie des Gottesreiches ergibt. Was mit der »Einwurzelung« in dieser Tiefendimension zustande kommt, faßte Simone Weil unter dem Eindruck der Besetzung Frankreichs in den programmatischen Satz zusammen:

Eine lebendige, durchseelte Gemeinschaft voller Intimität, Brüderlichkeit und Zärtlichkeit – das wäre der Mutterboden, wo die unglücklichen Franzosen, die der Zusammenbruch entwurzelt hat, leben und für Krieg und Frieden ihr Heil finden könnten[65].

Das ist in zeitgebundener Rede die Skizze einer Lebenswelt von grundsätzlicher Bedeutung. Auf erstaunliche Weise entspricht ihr das mitmenschliche Konzept, das der johanneische Kreis entwickelte und das in den aus diesem hervorgegangenen Schriften seinen literarischen Niederschlag fand. Nach Dietrich Rusam hat es seine zentrale Motivation im Prinzip der Gotteskindschaft, so daß der Eindruck entsteht, daß sich damit die Innensicht dessen erschließt, was Jesus in sozialkritischer Tendenz »Reich Gottes« nennt[66]. Denn im Falle Jesu darf nie übersehen werden, daß seine Verkündigung von einem zwar unausdrücklichen, aber radikalen Protest gegen die in seinem Umfeld herrschenden Unrechtverhältnisse getragen war, wie er sich etwa in seinem abschätzigen Urteil über den von ihm als »Fuchs« titulierten Landesherrn (Lk 13,32), in seiner Kritik der korrupten Beamten (Lk 8,1–8) und Verwalter (Lk 16,1–8) oder auch in seinem Vergleich des Volkes mit einer abgerissenen und hirtenlosen Herde (Mt 9,36) spiegelt. Zum vollen Austrag käme dieser Protest, wenn sich das ursprünglich klingende Herrenwort, das die Absage an jede Form von Gewaltanwendung mit der Forderung eines Herrschens im Geist der Dienstbarkeit verbindet (Mk 10,42ff), wenigstens in seinem Kernbestand als echtes Jesuswort erweisen ließe.

Auf diese sozialkritische Komponente muß um so nachdrücklicher hingewiesen werden, als auf die ein Zusammenleben ermöglichenden Strukturen nur indirekt, im Sinne einer negativen Theologie, geschlossen werden kann. Der Begriff »Reich Gottes« verweigert sich nämlich jeder konkretisierenden Bestimmung:

Das Reich Gottes kommt nicht mit äußerem Aufwand; auch kann man nicht sagen: es ist hier oder dort. Das Gottesreich ist vielmehr mitten unter euch (Lk 17,20f)[67].

Weder fügt sich das, was Jesus unter »Reich Gottes« versteht, in das Koordinatensystem von Raum und Zeit, noch läßt es sich nach Art eines anschaulichen Gegenstands bestimmen. Aus kommunikationstheoretischer Sicht bestätigt das der sprachschöpferische »Aufwand«, der mit der Schaffung der diese begriffliche Notlage kompensierenden Sprachwelt in Gestalt der Gleichnisreden Jesu verbunden war.

Der »Entlegenheit« des Gottesreiches entspricht die »Unweltlichkeit« der Gotteskinder, die der Johannesprolog durch die dreifache Abgrenzung ihrer Herkunft – »nicht aus dem Blut, noch aus dem Begehren des Fleisches, noch aus dem Willen des Mannes« – unterstreicht[68]. So entspricht es der Sendung des Gottessohnes, der, wie dann insbesondere das Nikodemus-Gespräch betont, »von oben« kommt und insofern zu jeder naturalen Herkunft quersteht (Joh 3,1–36)[69]. Davon geht auch die Konkretisierung der in der Gotteskindschaft begründeten Gemeinschaft im Ersten Johannesbrief aus. Es ist, wie mit großem Nachdruck betont wird, die Gemeinschaft derer, die aufgrund der von ihnen geübten Liebe »vom Tod zum Leben hinübergeschritten« sind, die also in einer von jeder gesellschaftlichen Lebensform klar unterschiedenen Verbindung miteinander stehen:

Wundert euch nicht, Brüder, wenn die Welt euch haßt. Wir wissen, daß wir vom Tod ins Leben hinübergeschritten sind, weil wir die Brüder lieben (3,13 f).

Dem entspricht auch die den Gotteskindern – ungeachtet der eingangs an sie gerichteten Mahnung (1,7–2,2) – zugesprochene Sündenlosigkeit (3,6). Wie dem Tod sind sie auch der Herrschaft der Sünde entrückt. Im Wechselspiel zwischen dieser Enthobenheit und dem faktischen, durch Sünde und Todverfallenheit bestimmten Status der Adressaten besteht der lebendige Pulsschlag des Briefs. Dieser Spannung entstammt dann auch seine konkretisierende Hauptaussage. Denn alles, was der Brief zur Auferbauung der brüderlichen Gemeinschaft zu sagen hat, ist getragen vom Vorgefühl des trotz fortbestehender Weltverhaftung bereits erreichten Ziels:

Wenn unser Herz uns anklagt – Gott ist größer als unser Herz; er weiß alles. Wenn uns unser Herz jedoch nicht anklagt, haben wir Zuversicht zu Gott und erhalten alles von ihm, was wir erbitten, weil wir seine Gebote halten und tun, was ihm gefällt. Das aber ist sein Gebot, daß wir an den Namen seines Sohnes Jesus Christus glauben und einander lieben, wie er es uns geboten hat (1 Joh 3,20–23).

Drängender Beweggrund der geforderten Bruderliebe aber ist die vorgängige und durch die Hingabe des Sohnes besiegelte Liebe, »die Gott zu uns hegt« (1 Joh 4,18); denn:

245

Wenn Gott uns so geliebt hat, müssen auch wir einander lieben (1 Joh 4,11).

Das ist das Formgesetz der »durchseelten Gemeinschaft«, wie sie auch Simone Weil im Sinn ihrer Aktualisierung des johanneischen Konzeptes vorschwebt und als den »Mutterboden« künftigen Zusammenlebens erhofft. Daran ein »Familienmodell« heranzutragen, wie dies bei Rusam geschieht, kommt einer Nivellierung dieser Spannung gleich, die dem Brief seinen spirituellen Atem entzieht[70].

Dem kann nur nochmals der enthusiastische Schlüsselsatz (3,1) entgegengehalten werden, der sich wie die Bekräftigung der Tatsache ausnimmt, daß die Sache des Menschen im Grunde nur exklamatorisch zur Sprache gebracht werden kann. Denn mit dem staunenden Ausruf, »daß wir Kinder Gottes nicht nur heißen, sondern sind«, ist nicht nur jedem Verständnis im Sinn eines Adoptivverhältnisses, sondern auch im Sinn familiärer Genealogien eine Absage erteilt. Was die Gotteskinder sind, definiert sich demgemäß bei allem sprachlichen Gleichklang aus der Differenz gegenüber allen naturalen oder gesellschaftlichen Analogien. Deshalb fällt es dem Brief auch schwer, den Abfall der »vielen Antichristen« zu erklären, den die Gemeinde vermutlich unter dem Druck der eskalierenden Verfolgung (Stegemann) hinnehmen mußte (2,18f)[71]. Seine recht gezwungene Erklärung lautet: »sie kamen zwar aus unserer Mitte, gehörten aber nicht zu uns; wenn sie wirklich zu uns gehört hätten, wären sie bei uns geblieben« (2,19). Um so nachdrücklicher betont er die exzeptionelle, ja geradezu ausschließliche und keine Entfremdung zulassende Position der Gotteskinder. Sie wissen sich mit Christus geeint (2,5). Durch das in ihnen bleibende Wort Gottes haben sie »den Bösen« besiegt (2,14). Sie besitzen die Salbung und brauchen von niemand belehrt zu werden (2,27). Sie haben erkannt, daß sie aus der Wahrheit sind, und können ihr Herz in dem um sie wissenden Gott beruhigen (3,19f). Durch ihren Glauben haben sie die Welt besiegt (5,4).

Aus dieser Höhe entsendet der Brief seine konkretisierenden und das brüderliche Zusammenleben gestaltenden Anweisungen. Sie stoßen senkrecht von oben in den bestehenden Kontext, den sie durch die Wucht ihres Aufpralls beiseiteräumen, um dem Neuen, dem sie das Wort reden, Raum zu schaffen. Zwar fehlt es nicht an Forderungen, die auf die Stabilisierung der Mitmenschlichkeit abzielen. So die Mahnung:

Wir sollen einander lieben, weil er uns zuerst geliebt hat.
Wenn jemand sagt: ich liebe Gott, aber seinen Bruder haßt,
ist er ein Lügner; denn wer seinen Bruder, den er vor Augen
hat, nicht liebt, kann auch Gott nicht lieben, den er nicht
sieht (4,17).

In dieselbe Richtung, nur konkreter noch, geht die Frage:

Wie kann die Liebe Gottes in einem bleiben, der Vermögen
hat und sein Herz vor dem Bruder verschließt, den er in Not
sieht? (3,17)

Nichts deutet jedoch auf die Auferbauung einer religiös
motivierten »Ersatz-Familie« hin (Rusam); denn dazu hätte es
eines Forderungskatalogs bedurft, wie er in den »Haustafeln« der
paulinischen Gefangenschaftsbriefe aufgestellt wird. Im Unterschied dazu gibt es keine Forderungen, wie sie der Kolosserbrief erhebt, wenn er mahnt, einander »mit aufrichtigem Erbarmen und
Güte, Demut, Milde und Geduld« zu begegnen (3,12), und schon
gar keine Spezialermahnungen an die Adresse von Frauen, Män-
nern, Kindern und Sklaven (3,18–24) oder Appelle im Stil des
Epheserbriefs, der seine Leser dazu anhält, einander aufrichtig und
beherrscht zu behandeln, kein böses Wort über die Lippen kommen zu lassen, jede Art von Bitterkeit in sich zu unterdrücken und
zueinander gütig, barmherzig und großmütig zu sein (4,25–32).
Statt dessen konzentriert sich im johanneischen Brief alles auf das
mit größtem Nachdruck eingeschärfte Gebot der Bruderliebe, so
daß nachgerade der Eindruck entsteht, als behalte Lessing mit seinem ›Testament Johannis‹ recht, wenn er den Satz »Kinderchen,
liebt euch!« mit goldenen Buchstaben an alle Wände geschrieben
sehen wollte, weil er die ganze Botschaft Christi enthalte.

Das läßt auf eine exzeptionelle Motivation schließen. Auf ihr
liegt tatsächlich der Hauptakzent des Briefs, zumal er sie sowohl in
exoterischer wie in esoterischer Hinsicht entwickelt. Exoterisch in
dem geradezu leitmotivartig herausgestellten Gedanken, daß die
geforderte Bruderliebe lediglich den menschlichen Reflex eines
vorgängigen Geliebtseins durch Gott darstelle. In axiomatischer
Form sagt dies der Satz:

Nicht darin besteht die Liebe, daß wir Gott geliebt haben,
sondern daß er uns geliebt und seinen Sohn als Sühne für
unsere Sünden gesandt hat (4,10).

Kriterium dieses vorgängigen Geliebtseins ist die Erfahrung, daß die in den Bannkreis solcher Liebe Gezogenen die angstüberwindende Kraft des Evangeliums an sich erfahren. In diesem Zusammenhang verweist der Brief zu Beginn auf die revolutionäre Korrektur, die Jesus am überlieferten Gottesbild vollzog, wenn er betont: »Gott ist Licht, und Finsternis ist nicht in ihm« (1,5). Was in der Folge gesagt wird, geht somit davon aus, daß der angst- und schreckenerregende Schatten aus der Vorstellung von Gott getilgt wurde und statt dessen das Antlitz des liebenden Vaters zum Vorschein kam. Darauf stützt sich die triumphale, mit der Angstbehaftung des Daseins brechende Aussage:

Furcht ist nicht in der Liebe; vielmehr treibt die vollkommene Liebe die Furcht aus (4,17f).

Durch diese Befreiung vom »Sklavenjoch der Todesangst« (Hebr 2,15), die der Freisetzung ihrer vollen Kompetenz gleichkommt, sind die Adressaten aufs höchste zu der von ihnen geforderten Bruderliebe motiviert. Indessen spricht der Brief auch im esoterischen Sinn von ihrer Motivation, wenn er im chiastisch gestalteten Rückgriff auf sein Proömium mahnt:

Was ihr von Anfang an gehört habt, das soll in euch bleiben; wenn das, was ihr von Anfang gehört habt, in euch bleibt, bleibt ihr auch im Sohn und im Vater (1,24).

Dort aber, im Eingangswort, war der »Anfang« dreifach definiert worden: als ein neues Hören, Sehen und Fühlen, das sich auf das in dem Vater verborgene, dann aber weltweit erschienene »Wort des Lebens« bezog. Da mit den Adressaten keine Osterzeugen gemeint sein konnten, bezieht sich die dreifache Wahrnehmung keinesfalls auf die des Auferstandenen. Aber auch die Inkarnation ist im Brief zu wenig betont, als daß sie, wie Schnackenburg urteilt, gemeint sein könnte. Um so mehr spricht dafür, daß die Stelle als Urzeugnis für jenen Umschwung zu gelten hat, der im Lauf der Glaubensgeschichte immer dann eintritt, wenn eine Phase der Verfestigung zugunsten neuer Dynamik überwunden werden muß. Dann öffnet sich der Schrein der Vergegenständlichung, dann wird der in seinen Wirkungen Fortlebende erfahrbar, und dann kommt der auf den Buchstaben der Lehre Festgelegte erneut zu Wort: in der Stimme des inwendigen Lehrers. In ihm wird das vorgängige Geliebtsein durch Gott zum personal verfaßten Beweggrund der Bruderliebe. Durch ihn wird diese dann aber auch ungleich reicher und umfassender strukturiert, als dies den Anweisungen des Briefs zu entnehmen ist. Zurückgeführt auf die Lebenspraxis Jesu wird sie über den engen Kreis der johanneischen Gemeinde hinaus in einer Weise sozial, wie er es selber war, als er die Bedrückten und Beladenen, zumal aber die ins gesellschaftliche Abseits Verstoßenen um den »Tisch der Sünder« versammelte, um sie in der Obhut seiner Liebe aufatmen und aufleben zu lassen. So aber nimmt die durch ihn geweitete Bruderliebe auch alle mitmenschlichen Verhaltensweisen in sich auf, die von den Gefangenschaftsbriefen im Interesse der »Auferbauung des Leibes Christi« (Eph 4,13) gefordert worden waren. Wie es die Vertikalstruktur der Ableitung mit sich bringt, ist das freilich immer noch vom Entwurf einer konsistenten Sozialordnung weit entfernt. Um so mehr entspricht das entstandene Bild der Zielsetzung Simone Weils von einer von »Intimität, Brüderlichkeit und Zärtlichkeit« durchseelten Lebensgemeinschaft. Und erst recht entspricht es jenem aus der Fühlung der Gottesnähe erwachsenen Zusammenleben, dessen Formgesetz Augustin mit der wunderbaren Kurzformel »Unus Christus amans seipsum« umschreibt[72].

II. MENSCHSEIN IN DER ZEITENWENDE

1. *Die utopisch-atavistische Zeit*

Noch nie war der Mensch in seiner nach Jahrmillionen zählenden Geschichte so sehr auf den Prüfstand gestellt wie in diesem zuendegehenden blutigsten Jahrhundert. Noch nie hat er aber auch so tief in Natur und Geschichte eingegriffen, und dies mit dem Ergebnis, daß sich die naturale Entwicklung in Geschichte verwandelte. Trat ihm in der Urzeit beim Blick in seine Welt der Inbegriff des »Ungeheuren« entgegen, so heute das Ergebnis seiner technischen Eingriffe, mit Werner Heisenberg gesprochen, das Bild seiner selbst. Damit hat seine Interaktion mit der von ihm umerschaffenen Welt einen früher nicht voraussehbaren Höhepunkt erreicht. Daher kann der Versuch, auf die Frage nach dem Menschen zu antworten, nicht ohne Berücksichtigung dieses Wechselverhältnisses und ohne einen Blick in die Signatur der Zeit zuendegeführt werden.

Wenn man unter den Faktoren, die den Umgestaltungsprozeß bewirken, den effizientesten zu benennen sucht, ist dies zweifellos die Technik. Im Rahmen einer Modalanthropologie muß sie schon deshalb herausgestellt werden, weil sie eine Verschiebung des naturalen Verhältnisses von Möglichkeit und Wirklichkeit nach sich zieht. Technik ist angewandte Metaphysik. Während diese in ihrer theoretischen Form bei der Erkundung des Menschen-Möglichen stehenblieb, geht die Technik darauf aus, dem Ozean des Möglichen Landstriche des Realisierbaren und Realisierten abzugewinnen, und dies mit kaum erst abzusehenden anthropologischen und theologischen Folgen. Während auf jene noch näher einzugehen sein wird, genüge für diese der Hinweis, daß der nunmehr bald tausendjährige Streit um den von Kant als »ontologisch« bezeichneten anselmischen Gottesbeweis zugunsten seiner Bejahung entschieden zu werden scheint, da mit der Verringerung der Elementardifferenz die Chance für einen Aufweis des Daseins Gottes aus seiner Bestimmung als Grenzbegriff des

Denkbaren gegenüber der bisherigen Konstellation eindeutig wächst. Vermutlich muß dieser Vorgang sogar mit dem religiösen Erträgnis der Wende von 1989 zusammengedacht werden, sofern damit eine neue Denkbarkeit von Auferstehung gegeben war[73].

Indessen brachte der Einsturz des Eisernen Vorhangs auch den ganzen Umfang der religiösen Verheerung zum Vorschein, die eine jahrzehntelange atheistische Propaganda, der Religion als Extremform der menschlichen Selbstentfremdung und das Christentum als Inbegriff einer menschenfeindlichen Ideologie gegolten hatte, nach sich zog. Doch damit wurde auch der innerste Grund der Glaubenskrise im »freien Westen« ersichtlich. Denn auch der Gottesglaube gehört zu jenen höchsten Gütern der Menschheit, die nur dann wirklich bereichern und beglücken können, wenn sie zumindest prinzipiell allen zugutekommen. Die geistige und insbesondere religiöse Tragik des Jahrhunderts aber bestand darin, daß Glaube, zusammen mit Freiheit, Friede und Hoffnung, einem Großteil der im eurasischen Raum lebenden Menschheit gewaltsam und mit allen Mitteln einer systematischen Indoktrination entzogen wurde.

Doch damit beginnen sich auch schon, wenngleich zunächst aus primär religiöser Sicht, die Konturen der Gegenwart abzuzeichnen. Sie ist eine zutiefst zwiespältige, ebenso durch extreme Fortschritte wie durch nicht minder fatale Rückschläge und deshalb als gleicherweise utopisch wie atavistisch zu kennzeichnende Zeit. Ihren utopischen Zug entdeckte, gestützt auf das ihm in Gestalt von Mikroskop, Teleskop und Schallplatte zur Verfügung stehende spärliche Anschauungsmaterial, Sigmund Freud, der nach Ausweis seiner kulturkritischen Schrift ›Das Unbehagen in der Kultur‹ (von 1930) anhand dieser Daten entdeckte, daß die moderne Hochtechnik in einem signifikanten Funktionswechsel begriffen ist. Anstatt ihre klassische Zielsetzung der fortschreitenden Entlastung des Menschen von der Fron manueller Arbeit wahrzunehmen, verschreibt sie sich mit wachsendem Erfolg dem Versuch, uralte Menschheitsträume, wie den Raub des himmlischen Feuers oder die Sternenreise, zu verwirklichen[74]. So vertauscht sie, freudianisch gesprochen, den Lustgewinn des Träumens mit dem Realitätsgewinn wachsender Machbarkeit, und eben dadurch entriß sie dem Möglichkeitsraum Bereiche, die zuvor Vorzugsfelder der mythenschaffenden und dichterischen Phantasie gewesen waren, um sie dem Feld der vom Menschen geschaffenen Wirklichkeit zuzuschlagen. Wie Freud erkannt, aber schon Nietzsche geahnt hatte, hatte das auch eine religiöse Dimension, weil es, prinzipiell gesehen, dem Raub göttlicher Attribute gleichkam[75].

Sofern das im Sinn einer »Unrechtkategorie« (Blumenberg) festgestellt ist, erklärt sich daraus auch die auffällige Rückschlägigkeit des Vorgangs. Deutlicher als bei der konventionellen Technik tritt bei ihm die jedem Fortschritt anhaftende Ambivalenz zutage. Bevor das »himmlische Feuer« für den wachsenden Energiebedarf der Menschheit genutzt werden konnte, eröffneten die Bombenabwürfe über Hiroshima und Nagasaki das Atomzeitalter. Und die Sternenreise drohte, kaum daß sie zum Erfolg der Mondlandung geführt hatte, den »Krieg der Sterne« heraufzubeschwören. Gleiches bahnt sich, mit womöglich noch gravierenderen Folgen auf dem Gebiet der Gentechnik an. So entspricht es auch dem Grad ihrer Rückbezüglichkeit. Während die Atom- und Raketentechnik lediglich den von Heisenberg angesprochenen Prozeß der zunehmenden Vermenschlichung der Natur – spiegelbildlich zur Abbildung des Makrokosmos im Mikrokosmos – vorantreiben, vollzieht sich im Feld der Gentechnik die Verwandlung der Evolution in Geschichte.

Die Speerspitze dieser Entwicklung bildet jedoch unzweifelhaft die Medientechnik. Forciert wird ihre Spitzenposition durch den Umstand, daß ihre Rückschlägigkeit trotz aller Warnungen weit weniger wahrgenommen wird als im Fall der »materialen« Technologien. Demgemäß kommt hier die religiöse Komponente deutlicher als bei den übrigen, wenngleich kaum einmal in thematisierter Form, zum Vorschein. Indessen erlebt jeder Rezipient täglich die ungeheure Expansion seines Wahrnehmungs- und Wissenshorizonts, wenn ihm augenblicklich Nachrichten aus den entlegensten Erdteilen vermittelt werden. Fraglos könnte er diese Expansion auch gegensinnig, als Partizipation an einem übermenschlichen, wenn nicht göttlichen Bewußtsein interpretieren. Damit würden sich die Hoffnung Nietzsches und die Diagnose Freuds bestätigen, daß die an Gott abgetretenen Attribute – im Fall der Medientechnik seine Allwissenheit – Zug um Zug an den Menschen zurückfallen.

Von religiöser Relevanz ist aber auch eine der verdeckten und bisher kaum wahrgenommenen Formen der medialen Rückschlägigkeit. Ohnehin zählen die elektronischen Medien nach allgemeiner Einschätzung zu den großen Angstmachern der Gegenwart. Dabei bezieht sich dieses Urteil jedoch ausschließlich auf die signifikante Bevorzugung von Unglücksbotschaften im Spektrum der jeweils vermittelten Nachrichten. Das Urteil trifft jedoch weit mehr noch in struktureller Hinsicht zu. Durch die Vertauschung von Primärerfahrungen mit Sekundärerlebnissen, wie sie der medialen Vermittlung zugrunde liegt, entwöhnen die Medien den Rezipienten der ihn tragenden Verankerung in der Wirklichkeit. Auf der Basis seiner Theorie der symbolischen Formen präzisierte das Ernst Cassirer in einer Weise, die auffällig an Heisenbergs These vom anthropomorphen Charakter der technisch gestalteten Welt erinnert:

> *Die unberührte Wirklichkeit scheint in dem Maß, in dem das symbolische Denken und Handeln des Menschen reifer wird, sich ihm zu entziehen. Anstatt mit den Dingen umzugehen, unterhält sich der Mensch dann in gewissem Sinn fortwährend mit sich selbst. Er lebt so sehr in sprachlichen Formen, in Kunstwerken, in mythischen Symbolen oder religiösen Riten, daß er nichts mehr erfahren oder erblicken kann, es sei denn durch die Zwischenschaltung dieser künstlichen Medien*[76].

Das aber versetzt den Rezipienten in einen Zustand metaphysischer Bodenlosigkeit – nach Heidegger die ontologische Bestimmung der Angst –, auch wenn ihm dies nicht in formellen Angstzuständen, sondern allenfalls in Form einer wachsenden Angstbereitschaft zu Bewußtsein kommt. Angst aber ist, anders als die verbreitete Meinung will, die den Gegner des Glaubens im Atheismus vermutet, dessen wirklicher Gegensatz. Denn glauben besagt, nach dem für Juden wie Christen gültigen Urteil Martin Bubers, vertrauende Selbstbegründung in Gott, wie es der Grundbedeutung von emuna entspricht[77]. In dem umfassenden Wirklichkeitsentzug, den der Rezipient der Medien erleidet, geht ihm schließlich auch die Fähigkeit zur gläubigen Verankerung in der Gotteswirklichkeit verloren. So bringen die Medien den Urakt von religio, verstanden als die Rückbindung des Menschen an Gott, in Gefahr. Grund genug, sie im Interesse der Vervollständigung des modaltheoretischen Konzepts genauer ins Visier zu nehmen.

2. Die persuasive Diktatur

Im Zuge seiner vor vehementen Attacken nicht zurückschreckenden Medienkritik schockierte der amerikanische Kommunikationstheoretiker Neil Postman seine Leser mit der Behauptung, daß kein Anlaß bestehe, nach dem Untergang der terroristischen Diktaturen aufzuatmen, weil inzwischen, von den meisten unbemerkt, eine andere ihr Erbe angetreten habe, die ihre Ziele weit wirksamer erreiche: die Diktatur der Medien[78]. Unbekannt blieb diese Erbfolge, weil das gleiche Ziel nunmehr mit neuen Mitteln angesteuert wurde, die sich nicht mehr auf die Leidensfähigkeit, sondern auf das Lustverlangen des Menschen bezogen, die ihn also zu beglücken anstatt zu peinigen vorgaben und deshalb von ihm widerstandslos hingenommen wurden. Dabei war das Ziel, die vollkommene Fremdsteuerung des Menschen durch ein politisches oder gesellschaftliches Über-Ich unverrückt dasselbe geblieben. Der Unterschied bezog sich lediglich auf die Frage des effektiveren Weges. Postman sieht den Gegensatz durch zwei literarische Schlüsselwerke dargestellt: durch Orwells Beschwörung des Big Brother in seiner Schreckensvision ›1984‹ und durch Huxleys ›Brave New World‹. Seiner Meinung nach fürchtete Orwell, daß der Mensch durch systematische Überschreitung der ihm zumutbaren Schmerzgrenze zur Preisgabe seiner Würde, seiner Selbstachtung und schließlich seiner Persönlichkeit getrieben werden könne. Huxley erwartete dasselbe von einer Übersättigung seines Lustverlangens. In der Entscheidung zwischen beiden plädierte er für Huxley mit der Begründung, daß das Verlangen des Menschen nach Zerstreuung fast grenzenlos sei. Für die Richtigkeit seines Votums spricht die von Herbert Marcuse hervorgehobene Tatsache, daß die Unterdrückung von starken Charakteren anstatt mit der erwarteten Selbstaufgabe mit der Großen Weigerung beantwortet werde[79]. Sie aber wird von den Medien unterlaufen, weil die von ihnen eingesetzten persuasiven Mittel durch ihr scheinbares Entgegenkommen jedem Protest und erst recht jeder Weigerung zuvorkommen. Nicht umsonst schlägt sich Postman in der Alternative zwischen Orwell und Huxley auf die Seite des letzteren. Denn Sieger im Kampf um die Seelen sind zweifellos jene, die es verstehen, den Terror in Lustgewinn umzufälschen und die Menschen, wie es schon im Traumgesicht Anselms anklingt, dazu bringen, sich im Schmutz ihrer Erniedrigung wohlzufühlen[80]. Doch wie wird das von den Medien erreicht?

Das läßt sich nur im Kontext einer Struktur- und Wirkungsanalyse erklären, die in erster Linie auf die charakteristische Vertauschung von Primär- und Sekundärerlebnissen abheben muß. Diese kommt, wie in einem ersten Schritt zu zeigen ist, dadurch zustande, daß die audiovisuellen Medien immer nur akustische oder optische Reproduktionen der Realität bieten, niemals aber diese selbst, auch wenn die Differenz aufgrund des ständig verbesserten »Auflösungsvermögens« in Bälde kaum noch wahrzunehmen ist. Dadurch bewirken sie von ihrer Struktur her, also ganz unabhängig von den jeweils vermittelten Inhalten, eine den Rezipienten der Realität entfremdende Distanz, die bei ihm im Extremfall einen völligen Wirklichkeitsverlust und in dessen Folge eine Anfälligkeit für »Ersatzangebote« nach sich zieht. Plastisch brachte das Hartmut von Hentig mit dem Titelwort vom »allmählichen Verschwinden der Wirklichkeit« zum Ausdruck[81]. Mit diesem progressiven Realitätsentzug erweisen sich die Medien aber nicht nur als »ontologische Angstmacher«; vielmehr enthüllt sich darin auch ihr »struktureller Atheismus«.

Indem sie den Realitätsbezug des Rezipienten angreifen, entfremden sie ihn tendenziell, wie sich bereits zeigte, auch der Gotteswirklichkeit. Wenn man das mitberücksichtigt, gewinnt die Vermutung an Plausibilität, daß die Macht der Medien letztlich mit ihrem Entfremdungseffekt zusammenhängt: ihre Macht zunächst über die Realitätswahrnehmung des Rezipienten, dann aber auch über die Wirklichkeit selbst, die sie durch ein Surrogat substituieren, für das die Vokabel »virtual reality« in Gebrauch kam.

In einem zweiten Schritt ist es darum zu tun, die Genese dieser Traumwelt nachzuzeichnen. Sie geht prinzipiell darauf zurück, daß das Medium zunehmend Macht über die von ihm vermittelten Inhalte gewinnt. Das nimmt seinen Anfang damit, daß es die Inhalte in seinem Sinn stilisiert, und endet damit, daß es sich an ihre Stelle setzt. Dabei läßt sich die Stilisierung als Ausgangsform dieser Präokkupation deuten. Sie ergibt sich aus der sich zusehends bestätigenden Beobachtung, daß sich die Medienszene gegensinnig zu der durch den Säkulisierungsprozeß geprägten Zivilisation verhält. Gilt für diese, daß sie die von Max Weber diagnostizierte »Entzauberung« der gesamten Lebenswelt betreibt, so von der Medienszene das Gegenteil. Sie arbeitet, schon von ihren Vorzugsmotiven Bild und Ton her, auf eine Wiederverzauberung der Lebenswelt hin, der sie einen Großteil ihrer Suggestivität verdankt.

Dabei bedient sie sich eines Arrangements von Traum- und Showelementen, die sie, je nach dem zu vermittelnden Inhalt, unterschiedlich einsetzt. Die von ihr »repräsentierten« Inhalte weisen somit, was ihren Realitätswert anlangt, nicht nur einen Zug ins Imaginäre auf; sie sind auch im Sinn von Traum und Show stilisiert. Das gilt sogar von Nachrichtensendungen und Reportagen, die ungeachtet des von ihnen erhobenen Anspruchs, authentisch zu berichten, im gleichen Sinne »aufbereitet« sind.

Was es mit dem dritten Schritt auf sich hat, sagt der vieldiskutierte Satz des kanadischen Medientheoretikers Marshall McLuhan »the medium is the message«, der, seinem Autor sicher unbewußt, den Eingangssatz des Johannesprologs »Im Anfang war das Wort« in moderner Ausdrucksweise wiederholt[82]. Die Sperrigkeit dieses wie ein Motto zum gesamten Neuen Testament, wenn nicht gar beider Testamente wirkenden Satzes scheint erst Goethe bewußt geworden zu sein und ihn zu der bereits erwähnten Übersetzungsszene seines ›Faust‹ veranlaßt zu haben, die, in ihrer Systematik gesehen, dahin tendiert, den Medialbegriff »Wort« zunehmend durch »Sachbegriffe« – Sinn, Kraft, Tat – zu ersetzen[83]. Damit trat er in die Spur der von der alexandrinischen Patristik durchgesetzten »Wiedergabe« von Wort mit »logos« im philosophischen Verständnis, die seiner Gleichsetzung mit der »Sophia« der spätjüdischen Weisheitsspekulation entspricht[84]. Tatsächlich trifft die von Bultmann aufgeworfene Frage, »warum die Gestalt, der wir im Judentum als der Weisheit begegnen, im Johannesprolog der logos heißt« das Kernproblem des Textes und zumal des Eingangssatzes[85]. Denn das johanneische »Wort« besagt so wenig Weisheit wie Sinn; vielmehr bezeichnet es das Medium, mit dessen Hilfe und in dessen »Rahmen« die im fleischgewordenen Logos, also in Jesus, konkretisierte Gottesoffenbarung an die Welt ergeht. Doch gerade deshalb ist mit dem »Wort« bereits alles gesagt. Denn wie in ihm nach Auskunft des Prologs »alles erschaffen« wurde (Joh 1,3), ist in ihm auch alles »mitgeteilt«. Jede durch das Wort vermittelte Sachaussage, daß es also die Weisheit, die als Sinnfülle verstandene Wahrheit, die in dieser Wahrheit (nach Joh 8,32) gewonnene Freiheit und der mit ihm (nach Joh 14,27) gegebene Friede ist, entfaltet deshalb nur das, was die Medialaussage ausdrückt. Das Medium dominiert die Botschaft, mehr noch: es ist die Botschaft.

Im Umgang mit den audiovisuellen Medien entspricht dem die Erfahrung, daß der von der Überprüfung sämtlicher Programme enttäuschte Rezipient trotz dieser Frustration nicht »abzuschalten« vermag, weil die Verabschiedung vom Medium für ihn einer noch größeren Frustration gleichkäme. Der Kontakt mit der Apparatur ist ihm wichtiger als das, was sie ihm jeweils zu bieten hat. Er ist, wie der exzessive Mediengebrauch in bereits extrem technisierten Gesellschaften zeigt, »medienabhängig« geworden. Dem entspricht eine wachsende Indifferenz gegenüber dem inhaltlich Dargebotenen. Und dem entspricht nicht weniger die Entfremdung des Medienabhängigen von seiner Um- und Mitwelt. Wie in eine leichte Narkose getaucht, nimmt er die Vorgänge um sich nur noch wie durch einen Schleier wahr; und er reagiert verbittert, wenn dieser Schleier durch ein alarmierendes Vorkommnis oder auch nur durch ein ihn aus seinem Trancezustand aufrütteldes Wort zerrissen wird. Darin zeigt sich aber nur erneut der bereits aufgewiesene Zusammenhang von Angst und Einsamkeit. Wer dem Einfluß der strukturellen Angstmacher verfallen ist, verliert infolge der erlittenen Entwurzelung auch den Kontakt zum Mitmenschen, den er, versunken in seine »Weltabgeschiedenheit«, nur noch als unliebsame Störung empfindet.

Das deutet, so paradox es erscheint, auch darauf hin, daß sich der an das Medium hingegebene Rezipient gleichzeitig im Zustand einer »indirekten Reflexion« befindet. Was er im Spiegel der stilisierten Realität, abgeblendet durch die ihm verschleierte Lebenswelt wahrnimmt, ist sein eigenes Gesicht. Doch wie nimmt er sich wahr? Es liegt in der Natur der angesprochenen Problematik, daß darauf nur mittelbar, auf dem Umweg über eine Vorfrage, geantwortet werden kann, der Vorfrage nach der Physiognomie des technisierten Menschen.

3. Der Prothesengott

Freuds Kulturkritik erreicht darin ihre Spitze, daß er gleichzeitig mit dem utopisch-atavistischen Grundzug der Zeit dessen anthropologische Rückbezüglichkeit erkannte. Denn der Mensch ist - Beweis seiner extremen Zeitgebundenheit - seinerseits, wie es zwei signifikante Buchtitel zum Ausdruck brachten, das utopischantiquierte Wesen. Von seiner »Utopie« sprach, wie erinnerlich, Ortega y Gasset, von seiner »Antiquiertheit« Günther Anders[86]. Für Ortega besteht die Möglichkeit des Menschen, die ihm anhaftende Selbstentfremdung zu überwinden und die größeren Möglichkeiten in sich freizusetzen, in seiner Fähigkeit zur Selbstvergewisserung, in die ihn der Zweifel einübt. Darin übersteigt sein Können stets den Stand seines faktischen Seins; darin ist er das »utopische Wesen«. Für Anders ist er »antiquiert«, sofern das »Maximum dessen, was wir uns vorstellen können«, auf geradezu beschämende Weise hinter dem Maximum dessen zurückbleibt, »was wir herstellen« können; denn die Geister, die der Mensch dieser Zeit in seinem wahnhaften Streben nach Selbstvergrößerung rief, verselbständigten sich, während er das bannende »sei's gewesen« vergaß. Und im Unterschied zu Goethes Ballade steht kein Hexenmeister parat, der den wildgewordenen Besen mit diesem Zauberwort wieder in seine Ecke verweist. Das dem Menschen verfügbare Wissen, zumal auch in dessen praktisch-ethischer Form, steht nach Anders in einem fatalen und im Grunde unausgleichbaren Mißverhältnis zu seinem technischen Können. Das in der von ihm geschaffenen Technik waltende Verhältnis von Herr und Knecht verwandelt sich analog zu den sich verselbständigenden und an die Stelle der Inhalte setzenden Medien, in sein Gegenteil. Und das mit bereits absehbaren katastrophalen Folgen. Während die Möglichkeit eines mit Nuklearwaffen ausgetragenen Krieges die Gefahr der Selbstvernichtung der Menschheit heraufbeschwor, schattet sich in der Genmanipulation, durch die der Mensch die Natur und in letzter Konsequenz auch sich selbst zu »überholen« sucht, die Gefahr der Vernichtung seiner Spezies voraus.

So wirft die Technik, die ihrer ganzen Bestimmung nach ihren Schöpfer über seinen faktischen Besitzstand hinausführen sollte, ihn faktisch hinter das, was er sein und was er vollbringen soll, zurück. In diesem Sinne ist er das »antiquierte«, hinter sich selbst zurückgebliebene Wesen.

Für Freud zeigt sich der utopische Zug im Menschen darin, daß er sich seit alters eine in seinen Gottheiten verkörperte Idealvorstellung von Allmacht und Allwissenheit gebildet hat, der er sich insgeheim anzunähern suchte:

Nun hat er sich der Erreichung dieses Ideals sehr angenähert, ist beinahe selbst ein Gott geworden. Freilich nur so, wie

man nach allgemein menschlichem Urteil Ideale zu erreichen
pflegt. Nicht vollkommen, in einigen Stücken gar nicht, in
anderen nur so halbwegs. Der Mensch ist sozusagen ein
Prothesengott geworden, recht großartig, wenn er alle seine
Hilfsorgane anlegt, aber sie sind nicht mit ihm verwachsen
und machen ihm gelegentlich noch viel zu schaffen[87].

In dieser Aussage stoßen anthropologische Vorstellungen
mit zivilisationskritischen Beobachtungen unvermittelt aufeinander. Das eine entspricht dem von Nietzsche übernommenen
Gedanken, daß der Mensch im Begriff stehe, die an Gott abgetretenen Attribute wieder an sich zu reißen, und daß er deshalb
auf eine progressive Selbstvergrößerung ausgehe. Das andere
stammt aus seiner auf die Erfindung des Mikroskops und Teles-
kops, vor allem aber des Telefons und der Schallplatte gestützten
Erkenntnis, daß sich die Technik in ihren Spitzenleistungen von
der Seite des sich mühenden und leidenden Menschen auf die des
träumenden geschlagen habe und seitdem Zug um Zug uralte
Menschheitsträume zu realisieren suche. In diesem Zusammenhang nennt Freud zwei Vorzugsziele: Allmacht und Allwissenheit.
Er hätte aus heutiger Sicht Allgegenwart, Schöpfertum und
Richtergewalt hinzufügen, diese der Raketentechnik, der Genmanipulation und Nukleartechnik mit der von ihr heraufbeschworenen Gefahr der Selbstvernichtung in Verbindung bringen und diese Anläufe zu einem übermenschlichen Machtgewinn
dem in den Medien angezielten Wissensgewinn gegenüberstellen
können.

Indessen zielt die Sinnspitze dieser Ableitung auf die dadurch ermöglichte Transformation des Menschen. Während er sich
durch die technische Umgestaltung der Natur beim Blick in seine
Welt nach Heisenberg selbst zu Gesicht bekommt, wächst er auf
den Flügeln der Hochtechnik auf eine nicht unproblematische
Weise über sich hinaus. Das veranschaulicht Freud mit dem drastischen Vergleich der technischen Errungenschaften mit »Prothesen«, die es ihrem Schöpfer ermöglichen, seinen Aktionsradius in
gottähnliche Dimensionen zu steigern. Dabei ist ihm bewußt, daß
er erst den Anfang einer Entwicklung angesprochen hat, die in
ihrem noch unüberblickbaren Fortgang den Menschen dazu
bringen werde, seine »Gottähnlichkeit« noch weiter zu steigern.
Dem fügt er freilich, fast nach Art einer Warnung, die Beobach-

tung hinzu, daß sich der heutige Mensch in seiner bereits erreichten Gottähnlichkeit keineswegs glücklich fühle.

Seine Ahnungen sollten sich in einer zur Zeit seiner Prognose (von 1930) nicht absehbaren Weise bewahrheiten. Zwar kam es nicht zu dem von Anders vermuteten Exzeß der Entwicklung, durch den diese in ihr Gegenteil, die Selbstausrottung des Menschen als Gattung und als Spezies umschlug, wohl aber zu jenem Absturz in die Barbarei, der in Gestalt des industrialisierten Todes von Auschwitz einen für undenkbar gehaltenen Tiefpunkt erreichte und der, mit dem Menschen zusammen, auch das überlieferte Gottesbild in die bisher schwerste Krise stürzte. Den Menschen zunächst; denn die systematische Ausrottung von Millionen zunächst ihrer Würde und dann ihres Lebens beraubter Menschen hatte eine nicht minder systematische Demontage des Menschseins der Täter zur Voraussetzung, die, soweit sie überhaupt einsichtig zu machen ist, nur im Blick auf die schon auf der Höhe der Neuzeit einsetzende Krise und auf den fortschreitenden Niedergang der Persönlichkeitskultur begreiflich wird.

Zum einen ist in diesem Kontext an die von Kleist und Heine angekündigte und in den Darstellungen menschlicher Dekadenz und Monströsitäten in den Werken von Picasso, Dix und Bacon, den Dichtungen von Kafka, Broch und Faulkner oder den Opern von Hindemith (Cardillac), Berg (Wozzek) und Ligeti (Le grand Macabre) dokumentierte Geschichte des Persönlichkeitsverfalls zu erinnern, zum andern aber auch an deren theoretische Unterbauung in den Entwürfen Nietzsches (Die Herren der Erde), Stirners (Der Einzige) sowie des Marxismus und des Nationalsozialismus mit ihrer Reduzierung des Menschen auf Gattung und Rasse samt deren menschenverachtender Praktik in Propaganda und Terror. Denn dem offenen Terror war ein gezielter Abbau der personalen Konstanten vorangegangen, so in der Propagierung des marionettenhaft agierenden und dem »Führerwillen« blind gehorchenden, durch Feindbilder aggressiv gestimmten und gleichzeitig durch massenpsychologische Effekte narkotisierten Menschen in der nationalsozialistischen »Pädagogik« und deren Äquivalenten in der leninistisch-stalinistischen »Fabrik des neuen Menschen« (Rachmanowa) vorangegangen. So aber scheint sich die Figur des Prothesengottes Zug um Zug in das makabre Symbol der Hinrichtungsmaschine zu verwandeln, das Kafka in der bereits erwähnten Erzählung ›In der Strafkolonie‹ schuf, nachdem er es schon in der »Verwandlung« des Gregor Samsa in ein riesiges, von der Familie zum Tod verurteiltes Ungeziefer in der titelgleichen Erzählung (von 1912) vorweggenommen hatte[88]. Solange die Maschine funktioniert, sterben die unglücklichen Delinquenten beim Anblick des ihnen »auf den Leib geschriebenen« Urteils in einem Augenblick des Einverständnisses mit der ihnen zugefügten Tortur: Es ist der Augenblick des Einverständnisses mit dem Tod, dem der Mensch in seinem Streben nach Gottähnlichkeit vergeblich entrinnen wollte.

In alledem kündigt sich auch schon die Krise des überlieferten Gottesbildes an. Denn im Prozeß der fortschreitenden Entwürdigung verzweifelte der moderne Mensch nicht nur an der Erreichbarkeit des anvisierten Zieles; vielmehr ging der Griff nach göttlichen Attributen zuletzt ins Leere, nachdem Hans Jonas unter dem Eindruck von Auschwitz geradezu deren Preisgabe gefordert hatte. Wenn Gott allmächtig war, konnte er den industrialisierten Massenmord nicht zulassen; wenn er barmherzig war, durfte er es nicht. Daraus folgert er:

Absolute Güte, absolute Macht und Verstehbarkeit stehen in einem solchen Verhältnis, daß jede Verbindung von zweien von ihnen das dritte ausschließt[89].

Doch in dieser scheinbar unheilbaren Diastase von Judentum und Christentum gibt es eine erstaunliche Übereinkunft, auf welche die in der Vorausschattung von Auschwitz entstandene Erzählung Gertrud von le Forts ›Die Abberufung der Jungfrau von Barby‹ (1940) hellsichtig hinwies. Die an die Nachtseite der Mystik – die »sterbende Minne« – verwiesene Titelgestalt erlebt auf dem Höhepunkt der gegen ihr Kloster gerichteten bilderstürmerischen Umtriebe das innere Äquivalent des äußeren Zerstörungswerks: den Verlust des ihr eingeschriebenen Gottesbildes, der mit dem Zusammenbruch der göttlichen Attribute einhergeht. Beim Gang zu der Sterbenden, die zum Opfer des Bildersturms wurde, ist es der Äbtissin, als sei inzwischen ein unsichtbarer Bildersturm am Werk gewesen, der alle Bilder wie die schönen Sterne vom Himmel fallen ließ; und beim Anblick der Erschlagenen erfaßt sie das Gefühl, als habe Gott mit dem Tod seines Kindes sich selbst getroffen: »seine Vaterhuld, die Liebe, das Erbarmen, die Gerechtigkeit, seinen Willen zu verzeihen«, ja »als träten alle Attribute Gottes in ein unzugängliches Geheimnis zurück«[90].

Doch das ist nur der dichterische Schattenwurf dessen, was sich nach der Deutung des Hebräerbriefs beim Kreuzestod Jesu ereignete. Die Stelle (5,7) faßt seine ganze Lebensgeschichte in die Kurzformel »in den Tagen seines Erdenlebens« zusammen und läßt sie in den von ihr als »De profundis« verstandenen Todesschrei ausmünden. Dem fügt sie nach der ältesten Lesart die allem Anschein widersprechende Behauptung hinzu, daß die »unter lautem Wehgeschrei« an Gott gerichtete Bitte erhört und daß der Sterbende aus seiner Todesnot errettet worden sei; oder nun wörtlich:

In den Tagen seines Erdenlebens brachte er unter lautem Wehgeschrei und Tränen Bitten und Flehrufe vor den, der ihn aus dem Tod erretten konnte. Und er ist erhört und aus seiner Todesnot befreit worden (Hebr 5,7)[91].

Zusammengesehen mit der grausamen Realität des Geschehens, ist das nur unter der Voraussetzung denkbar, daß sich für den Gekreuzigten gleichfalls ein Zusammenbruch der göttlichen Attribute ereignete. Wenn Gott allmächtig und barmherzig war, konnte und durfte er den Kreuzestod seines Sohnes nicht zulassen. Da aber das Entsetzliche geschah und weder ein himmlischer Retter auf den Plan trat noch eine Menschenhand sich rührte, um die Qual dieses Sterbens zu verhindern, blieb dem Gekreuzigten nur noch – wie der Abberufenen von Barby – die »Wüste der nackenden Gottheit«. Doch diese Wüste blühte und lebte, verstanden als der Inbegriff Gottes in der Seinsfülle seiner reinen Absolutheit. »Erhört« wird der Notschrei des Gekreuzigten somit dadurch, daß ihn die göttliche Wirklichkeitsfülle in sich aufnimmt. Mit seinem letzten Atemzug stirbt er in sie hinein. Sterbend lebt er, anders gewendet, in Gott – und den Seinen – auf. Bis zu diesem Tiefpunkt muß der Raub der Attribute, wie ihn Freuds »Prothesengott« symbolisiert, verfolgt werden, wenn sein religiöser Hintersinn zum Vorschein kommen soll.

4. Eine Metapher seiner selbst

Der bis zur Karikatur emporgetriebenen Steigerungsform des Menschseins tritt im Zentrum der Medienszene eine ausgesprochene Schrumpfgestalt gegenüber. Doch gerade so entspricht es der reduktiven Tendenz einer Gesellschaft, die nach Friedrich H. Tenbruck sogar in ihrer Theorie »die Abschaffung des Menschen« betreibt[92]. Im Fall der Medien macht sich diese Tendenz schon in dem von ihnen ausgeübten Selektionseffekt bemerkbar. Hervorgegangen aus dem militärischen Bedürfnis nach möglichst rascher und exakter Nachrichtenübermittlung, privilegieren sie – und dies in erstaunlicher Übereinkunft mit der vom sprachlichen Informationswert ausgehenden philosophischen Sprachanalyse – den Informationstransfer, während sie sich hinsichtlich appellativer und performativer Sprachqualitäten als weit weniger durchlässig erweisen. So aber zieht ihr exzessiver Gebrauch auf die Dauer eine »moralische Frustration« nach sich. Zwar gelingt es den Medien regelmäßig, die Hilfsbereitschaft ihrer Rezipienten zu mobilisieren; doch steht diese in der Regel, höchst bezeichnend, im Zeichen der Fernsten-Liebe zu den Notleidenden der Dritten Welt, nicht jedoch der Teilnahme an der Not der Nächsten. Und die Erfahrung mit religiösen Sendungen lehrt, daß ihre Stärke auf dem Sektor Glaubensinformation liegt, während die Vermittlung spiritueller Impulse nur in seltenen Ausnahmefällen, in denen es gelingt, das mediale Strukturgesetz zu überspielen, zustande kommt.

In dieser Unterdrückung der appellativen und performativen Sprachqualitäten kündigt sich jedoch eine weit gravierendere Ausgrenzung an, die mit der Verlagerung der Vermittlung auf Bild und Ton zusammenhängt. Anstatt den Rezipienten in seiner Intellektualität anzusprechen, teilen die Medien ihm ihre »Botschaft« in Form von Bild- und Tonsequenzen mit, die an das noch in ihm fortbestehende archaische Bilddenken anknüpfen. Das aber wirft ihn, kulturgeschichtlich gesehen, auf den Status eines vorgeschichtlichen Bewußtseins mit prälogischen Denkformen zurück. Auf die Dauer kommt das der Suspendierung seiner rationalen Denk- und Urteilsfähigkeit gleich, auch wenn sich das nur diffus, in Form einer leichten Narkotisierung, verbunden mit der Unlust zu geistiger Tätigkeit, bemerkbar macht. Der Widerspruch gegenüber der zunächst vermerkten Privilegierung des seiner Natur nach auf den Intellekt bezogenen Informationswertes löst sich auf, wenn man die eigentümliche Schwerelosigkeit berücksichtigt, in der das sachlich Mitgeteilte erscheint. Auch ausgesprochene Schreckensbilder entbehren nicht eines – uneingestandenen – Reizes. Und Szenen, die, würden sie real erlebt, stundenlange Betroffenheit hinterließen, sind nicht dazu angetan, die abendlichen Erholungs- und

Eßgewohnheiten der Zuschauer nachhaltig zu stören. Zwar hängt das vor allem damit zusammen, daß die Medien anstelle der Realität nur Reproduktionen bieten. Doch fällt dieser Umstand deshalb so gravierend ins Gewicht, weil dem das prälogische Bilddenken entgegenkommt, auf das der Medienkonsument zurückgeworfen wird.

Der entscheidende Anstoß zur Transformation geht jedoch wiederum von der Überwältigung der Botschaft durch das Medium aus, die es mit sich bringt, daß der Rezipient mehr unter dem Eindruck der Apparatur als der von ihr vermittelten Inhalte steht und in eine zuletzt nicht nur psychologische, sondern existentielle Abhängigkeit von dieser gerät. Im Zug dieser Entwicklung wird das Medium nicht nur, wie Freud meinte, zur Prothese des Menschen, sondern dieser umgekehrt zum »Funktionär« des Mediums. Eine Art Symbiose bahnt sich an, in deren Gefolge der Mensch vom Medium her definiert wird. Er wird, schärfer formuliert, zum »mediatisierten« Menschen.

Wenn diese Bestimmung aber auch von »innen«, also von der Funktionsweise des Mediums her, einsichtig werden soll, muß sie auf die für die gesamte Medienszene signifikante Vertauschung von Primär- und Sekundärerlebnissen zurückbezogen werden, konkret gesprochen darauf, daß die Medien Reproduktionen und Kopien der Wirklichkeit anstelle ihrer selbst bieten. Danach ist der mediatisierte Mensch der zur Reproduktion seiner selbst gewordene. Als solcher ist er einer Fremdsteuerung unterworfen, die in den Akt seiner Individuation und Identifizierung eingreift und ihn in einen Zustand der Selbstentfremdung versetzt, in dem er sein Leben nur noch als ein auf sich selbst bezogenes »Rollenspiel« erfährt. Wie es dem Strukturgesetz des Mediums entspricht, stellt er sich in dieser Rolle fortwährend selber dar, ohne je noch wirklich er selbst zu sein. Er wird, um es zugespitzt zu sagen, zur Metapher seiner selbst.

Wenn die Transformation bis dahin verfolgt wird, zeichnet sich auch schon die Möglichkeit einer Revision ab. Sie muß, bevor sie zu einer Therapie gedeihen kann, mit einer Diagnose einsetzen, wie sie in der von führenden Soziologen heftig diskutierten Rollentheorie vorliegt[93]. Den Initialstoß gab freilich der Philosoph Karl Löwith, als er in seiner Abhandlung ›Das Individuum in der Rolle als Mitmensch‹ (von 1928) unterstrich, daß die Seinsart des Menschen als »persona« wesentlich durch die ihm von der Mitwelt zugewiesenen »Rollen« bestimmt werde[94].

Nachdem der Rollenbegriff durch Rolf Dahrendorf in den soziologischen Disput eingeführt und gleichzeitig auch schon infragegestellt worden war, wuchsen die Zweifel, ob nicht »die Tatsache sozialer Verbundenheit überhaupt als der Anfang der Selbstentfremdung« zu gelten habe, da die Freiheit des Individuums dann letztlich nur die Folge seiner gesellschaftlichen Fremdbestimmung sei[95]. Dem steht jedoch das Zugeständnis Helmuth Plessners entgegen:

> *Immerhin, die Rolle ist etwas Greifbares. Man schlüpft und wächst in sie hinein, man spielt sie gut oder schlecht. Man findet sich so in ihr zurecht. Sie stellt Anforderungen spezifischer Art, wie sie der Status oder die Position mit sich bringen ... Daher billigt man unter dem Begriff der Rolle dem Menschen einen Abstand von seiner gesellschaftlichen Existenz zu, der etwas Tröstliches haben kann: der Mensch, der Einzelne, ist nie ganz das, was er »ist«[96].*

Daraus folgerte Tenbruck, daß der Mensch in der modernen Soziologie nicht nur als Person »ausgeschaltet«, sondern in seiner Reduktion auf einen bloßen Rollen- und Funktionsträger geradezu zur »Selbstabdankung« genötigt worden sei[97]. Als Theorie der Gesellschaft dokumentiert die Soziologie aber nur den schon wiederholt geäußerten Verdacht, daß der Gesellschaft, gleichviel ob als Leistungs- oder Konsumgesellschaft, lediglich an der Funktionalität, nicht aber am Personsein des Menschen gelegen sei. Ihr kommt es nur darauf an, daß die von ihr benötigte Rolle so gut wie nur möglich durchgespielt werde; der Rollenträger ist dagegen beliebig austauschbar: er kann jederzeit durch jeden anderen ersetzt werden.

Mit der Rede von der Metapher seiner selbst ist das Schicksal umrissen, das der Mensch als exzessiver Medienkonsument erleidet. In der ihm von den Medien zugewiesenen Rolle verkümmert er zur Metapher. Mit dem Zusatz »seiner selbst« ist aber auch schon der Weg zur Therapie gewiesen. Das scheint sich freilich mit der These Plessners zu stoßen, wonach der Mensch »nie ganz das (ist), was er ist«. Sofern damit von ihm eine Minderung ausgesagt ist, käme das seiner Bestimmung als Metapher gleich, die dann als solche ins Leere ginge. Da aber etwas »Tröstliches« gesagt sein soll, stellt die These den Menschen tatsächlich in jene Bild-Relation, die auf einen abzubildenden höheren Status verweist. So entspricht es dem »Ideal« des Prothesengottes, dem zufolge der Mensch sogar einem »göttlichen« Status entgegenstrebt. Therapeutisch wirkt diese Sicht, wenn sie auf diejenige Pascals und Blondels zurückgeführt und dadurch entzerrt wird. Dann tritt der Rede von der Metapher seiner selbst als positives Äquivalent der Begriff »Bild Gottes« gegenüber. Dieses Hochbild muß dem Medienkonsumenten nahegebracht und – wie Mose nach dem vom Johannesevangelium (3,14) aufgenommenen Bericht mit der »ehernen Schlange« verfuhr (Num 21,4ff) – vor seinen Augen aufgerichtet werden, wenn ihm aus seiner Verfallenheit herausgeholfen werden soll.

Das vom Gedanken der Gottebenbildlichkeit ein ermächtigender Impuls zu erwarten ist, ergibt sich aus dem von Gerhard von Rad erbrachten Nachweis, daß das Motiv ursprünglich soviel wie die Einsetzung in eine Machtposition besagt[98]. Insofern geht von dem Gedanken der Gottebenbildlichkeit eine Insinuation aus, die den zur Metapher seiner selbst Herabgesunkenen an das Hochbild dessen erinnert, wovon er nur eine Schablone behielt. Immerhin blieb ihm in seiner Abdrift die Ähnlichkeit mit dem Verlorenen. Gerade darin kommt ihm das Motiv in seinem traditionellen Verständnis zu Hilfe. Mit der Suggestivität des Bildhaften, der er erlag, verweist es ihn in dieser Sicht auf den zurück, der in ihm gespiegelt und von ihm repräsentiert sein will. Tatsächlich wirkt in der Faszination des Rezipienten durch die auf ihn einstürmenden Bildsequenzen eine letzte Erinnerung an den patristischen Bildbegriff nach, der zur eidetischen Auslegung der Gottebenbildlichkeit führte. Entscheidend ist aber der darin waltende dynamische Zug, der dem Bildbezug die Qualität des Aufstiegs und der Erhebung verleiht. Durch den Anblick des Abbilds, so sagt ein vom patristischen Bilddenken eingegebenes Wort der Weihnachtsliturgie, »werden wir zur Liebe des Unsichtbaren entflammt«. Darauf muß der in den Bann der medialen Bilderwelt Geratene zurückverwiesen werden.

Daß das auch der grundlegenden Genesisstelle entnommen werden kann, betonte Oswald Lorentz mit der Feststellung, daß die Gottebenbildlichkeit des Menschen seine besondere »Nähe zu Gott« besage, die freilich »zugleich die Möglichkeit des Ferne-seins oder Fallens einschließt«[99]. Wenn die Kirchenväter dabei das Moment der Gottesnähe hervorheben, dann deshalb, weil sie den vor Augen haben, der nach neutestamentlicher Deutung das »Ebenbild des unsichtbaren Gottes« (Kol 1,15; 2 Kor 4,4) in höchster Steigerung ist. Derselben Deutung zufolge reißt er das Bildgeschehen an sich; denn er ist Bild zum Ziel der Angestaltung an ihn, so daß die Schlüsselstelle des Römerbriefs erklären kann:

Die er zuvor erkannte, hat er im voraus auch dazu bestimmt, dem Bild seines Sohnes gleichgestaltet zu werden, damit er der Erstgeborene unter vielen Brüdern sei (Röm 8,29)[100].

Ihr Ziel erreicht diese Bild-Therapie mit der von Klaus Berger hervorgehobenen Beobachtung, daß das Bildsein des »Erstgeborenen« genealogisch gemeint und zu verstehen ist, so daß sich ein fließender Übergang zur Berufung zur Gotteskindschaft ergibt. Damit ist erst der diametrale Gegenpol zur technischen Symbiose, in die der exzessive Medienkonsument geriet, erreicht, zusammen mit dem Gegenpol aber auch das Ziel, das ihn vor dem Rückfall in die entfremdende Medienabhängigkeit bewahrt.

5. Der schwankende Boden

Im Kontext der heutigen Lebenswelt gesehen, stellt sich die conditio humana nach alledem zwiespältig dar: ebenso begünstigt wie belastet. Begünstigt, sofern von ihr Impulse ausgehen, die den Menschen darin bestärken, die noch ungehobenen größeren Möglichkeiten in sich freizusetzen und den Stand seines faktischen Seins in Akten fortwährender Selbstoptimierung zu überschreiten. Vor allem aber belastet, und dies durch das Ensemble der ihn von sich abhaltenden Tendenzkräfte.

Davon ist zunächst das menschliche Elementarvertrauen betroffen. Der Mensch lebt vom Vertrauen in die Verläßlichkeit der Konstrukte, Verhältnisse und Menschen, die seine Lebenswelt ausmachen. Von ihnen fühlt er sich getragen, durch sie gesichert und in ihnen geborgen. Es ist das Vertrauen in ihre Konsistenz, Identität und Permanenz, das erschüttert würde, wenn sie sich als brüchiger erwiesen, als von ihnen angenommen werden darf, wenn sie sich ohne erkennbaren Grund verändern würden und wenn sie rascher vergingen, als es ihrem Anschein entspricht. Doch eben dies ist, wie Ortega y Gasset in seiner Würdigung des Menschen als utopisches Wesen zeigte, der Eindruck, den die gegenwärtige Lebenswelt erweckt. Nach wie vor geht ein jeder vom Elementarvertrauen in die Gegebenheiten des Daseins aus:

Aber in dieser Grundschicht unserer Glaubensgewißheit tun sich, wie Bodenluken, ungeheure Hohlräume des Zweifels auf . . . Auch im Zweifel lebt man. Nur hat in diesem Fall das Leben einen beängstigenden Charakter. Im Zweifel lebt man wie in einem Abgrund, das heißt im Zustand des Fallens. Er ist daher die Verneinung der Festigkeit. Wir spüren plötzlich, daß unter unseren Füßen die feste Erde nachgibt, und wir scheinen zu fallen, ins Bodenlose zu fallen, ohne uns dagegen wehren, ohne etwas tun zu können, um uns festzuhalten, um zu leben. Es ist wie der Tod im Leben, wie die Teilnahme an der Vernichtung unseres eigenen Daseins[101].

Kaum einmal dürfte der Zusammenhang, um nicht zu sagen die Identität von Angst und Zweifel so klar angesprochen worden sein wie in diesem Text. Man könnte beide geradezu gegensinnig definieren: den Zweifel als die intellektuelle Form der Angst und diese als die emotionale Form des Zweifels. Damit würde sich der fast gleichzeitige Einbruch dieser beiden Antiprinzipien in die heutige Lebenswelt erklären: die von Jaspers angesagte Allgegenwart der zum »unheimlichen Begleiter« des heutigen Menschen gewordenen Angst und die ozeanische Ausweitung des Zweifels, der nach Kolakowski nicht einmal mehr vor der Methode haltmacht. Ozeanisch mutet dieses »Meer von Zweifeln« (Ortega y Gasset) an, weil es zuletzt sogar den letzten Damm in Gestalt des »unüberdenklich Größten« (Anselm) überflutete. Darauf bezog sich Nietzsche mit der dem »tollen Menschen« in den Mund gelegten Frage:

Wer gab uns den Schwamm, um den ganzen Horizont wegzuwischen?[102].

Nach Ausweis der Skizzen zu diesem Aphorismus stand für Nietzsche der Gedanke im Vordergrund, daß mit der Tilgung des denkerischen Grenzwertes auch alle menschliche »Baukunst« zugrunde gehe, weil »ohne diese Linie und diesen Punkt« – eine Anspielung auf das Symbol der »unendlichen Sphäre, deren Umkreis nirgendwo und deren Mittelpunkt überall ist« – keine Maße und Perspektiven mehr Bestand haben[103]. Während sich Nietzsche von dieser Tilgung den entscheidenden Zuwachs an Selbstbesitz versprach, setzte sich in dem auf ihm aufbauenden postmodernen Denken die gegensinnige Erkenntnis durch, daß mit dem Horizont des Göttlich-Größten auch das innerhalb dieses »Umgreifenden«

denkende Subjekt ausgelöscht wird, so daß anstelle der aus dem Wechselverhältnis der beiden abgeleiteten Prinzipien nur ein einziges bleibe: das Prinzip Beliebigkeit[104]. Fragte der ›tolle Mensch‹ am Schluß seines Auftritts, ob die Kirchen nicht die »Grüfte und Grabmäler Gottes« seien, so errichtete die Postmoderne in Lyotard das »Grabmal des Intellektuellen«, verstanden als das literarische Monument der Verabschiedung des einen »universellen Wert« verkörpernden Subjekts[105]. Das heißt für ihn, wie er in einem Interview ausführte, nicht, »daß wir ohne Subjekt auskommen« könnten, sondern nur, daß wir nicht fortfahren können, »unter der allgemeinen Herrschaft des cogito zu denken«; denn:

Die Evidenz des »ich denke« ist für uns so wenig evident wie nur möglich[106].

Heißt das nun, daß am Ende doch jede Gewißheit in den »ungeheuren Ozean des Zweifels versinkt«, wie schon Vico gefragt hatte? Für ihn blieb freilich inmitten allen Zweifels die ganz gewiß vom Menschen gemachte Menschenwelt, die diesen Ozean als »winziges Stück Erde«, auf dem man Fuß fassen konnte, überragt[107]. Wie aber steht es, um im Bild zu bleiben, um das »Grenzgebirge« des Göttlich-Größten, in welchem Anselm den Inbegriff des absolut Gewissen entdeckt hatte, wie also um die Geltung seines Gottesbeweises?

Eine erste Antwort könnte lauten, daß der von der »Magie des Extrems« (Nietzsche) angezogene Mensch so sehr in »Grenzsituationen« verwiesen ist, daß er sich von seiner Verfassung her geradezu dorthin gedrängt sieht, wohin er nach Anselm nur unter extremer Denkanstrengung gelangen kann. Verschlagen in das Überall und Nirgendwo seiner Grenzsituation, begreift er sich im Wortsinn des Ausdrucks als »Utopie«, die es zu verwirklichen gilt und deren Realisierung nur unter der Voraussetzung gelingen kann, daß die denkbar größte Utopie – Gott – Wirklichkeit ist und existiert.

Doch gerade die Erfahrung seiner komplexen Lebenswelt spricht im Sinn einer zweiten Antwort dafür, daß diese Annahme zutrifft. Denn in dem Maß, wie es der modernen Hochtechnik gelang, eine Teilutopie um die andere zu realisieren und sogar die als Spiel der Möglichkeiten geltende Evolution zum Aktionsfeld menschlicher Eingriffe werden zu lassen, verringerte sich die Distanz von Möglichkeiten und Wirklichkeit, wie es in der Intention des »ontologischen« Arguments gelegen ist. Zu diesen Näherungswerten tritt jedoch ein weiterer Gesichtspunkt, der mit der Verwandlung der Evolution in Geschichte gegeben ist und dessen Bedeutung um so stärker zutage tritt, je bewußter die Struktur des anselmischen Arguments beachtet wird. Dazu hatte schon Heine in seiner ›Geschichte der Religion und Philosophie in Deutschland‹ (1834) bemerkt, daß der Beweis von Anselm in einer »rührenden Gebetform« vorgelegt worden sei. Nachdem auch der Herausgeber des ›Proslogion‹, Franciscus Salesius Schmitt, zu bedenken gegeben hatte, ob die Gebetform nicht wenigstens einen »sekundären Einfluß auf die Struktur des Werkes« ausgeübt, womöglich sogar »eine zweite, selbständige Struktur neben der spekulativen geschaffen« habe, fragte Raimond Klibansky noch entschiedener:

Wie oft hat man daher gesagt, daß Anselms Werk die Form eines Gebets habe. Ist dieses Gebet nur eine Form? Gehört das Gebet nicht wesentlich zum Anliegen Anselms?[108]

Unter Berücksichtigung der »Gebetform« wird aber klar, daß wie für jede andere Annäherung an Gott auch für das anselmische Argument der schon von Irenäus von Lyon aufgestellte Grundsatz gilt, wonach »der Herr lehrte, daß niemand zur Gotteserkenntnis gelangen könne, er werde denn von Gott selbst belehrt«; denn:

Ohne Gott kann Gott nicht erkannt werden[109].

Das aber heißt, daß Anselm das Argument deshalb in einen Gebetsakt einbezogen hatte, weil ihm bewußt war, daß jede Annäherung an Gott nur aufgrund einer göttlichen Entgegenkunft ans Ziel gelangen kann. Im Rahmen einer kulturgeschichtlichen Erörterung des Arguments spitzt sich das dann aber in die Frage zu, ob im Horizont der heutigen Lebenswelt Anzeichen einer derartigen Entgegenkunft ausgemacht werden können.

In diesem Zusammenhang war an die Verwandlung der Evolution zur Geschichte zu erinnern, die dieser einen wesentlich höheren Stellenwert zumißt, als es ihrer bisherigen Einschätzung entspricht. Unter diesem Gesichtspunkt hebt sich aus der Gemengelage der Ereignisse, fast überdeutlich, die Wende von 1989 ab, die nicht nur die Verwirklichung des unter wachsendem Leidensdruck gereiften Freiheitstraums brachte und insofern den Tatbestand einer realisierten Utopie erfüllte, sondern ihre religiöse Bedeutung darin manifestierte, daß sie im Gegenzug zur rationalistischen Ausschließung des Wunders ein göttliches Eingreifen in die Menschheitsgeschichte wieder denkbar machte. Sofern sich diese Denkbarkeit in erster Linie auf das ins Zwielicht geratene Glaubensgeheimnis der Auferstehung bezieht, ist damit einer christologischen Ausfolgerung der Argumentationsproblematik der Weg geebnet.

Sie wird sinngemäß von dem Zusammenhang von Angst und Zweifel auszugehen haben, da unter diesem Gesichtspunkt der Grenzbegriff des Göttlich-Größten in einer bisher nicht beachteten Perspektive erscheint: nicht mehr als Aufnahme des Eingangswortes des augustinischen Bekenntniswerkes, das mit einer Anrufung der Größe und Kraft und Weisheit Gottes einsetzt, sondern als Vorgriff auf den kartesianischen Gott der den Menschen radikal verendlichenden »undurchschaubaren Übermacht« (Krüger)[110]. An der Härte dieses absoluten Über-Ichs erfährt das geängstete Denken die Beseitigung seiner Zweifel. Doch diese Vergewisserung durch den Widerstand einer göttlichen Übermacht hat, ähnlich wie es Lambertino für die psychogenetische Herleitung von Moral und Gewissen bei Freud deutlich machte, einen durchaus negativen Charakter[111].

Darin schafft die christologische Konzeption, zu der das freiheitliche »Zeichen der Zeit« den Weg freigab, den entscheidenden Wandel, sofern die wieder denkbar gewordene Auferstehung Jesu auf seine zentrale Lebensleistung, die Korrektur des ambivalenten Gottesbildes, zurückverweist[112]. Danach verschüttete Jesus dadurch den tiefsten Quellgrund der Lebensangst, daß er den Schatten des Furcht- und Schreckenerregenden aus dem Gottesbild der Menschheit ersatzlos tilgte, um darin das Antlitz des bedingungslos liebenden Vaters aufscheinen zu lassen. Doch damit stößt er auch schon die Tür zu einer ungleich höheren Vergewisserung auf, die in dem von ihm gestifteten neuen Gottesverhältnis gründet. Es ist das Verhältnis des vom Vater zueigen genommenen, in ein genealogisches Verhältnis zu ihm aufgenommenen Kindes. In diesem Sinn muß der anselmische Vergewisserungsweg korrigiert werden, der unterschwellig mit dem auf bedingungsloser Sühne bestehenden Gott von ›Cur Deus homo?‹ zu tun hat. Denn die Angst ist kein verläßlicher Ratgeber, wenn es um die Stiftung letzter Gewißheit geht, weil sie ihrer ganzen Tendenz nach trennt, was gerade im Akt der Vergewisserung verbunden werden muß.

Doch die Dämonen der Angst sind in diesem Jahrhundert wie lange zuvor nicht mehr losgelassen. Und sie schrecken die eingeschüchterten Menschen nicht nur durch ihre ständig wechselnden Masken, sondern bemächtigen sich auch jener Errungenschaft, die aller Voraussicht nach das Gesicht der heraufkommenden Welt wie keine andere prägen wird: der Medientechnik. Mehr noch: Sie schufen sich in den Medien das effizienteste Instrument der Angsterzeugung, weil sie diese nicht erst durch die von ihnen privilegierten Schreckensbilder, sondern vorher schon durch ihre den Rezipienten von der Realität distanzierende Struktur auslösen. So geht von der modernen Lebenswelt eine höchst gegensätzliche Insinuation an den Menschen aus. Was sie ihm mit ihren realisierten Utopien verheißt, entzieht sie ihm durch die angsterrregenden Faktoren, die sie unablässig hervorbringt. Insofern hat er, mit Ortega y Gasset gesprochen, den Eindruck, ein Gelände zu durchschreiten, in welchem sich »da und dort, wie Bodenluken, ungeheuere Hohlräume auftun«, zumindest aber, über einen bedenklich schwankenden Boden zu gehen.

Was ihn umgibt, ist, dem Urteil vieler zufolge, eine Welt des Verfalls, die sich dort am deutlichsten präsentiert, wo es mit ihr zuende geht. Auf drastische Weise brachte das Günter Eich in dem Gedicht ›Schuttablage‹ zum Ausdruck, das allerdings Verhältnisse voraussetzt, in denen die »Entsorgung« des zivilisatorischen Abraums noch dem natürlichen Abbau überlassen blieb, so daß auf einer Schuttablage Scherben einer Ziertasse mit frommer Aufschrift von Brennesselstauden durchwachsen werden. Aus diesem sich wie zufällig ergebenden Arrangement vernimmt der Dichter einen Anruf, der ihn in den Spuren des Verfalls das Symbol der verwundeten, mitleidenden, allerbarmenden Liebe gewahren läßt:

Wo sich verwischt die goldene Tassenschrift
im Schnörkel von Blume und Trauben,
wird mir lesbar, – o wie es mich trifft,
Liebe, Hoffnung und Glauben.

Ach, wer fügte zu bitterem Scherz
so die Scherben zusammen?
Durch die Emaille wie durch ein Herz
wachsen die Brennesselflammen[113].

Hilfreicher, sanfter und wirksamer könnte die »Trauer der Welt«, von der in der Eingangsstrophe die Rede ist, nicht gelindert werden.

III. DIE VERANTWORTUNG

1. Sei dein eigen!

Ist es ein Glück, eine Ehre, eine Mühe, eine Last oder gar eine Zumutung, Mensch zu sein? Auch wenn man geneigt ist, diese Frage lieber offen zu lassen, steht doch außer Zweifel, daß es eine Herausforderung und Aufgabe ist, wenn aber Aufgabe, dann auch Gabe, die verantwortet sein will. Mit der Verantwortung hat es eine eigene Bewandtnis, weil »sich verantworten« soviel wie für etwas einstehen und sich rechtfertigen heißt. Wer sich verantwortet, übernimmt aber zugleich die Verantwortung für sich und das, was er ist und tut. So spaltet sich die Frage nach der Verantwortung des Menschseins in zwei Teilfragen, eine forensische und eine ethische, auf. Die eine richtet sich nach außen, an die Öffentlichkeit, vor der man sich verantworten muß, die andere nach innen, und das ist die Frage, ob und wie man überhaupt Verantwortung für sich übernehmen kann[114].

Der Versuch, sich vor dem Forum der Öffentlichkeit zu verantworten, steht unter einem zweifachen Erwartungsdruck. Denn die Öffentlichkeit reagiert auf nichts so allergisch wie auf den Eindruck, daß ein Mensch unversehens nicht mehr der ist, als der er eingeschätzt wird und gilt, daß er sich also in seinem Verhalten, seinen Anschauungen und seiner Konsistenz geändert habe. Die Funktionstüchtigkeit ihres Beziehungssystems lebt aber von der Stabilität und Beharrungskraft der in diesem System »vernetzten« Faktoren. Sobald auch nur einer von ihnen der erwarteten »Norm« nicht mehr entspricht, ist das Ganze infrage gestellt oder doch, wie es denn auch in der Regel geschieht, nur noch mit Hilfe mehr oder minder komplizierter Ausgleichsstrategien aufrechtzuerhalten.

Diesen Erwartungsdruck nimmt der Betroffene in der Weise auf, daß er sich ihn zueigen macht und sich nun selbst unter Druck setzt, dies aber nur, um mit wachsender Bestürzung zu erkennen, daß er der Erwartung, wenn überhaupt, nur sehr bedingt zu genügen vermag. Zwar wird er die ihm von der Öffentlichkeit zugewiesene Funktionalität – als Arbeiter, Beamter, Manager, Politiker, Priester, Künstler – für absehbare Zeit aufrechterhalten können. In diese Zuversicht mischt sich jedoch, je länger desto mehr, der Zweifel ein, ob er tatsächlich in dem erwarteten Sinn für sich einstehen könne. Denn seine Selbsterfahrung macht ihm nur zu deutlich bewußt, daß ihm eine Leistung, die er heute mit Leichtigkeit erbringt, anderntags nur mit Mühe, wenn überhaupt gelingt. Denn weder kann er dieser Erfahrung zufolge frei und souverän über seine Leistungskraft verfügen, noch hat er die Umstände in der Hand, unter denen er das von ihm erwartete Soll erfüllen kann. Und das gilt, wie die Extremerfahrungen dieses Jahrhunderts nur zu deutlich zeigten, auch hinsichtlich der ethischen Verläßlichkeit des Menschen. An äußerste Schmerzgrenzen getrieben, ist das für den Zeitgenossen stehende Opfer des »Big Brother« bereit, die Höchstwerte seines Lebens und mit ihnen zusammen seine Prinzipien preiszugeben. Zwar kennt der heutige Mensch das stille Glücksgefühl, das in ihm jedesmal aufkeimt, wenn er eine Leistung zum wiederholten Mal zuwegebringt. In die Erinnerung an dieses Glück bricht unter dem auf ihn ausgeübten Druck jedoch der erschreckende Gedanke ein, daß es ihm genau so gut anders hätte ergehen können: daß die gewohnte Kompetenz ausgeblieben oder eine unerwartete Störung in seinem Umfeld das Gelingen hätte verhindern können. Wie soll er sich angesichts dieser Labilität verantworten können?

Fast unmerklich geht die forensische Fragestellung hier in die ethische nach der möglichen Selbstverantwortung über. Daß der Mensch Verantwortung für sich selbst übernehmen muß, gehört wesenhaft zu den bewußtseinsbildenden Folgen der gegenwärtigen Zeiten- und Denkwende. Konnte er sich auf der Höhe der Neuzeit, getragen von der Woge eines exzessiven Subjektivismus, noch der Illusion hingeben, daß er aus einem Akt der Selbstsetzung hervorgegangen sei, so steht er heute zunehmend unter dem Eindruck der Gegebenheit und Vorgegebenheit des Daseins und zumal seines Selbstseins[115]. Selbstbewußtsein ist nach Tugendhat eine ausgezeichnete Form der Stellungnahme zu der Tatsache, »daß ich existiere«, eine Stellungnahme, die zwar die Freiheit zur Wahl der gewünschten Existenzform einräumt, die aber als solche stets rückgebunden bleibt an die – vorgegebene – Tatsache, auf die sie sich bezieht. Sie ist, so liegt es im Zug des neu aufkommenden Bewußtseins, zusammen mit der Stellungnahme zu ihr, zu verantworten.

Doch dagegen erhebt sich ein elementarer Einwand, der sich gerade am Moment der Vorgegebenheit entzündet. Er hängt damit zusammen, daß sich in der Palette der in der Eingangsfrage angesprochenen Möglichkeiten die Bereitschaft, sie zu beantworten, eindeutig von »Glück« auf »Zumutung« verlagerte. Kann denn ein Dasein verantwortet werden, das ungefragt auferlegt worden ist? Darauf legte schon Kierkegaard den Finger, als er auf einem Höhepunkt seiner Wiederholungsschrift fragte:

Wer hat mich in dieses Ganze hineingelockt und einfach stehenlassen? Wer bin ich? Wie kam ich in diese Welt hinein, warum wurde ich nicht befragt, warum nicht mit Sitten und Herkommen bekannt gemacht, sondern einfach in Reih und Glied gestellt, als wäre ich von einem Seelenverkäufer gekauft? Wie wurde ich Teilhaber an dem großen Unternehmen, Wirklichkeit genannt? Warum soll ich überhaupt Teilhaber sein? Ist das keine freiwillige Sache? Und falls ich dazu genötigt werden sollte – wo ist der Dirigent; denn ich habe eine Bemerkung zu machen. Oder gibt es gar keinen Dirigenten? Wo kann ich dann meine Klage anbringen?[116]

Verantwortet werden kann dieses auferlegte Dasein nur unter der Voraussetzung, daß tatsächlich eine Instanz existiert, bei der die Beschwerden des ungefragt ins Dasein gestellten Klägers anhängig gemacht werden können. Im andern, von Kierkegaard fiktiv angenommenen Fall, ist der Mensch, mit Heidegger gesprochen, ins Dasein »geworfen«; dann aber ist ihm schon deshalb jede Rückversicherung verwehrt, weil dieses Dasein als ein »Zu-Sein«, das wir »zu sein haben« streng nach vorne, auf die »jeweils bevorstehende Existenz« hin orientiert ist[117]. Anders, wenn die Klage angebracht und Gott für die auferlegte Existenz, wie jetzt zu sagen ist, »verantwortlich« gemacht werden kann. Unter der Voraussetzung des traditionellen, durch die Koinzidenz von Mysterium tremendum und Mysterium fascinosum bestimmten Gottesbildes wird dann freilich kaum Grund zur Beschwerde sein, weil von einem Gott, der ebenso gefürchtet wie geliebt werden muß, nur ein Dasein erwartet werden kann, das im Sinne seines ambivalenten Bildes stigmatisiert, also ebenso zum Glück wie zum Leid und Tod bestimmt ist. Zu verantworten aber hat sich dieser Gott gegenüber dem Beschwerde führenden Menschen nicht.

Verantworten muß er sich aber, wenn er im Sinn der revolutionären Lebensleistung Jesu der Gott der bedingungslosen Liebe ist, der ungeachtet dessen seinem Geschöpf ein todverfallenes und von vielerlei Leiden heimgesuchtes Dasein zumutet. Eine erste, wenngleich nicht wirklich durchschlagende Rechtfertigung wurde mit dem Hinweis gegeben, daß der Tod der Preis der Liebe ist und daß ein liebender Gott keine liebeleere Welt, sondern nur eine Welt nach Art der konkret existierenden wollen konnte, in der das todverfallene Leben auf dem Weg der mit Sexualität und Eros beginnenden Liebe weitergegeben und entfaltet wird. Die volle Lösung erbringt jedoch erst der göttliche Eingriff ins Weltgeschehen, der das Gesetz der Todverfallenheit aufhebt und das Dasein insgesamt auf einen neuen Boden stellt: die Auferstehung Jesu, durch die der Tod als Weltverhängnis entmachtet und überwunden ist.

Eine erstaunliche Konstellation bringt es mit sich, daß Jesus nach der Darstellung des ältesten Evangeliums davon in einer Szene der Selbstverantwortung spricht: in seinem Verhör durch den Hohepriester, der ihn nach seiner »messianischen Würde« und damit nach seiner religiösen Identität befragt. In seiner Antwort überbietet der Gefangene den Fragepunkt mit der Ankündigung: »Und ihr werdet den Menschensohn zur Rechten der Macht sitzen und mit den Wolken des Himmels kommen sehen« (Mk 14,62)[118]. Von dieser Verknüpfung heterogener Motive, vor allem des »Sitzens« mit dem »Kommen«, möchte Buber auf einen »echten Spruch« zurückschließen, in dem vom Menschensohn, der, mit den Wolken des Himmels kommend, gesehen werde, die Rede war. So aber schließt sich der Spruch an die Szene an, in der der vom Massenabfall Getroffene seine Freunde nach dem Sinn seiner Sendung und, radikaler noch, nach dem seiner selbst fragte:

> »Wer bist du?« Ist er nun selber gefragt worden, wie er einst die Jünger fragte, wer er sei, er aber, mit fernen Augen, antwortet dem Sinn nach: »Ihr werdet den sehen, der ich werden soll«. Er sieht ihn jetzt: ich bin's. Er sagt es nicht, aber es gibt Hörer, die es zu hören meinen, weil sie ihn, den Sehenden, sehen[119].

Und Buber geht noch den kühnen Schritt weiter, daß er in dieser Szene das »lebensgeschichtliche Faktum« gegeben sieht, an das die Ostererscheinungen anknüpfen. Danach eröffnete die Antwort Jesu eine Blickbahn, in die diejenigen eintraten, die mit dem

Satz »ich habe den Herrn gesehen« den Glauben an den Auferstandenen begründeten[120]. Auf das Ausgangsmotiv zurückbezogen, besagt das, daß sich Jesus letztlich in der Ankündigung seiner todüberwindenden Auferstehung verantwortete.

Was das für die menschliche Selbstverantwortung besagt, wird deutlich, wenn man bedenkt, daß den Osterzeugen in den Erscheinungen nur das vor Augen trat, wovon sie bereits (nach Phil 3,12) »ergriffen« waren. Daß sie in die mit der Antwort Jesu auf die Frage des Hohepriesters eröffnete Blickbahn treten konnten, rührte ursächlich davon her, daß er, wie er es mit den Deuteworten beim letzten Abendmahl angekündigt hatte, ebenso in die Gotteswirklichkeit wie in die Seinen »hineinstarb«. Dadurch hob er die Negativität ihres Daseins von deren bitterster Konsequenz, ihrer Todverfallenheit her, durch die Positivität seines »Zu-Seins« auf. Jetzt waren sie, wie es Paulus (nach 1 Kor 9,1) erlebte, auf eine sie von den Wurzeln ihrer Existenz her ergreifende Weise »befreit«. Jetzt brachte der in ihnen entfachte Herzensbrand, mit der Emmaus-Szene (Lk 24,32) gesprochen, das Eis ihrer Verlorenheit zum Schmelzen. Und jetzt wurden sie, wie es Maria von Magdala (nach Joh 20,16) widerfuhr, auf eine zuvor nie erlebte Weise bei ihren Namen gerufen.

Zwar geht die Apostelgeschichte (10,41) davon aus, daß die Ostererscheinungen ausschließlich an die »von Gott erwählten Zeugen« ergingen. Doch läßt der »antwortende Osterzeuge« Paulus keinen Zweifel daran, daß das Ereignis selbst grundsätzlich alle betrifft. Zwar leben sie (nach 2 Kor 5,7) im Glauben, nicht im Schauen; doch bekommen sie das »zu hören« – und das Hören steht (nach 1 Joh 1,1ff) an der Spitze der spirituellen Erfahrungsmodi –, was sich ihrem Auge verbirgt, so daß sich an ihnen immerfort das wiederholt, was dem Apostel widerfuhr, als ihm in seiner Damaskusstunde (Gal 1,16) das Geheimnis des Gottessohnes ins Herz gesprochen wurde. Doch wie wird dieser Zuspruch für sie hörbar?

Die Antwort darauf gibt das kusanische »Sis tu tuus, et ego ero tuus«, sofern es nur in dieser Provenienz gesehen und begriffen wird. Mit ihm brach der Kusaner, wie Ernst Cassirer zutreffend bemerkte, mit dem augustinischen Dogma von der vorgängigen Gnadenwahl, wenn auch nicht absolut; denn:

So wenig er versucht, die Wirksamkeit der Gnade zu bestreiten oder zu beschränken, so steht für ihn doch fest, daß

der eigentliche religiöse Impuls nicht von außen, sondern aus
dem Innern der Seele stammt. Denn das Wesen der Seele
selbst ist die Fähigkeit zur Selbstbewegung und Selbst-
bestimmung[121].

An der von Cassirer angesprochenen Stelle ertönt in der Herzenstiefe des Meditierenden der Zuspruch »Sei dein eigen, dann bin auch ich dein eigen«, den Cusanus und sein Interpret als die Bedingung der göttlichen Selbstzuwendung deuten, die das Werk der menschlichen Selbstaneignung vollendet. Tatsächlich wird nur diese extrinsezistische Deutung der Problemlage gerecht. Zwar wächst im Zeitalter einer mit Tiefenschichten des Seelischen rechnenden Psychologie die Neigung, Phänomene wie das vom Meditierenden vernommene Wort als Verbalisierung eines immanenten Selbsterhaltungsimpulses zu verstehen. Wenn aber nicht alles in eine existentielle Tautologie versinken, wenn also der Zuspruch mehr als nur den vom Menschen an sich selbst gerichteten Aufruf zur Selbstwerdung besagen soll, dann nur unter der Voraussetzung, daß der vox humana, die in dem Satz zweifellos hörbar wird, der »Unterton« eines vorgängigen Zuspruchs zugrunde liegt. Wenn aber das angenommen werden darf, hat die Stelle als eines jener ebenso seltenen wie kostbaren Zeugnisse zu gelten, die das thematisieren, was als übersprachlicher Beweggrund der menschlichen Selbstwerdung, insinuierend und ermutigend, vorangeht: den Anruf, mit dem der durch die Auferstehung in den Seinen Auf- und Fortlebende seine hilfreiche Anwesenheit bekundet. Was nach der johanneischen Osterszene der einen in der Begegnung mit dem Auferstandenen widerfuhr, ergeht dann in dem Zuspruch: »sei dein eigen!« an alle. Sich selbst überlassen, könnte keiner angesichts der inneren Schwäche und der auf ihn einwirkenden desintegrativen Faktoren für sich einstehen und die Verantwortung für sich übernehmen. Aber im Synergismus mit dem ihn zur Annahme seiner selbst motivierenden Impuls kann – und müßte – es ihm gelingen.

2. Die neue Kardinaltugend

Wenn man sich fragt, warum die sich häufenden ethischen Appelle so oft ins Leere gehen, wird man neben anderen Gründen die Tatsache in Betracht ziehen müssen, daß sie in der Regel nur fordern, nicht aber leuchten. Aber auch hier gilt die Erkenntnis Kants: Begriffe ohne Anschauung sind »leer«; sie vermitteln keinen faßbaren Gegenstand. Was aber nicht erfaßt werden kann, ist außerstande zu »ergreifen«. Und gerade darauf käme es bei der Vermittlung ethischer Normen an. Indessen gibt es eine Form ethischer Vermittlung, welche die Bedingung der Schaubarkeit auf ideale Weise erfüllt: die Tugend.

Wenn sich der Mensch vor Gott und der Welt verantworten soll, dann nur unter der Bedingung, daß er sich nicht nur gelegentlich zu seinem Optimum aufschwingt, sondern es zuständlich aufrechterhält. Das aber ist nach einer auf Augustin zurückgehenden, doch schon bei Cicero und Aristoteles anzutreffenden und von Thomas übernommenen Bestimmung der Sinn der Tugend, verstanden als ein auf die Verwirklichung des Guten gerichteter Habitus[122]. Unter diesem Gesichtspunkt wurde das von der antiken Philosophie entworfene »Viergespann« (Pieper) der Kardinaltugenden von der christlichen Tradition durch das »Dreigestirn« der theologischen Tugenden überhöht, bei dem das Moment der bleibenden Ausrichtung auf das sittlich-religiöse Hochziel besonders hervortritt. In diesem Sinn schließt der paulinische Hymnus auf die Liebe mit dem Satz:

Nun aber bleiben Glaube, Hoffnung, Liebe: diese drei.
Am größten aber unter ihnen ist die Liebe (1 Kor 13,13)[123].

Inzwischen geriet jedoch die Tugend, zusammen mit dem für viele unglaubwürdig gewordenen Glauben, der ermattenden Hoffnung und der erkaltenden Liebe, in eine schwere Krise, nachdem Max Scheler schon bei Ausbruch des Ersten Weltkriegs in seiner Schrift ›Zur Rehabilitierung der Tugend‹ (von 1914) deutlich gemacht hatte, daß sie einen entscheidenden Verlust an Anschaulichkeit erlitten habe. Sie habe, so Scheler, ihren Adel und Charme verloren; aus einem »anmutigen Wesen« sei eine unansehnliche Greisin geworden, weil sie nicht mehr als Ermächtigung zur Gestaltung der Individualität, sondern nur noch »als dunkle unerlebbare Disposition und Anlage gegolten habe«[124].

Bezeichnend dafür ist der Rangabfall, den die künstlerischen Tugenddarstellungen im Vorfeld des Schelerschen Urteils erlitten. Während sie im Mittelalter und in der Renaissance ihren legitimen Platz an Baptisterien, Weihwasserbecken und Kanzeln hatten, für die Künstler vom Rang Giovanni Pisanos bedeutende Konfigurationen schufen, erschienen sie in der Folge vornehmlich an Sarkophagen und Denkmälern, zuletzt sogar als Embleme auf Flaschen und Spielkarten. Auch hier war es, als sei ein unsichtbarer Bildersturm am Werk gewesen, der sie um ihre Leuchtkraft brachte.

Doch das von diesem Bildersturm angerichtete Zerstörungswerk legte auch ungeahnte Fundamente frei. Denn es zeigte sich, daß der Aufbau des Tugendkosmos nicht mit den Kardinaltugenden begonnen werden konnte. Wenn Klugheit, Mäßigkeit, Starkmut und Gerechtigkeit eingeübt werden sollten, dann nur unter der Voraussetzung, daß der darum Bemühte in ein affirmatives Verhältnis zu sich selbst gekommen, daß ihm also, mit Guardini gesprochen, die »Annahme seiner selbst« geglückt war. Doch damit verschob sich die ganze Hierarchie der Tugenden in Richtung auf eine sie unterbauende Vorstufe, von deren Zustandekommen die Tragfestigkeit des Ganzen abhängig war.

Der enorme Kursverlust, den die Tugend an der Börse der geistigen Wertungen erlitt, erklärt sich letztlich daraus, daß sie, am Gesamtbild der Neuzeit gemessen, wie ein Anachronismus wirkte. Denn sie entstammt einer Denkwelt, die nicht alles von der menschlichen Initiative erwartete, sondern noch darum wußte, daß uns die ersten und letzten Dinge des Lebens gewährt sind, daß wir also, wie es sogar noch in dem kantischen Apriori anklingt, letztlich nur das denken können, was uns »zugedacht« wird, und daß uns in sittlich-religiöser Hinsicht nur das gelingt, wozu wir geführt und »bewogen« werden. Gerade das ist im vollständigen Begriff der Tugend mitgesagt. In ihm dominiert zwar das Moment des Vollzugs dessen, wozu man befähigt ist und »taugt«; doch geht es dabei um Ziele, die nur deswegen erreichbar sind, weil darin die meisten übereinkommen. Denn was würden Klugheit, Mäßigkeit, Starkmut und zumal Gerechtigkeit in einer Welt voller Narren, Süchtigen, Kriminellen und Gewalttätern ausrichten? Was aber von allen erstrebt werden sollte, ist offensichtlich etwas, was das Menschsein selbst gebietet und was als ein aus diesem aufsteigendes Geheiß an alle ergeht.

Das meint der kusanische Zuspruch »sei dein eigen«, der zur Selbstaneignung aufruft und die Hilfe von oben an dessen Vollzug bindet. Hier wird gewährt, was gefordert ist, und gewährt, sofern dem Aufruf entsprochen wird. Gefordert aber ist der Wille zum Menschsein, genauer noch: die Akzeptanz des auferlegten Daseins mit seinen Konditionen und Grenzen, also das, was Guardini, zweifellos unter dem Eindruck von Kierkegaards ›Krankheit zum Tode‹, die »Annahme seiner selbst« nannte[125]. Im Hinblick auf den dänischen Vordenker könnte man die geforderte »Annahme« auch mit der Aufgabe des Menschen verdeutlichen, den verzweifelten Widerwillen gegen seine faktische Seinsverfassung niederzuringen, mit Guardini gesprochen, dem Gefühl, »mit sich selbst betrogen« und »in sich selbst eingesperrt« zu sein, zu widerstehen und das Einvernehmen mit sich zu suchen[126].

Unter den desintegrativen Bedingungen der Gegenwart gestaltet sich der Akt der Annahme aber schwieriger als je zuvor. Denn die in der »nachterroristischen« Zeit entwickelten subtileren Formen der Unterdrückung gehen nur noch indirekt darauf aus, den äußeren Aktionsradius ihrer Opfer einzuschränken, direkt aber darauf, sie zu einem angeblich »erleichterten« und erfolgreicheren Dasein nach gesellschaftlich vorgegebenen Klischees zu überreden. Ihre Physiognomie wechselt mit den Moden und den jeweils dominierenden Präferenzen der öffentlichen Meinung; doch geht es dabei stets um die Gleichschaltung des Menschen mit den Interessen der Leistungs- und Konsumgesellschaft, niemals aber um die Evozierung seines personalen Selbstseins.

Doch gerade darauf kommt es beim Akt der Selbstakzeptanz an. Wenn er im Gegenzug zu den desintegrativen Tendenzkräften gelingen soll, dann nur, wenn er zusätzliche Energien in sich aufzunehmen lernt. Sie entstammen tatsächlich zunächst dem eigenen Fundus des Menschen, näherhin dem der Kardinaltugenden, welche die Selbstannahme unterbauen, weil sie in einem für das Tugendleben insgesamt charakteristischen Wechselspiel das bestätigen, was sie trägt. Denn wer sich gegen alle Abhaltungen anzunehmen sucht, muß wissen, was seinem Ziel entgegensteht, und mehr noch, auf welchen Feldern sich ihm Chancen ethischer Selbstverwirklichung bieten. Das zeigt ihm die Klugheit. Von der Mäßigkeit belehrt, wird er sich dabei weder übernehmen noch sich zu egoistischer Selbstsucht fortreißen lassen. Im Starkmut gewinnt er die Kraft, seinen Willen gegen alle Beeinträchtigungen durchzuhalten. Und die Gerechtigkeit hilft ihm, die gewonnene Kompetenz in einen harmonischen Ausgleich mit dem Lebensinteresse der andern zu bringen. So aber erweist sich die Selbstannahme als die bisher in dieser Funktion noch nicht wahrgenommene erste und grundlegende Kardinaltugend, die dem Aufbau der übrigen ebenso viel an Halt und Festigkeit verleiht, wie sie ihnen an Wegweisung, Bestätigung und Orientierung verdankt.

Noch wichtiger ist jedoch das kooperative Verhältnis, in welchem die Selbstakzeptanz mit dem Ternar der theologischen Tugenden steht. Durch die Hinordnung auf den Glauben lernt sie, die lähmenden Anwandlungen der Lebensangst zu überwinden; durch die Hoffnung gewinnt sie den Mut zur Freisetzung der je größeren Möglichkeiten, und durch die Liebe weiß sie sich jener Entgegenkunft versichert, die ihr durch die Zusage »dann werde ich dein sein« in Aussicht gestellt ist. Doch selbst in diesem Fall hat das Verhältnis, wie schon auf der Vorstufe der Kardinaltugenden, den Charakter eines echten Synergismus. Damit tritt das Tugendleben insgesamt in einen Aspekt analog dem, den die »anthropologische Wende« für das theologische Denken der Gegenwart bezeichnet[127]. Denn wie nach diesem Begriff in jedem Satz über Gott der Mensch mitgesagt ist, so wird er auch in jedem Akt des Tugendstrebens auf je neue Weise »getätigt«. Angefangen von der Klugheit bis hin zur Liebe sind alle Formen sittlicher Verwirklichung, so sehr sie vielfach nach außen gerichtet sind und dem Aufbau einer menschlichen Lebensordnung dienen, zugleich Formen menschlicher Selbst- und Sinnfindung. Daher gilt für sie alle der johanneische Satz: »Wer die Wahrheit tut, der kommt ans Licht« (Joh 3,21)[128].

3. Die bleibenden Konstanten

Richtet man den Blick von der durch den Kosmos der Tugenden geförderten Selbstverwirklichung des Menschen auf die ihn faktisch umgebende Lebenswelt, so schlägt einem von dort eine regelrechte Kältewelle entgegen. Denn nach dem Abflauen der Hilfsbereitschaft, die auf den Fall des Eisernen Vorhangs folgte, ist mit der pessimistischen Prognose Guardinis ein zunehmendes Erkalten der Liebe, die »nicht mehr verstanden noch gekonnt« werde, zu registrieren[129]. Auf frappante Weise entspricht das der Feststellung Tertullians, wonach die Christen wegen ihrer Liebestätigkeit den Spott ihrer heidnischen Umwelt auf sich zogen, der ihr Verhalten als unverständliche Torheit vorkam[130]. Mit der Verständlichkeit der Liebe schwindet aber unvermeidlich auch der

Sinn für deren hilfreiche »Teilnahme« am Prozeß der Selbstwerdung, um die noch der Faust-Schluß wußte, wenn es von dem seinem »Puppenstand« entwachsenden Titelhelden heißt:

Und hat an ihm die Liebe gar
Von oben teilgenommen,
Begegnet ihm die selige Schar
Mit herzlichem Willkommen.

An der Teilnahme »von oben« ist nicht zu zweifeln. Sofern sich diese aber von der Zustimmung der »seligen Schar« der Mitberufenen abhängig macht, ist es um sie weit prekärer bestellt, als es der Faust-Schluß erkennen läßt. Aber gerade dies war die Ansicht Guardinis, als er auf die Abhängigkeit des Glaubensvollzugs vom Sukkurs der Mitglaubenden mit den Worten abhob:

Niemand weiß, aus welchen – vielleicht räumlich entfernten oder zeitlich vergangenen – gläubigen Existenzen heraus sein eigener Glaube gespeist wird, sein Tun Kraft bekommt – ebenso wenig wie er weiß, welche Menschen er selbst mitträgt[131].

Wenn es sich so mit dem Glauben verhält, dann gewiß auch mit der Hoffnung und der Liebe. Daß der moderne Mensch, wie Paul Valéry meinte, mit dem Rücken zur Zukunft, dem Anzeichen eines signifikanten Hoffnungsverlustes, lebt, ist zweifellos die Folge der Tatsache, daß Unzählige durch ihre soziale und wirtschaftliche Situation zur Hoffnungslosigkeit verurteilt sind. Im Fall der Liebe löst das bei einer herausgehobenen und deshalb für andere verantwortlichen Gruppe einsetzende Erkalten offensichtlich eine regelrechte Kältewelle aus, die sich »epidemisch« ausbreitet und schließlich eine ganze Sozietät in Mitleidenschaft zieht. Doch damit verliert diese unvermeidlich auch die »Ansprechbarkeit« für die Teilnahme von oben, so daß, der gute Wille vorausgesetzt, allenfalls eine »Kümmerform« von Liebe zustande kommt. So aber entspricht dies der Innensicht dessen, was der Säkularisierungsprozeß von außen her verursacht. Doch wie wirkt sich dieser insgesamt auf die Motive des geistig-religiösen Lebens aus?

Die Frage richtet sich zunächst auf den Grund- und Rahmenbegriff der Heilsbotschaft Jesu, den des Gottesreiches, der alle übrigen Motive seines Wollens und Wirkens umfaßt. Nach ihrer Verdunkelung durch die augustinische Zwei-Reiche-Lehre lebte sie, um bereits Angesprochenes aufs neue aufzugreifen, zunächst in der visionären Konzeption des Joachim von Fiore nochmals auf, um schließlich in ihrer Rezeption durch Kant gänzlich in den Bann des Säkularismus zu geraten[132]. Bevor sie auf dem Tiefpunkt ihrer Deformation zum Schlüsselbegriff der nationalsozialistischen Doktrin wurde, entwickelte Gottlob Frege die Idee eines logischen dritten Reiches, das als das »Reich des Objektiv-Nichtwirklichen« gleicherweise dem Objektiv-Wirklichen wie dem Subjektiv-Wirklichen entgegensteht und darauf ausgeht, »die Herrschaft des Wortes über den menschlichen Geist zu brechen«. Obwohl Frege damit für die Wiederherstellung der »alten Religion Jesu« plädieren wollte, stellte er sich faktisch in einen geradezu diametralen Gegensatz zu dieser, da sie alles von der Macht des Wortes erwartet. Doch gerade in dieser entleerten, in seine Verneinung zurückgeworfenen Form übt der Reich-Gottes-Gedanke, fast nach Art des »schlechten Gewissens« der Gesellschaft, einen anhaltenden Einfluß auf diese aus, der sich in der ungebrochenen Suggestivität seiner obsolet gewordenen Derivate und Zerrformen bekundet[133]. Gleichzeitig wirkt er wie eine Schutzhülle, unter der die durch ihn freigesetzten Ideen, insbesondere die der Hoffnung, der Freiheit, der Liebe und des Friedens, auch in ihrer säkularistischen Form, ein effektives Eigenleben entfalten.

Mit der Hoffnung muß dabei aus zwei Gründen der Anfang gemacht werden. Einmal in Erinnerung daran, daß der Christenglaube unter ihrem Vorzeichen seinen Siegeszug durch die Antike antrat. Sodann – und vor allem – aber deswegen, weil sich aus ihrem Schicksal Genese und Dynamik des Säkularisierungsprozesses erklären. Durch die Parusieverzögerung war das endzeitliche Geschichtsziel der Vollendung der Welt ins Zwielicht geraten. Zusammen mit der zunehmenden Anzweiflung von Sinn und Faktum der Gottesoffenbarung und dem wachsenden Selbstbewußtsein des Menschen gewann dann aber die Tendenz an Boden, die Sache der Neugestaltung in die bereits danach ausgestreckte Menschenhand zu nehmen. Doch die von ihrem eschatologischen Fernziel abgekoppelte und auf diesseitig Machbares zurückgenommene Hoffnung verlor mit dem ursprünglichen Sinn auch den Namen, um, wie Karl Löwith deutlich machte, als Fortschritt zur Triebkraft des Säkularismus zu werden[134]. Was sie an religiöser Substanz verlor, gewann sie jetzt an innerweltlicher Wertigkeit hinzu. Denn trotz seines derzeitigen Prestigeverlustes erweist sich der Fortschritt nach wie vor als die effizienteste Gestaltungskraft der modernen Lebenswelt. Es bedarf noch nicht einmal des Seitenblicks auf außereuropäische Kulturen, um das bestätigt zu sehen.

Auch die Freiheit verlor im Gefolge des von ihr erlittenen Strukturwandels den Namen: sie wurde zur Liberalität. Dem war ein tiefgreifender, wenngleich kaum einmal wahrgenommener Umbruch vorangegangen, der zur Ablösung des biblischen Freiheitsverständnisses durch das modern-emanzipatorische führte. Zwar spricht auch die Bibel, nicht zuletzt in Erinnerung an das mit dem Auszug aus Ägypten verbundene Befreiungserlebnis Israels, im emanzipatorischen Sinn von Freiheit, so etwa in der bereits mitgeteilten Psalmstelle:

Unsere Seele ist wie ein Vogel dem Netz des Jägers entkommen;
das Netz ist zerrissen, und wir sind frei (Ps 124,7).

In ihrem Kern bedeutet Freiheit für die Bibel jedoch soviel wie Freisetzung, wie es dann noch in der Freiheitslehre von Nietzsches Zarathustra nachklingt, der sich von dem »frei wovon?« zu dem »frei wozu?« erhebt[135]. Kaum geht man mit der Annahme fehl, daß der Umschlag in das emanzipatorische »frei wovon?« auf den kartesianischen und reformatorischen Bruch mit den Autoritäten der Vorzeit zurückging, der, zusammen mit dem humanistischen Aufbruch, zur Konstituierung des neuzeitlichen Bewußtseins führte. Er bedingte einen emanzipatorischen Schub, der für die Ausgestaltung des Freiheitsbegriffes bestimmend wurde.

Was den von Jesus ausgehenden Zentralimpuls der Liebe betrifft, so wird man zwar mit Wilhelm Lütgert davon auszugehen haben, daß sich seine Wirkung mehr auf die »reelle Geschichte« als auf das »Gebiet der Ideen« erstreckt[136]. Doch ist der von der Liebe durchlaufene Gestaltwandel nur unter der Voraussetzung einer ideellen Wirkungsgeschichte Jesu begreiflich zu machen. An deren Anfang steht unverkennbar die identifikatorische, sich dem andern bis zur Einverleibung mitteilende Liebe, die zumindest im johanneischen Kreis zu der Überzeugung führte, daß sich das ganze Vermächtnis Jesu in den Satz »liebt einander, wie ich euch geliebt habe« und »bleibt in meiner Liebe« (Joh 13,34; 15,9) zusammenfassen lasse. Demgemäß sah Tertullian in der Liebe das zentrale und zugleich diakritische Kriterium der Christenheit: zentral, weil sie darin ihr Motivationszentrum hatte; aber auch diakritisch, weil sie sich durch nichts so nachhaltig vom Lebensstil ihrer heidnischen Umwelt unterschieden.

Wenn man davon ausgehen darf, daß der Frau eine natürliche Begabung zur Liebe eignet, ist ihre Verteufelung im Hexenwahn des Mittelalters mit in erster Linie dafür verantwortlich zu machen, daß gerade in dieser als ausgeprägt christlich geltenden Epoche, ungeachtet aller sich bis zur Selbstaufopferung steigernden Beweise der Nächstenliebe, Intoleranz, Aggressivität und Haß in einem Ausmaß um sich griffen, daß sich die Physiognomie der Liebe bis zur Unkenntlichkeit verdunkelte. Das führte zu einem radikalen Identitätsverlust, aus dem sich die Liebe erst wieder in ihrer Umgestaltung zur Humanität erhob[137]. In dieser Form aber war sie nur noch mittelbar von christlichen Impulsen, unmittelbar jedoch von dem zu Beginn der Renaissance erwachenden neuen Welt- und Selbstgefühl getragen. An die Stelle der von der mittelalterlichen Askese geforderten »Unterdrückung des erkennenden und fühlenden Ich« trat das Strebeziel seiner »Bildung und Veredelung«[138]. Es war das Gefühl des Menschen, der sein wahres Ich dadurch findet, daß er das unendliche All in sich hineinzieht, um sich im Gegenzug dazu zu ihm zu erweitern[139]. Aus diesem Streben nach Selbstveredelung ergab sich für Goethe die Maxime des Sozialverhaltens. Das eine umschrieb er mit der Forderung »Edel sei der Mensch, hilfreich und gut«, das andere mit der These, daß alle Schuld auf Erden durch »reine Menschlichkeit« getilgt werde. Die an die Stelle der als göttliche Tugend und damit als eine theozentrische Haltung verstandenen Liebe getretene Humanität war somit letztlich die getätigte, in Akte der Zuwendung und Hilfsbereitschaft umgesetzte Menschlichkeit. Dennoch wäre es ohne diese, wenngleich gebrochene Genealogie nicht dazu gekommen. Das gilt auch von ihrer Fortbildung zur Solidarität, zu der das gegen Ende der Neuzeit aufkommende Bewußtsein sozialer Einbindung und Verantwortung führte und in der sie zu einem Grundbestand der modernen Gesellschaftsordnung wurde.

Solidarität hat als unerläßliche Voraussetzung Freiheit und Frieden. Nur im Raum der Freiheit kann sie sich entfalten und nur in friedlichen Verhältnissen bewähren. Wie die Freiheit ist aber auch der Friede eine elementare Folge der Lebenstat Jesu. Ohne die denkerische und praktische Bemühung um eine friedliche Lebensordnung zu verwerfen, unterscheidet der johanneische Jesus doch den von ihm gegebenen Frieden aufs nachdrücklichste davon (Joh 14,27), da er gerade in und mit seinem Frieden, wie der Epheserbrief (2,14) betont, sich selber gibt und dies in einer Weise, die seinen Frieden geradezu als Synonym des von ihm proklamierten Gottesreiches erscheinen läßt. Demgemäß erlitt aber auch der Friede eine damit vergleichbare Deformation. Wie das Gottesreich zuletzt zur Metapher, um nicht zu sagen zum Vorwand der Unterdrückung herabgewürdigt wurde, so der Friede zum Vorwand geistiger und physischer Machtpolitik. Erinnert sei nur an die makabre Unterscheidung von »friedliebenden« und »imperialistischen« Staaten, an den propagandistischen Mißbrauch von Friedenssymbolen und an das berüchtigte Institut der »Friedenspriester«[140].

Der Terror konnte sich nicht zuletzt solange halten, weil er die Unterdrückung mit einem Effekt kollektiver Hospitalisierung zu verbinden wußte. Den um ihre Freiheitsrechte betrogenen Menschen wurde kompensatorisch eine Lebenssicherung auf bescheidenstem, jedoch über der Schmerzgrenze liegendem Niveau geboten, die gleichzeitig mit dem Gefühl der Zusammengehörigkeit in einer wenngleich ausweglosen Schicksalsgemeinschaft verbunden war[141]. Um so schreckhafter wurde von ihnen der Kälteschock empfunden, den sie beim Übergang in die kapitalistische Leistungs- und Profitgesellschaft erlitten. Sie war, was die Einstellung der Menschen betraf, von Verhaltensweisen durchsetzt, wie ihnen Nietzsche als Vorbote kommender Unmenschlichkeit mit seiner Radikalkritik am Prinzip des Mitleids, der Mitverantwortung und der getätigten Mitmenschlichkeit das Wort geredet hatte. Denn Mitleid, so sein Vorwurf, sei nicht das Brot der Liebe, sondern Folge der Dekadenz und Schwäche, weil das Recht nicht bei den Schwachen liege, denen geholfen werden müsse, sondern allein bei den Starken, die sich im biologischen und sozialen Konkurrenzkampf erfolgreich durchsetzen und behaupten[142]. Stimuliert – und propagiert – wurde diese Mentalität durch die im Verfall der Bilder aufkommenden Feindbilder, die zur Ausgrenzung ganzer Bevölkerungsgruppen führten und dem in diesem Spannungsfeld aufkommenden Haß plakative Angriffsziele boten.

Wenn der Nachwirkung dieser Antimoral in Gestalt der sich ausbreitenden sozialen Unterkühlung gewehrt werden soll, dann gewiß nur mit Hilfe der durch die ideelle Wirkungsgeschichte Jesu in den von ihm geprägten Kulturkreis eingestifteten Prinzipien menschlichen Zusammenlebens. Zur Vergegenwärtigung dieser

Herkunft wird in erster Linie die Erinnerung daran verhelfen, daß die für den sozialen Rechtsstaat unentbehrlichen Prinzipien der Liberalität, Solidarität und Toleranz ursächlich auf die Lebensleistung Jesu und ihr geschichtliches Fortwirken zurückgehen und daß mit und in ihnen die Konstanten für eine sich im Wandel der Geschichte durchhaltende menschliche Lebensordnung gefunden sind. Angesichts des erwachenden Sinns für die Vorgegebenheiten des Daseins und der skeptischen Einschätzung der dem Herrschaftswissen entstammenden Lebensregeln ist an der Erinnerung an die aufgewiesene Herkunft besonders gelegen.

In einer zu Fremdenfeindlichkeit und Gewaltanwendung neigenden Gesellschaft kommt der Toleranz eine überragende Bedeutung zu. Sie wird aber ihre Funktion so lange nicht voll entfalten können, als sie immer noch im Sinn einer reduktionistischen, den eigenen Wahrheitsanspruch im Interesse der Konfliktvermeidung zurückstellenden Kompromißhaltung angesehen wird. Denn Toleranz ist, in ihrer Herkunft aus der großen Friedenstradition begriffen, wie sie etwa die Friedensschrift des Kusaners ›De pace fidei‹ (von 1453) dokumentiert, ein Kraftakt, der nach Art einer Tugend dazu befähigt, das Anderssein der anderen auf sich zu nehmen, ohne sich ihr schwächlich anzupassen, aber auch ohne tragisch daran zu zerbrechen. Ihrer bedarf es, wenn die tragenden Konstanten im Widerstreit der Meinungen und Interessengruppen durchgehalten und aufrechterhalten werden sollen.

4. Existentielle Gleichzeitigkeit

Was kann der Mensch unter den vorwiegend desintegrativen Bedingungen der heutigen Lebenswelt erreichen? Die wohl beste Antwort darauf läßt sich im Anschluß an Kierkegaard, den Pionier der Modalanthropologie, geben, sofern man den Schlüsselbegriff seiner Christologie mit dem seiner Biographie verknüpft. Nach Ausweis seiner autobiographisch eingefärbten Wiederholungsschrift erreichte seine ideelle Lebensgeschichte einen Höhe- und Wendepunkt im Erlebnis der Wiederholung[143]. Sie bestand anfänglich in der Erwartung, daß sich ein aufgegebener Ausgangszustand – in Kierkegaards konkretem Fall: seine aufgelöste Liebesbeziehung zu Regine Olsen – durch die freie Entscheidung des

Aufgegebenen wiederherstelle. Insofern ist für ihn die so gesehene Wiederholung spiegelbildlich dasselbe wie Erinnerung, so daß beide gegenseitig definiert werden können: die Erinnerung als eine Wiederholung nach rückwärts und diese als eine nach vorwärts verlaufende Erinnerung. Das erste entspricht der platonisch-heidnischen Anamnesis, das zweite der christlichen Hoffnung. Doch in dem vorausgeahnten und dann doch auf ganz unerwartete Weise hereinbrechenden »Gewitter« setzt sich, wie ein Blitzschlag, eine dritte Lösung durch:

Sie ist verheiratet; mit wem, weiß ich nicht; denn als ich das im Blatte las, war ich wie vom Schlag getroffen, so daß ich die Zeitung verlor. Und ich habe seither nicht die Geduld für nähere Nachforschungen aufgebracht. Jetzt bin ich wieder ich selbst; da habe ich die Wiederholung . . . der Zwiespalt, der mein Dasein zerrissen hatte, ist behoben. Ich schließe mich wieder mit mir selbst zusammen[144].

So wird die Wiederholung zur Annahme seiner selbst. Was Kierkegaard gegen alle Hoffnung und am Ende doch vergeblich erhofft hatte, war die Selbstfindung im geliebten Du; was er statt dessen, wie aus schicksalhafter Gewährung, erreichte, war die Selbstfindung in der eigenen Existenz. Wenn sich seine Hoffnung erfüllt hätte, wäre er der erste Dialogiker geworden. So aber wurde er zu dem, was er sich als seine Grabinschrift wünschte: »Jener Einzelne«[145]. Er erlebte somit seine Geburt als Existenzdenker, dem es aufgegeben war, seine Lebensgeschichte denkerisch nachzuvollziehen, so wie ihm diese zur Gegenprobe seines Denkens geriet. Dennoch wurde er, ungeachtet dieser Ausgangsposition, nicht zum Geschichtsdenker. Denn der Blitzschlag, von dem er sich getroffen wußte, verwehrte ihm ebenso den Rückweg in die Erinnerung wie den Vorlauf in die Dimension der Hoffnung. Er warf ihn vielmehr aus dem Anlauf in die eine wie die andere Richtung auf seine Gegenwart, genauer noch, auf den Augenblick zurück. Das unterstreicht der frühvollendete Kierkegaardinterpret Louis Reimer mit der Feststellung:

Wiederholung ist bei Kierkegaard Wiedergeburt des ganzen Menschen aus der Unwahrheit seiner totalen Vergangenheit zur Wahrheit des neuen Menschen im Augenblick[146].

Reimer erkannte gleichzeitig, daß die im Augenblick erlangte Wahrheit (nach Joh 8,32) »frei macht«, weil sie der Gleichzeitigkeit mit Christus entstammt[147]. Insofern berührt sich das lebensgeschichtliche Schlüsselwort hier mit dem Zentralgedanken der in der ›Einübung im Christentum‹ entwickelten Glaubenstheorie. In der »Anrufung«, mit der das Werk beginnt, versichert Kierkegaard, nachdem er betont hatte, daß die irdische Lebensgeschichte Jesu »niemals zu etwas Vergangenem« werden könne:

> *Solange ein Glaubender existiert, muß er auch, um dies geworden zu sein, als ein Glaubender immerfort mit seiner Gegenwart gleichzeitig sein, ebenso gleichzeitig wie jene, die mit ihm gleichzeitig waren; diese Gleichzeitigkeit ist die Bedingung des Glaubens und, näher bestimmt, ist sie der Glaube[148].*

Damit zieht Kierkegaard seine letzte Konsequenz aus seiner Lösung des Lessingproblems, wie der »garstige breite Graben« des Zeitabstands zwischen dem so weit zurückliegenden Heilsereignis und der Gegenwart überbrückt werden könne, weil es nicht angehe, das Gewicht der ganzen Ewigkeit am Spinnenfaden einer bloß historischen Gewißheit aufzuhängen. In den ›Philosophischen Brocken‹, denen das Problem als Motto vorangestellt war, hatte er sich die Lösung von einer Art Umkehrung des anselmischen Gottesbeweises, näherhin von einem Akt des intellektuellen Loslassens und der Hingabe an die vorgegebene Gotteswirklichkeit, versprochen. Jetzt, in seinem christologischen Gipfelwerk, denkt er sie nicht mehr vom suchenden Menschen, sondern von dem im Mittlertum Jesu heimsuchenden Gott her, so daß die Initiative nun ganz bei diesem liegt. Weil der Helfer, wie der Schlüsselsatz des Werkes sagt, die Hilfe ist, weil sich Jesus also in seinen Gaben selber gibt, unterscheidet sich seine Wirkungsgeschichte signifikant von jeder nur menschlichen, und das schon deshalb, weil er als Person alle seine Wirkungen überragt.

Der entscheidende Grund kam jedoch erst heute, in der späten Wirkungsgeschichte Kierkegaards, ans Licht. Denn zu den spezifischen Geschichtserfahrungen gehört auch die Wahrnehmung jener mystischen Aufbrüche, für die sich der Begriff der »Geistesgegenwart« geradezu aufdrängt. Sie sind schon in neutestamentlicher Zeit dokumentiert und bilden seitdem den Kontrapunkt zu Stadien der Verfestigung und Festschreibung[149]. In ihnen tritt der dogmatisch Umschriebene und lehrhaft Definierte aus dem Gehäuse der Vergegenständlichungen hervor, um erneut das Wort zu ergreifen und im Zuspruch des »inwendigen Lehrers« die Seinen zu belehren[150]. Übersprungen wird der breite Graben, vor dem Lessing zurückschreckte, somit nicht von seiten des Glaubenden, sondern des Geglaubten, der die »garstige« Distanz schon immer, wenngleich meist unbemerkt, hinter sich gelassen hatte, sofern er sich in Akten der Selbstvergegenwärtigung jedem Ort und jeder Zeit einstiftet, weil seine Gegenwart, zusammen mit den vergegenständlichenden Kategorien, die Anschauungsformen von Raum und Zeit suspendiert. Das hat dann auch zur Folge, daß die beiden Schlüsselbegriffe Wiederholung und Gleichzeitigkeit definitiv zusammengedacht und als unterschiedliche Aspekte der »Geistesgegenwart« begriffen werden können.

Wenn der anthropologische Hintersinn des Gesagten zum Vorschein kommen soll, muß die Wiederholung mit Reimer in ihrem Zusammenhang mit der Erlösung gesehen und diese mit Paulus »eschatologisch« verstanden werden. Denn als eschatologisches Geschehen ereignet sich die Erlösung »in der Zeitlichkeit der Existenz«[151]. Abgesehen von der Krise, in welche die Eschatologie schon seit langem geriet, steht sie auch unter einem zu wenig bedachten Vorbehalt, den Maximus Confessor mit den hier nochmal anzuführenden Worten geltend machte:

Denn es durfte der Ursprung nicht so gesucht werden, als ob er im Rücken läge; vielmehr sollte er als das Ziel erkundet werden, das vorausliegt. So sollte der Mensch durch das Ende den verlassenen Ursprung kennenlernen, nachdem er das Ende nicht aus dem Ursprung zu erkennen vermochte[152].

Indessen ist der Rückweg nur den Erlösten verwehrt, nicht jedoch dem Erlöser. Da er nach johanneischem Verständnis selbst der Anfang ist, besteht sein Werk in einem Akt der Wiedereinholung der durch die Urschuld aus ihrer Ursprungseinheit gerissenen und in zahllose Fragmente aufgesplitterten Welt. So sieht es die von Irenäus von Lyon in Abwehr des gnostischen Emanationssystems entwickelte Lehre von der erlösenden und rettenden Rekapitulation, der Wiedereinbringung des Verlorenen, die nach einer Andeutung von Norbert Brox sogar in seine »selbstbiographischen Nachzeichnungen« durchschlägt[153]. Ein syrisches Fragment überliefert von ihm die litaneiförmige Stelle:

Er ist alles und in allem: in den Patriarchen Patriarch, in den
Gesetzen Gesetz, in den Priestern Hohepriester, in den Köni-
gen Lenker, in den Propheten Lehrer, in den Engeln Engel,
in den Menschen Mensch, im Vater Sohn, in Gott Gott und
König auf ewig. Denn er ist es, der dem Noah Lenker und
dem Abraham Wegführer war; mit Isaak war er gefesselt,
mit Jakob ein Fremdling, den Geretteten Hirt und der
Kirche Bräutigam; Anführer der Cherubim und Fürst des
Engelheeres, König von Ewigkeit zu Ewigkeit. Amen[154].

Daß die Rekapitulationsidee auf Kierkegaard bezogen werden kann, bestätigt der gemeinsame Ansatz in der Zusicherung des
johanneischen Jesus, er werde als Erhöhter alles und alle an sich
ziehen (Joh 12,32). Darauf bezieht sich Irenäus mit dem Wort, daß
Christus am Kreuze hing, um das All in sich zu rekapitulieren[155].
Im gleichen Sinn überschreibt Kierkegaard den dritten und aus-
führlichsten Teil seiner ›Einübung im Christentum‹ mit dem
Motto:

Von der Hoheit her will er alle an sich ziehen[156].

Dieses »Ziehen« müsse, so Kierkegaard, zweifach unterschieden werden. Einmal von einer verführerischen Attraktion,
von der sich der Mensch aufgrund seines Verlangens nach Lust und
Zerstreuung, aber auch seiner Anfälligkeit für Schwermut und
Trübsinn nur zu leicht anziehen lasse. Sodann von einer trügerischen Verlockung, weil sie verhehlen würde, daß der von Christus
Gezogene mit ihm durch Erniedrigung und Ärgernis hindurch-
gehen müsse. Im einen wie im anderen Fall geriete der Gezogene in
den Sog einer Fremdbestimmung, die sein Selbstzerwürfnis ver-
tiefen und schließlich sein Selbstsein zerstören würde, zu dem ihm
doch das Gezogenwerden seiner innersten Absicht zufolge verhelfen möchte.

Wenn er dagegen in das Kraftfeld des ihn an sich Ziehenden
geraten will, muß er sich für diesen entscheiden, und das besagt,
sich dazu durchringen, dem Erhöhten in seiner Erniedrigung nach-
zufolgen. Denn Christus gehe es nicht um Bewunderung, da er
denen, die sich ihm anschlossen, nur dieselben Bedingungen anzu-
bieten hatte, unter denen er selber lebte: »ebenso arm, verachtet
und verspottet zu werden wie er, wenn nicht sogar noch etwas
mehr«, weil man dadurch Anhänger eines Verachteten würde, den

jeder Verständige mied[157]. Indessen bewirkt das nur die Katharsis, die für die Entgegennahme der als »Anziehung« gedeuteten Hilfe offen und aufnahmefähig macht, jener Hilfe, in der sich der Erhöhte nach dem schon zu Beginn des Werkes formulierten Schlüsselwort selbst übereignet und gibt. So mündet die Wiederholung zurück in die Gleichzeitigkeit mit dem, der sich nach der tiefsinnigen Deutung Kierkegaards einem jeden so zuwendet, als gäbe es für ihn nur diesen einen in aller Welt, und der keinen, den er einmal in seine Lebensgemeinschaft aufgenommen hatte, je wieder aus dieser verstößt oder entläßt.

In der Perspektive der anthropologischen Wende gesehen, zeichnen sich damit die Umrisse der »existentiellen Gleichzeitigkeit« ab. Sie ist, wie sich zuletzt zeigte, in erster und letzter Hinsicht nicht das Werk des Menschen, sondern das des sich in ihm Vergegenwärtigenden und des sich mit ihm gleichzeitig Setzenden. Das aber hat im Sinne des von Cusanus vernommenen Zuspruchs seine Mitwirkung zur Voraussetzung, und dies sowohl nach Maßgabe der »Wiederholung« wie der »Wiedereinholung«. Wenn sich Kierkegaard auch exklusiv als »jener Einzelne« begriff, war damit doch zweifellos ein paradigmatisches Einzelsein gemeint. Dann aber kann von dem »Gewitter«, das ihm zum Zusammenschluß mit sich selbst verhalf, darauf geschlossen werden, daß von frustrierten Hoffnungen großen Stils eine ähnliche Rückwirkung erwartet werden darf. In die Enttäuschung mischt sich dann, bei abklingender Bitterkeit, die Wahrnehmung ein, daß der menschliche Personkern eine neue Festigung erfuhr. Hinreißend wurde das von Dostojewskij auf einem Höhepunkt seiner ›Brüder Karamasow‹ beschrieben, wenn sich Aljoscha, der »engelgleiche« unter den ungleichen Brüdern, bestürzt über den sich im Sterbezimmer seines Starzen Sossima ausbreitenden Leichengeruch in den nächtlichen Klostergarten flüchtet, wo ihn unversehens das Gefühl überkommt, als fließe die irdische Stille mit der des Himmels zusammen. Wie von einem wuchtigen Schlag getroffen, wirft er sich überwältigt zu Boden:

Ihm war, als verbänden sich unsichtbare Fäden von diesen zahllosen Himmelswelten in ihm, und seine Seele erschauerte »in der Berührung mit anderen Welten«. Und mit jedem Augenblick wurde ihm deutlicher und klarer bewußt, daß etwas Festes und Unerschütterliches – wie dieses Himmelsgewölbe – in seine Seele einzog[158].

Was Dostojewskij in dieser ursprünglich mit »Sternenherr-lichkeit« überschriebenen Szene schildert, ist in dichterischer Um-setzung der Gedanke der Renaissancephilosophie, daß der Mensch sein wahres Ich finde, wenn er das All in sich aufnimmt und sich im Gegensinn dazu zu ihm erweitert, existentiell gesehen aber die individualgeschichtliche Kompensation enttäuschter Hoffnungen, die eine bemerkenswerte Parallele in Guardinis Bemerkung zum scheinbar vergeblich gebliebenen Gebetsakt hat. Zunächst hat es den Anschein, als geschehe nichts. Dann aber, oft nach langem Warten, werde »leise etwas anders«:

> *Es ist nicht mehr Nichts. Es ist Etwas … Gar nichts Beson-deres ist geschehen, nur daß anstelle jenes immerfort gefühl-ten Entbehrens ein zartes Erfülltsein steht. Man kann nicht sagen, was es ist. Und doch ist Er da*[159].

Indessen liegt der appellative Hauptakzent zweifellos auf dem, was unter dem Gesichtspunkt der »Rekapitulation« anzu-streben ist. Denn im Gefolge der seit Kleist und Heine beklagten und von Kierkegaard reflektierten Identitätskrise erfährt sich der moderne Mensch nicht nur in einem seinen inneren Zusammenhalt gefährdenden Selbstzerwürfnis; vielmehr fühlt er sich zudem auch fragmentiert, in Bruchstücke und Teilaspekte seiner selbst zer-stückelt. Stimuliert wird dieser Auflösungsprozeß durch seine hete-rogene Beanspruchung durch die vielseitigen und ständig wechseln-den Anforderungen und Insinuationen der Leistungs- und Kon-sumgesellschaft, die ihr unter Druck gesetztes Opfer bisweilen in eine regelrechte Panik versetzen. Angesichts dieser Auflösungs-tendenzen bedeutet Rekapitulation: sich aus dieser Zerstückelung und fragmentierenden Verausgabung zurückholen und, mit Kierke-gaard gesprochen, sich wieder mit sich zu integralem Selbstsein zusammenschließen.

Doch diese Aufgabe bezieht sich nicht nur auf das, was der Mensch in seiner Fragmentarität ist, sondern weit mehr noch auf das, was ihm möglich ist. Denn die Modalanthropologie geht da-von aus, daß der Mensch noch bei weitem nicht das ist, was er sein kann, weil ihm noch ungeahnte Möglichkeiten bevorstehen, und weil er zahlreiche Möglichkeiten, die sich ihm boten, entweder ver-fehlte oder nur auf unzulängliche Weise nutzte. Sie sind für ihn bis auf die seltenen Fälle, wo sich eine ausgeschlagene Chance zum zweiten Mal bietet, unwiederbringlich verloren. Doch nicht ganz.

Als Entdecker der Modalanthropologie sprach Kierkegaard davon, daß man durch die Möglichkeit, diese »schwerste aller Kategorien«, ebenso wie durch die Angst »gebildet« werden könne, aber auch davon, daß es darauf ankomme, nicht nur ein Autodidakt, sondern ein Theodidakt dieser Bildung zu werden. Denn wer durch die Möglichkeit gebildet werde, werde dies »nach seiner Unendlichkeit«[160]. So entspricht es alter Volksweisheit, die sich in dem Märchen von der klugen Else niederschlug, die, überwältigt von der Vorstellung möglichen Unheils, in lähmende Traurigkeit versinkt und darin sogar ihre Identität verliert[161]. Hier, im Märchen, öffnet sich der Möglichkeitsraum zum Nichts, das den Autodidakten schließlich in sich hineinreißt. Dagegen weiß der von Kierkegaard geforderte Theodidakt um dessen Angrenzung an die Unendlichkeit, durch die der durch die Möglichkeit Gebildete dazu gelangt, sich selbst neu hervorzubringen.

Was die verfehlten Möglichkeiten seines Lebens anlangt, steht ihm dafür nur der Weg der Reue offen. Sie macht nach der tiefsinnigen Deutung Max Schelers solidarisch, schöpferisch und empfänglich. Solidarisch gegenüber fremder Schuld, durch die der Bereuende nicht nur an sein eigenes Versagen erinnert, sondern in die Mitverantwortung mit den Verfehlungen anderer, sogar mit der »Gesamtschuld der Zeit«, gezogen wird[162]. Schöpferisch, sofern sie durch die aufschreckende Einsicht in die Negativität und Anfälligkeit des Daseins dazu verhilft, ein neues Verhältnis zu diesem aufzunehmen und, mit Scheler gesprochen, durch Reue zur »Wiedergeburt« zu gelangen. Das gilt seiner Überzeugung nach sogar vom Verhältnis des Menschen zur Geschichtswirklichkeit. So habe das junge Christentum »nicht zum mindesten durch die unversieglichen Tränen seiner Reue die in Genuß-, Macht- und Ruhmsucht verhärtete Welt des ausgehenden Altertums erneut und ein neues Gefühl der Jugend dieser Welt eingegossen«[163]. Vor allem aber stiftet die Reue im Sinn der »felix culpa« eine neue Ansprechbarkeit und Empfänglichkeit für das Heil. Denn beim Werk der »Wiederherstellung« geht Gott, wie Scheler im Anschluß an Leo den Großen sagt, über das der Schöpfung hinaus, da er diese »innerhalb« des Menschen bewirkt. Zwar ist es etwas Großes, nach dem Bilde Christi geschaffen zu sein, noch größer aber ist es, als Erlöster »in Christus seine Substanz zu haben«[164]. So entdeckt Scheler im Grund der Reue die mystische Struktur der Inversion. Daher läßt er seine Betrachtung über »Reue und Wiedergeburt«

in den Gedanken ausmünden, daß die Befähigung zum Reueakt zuletzt als ein göttliches »Liebes- und Gnadengeschenk« erfahren werde:

> *Zuerst erschien uns diese Liebesregung als unsere Liebe.*
> *Dann sahen wir, daß es auch schon Gegenliebe war*[165].

Somit öffnet sich der den Menschen umschließende Möglichkeitsraum nicht nur dorthin, wo der Mensch seine Möglichkeiten und mit ihnen zuletzt sich selbst verfehlen und wo er, schlimmer noch, von sich abfallen kann, sondern auch zur Gegenrichtung hin, verstanden als die Dimension seiner noch nicht wahrgenommenen, freigesetzten und realisierten Möglichkeiten. Hier wird die anthropologisch gedeutete Wiedereinholung zum fortwährenden Appell, die je größeren Möglichkeiten des Daseins zu erkunden und aufzurufen. Dabei kommen dem dazu Motivierten die von Nietzsche und seinen Epigonen totgesagten Hochbilder, Wertvorstellungen und Ideale zu Hilfe. Denn Ideale sind, in diesem Kontext gesehen, die noch ungenutzten, aber nach Verwirklichung drängenden und in diesem Interesse schaubar gewordenen Möglichkeiten. Sie treten nach dem bereits erwähnten Rückert-Wort dem Menschen mit werbender Eindringlichkeit vor Augen und lassen ihn erst dann zur Ruhe kommen, wenn er sich ihnen angestaltet hat. Das aber gilt in höchstem Sinne vom Gedanken der Gotteskindschaft, der vollauf den Tatbestand eines Ideals erfüllt. Nur ist in seinem Fall die mystische Inversion formbestimmend. Denn zur Gotteskindschaft gelangt man nicht so sehr durch Akte subjektiver Annäherung als vielmehr mit Hilfe der göttlichen Entgegenkunft, die dorthin verhilft, wohin sich der Mensch aus eigener Kraft niemals erheben könnte.

5. Das uneingelöste Versprechen

Mit dem Menschen verhält es sich wie mit einer kafkaschen Architektur. Wo sie sich zu schließen scheint, tun sich plötzlich neue Räume auf, und scheinbar stabile Wände öffnen sich unversehens in ungeahnte Tiefen. Deshalb weiß niemand um die volle Erstreckung des ihn umschließenden Möglichkeitsraumes. Eine Begegnung, ein Schicksalsschlag, schon ein Gedanke kann neue

Dimensionen aufstoßen. Was der Mensch sein kann, resultiert hier immer auch aus seiner Wechselbeziehung mit seinem geschichtlich-sozialen Umfeld.

In erster Linie übt die Gesellschaft einen Randdruck auf ihn aus, der ihrer Tendenz entsprechend auf seine Funktionalisierung ausgeht und sich deshalb insgesamt lähmend auf seine Selbstentfaltung auswirkt. Nur in Zeiten gesellschaftlicher Umschichtungen und Umbrüche entstehen Freiheitsräume, die es ihm ermöglichen, über sich selbst hinauszuwachsen. Das brachte schon Schiller mit der drastischen Formulierung zum Ausdruck:

> *Das Gesetz hat noch keinen großen Mann gebildet, aber die Freiheit brütet Kolosse und Extremitäten aus*[166].

Gelegentlich kann dieser Randdruck aber auch, wie es heute der Fall zu sein scheint, kollabieren und ein Surrogat von Freiheit entstehen lassen, das sich dann erst recht – als der von Nietzsche beschworene »Geist der Schwere« – niederdrückend auf die Seelen legt. Anstelle von Zwängen entsteht dann eine resignative Gesamtstimmung, die den Menschen zur existentiellen »Selbstbescheidung«, verstanden als eine Einwilligung in herabgesetzte Lebensgestalten, veranlaßt. Von dieser Rückwirkung her bestätigt sich die an der neutestamentlichen Botschaft abzulesende These, daß die Gesellschaft nur als eine von der Gebrochenheit des Menschen diktierte Notlösung der Sozialordnung gelten kann, da seinem Optimum erst die Sozialutopie Jesu in Gestalt des von ihm verkündeten und gelebten Gottesreiches entspricht[167]. Daran gemessen wirkt sich die Gesellschaft restringierend auf die dem Menschen offenstehenden Möglichkeiten aus, so daß er von diesen nur einen beschränkten und überdies im Sinn gesellschaftlicher Interessen kanalisierten Gebrauch zu machen vermag.

Während die Wechselbeziehung von Individuum und Gesellschaft, besonders in ihren kritischen Erscheinungsformen, in Werken wie in Herbert Marcuses Abhandlung ›Der eindimensionale Mensch‹ intensiv analysiert wurde, hat sich der Sinn für die Abhängigkeit der menschlichen Selbstwerdung vom Geschichtsprozeß kaum entwickelt. Indessen drängt sich im Blick auf den Gang der Geistes- und Kulturgeschichte der Eindruck auf, daß sich aus dessen Gesamtverlauf »Achsenzeiten« (Jaspers) abheben, von denen jeweils eine Schubwirkung in Richtung auf die Optimierung des Menschen ausgeht. So ist zu vermuten, daß die henotheistische Reform des Pharao Amenophis IV. (Echnaton) nicht ohne Rückwirkung auf die ägyptische Weisheitsliteratur und das in ihr dokumentierte Erwachen des subjektiven Bewußtseins blieb, wie etwa in dem »Gespräch eines Lebensmüden mit seiner Seele«[168]. Vom »Erwachen der Persönlichkeit in der frühgriechischen Lyrik« spricht Hugo Snell in seiner ›Entdeckung des Geistes‹ (von 1946), während Hans Urs von Balthasar auf die das griechische Denken übersteigende Dialogbeziehung zwischen Odysseus mit der ihn ebenso spiegelnden wie divinatorisch führenden Göttin Athene aufmerksam machte[169]. Der stärkste Schub geht in vorchristlicher Zeit jedoch von dem Aufbruch aus, der in den »Konfessionen« des Propheten Jeremia seinen literarischen Niederschlag fand. In ihnen kommen vorher unbekannte Formen menschlicher Selbsterfahrung und Ausdruckskraft zur Sprache. Nach Gerhard von Rad gewinnt der Leser dabei den Eindruck, als wachse das von der Krise und Not Israels ausgehende Dunkel und als fresse es sich förmlich in den Propheten hinein. Das preßt ihm schließlich die Klage aus, in der, zusammen mit der Gottesnot des wider Willen Berufenen, ein aus menschlicher Seinsnot ausgestoßenes De profundis hörbar wird. Denn der von Gott zum Prophetendienst »Verführte« (Jer 20,7) ist in dieser Klage zugleich derjenige, der sich mit seinem Dasein betrogen fühlt (Guardini), gerade dadurch aber auch in einer vorher nie gekannten Weise auf sich selbst zurückgezwungen ist.

Und doch ist das alles nur ein Vorspiel dessen, was durch die Lebenstat Jesu evozierend, freisetzend und ermächtigend in die Geschichte der Menschheit eintrat. Darauf bezieht sich das Guardini-Wort, wonach das Menschsein seitdem einen »neuen Ernst« gewann, weil der Mensch als Person zu sich selbst gekommen sei und diese nun endgültig die Augen aufgeschlagen habe. Gemeint ist mit diesen Metaphern das von Jesus ausgelöste Erwachen des Menschen zu seinem personalen Selbstbewußtsein und zum Wissen um seine unvertretbare Würde und seine unveräußerlichen Rechte.

Daran gemessen kann der Fortgang dieser »kulturgeschichtlichen Hominisation« nur als die bisweilen zurückgedämmte, bisweilen aber auch neu auflebende Nachwirkung des von Jesus ausgehenden Initialstoßes gedeutet werden. Es genügt, dies mit zwei knappen Hinweisen zu illustrieren. So bezieht sich Petrarca, ebenso selbstkritisch wie traditionsbewußt, bei seiner Besteigung des Mont Ventoux auf die Konfessionen Augustins, während Descartes in nicht geringe Verlegenheit geriet, als ihm Mersenne die Vorwegnahme seiner reflexionsphilosophischen Grundsätze in augustinischen Wendungen vorhielt[170]. Doch war die Bedrängnis der beiden Initiatoren nur die Kehrseite eines Zugewinns, in dem sich sogar etwas von der Lebensleistung Jesu spiegelte. Im Fall Petrarcas zeigte sich das in der darstellenden Kunst der Folgezeit in der Form, daß der Goldgrund, auf dem sich die Motive der mittelalterlichen Malerei abgehoben hatten, zunehmend der Darstellung von weiträumigen Landschaften wich. Und in der Selbstverteidigung, mit der sich Descartes der gegnerischen Angriffe erwehrte, spricht sich erstmals ein innovatorisches Bewußtsein aus, das im Grunde auf alle vorangegangenen Entwicklungsschritte, zumal aber auf ihren Ausgangspunkt zutrifft. Denn das, was von der Lebenstat Jesu geschichtsbestimmend ausging, war die größte Innovation, die das Menschsein jemals erlebte. Im Spiel von Verkürzungen und erneuernden Ausweitungen sah sich dieses seither vor je größere Möglichkeiten gestellt, Möglichkeiten der Optimierung, der Kultivierung und zumal der Verinnerlichung.

Indessen wäre man mit Blindheit geschlagen, wenn man übersehen wollte, wie wenig die damit gebotenen Chancen, selbst im Binnenraum der Kirchen, genutzt wurden. Unbegreiflich, daß Theologen vom Rang des Thomas von Aquin so sehr vom Zeitgeist geblendet blieben, daß ihnen der Einspruch des Evangeliums gegen Hexenwahn und Todesstrafe entging, daß die Verteidiger des neuen und alten Glaubens im Zeitalter der Reformation zu den Waffen griffen, um für die Wahrheit dessen zu streiten, der diese ihm denkbar fremde »Hilfe« in aller Form zurückgewiesen hatte, und daß in diesem blutigsten aller Jahrhunderte immer wieder religiöse Scheinmotive zur Rechtfertigung von Unterdrückung und Gewalttat ausgespielt werden.

Nachdem die Christenheit über eine fast zweitausendjährige Frist verfügte, um die Grundsätze des Evangeliums in der von ihr unmittelbar oder mittelbar geprägten Welt zur Geltung zu bringen, werden Menschenwürde und Menschenrechte immer noch in weiten Teilen dieser Welt mit Füßen getreten, obwohl Jesus, wenn überhaupt »für etwas«, dann für das Lebensrecht des Menschen gewirkt und gelitten hat. So gesehen ist die von der Wirkungsgeschichte des Christentums erzielte Ernte in anthropologischer Hinsicht erschreckend gering. Wenn aber das mystische Fortleben

Jesu in der Menschheitsgeschichte seine Lebensgeschichte rekapituliert und in der Konsequenz dessen auch das Stadium seines Höllenabstiegs, verstanden als sein Einstieg in die »Unterwelt« der Daseinsstrukturen, »wiederholt«, ist anzunehmen, daß davon nicht nur prägende, sondern auch »eröffnende« und »einräumende« Wirkungen ausgehen[171]. Dann wäre der damit angesprochene Schwerpunkt seines Fortwirkens zwar weniger augenscheinlich als andere, in anthropologischer Hinsicht aber um so wichtiger, als er im Gegenzug zu den restringierenden Tendenzen das eröffnet, was durch diese niedergehalten wird.

Da es sich dabei jedoch um eine ausgesprochen kenotische, aus der Selbsterniedrigung Jesu erfließende Wirkung handelt, bleibt es bei einer eher negativen, zumindest aber zurückhaltenden Bilanz. Im Blick auf sie ist vom Menschen, gerade auch in der Sicht der gegenwärtigen conditio humana, zu sagen, daß er noch immer nicht das ist, was er sein kann, daß er also faktisch unter dem Niveau des ihm zugedachten und ihm von seinem Existenzgewissen signalisierten Seinkönnens lebt. Äußere Bedingungen hindern ihn im Bund mit einer resignativen Selbsteinschätzung, von seinen Möglichkeiten den jeweils besseren Gebrauch zu machen. Seine Anläufe zur Selbstüberschreitung werden, kaum daß er sich dazu aufschwingt, von dem ihm anhaftenden Hang, sich fallenzulassen, konterkariert. Zwar kommt seiner Bereitschaft, dem an ihn ergehenden Zuspruch zu entsprechen, das gegenwärtige Weltgeschehen entgegen, sofern es im Zeichen der wiedergewonnenen Freiheit, der aufkeimenden Hoffnung und der weltweit reklamierten Menschenrechte steht. Nicht weniger wirkt sich die seit geraumer Zeit in Gang gekommene glaubensgeschichtliche Wende in diesem Sinne aus. Und dies schon aufgrund der Tatsache, daß sie die von der Theologie vollzogene und von Denkern wie Bultmann, Guardini und Rahner vorangetriebene anthropologische Wende in spiritueller Hinsicht nachvollzieht. Vor allem aber dadurch, daß sich in ihrem Zentrum mit wachsender Deutlichkeit jene mystische Initiative abzeichnet, durch die der Fortlebende seine vergegenständlichten Erscheinungsweisen in die seines spontanen Wirkens überschreitet. Indessen ist die Wahrnehmung dieses Vorgangs noch zu sporadisch und schwach, als daß er auch nur im Glaubensraum hätte bewußtseinsbildend werden können.

So bleibt es angesichts der Übermacht der desintegrativen Faktoren bei der eher skeptischen Bestandsaufnahme. Der Mensch ist, vermutlich sogar hinsichtlich des augenblicklichen Stadiums seiner Evolution, noch nicht das, was er sein kann. Doch aus diesem einschränkenden »noch« ergibt sich ein Lichtblick, der sowohl das Stadium des von ihm durchschrittenen Weges als auch sein – transfiguriertes – Erscheinungsbild betrifft. Beides entstammt den Eingebungen Hans Erich Nossacks, der in einer an Goethes Betrachtung von »Schillers Reliquien« erinnernden Weise den Anblick eines frühmenschlichen Schädels mit dem Wort kommentierte: »Welch eine Mühe, Mensch zu werden!« Er bekannte sich damit, zweifellos im Gedanken an das Kleist-Wort, daß wir »die Reise um die Welt« antreten müßten, um zu sehen, ob das verriegelte Paradies »von hinten irgendwo wieder offen ist«, zu der Überzeugung, daß sich das Dasein insgesamt auf einer Spiralbahn bewegt, die an die Rückseite der Dinge heranführt, wo diese, noch vor ihrer Festlegung auf Namen und Begriffe, in ihre Möglichkeiten offenstehen[172]. In diesem Kontext taucht bei Nossack, der nach eigenem Bekunden zwar nicht an Gott, wohl aber an Engel glaubte, die Figur des Engels auf, zu der sich der Sinn von Lebenskrisen klärt, und die dem davon Betroffenen die von ihm verfehlten oder doch verkannten Möglichkeiten des Seinkönnens vor Augen führt[173].

Dem steht freilich die beklemmende Erfahrung dieses Jahrhunderts entgegen, die auch dem letzten noch in humanistischen Illusionen Befangenen lehrte, daß der Mensch gerade bei dem Versuch hybrider Selbstüberschreitung Gefahr läuft, anstatt die Höhe des Engelhaft-Übermenschlichen zu erreichen, auf die Stufe des Tierischen abzusinken. Nur allzu rasch tritt dann unter der bunten Übermalung der Zivilisation der »schreckliche Grundtext homo natura« zutage. So bleibt es dabei: Der Mensch ist noch nicht das, was er sein kann, immer noch unterwegs zu sich selbst oder jetzt, mit dem Titelwort der Abhandlung gesprochen, ein noch uneingelöstes Versprechen. Was ihm helfen könnte, wäre die Erscheinung des Nossackschen Engels, der ihn an seine besseren Möglichkeiten erinnert und ihn ermutigt, sie in die Tat seiner Selbstverwirklichung umzusetzen. Dann könnte es ihm gelingen, das, was er immer noch verspricht, endlich auch zu halten.

NACHWORT

Noch immer geht dem Menschen der Ruf »Wo bist du?«
nach, der ihn nach dem Ort seiner definitiven Geborgenheit und
Sinnerfüllung befragt. Noch immer schafft er sich Ersatzparadiese,
da er zwischen Wissen und Können heillos schwankt. Er weiß, daß
ihm der Rückweg verwehrt ist und daß er nur auf dem Weg nach
vorne hoffen kann, den verlorenen Ursprung wiederzufinden. Da
er aber nach Paul Valéry mit dem Rücken zur Zukunft lebt, fühlt
er sich gerade dazu außerstande.

Doch in dieser Ratlosigkeit vernimmt er unerwartete Stimmen. Die eine, eine verhaltene Einzelstimme, versichert ihm, daß
wagemutige Pioniere bereits den Spiralgang des Daseins bis zu
seinem Ausgangspunkt durchschritten haben und der Dinge vor
ihrer Festlegung auf Namen und Begriffe ansichtig geworden sind.
Ungleich vernehmlicher ist jedoch die Stimme des Zeitgeschehens,
die dem in seiner Ratlosigkeit Verharrenden bewußt macht, daß
sich statt seiner die Welt bewegte und im Begriff steht, ihm, wenn
auch nicht ihr paradiesisches, so doch ihr menschenfreundliches
Gesicht, wenngleich im Wechselspiel mit Grimassen der Unmenschlichkeit, zuzuwenden.

Entscheidend ist jedoch, daß mit der Weltwende eine Glaubenswende einherging. Auch sie kommt in ihrem Kern einer Wiedergewinnung des Ursprungs gleich. Denn in diesem Kernbereich
tritt der Urheber des Glaubens aus dem Gehäuse seiner Vergegenständlichungen hervor, um sich anstatt als Botschaft und Lehre in
der ersten Person vernehmen zu lassen. Damit ist die Sache des
Menschen prinzipiell auf eine neue, wenn meist erst dunkel ge-
fühlte Basis gestellt. Denn die Anzeichen des Umschwungs sind zu
spärlich und undeutlich, als daß sie schon allgemein registriert werden könnten. Zudem blieben Philosophie, Literatur und Kunst,
fasziniert von den Schrecken des Jahrhunderts, so sehr der Rückschau verhaftet, daß die von ihnen geschuldeten divinatorischen
Auskünfte kaum zu erwarten sind. Sie bilanzieren, anstatt zu er-
öffnen und wegweisend ins Zeitgeschehen einzugreifen. Der Wink,

mit dem der Meergreis auf Beckmanns Argonauten-Triptychon den Weg in die Zukunft weist, findet kaum Resonanz. Dennoch hängt die Lösung des anthropologischen Problems entscheidend von der Frage ab, ob der von den Schrecken des Jahrhunderts in Mitleidenschaft gezogene Mensch die Kraft zur Hoffnung aufbringt. In diesem Sinn ist er aufgerufen, sich auf das zu besinnen, was ihm, auch an ihm selbst, noch bevorsteht. Im Maß, wie er das begreift, kann ihm geholfen werden. Auch in dem Sinn ist die Ausarbeitung einer Modalanthropologie das Gebot der Stunde.

Im Sinn des biblischen »wo bist du?« fragte aber auch Hyperion am Schluß von Hölderlins titelgleichem Briefroman (von 1796), der in romantischer Brechung auf den Auferstehungsglauben verweist. Das ist Anlaß zu einer letzten Überlegung. Wenn die Modalanthropologie, wie eingangs bemerkt, als Ausarbeitung einer christlich integrierten Sicht des Menschseins zu gelten hat, stellt sich jetzt umgekehrt die Frage, was sie für das Verständnis der christlichen Botschaft einträgt. Dafür gibt der in dieser Untersuchung vielfach angesprochene Nietzsche einen hilfreichen Fingerzeig, sofern er in dem an die augustinischen »Überprüfungen« erinnernden Mittelstück seines ›Ecce homo‹ die eigene Person als Prisma für eine Neulektüre seiner Schriften benutzte. Im Sinn dieses Verfahrens könnte nun auch die Modalanthropologie als Lesehilfe an die biblischen Schriften herangetragen werden. Als erstes würde dann wiederum das »wo bist du?« hörbar, jetzt aber gerichtet an den in diesen Schriften Bezeugten: hörbar als die Frage nach seinem Verbleib im Leben der Gegenwart.

Wenn sich diese Frage auch nur ansatzweise mit dem Eindruck verbindet, gehört zu werden, ist die Schmerzgrenze überschritten, an der sich der Mensch der Gegenwart wundreibt. Denn sobald sie Gehör findet, darf sie auch ihrer Erhörung versichert sein, selbst wenn die Antwort nicht anders lautet als die Auskunft der ersten Stunde: Mitten unter euch steht der, den ihr nicht kennt. Auch wenn sich in diesem Wort, rückbezüglich gelesen, das Dunkel, in dem der Fragesteller selber steht, zu verdoppeln scheint, bewirkt es zuletzt doch das Umgekehrte: es wird für ihn zum Ort der Übereinkunft mit dem, der ihm darin entgegenkommt, um es durch seine Anwesenheit zu lichten.

ANMERKUNGEN

Einleitung

[1] *M. Buber,* Gottesfinsternis. Betrachtungen zur Beziehung zwischen Philosophie und Religion, Zürich 1953, 31.

[2] *H. Plessner,* Mit anderen Augen. Aspekte einer philosophischen Anthropologie, Stuttgart 1982.

[3] *J. Ortega y Gasset,* Vom Menschen als utopischem Wesen. Vier Essays, Stuttgart 1951.

Erster Teil

[1] *B. Welte,* Heilsverständnis. Philosophische Untersuchung einiger Voraussetzungen zum Verständnis des Christentums, Freiburg 1966, 74 f; 116 ff.

[2] *M. Landmann,* De Homine. Der Mensch im Spiegel seiner Gedanken, Freiburg und München 1962, 11.

[3] Dazu *G. von Rad,* Das erste Buch Mose III, Göttingen 1956, 159 ff.

[4] Dazu *A. Jeremias,* Das Alte Testament im Lichte des Alten Orients, Leipzig 1930, 155 f.

[5] *M. Landmann,* De Homine, 15.

[6] *W. Pannenberg,* Was ist der Mensch? Anthropologie der Gegenwart im Lichte der Theologie, Göttingen 1962, 88.

[7] *J. Bernhart,* Die philosophische Mystik des Mittelalters von ihren antiken Ursprüngen bis zur Renaissance, München 1922, 42.

[8] Dazu *A. Meyer,* Wesen und Geschichte der Theorie im Mikro- und Makrokosmos, Bern 1900, 47 f.

[9] *M. Landmann,* De Homine, 112–130.

[10] Dazu *A. Dempf,* Die Weltidee, Einsiedeln 1955, 62 ff.

[11] Dazu *K. Löwith,* Weltgeschichte und Heilsgeschehen, Stuttgart 1953, 109–128; ferner *St. Otto,* Die Geschichtsphilosophie Giambattista Vicos, in: Philosophische Rundschau 25 (1978) 232–249; *ders.,* Materialien zur Theorie der Geistesgeschichte, München 1979, 174–214.

[12] *F. Nietzsche,* Zur Genealogie des Menschen III, § 25.

[13] *M. Scheler,* Die Stellung des Menschen im Kosmos, München 1947, 82.

[14] *M. Scheler,* Philosophische Weltanschauung, München 1954, 13 f.

[15] *H. Lotze,* Mikrokosmos. Ideen zur Naturgeschichte und Geschichte der Menschheit II, Leipzig 1864, 247.

[16] *F. Werfel,* Der Stern der Ungeborenen. Ein Reiseroman, Frankfurt 1986, 407.

[17] *F. Dostojewskij,* Die Brüder Karamasow, München 1923, 664 f; dazu *B. Schleißheimer,* Gibt es ohne Religion keine Moral?, in: A. Franz (Hrsg.), Glauben, Wissen, Handeln. Beiträge aus Theologie, Philosophie- und Naturwissenschaft zu Grundfragen christlicher Existenz, Würzburg 1994, 257–276; ferner *H. Schopper,*

Die kosmische Entwicklung als Spiegelbild der Welt der Elementarteilchen, in: G. Börner, J. Ehlers und H. Meier (Hrsg.), Vom Urknall zum komplexen Universum. Die Kosmologie der Gegenwart, München 1993, 65–91.

[18] *G. Matine,* Homo Faber. Initiateur de la finalité dans le Monde, in: Les Études Philosophiques 62 (1957) 249–251.

[19] *J. Huizinga,* Homo Ludens. Vom Ursprung der Kultur im Spiel, Hamburg 1956.

[20] *M. Heidegger,* Holzwege, Frankfurt 1950, 81ff.

[21] *H. Jonas,* Die Freiheit des Bildens: Homo pictor und die differentia des Menschen, Göttingen 1963, 26–45; ferner *E. Cassirer,* der die Frage »Was ist der Mensch?« mit dem Hinweis auf seine symbolschaffende Tätigkeit in Sprache und Kunst beantwortet (Stuttgart 1960).

[22] *Th. W. Adorno,* Jargon der Eigentlichkeit. Zur deutschen Ideologie, Frankfurt 1964, 114f.

[23] Dazu mein Beitrag ›Die Stimme der Antigone. Zu Georg Baudlers Untersuchung über Gewalt und Gewaltlosigkeit in Religion und Christentum‹, in: Theologische Revue 90 (1994) 355–368.

[24] *M. Horkheimer,* Zur Kritik der instrumentellen Vernunft, Frankfurt 1974, 152.

[25] *J. Bernhart,* Die Tragik im Weltlauf, Weißenhorn 1990, 116.

[26] *M. Heidegger,* Holzwege, 246f.

[27] *G. Eich,* Festianus, Märtyrer (Hörspiel von 1958), nach: K.-J. Kuschel (Hrsg.), Der andere Jesus, München 1987, 95.

[28] A. a. O., 376f.

[29] A. a. O., 379.

[30] A. a. O., 318f.

[31] *F. Overbeck,* Brief an Peter Gast vom 31. Juli 1883.

[32] Dazu *W. Schmithals,* Die theologische Anthropologie des Paulus, Stuttgart 1980, 73–81.

[33] Näheres dazu in dem Abschnitt über die »Annahme des Unannehmbaren«, (Seite 152–161).

[34] *J. Bernhart,* De profundis, Weißenhorn 1985, 158.

[35] Dazu *H. Ringgren,* Psalmen, Stuttgart 1971, 75f; ferner *N. Füglister,* Das Psalmengebet, München 1965, 126ff.

[36] *Ringgren,* a. a. O., 75, unter Berufung auf *J. H. Franken,* The Mystical Communion (Leiden 1954).

[37] *H. Pfitzner,* Palestrina. Musikalische Legende in drei Akten, Berlin 1916, 34 (1. Akt. 6. Szene). Eine »De Profundis«-Sinfonie schuf neuerdings der Komponist *Heinz Winbeck,* der damit eine nicht ungefährliche Noten-Lawine losgetreten haben will.

[38] *H. N. Wolff,* Friedrich Nietzsche. Der Weg zum Nichts, Bern 1956, 215f.

[39] Vom Prozeß der theoretischen Neugierde handelt der dritte Teil von *Hans Blumenbergs* Untersuchung ›Die Legitimität der Neuzeit‹, Frankfurt 1966, 201–432.

[40] Dazu *G. Scherer,* Das Problem des Todes in der Philosophie, Darmstadt 1979, 66ff; ferner *P. Landsberg,* Die Erfahrung des Todes, Frankfurt 1973, 43–49; *F. Wiplinger,* Der personal verstandene Tod, Freiburg und München 1970.

[41] *Augustinus,* Confessiones XI, c.28,37.

[42] Dazu *Blumenberg,* Die Legitimität der Neuzeit, 336ff.

[43] A. a. O., 213.

[44] *M. Heidegger,* Die Frage nach der Technik. Vorträge und Aufsätze, Pfullingen 1954, 44.

45 *P. Wust,* Ungewißheit und Wagnis, München und Kempten 1951, 17; dazu *A. Lohner,* Peter Wust: Gewißheit und Wagnis. Eine Gesamtdarstellung seiner Philosophie, Paderborn 1993, 7–11; ferner mein Beitrag ›Das Wagnis der Weisheit‹, in: A. Kreiner und P. Schmidt-Leukel (Hrsg.), Religiöse Erfahrung und theologische Reflexion, Paderborn 1993, 133–142.

46 *Novalis,* Hymnen an die Nacht, in: Die Dichtungen (Ausgabe Wasmuth), Heidelberg 1953, 382; *Wust,* a. a. O., 48.

47 *P. Wust,* a. a. O., 144.

48 *M. Buber,* Urdistanz und Beziehung, Heidelberg 1951, 44.

49 *H.-D. Bastian,* Theologie der Frage, München 1969, 146.

50 *Th. Haecker,* Was ist der Mensch?, Leipzig 1933; *M. Heidegger,* Einführung in die Metaphysik (1935), Tübingen 1957, 109.

51 *M. Heidegger,* Was ist Metaphysik?, Frankfurt 1960, 42.

52 *W. Pannenberg,* Was ist der Mensch? Die Anthropologie im Lichte der Theologie, 95.

53 *I. Kant,* Logik: Einleitung III (IV), 26 f.

54 Dazu mein Beitrag ›Wahrheit und Weisheit. Der Denkweg Philipp Kaisers‹ (noch ungedruckt).

55 Kierkegaard wünschte sich diese Worte als Grabschrift; dazu *K. Löwith,* Wissen, Glaube und Skepsis, Göttingen 1956, 53. *G. Brandes* sah in der Kategorie des Einzelnen seine zentrale Entdeckung (a. a. O., 84), *W. Lowrie* den Ausdruck eines an Paulus erinnernden Sendungsbewußtseins: Das Leben Sören Kierkegaards, Düsseldorf und Köln 1955, 172.

56 Dazu *K. Beyschlag,* Dogmengeschichte I, Darmstadt 1988, 283–308.

57 Dazu *K. Flasch,* Das philosophische Denken im Mittelalter. Von Augustin zu Machiavelli, Stuttgart 1986, 105 ff; ferner *R. Heinzmann,* Philosophie des Mittelalters, Stuttgart 1992, 114.

58 *R. Guardini,* Das Ende der Neuzeit, Mainz und Paderborn 1986; 88 f; dazu meine Untersuchung ›Interpretation und Veränderung. Werk und Wirkung Romano Guardinis‹, Paderborn 1979, 86; 91 f.

59 *J. G. Fichte,* Anweisung zum seligen Leben (Ausgabe Medicus), Hamburg 1954, 13 f; dazu auch *G. W. F. Hegel,* Vorlesungen über die Philosophie der Religionen, Leipzig 1929, 166.

60 *M. Scheler,* Philosophische Weltanschauung, Bern 1954, 14.

61 *R. Bultmann,* Jesus (von 1926), München und Hamburg 1967, 7–15; *ders.,* Glauben und Verstehen IV, Tübingen 1965, 128 f.

62 *R. Guardini,* Theologische Briefe an einen Freund, Paderborn 1976, 17.

63 Dazu *M. Buber,* Zur Geschichte des dialogischen Prinzips, in: Werke I: Schriften zur Philosophie, München und Heidelberg 1962, 295 f; *R. Rosenzweig,* Der Stern der Erlösung, Frankfurt 1988, 195.

64 *R. Bultmann,* Adam, wo bist du? Über das Menschenbild der Bibel (von 1945), in: Glauben und Verstehen II, Tübingen 1992, 116.

65 *M. Buber,* Das Problem des Menschen, in: Werke I, 310.

66 A. a. O., 311.

67 Ebd.

68 A. a. O., 316.

69 Wie Anm. 49.

70 *H. Cohen,* Logik der reinen Erkenntnis, Berlin 1902, 69.

71 Näheres dazu auf Seite 182–186.

72 *F. Kafka,* Erzählungen, Frankfurt 1946, 159 f; dazu *B. Nagel,* Franz Kafka. Aspekte zur Interpretation und Wertung, Berlin 1974, 213–237.

[73] *Buber,* Das Problem des Menschen, 319.

[74] A. a. O., 320.

[75] A. a. O., 322 ff.

[76] *Pascal,* Pensées, Frgm. 205; dazu *K. Löwith,* Wissen, Glaube und Skepsis, 77.

[77] Dazu *K. Löwith,* a. a. O., 60 f.

[78] *K. Jaspers,* Von der Wahrheit, München 1947, 62; *H. Arendt,* Vita activa oder Vom tätigen Leben, Stuttgart 1960, 249.

[79] *G. Brandes,* Sören Kierkegaard. Eine kritische Darstellung, Leipzig 1992, 84.

[80] *M. Theunissen,* Das Menschenbild in der ›Krankheit zum Tode‹ in dem von ihm und W. Greve herausgegebenen Sammelband ›Materialien zur Philosophie Sören Kierkegaards‹, Frankfurt 1979, 496–510; ferner *W. Jens* und *H. Küng,* Dichtung und Religion, München 1985, 204–223.

[81] Dazu *H. Fischer,* Die Christologie des Paradoxes. Zur Herkunft und Bedeutung des Christusverständnisses Sören Kierkegaards, Göttingen 1970.

[82] Näheres zu diesen Formeln in meiner Akademie-Abhandlung ›Die Bibel als Medium. Zur medienkritischen Schlüsselposition der Theologie‹, Heidelberg 1990.

[83] *Pascal,* Pensées, Frgm. 72.

[84] *Augustinus,* Confessiones I, c. 1,1.

[85] So *W. L. Couchoud,* Blaise Pascal. Discours de la Condition de l'homme, Paris 1948.

[86] Dazu *G. Lukács,* Faust und Faustus. Vom Drama der Menschengattung zur Tragödie der modernen Kunst, Reinbek 1967, 187 ff.

[87] A. a. O., 261 f; dazu *Th. Mann,* Selbstkommentare: ›Doktor Faustus‹ und die Entstehung des Doktor Faustus, Frankfurt 1992, 276.

[88] Wie Anm. 31.

[89] Näheres dazu auf Seite 162–168.

[90] Dazu *K. Jaspers,* Nietzsche. Einführung in das Verständnis seines Philosophierens, Berlin und Leipzig 1936, 145 f; *W. Kaufmann,* Nietzsche. Philosoph, Psychologe, Antichrist, Darmstadt 1982, 359–389; *H. M. Wolff,* Friedrich Nietzsche. Der Weg zum Nichts, 182 ff; 202 f.

[91] *Th. Mann,* Nietzsches Philosophie im Lichte unserer Erfahrung, in: Neue Studien, Frankfurt 1948, 122.

[92] *J. Steinmann,* Pascal, Stuttgart 1959, 351 ff; nach *E. Wasmuth,* Der unbekannte Pascal. Versuch einer Deutung seines Lebens und seiner Lehre, Regensburg 1962, 201.

[93] So *Guardini* in seiner Zeitanalyse: Das Ende der Neuzeit – Die Macht (1950/51), Mainz und Paderborn 1986.

[94] *R. Descartes,* Discours de la méthode, c. 6.

[95] *A. Gehlen,* Die Seele im technischen Zeitalter. Sozialpsychologische Probleme in der industriellen Gesellschaft, Hamburg 1957, 9.

[96] So Guardini in den geradezu beschwörenden Appellen seiner letzten Lebensjahre.

[97] *G. Sorel,* Betrachtungen über die Gewalt, nach H. Barth, Masse und Mythos. Die Theorie der Gewalt: George Sorel, Hamburg 1959, 95–101.

[98] A. a. O., 18 ff.

[99] Wie Anm. 39.

[100] *E. Bloch,* Das Prinzip Hoffnung, Frankfurt 1968, 1203 f.

[101] *H. Blumenberg,* Die Legitimität der Neuzeit, 333 ff.

[102] Denn in der von Gaunilo vorgebrachten Form scheitert er schon an der Unmöglichkeit, endliche Größen wie die der »verlorenen Inseln« oder Kants »hundert Taler« mit dem Begriff des »unüberdenklich Größten« auf eine Ebene zu ziehen.

[103] Dazu seine Untersuchung ›Weltgeschichte und Heilsgeschehen. Der theologische Hintergrund der Geschichtsphilosophie‹, Stuttgart 1953, 62 ff; ferner sein Beitrag ›Das Verhängnis des Fortschritts‹, in: Vorträge und Abhandlungen – Zur Kritik der christlichen Überlieferung, Stuttgart 1966, 139-155.

[104] *M. Scheler,* Vom Ewigen im Menschen I: Religiöse Erneuerung, Leipzig 1921, 691.

[105] *K. Löwith,* Das Verhängnis des Fortschritts, 146.

[106] A. a. O., 154.

[107] So *Freud* in seinem bereits wiederholt angesprochenen und später noch eingehender zu würdigenden Essay ›Das Unbehagen in der Kultur‹ (1930), in: Kulturtheoretische Schriften, Frankfurt 1974, 191-270; dazu *H. Marcuse,* Triebstruktur und Gesellschaft. Ein philosophischer Beitrag zu S. Freud, Frankfurt 1982, 80 ff; 107-126.

[108] *G. W. F. Hegel,* Die Vernunft in der Geschichte (Ausgabe Hoffmeister), Hamburg 1955, 54 ff; 62 ff; 72 ff.

[109] *E. Käsemann,* Der Ruf der Freiheit, Tübingen 1968, 165.

[110] *H. Marcuse,* Der eindimensionale Mensch. Studien zur Ideologie der fortgeschrittenen Industriegesellschaft, Neuwied 1979, 103.

[111] Dazu *G. von Rad,* Die Botschaft der Propheten, München und Hamburg 1967, 269-275.

[112] Dazu *R. Bultmann,* Das Urchristentum im Rahmen der antiken Religionen, Zürich 1949, 164 ff.

[113] *U. Busse,* Das Nazareth-Manifest Jesu, Stuttgart 1977, 31-39.

[114] Dazu *D. Nestle,* Eleutheria I, Die Griechen, Tübingen 1967.

[115] A. a. O., 97.

[116] A. a. O., 85; 99 f.

[117] A. a. O., 135.

[118] A. a. O., 84.

[119] *F. Dostojewskij,* Die Brüder Karamasow, 466; dazu *R. Guardini,* Religiöse Gestalten in Dostojewskijs Werk, München 1947, 114-128.

[120] *Eadmer,* Vita Sancti Anselmi I, c. 4,29.

[121] *M. Heidegger,* Sein und Zeit, Halle 1928, 166-180.

[122] *M. Picard,* Flucht vor Gott, Freiburg 1958, 42; 54 ff; 62 ff.

[123] *D. Riesman,* Die einsame Masse (Originaltitel: The Lonely Crowd), Reinbeck 1965, 177 f.

[124] Dazu *H. Arendt,* Elemente und Ursprünge totaler Herrschaft, München 1986, 609-702.

[125] *H. Marcuse,* Der eindimensionale Mensch, 266 ff.

[126] Näheres dazu in meiner Schrift ›Menschsein im Medienzeitalter‹, München 1988.

[127] Als eine der seltenen Ausnahmen hat das Werk von Hermann Krings zu gelten. Nach dem Fall der Mauer mußte Leonard Bernstein den zu »Freiheit, schöner Götterfunke« umformulierten Schlußchor von Beethovens 9. Sinfonie zurückgreifen, um einen angemessenen Ausdruck zu gewinnen. Dazu *J. Fest,* Die schwierige Freiheit. Über die offene Flanke der offenen Gesellschaft, Berlin 1993.

[128] *H. v. Lips,* Weisheitliche Traditionen im Neuen Testament, Neukirchen-Vluyn 1990, 280 ff.

[129] Dazu *B. Hinrichs,* »Ich bin«. Die Konsistenz des Johannesevangeliums in der Konzentration auf das Wort Jesu, Stuttgart 1988, 50-96.

[130] *W. Benjamin,* Illuminationen, Frankfurt 1961, 234.

[131] *M. Buber,* Werke I: Schriften zur Philosophie, 796.

[132] Näheres dazu in meiner Schrift ›Hat der Glaube eine Zukunft?‹, Düsseldorf 1994, 85–96.

[133] *F. H. Tenbruck,* Die unbewältigten Sozialwissenschaften oder Die Abschaffung des Menschen, Graz 1984.

[134] *H. Montaigne,* Essais (Ausgabe Thibaudet), 1256.

[135] *Gregor von Nyssa,* P. G. 44, 328 B.

[136] *Augustinus,* Confessiones X, c. 16,25; dazu *Cl. von Bormann,* Der praktische Ursprung der Kritik, Stuttgart 1974, 22; ferner *F. Körner,* Das Sein und der Mensch. Die existentielle Seinsentdeckung des jungen Augustin, Freiburg und München 1959, 148 ff; 153 ff.

[137] *H. Plessner,* Die Stufen des Organischen und der Mensch, Berlin 1975, 289 f; dazu *H. O. Asmussen,* Hellmuth Plessner. Die exzentrische Position des Menschen, in: J. Speck (Hrsg.), Grundprobleme der großen Philosophen II, Göttingen 1991, 146–180.

[138] *K. Beyschlag,* Grundriß der Dogmengeschichte II, Darmstadt 1991, 33 f; 68 ff; 119 ff; *A. Grillmeier,* Jesus der Christus im Glauben der Kirche II/2, Freiburg 1989, 294.

[139] Das liegt in der Konsequenz der Christologie des späten Kierkegaard, wie er sie insbesondere in seiner ›Einübung im Christentum‹ entwickelte.

[140] *Boethius,* Contra Eutychen, c. 3.

[141] *J. Pieper,* Scholastik. Gestalten und Probleme der mittelalterlichen Philosophie, München 1960, 174–185; *K. Flasch,* Aufklärung im Mittelalter? Die Verurteilung von 1277, Mainz 1989.

[142] *R. Heinzmann,* Philosophie des Mittelalters, Stuttgart 1992, 208 f.

[143] A. a. O., 236; *K. Flasch,* Das philosophische Denken des Mittelalters, Stuttgart 1986, 441.

[144] *Cusanus,* Idiota de mente, c.11; nach *E. Cassirer,* Individuum und Kosmos (1927), Darmstadt 1963, 278.

[145] A. a. O., 135 ff.

[146] A. a. O., 137.

[147] *H. Blumenberg,* Die Legitimität der Neuzeit, 485 f.

[148] Dazu nochmals der bibliographische Hinweis in Anm. 79.

[149] *S. Kierkegaard,* Entweder – Oder I, Düsseldorf 1956, 40; dazu *R. Heiß,* Der Gang des Geistes. Eine Geschichte des neuzeitlichen Denkens, Bern und München 1959, 248 f.

[150] Die Nachtwachen des Bonaventura, München 1960, 36. Zum weiteren Motivzusammenhang siehe meine Studie ›Theologie als Therapie‹, Heidelberg 1985, 40 ff.

[151] *H. Mayer,* Heinrich von Kleist, Der geschichtliche Augenblick, Pfullingen 1962; ferner *H. E. Nossack,* Der Mensch in der heutigen Literatur, in: Die schwache Position der Literatur. Reden und Aufsätze, Frankfurt 1967, 62–87.

[152] Dazu *J. Israel,* Der Begriff »Entfremdung«. Makrosoziologische Untersuchungen von Marx bis zur Soziologie der Gegenwart, Reinbek 1972; *B. Baczko,* Weltanschauung, Metaphysik, Entfremdung und philosophische Versuche, Frankfurt 1969.

[153] *H.-M. Schenke,* Die Herkunft des sogenannten Evangelium veritatis, Göttingen 1959, 33; ferner *A. Franz,* Erlösung durch Erkenntnis - Zur gnostischen Schrift »Evangelium Veritatis« in dem von ihm hrsg. Sammelband: Glauben, Wissen, Handeln, 219–231.

[154] So *R. Heiß,* Der Gang des Geistes, 194.

[155] *G. W. F. Hegel,* Phänomenologie des Geistes (Ausgabe Hoffmeister), Hamburg 1952, 350.

[156] A. a. O., 158f.

[157] Tagebuchaufzeichnung von 1846; ferner ›Die Krankheit zum Tode‹ (Ausgabe Richter), Reinbek 1962, 42.

[158] *R. Heiß,* Der Gang des Geistes, 221f.

[159] Dazu nochmals die Ausführungen auf Seite 50f.

[160] *Israel,* Der Begriff »Entfremdung«, 48.

[161] *F. Tenbruck,* Die unbewältigten Sozialwissenschaften oder Die Abschaffung des Menschen, 123 ff; 235 ff.

[162] *Israel,* Der Begriff »Entfremdung«, 100 ff.

[163] *K. Marx,* Grundrisse der Kritik der politischen Ökonomie, Berlin 1953, 176.

[164] *D. Riesman,* Die einsame Masse, Hamburg 1958, 137–179.

[165] A. a. O., 172.

[166] *G. Krüger,* Die Herkunft des philosophischen Selbstbewußtseins, in: Freiheit und Weltverwaltung, Freiburg und München 1958, 11–69.

[167] A. a. O., 20.

[168] A. a. O., 25.

[169] *F. Nietzsche,* Nachgelassene Fragmente (1882–1885), in: Sämtliche Werke. Kritische Studienausgabe XI, München 1980, 639.

[170] Dazu *Nietzsche,* Die fröhliche Wissenschaft III, § 108.

[171] *L. Kolakowski,* Zweifel an der Methode, Stuttgart 1977.

[172] A. a. O., 63 ff.

[173] A. a. O., 108 ff.

[174] *G. Krüger,* Die Herkunft des philosophischen Selbstbewußtseins, 32.

[175] *C. G. Jung,* Antwort auf Hiob, Zürich 1953, 12; ferner *G. von Rad,* Weisheit in Israel, Neukirchen-Vluyn 1970, 288–292.

[176] A. a. O., 32–47.

[177] *Kolakowski,* Zweifel an der Methode, 92–108.

[178] Dazu *H. Gehrke,* Lessings ›Nathan der Weise‹. Biographie und Interpretation, Hollfeld 1974.

[179] *S. Kierkegaard,* Die Wiederholung (Ausgabe Richter), 61.

[180] Dazu die tiefsinnige Deutung des Hiob-Buches durch *G. von Rad,* Theologie des Alten Testaments I, 405–415.

[181] Dazu meine Schrift ›Gottsucher oder Antichrist? Nietzsches provokative Kritik des Christentums‹, Salzburg 1982, 19–22; 72 f.

[182] Dazu *R. Heiß,* Der Gang des Geistes, 226–229.

[183] A. a. O., 229.

[184] Dazu die Ausführungen über das Schicksal der religiösen Ideen im Säkularisierungsprozeß in meiner Schrift ›Hat der Glaube eine Zukunft?‹, Düsseldorf 1994, 40–59.

[185] *H. Arendt,* Elemente und Ursprünge totalitärer Herrschaft, München 1991, 710.

[186] A. a. O., 714.

[187] A. a. O., 718 f.

[188] A. a. O., 729.

[189] Dazu *M. M. du Jourdin* und *A. Vauchez,* Die Geschichte des Christentums VI: Die Zeit der Zerreißproben, Freiburg 1991, 316 f; 329 f.

[190] *F. Nietzsche,* Die Geburt der Tragödie VIII; *H. Arendt,* Elemente und Ursprünge totaler Herrschaft, 714.

[191] *A. Strauss,* Spiegel und Masken. Die Suche nach der Identität, Frankfurt 1974, 127 ff.

311

[192] A. a. O., 131.

[193] Dazu nochmals das auf Seite 78 Gesagte.

[194] Dazu das Eingangskapitel der von *Th. W. Adorno* in Gemeinschaft mit *M. Hork-heimer* verfaßten ›Dialektik der Aufklärung‹, Amsterdam 1968, 13–57.

[195] Dazu außer den »Anstößen zu einer theologischen Aporetik« (1972) meine Ab-handlung ›Theologie als Therapie. Zur Wiedergewinnung einer verlorenen Dimension‹, Heidelberg 1985.

[196] Dazu *J. Becker,* Paulus, der Apostel der Völker, Tübingen 1989, 82; 402.

[197] *F. Nietzsche,* Zarathustra I: Zarathustras Vorreden, § 2; dazu *A. Pieper,* »Ein Seil geknüpft zwischen Tier und Übermensch«. Nietzsches erster »Zarathustra«, Stuttgart 1990.

[198] *S. Kierkegaard,* Die Krankheit zum Tode (Ausgabe Richter), 13 ff.

[199] A. a. O., 15.

[200] A. a. O., 147.

[201] Näheres dazu auf Seite 122–136.

[202] *Augustinus,* Confessiones IV, c. 14,22.

[203] *Pascal,* Pensées, Frgm. 343.

[204] Das meint *Kierkegaard* mit seiner Ausführung über den Schwindelblick des Geängsteten: Der Begriff Angst, Düsseldorf 1952, 60 ff.

[205] Dazu außer Kierkegaards thematischer Abhandlung (von 1844) die Freiburger Antrittsvorlesung *Heideggers* zur Frage ›Was ist Metaphysik?‹ von 1929; ferner *K. Jaspers,* Die geistige Situation der Zeit (1931); *G. von le Fort,* Die Letzte am Schafott (1931); *W. Bergengruen,* Am Himmel wie auf Erden (1940) sowie mein Beitrag über zwei Paradigmen dichterischer Angstbewältigung in ›Gläubige Angstüberwindung‹, Augsburg 1993, 31–62.

[206] *R. Otto,* Das Heilige. Über das Irrationale in der Idee des Göttlichen und sein Verhältnis zum Rationalen, Breslau 1922, 13 ff; 171 ff.

[207] *R. Guardini,* Welt und Person. Versuche zur christlichen Lehre vom Menschen, Mainz und Paderborn 1988, 188–198.

[208] *Pascal,* Pensées, Frgm. 434.

[209] *F. Schiller,* Worte des Glaubens, 2. Strophe.

[210] *G. W. F. Hegel,* Die philosophische Weltgeschichte (1830), in: Die Vernunft in der Geschichte (Ausgabe Hoffmeister), Hamburg 1955, 34 f; nach *K. Löwith,* Welt-geschichte und Heilsgeschehen, 55–61.

[211] *Hegel,* a. a. O., 79 f.

[212] Dazu *H. Blumenberg,* Matthäuspassion, Frankfurt 1988, 239 f.

[213] Dazu *K. Löwith,* Mensch und Geschichte, in: Gesammelte Abhandlungen zur Kritik der geschichtlichen Existenz, Stuttgart 1960, 168 ff.

[214] A. a. O., 170; ferner *K. Löwith,* Von Hegel zu Nietzsche. Der revolutionäre Bruch im Denken des 19. Jahrhunderts, Stuttgart 1950, 47.

[215] *Hegel,* Die Phänomenologie des Geistes (Ausgabe Puntel), Stuttgart 1987, 418.

[216] Dazu die erhellenden Hinweise *Sebastian Haffners* in seinen ›Anmerkungen zu Hitler‹, München 1978, 115 ff; 136 ff; 154.

[217] Das war der Grundgedanke meiner Schrift ›Der schwere Weg der Gottesfrage‹, Düsseldorf 1982, 119–153.

[218] *G. W. F. Hegel,* Grundlinien der Philosophie des Rechts: Vorrede (Ausgabe Hoff-meister), Hamburg 1955, 17.

[219] *Pascal,* Pensées, Frgm. 82.

[220] *H. E. Nossack,* Die schwache Position der Literatur, Frankfurt 1967, 170.

[221] *F. Nietzsche,* Jenseits von Gut und Böse VII, § 230.

[222] A. a. O., III, § 62.

[223] *I. Eibl-Eibesfeldt,* Der Mensch – das riskierte Wesen. Naturgeschichte menschlicher Vernunft, München 1991.

[224] A. a. O., 15.

[225] *A. Gehlen,* Der Mensch. Seine Natur und seine Stellung in der Welt, Bonn 1958, 21, 34 f; 89.

[226] Dazu *R. Grahmann,* Urgeschichte der Menschheit, Stuttgart 1952, 60–65.

[227] *Eibl-Eibesfeldt,* a. a. O., 105–114; 120–124.

[228] A. a. O., 114–120.

[229] Nach *W. Pross,* J. G. Herder. Über den Ursprung der Sprache, München o. J., 113.

[230] *W. von Humboldt,* Über die Verschiedenheit des menschlichen Sprachgebrauchs und ihren Einfluß auf die geistige Entwicklung des Menschengeschlechts, Stuttgart 1969, 431.

[231] *J. L. Austin,* Zur Theorie der Sprechakte (How to do things with Words), Stuttgart 1972.

[232] *L. Bejerholm* und *G. Hornig,* Wort und Handlung. Untersuchungen zur analytischen Religionsphilosophie, Gütersloh 1966, 11–35.

[233] *G. Schiwy,* Der französische Strukturalismus, Hamburg 1969, 115–140.

[234] *L. Lévy-Brühl,* Die Seele der Primitiven (1930), Darmstadt 1956, 143; 154 ff.

[235] A. a. O., 159 ff; 189 ff.

[236] *G. Bornkamm,* Paulus, Stuttgart 1977, 201.

[237] *Cusanus,* De docta ignorantia II, c. 5.

[238] *R. Grahmann,* Urgeschichte der Menschheit, 179.

[239] *W. Heisenberg,* Das Naturbild der heutigen Physik, in: Die Künste im technischen Zeitalter, Darmstadt 1956, 31–47.

[240] *M. Ettlinger,* Die Ästhetik Martin Deutingers in ihrem Werden, Wesen und Wirken, Kempten und München 1914.

[241] *E. Mayr,* . . . und Darwin hat doch recht. Charles Darwin und die moderne Evolutionstheorie, München 1994.

[242] *D. Johanson* und *M. Edey,* Lucy. Die Anfänge der Menschheit, München 1992.

[243] *Eibl-Eibesfeld,* a. a. O., 16.

[244] *K. Lorenz,* Die Rückseite des Spiegels. Versuch einer Naturgeschichte menschlichen Erkennens, München 1977, 47.

[245] A. a. O., 49.

[246] *R. Spaemann, R. Löw, P. Koslowski* (Hrsg.), Evolutionismus und Christentum, Weinheim 1986, 19.

[247] *Nietzsche,* Nachgelassene Fragmente 1886–1887, in: Kritische Studienausgabe XII, 312.

[248] *S. Kierkegaard,* Der Begriff Angst, 168.

[249] A. a. O., 169.

[250] *M. Picard,* Die Flucht vor Gott, Freiburg 1958, 17–28.

[251] *H. Jonas,* Das Prinzip Verantwortung, München 1979.

[252] *Nietzsche,* Über die Zukunft unserer Bildungsanstalten II (Schluß); *N. Hartmann,* Das Problem des geistigen Seins, Berlin und Leipzig o. J., 170 ff; *H. Freyer,* Theorie des objektiven Geistes (1934), Darmstadt 1966.

[253] *S. Freud,* Das Unbehagen in der Kultur, 220 f.

[254] *G. H. Mead,* Mind, Self and Society, Chicago 1934, 138; nach *Gehlen,* Der Mensch, 224.

[255] *Gehlen,* a. a. O., 280 ff unter ausführlicher Bezugnahme auf *Plessners* ›Stufen des Organischen und der Mensch‹ (von 1928).

[256] *Gehlen,* a. a. O., 88 f.

313

²⁵⁷ *Eibl-Eibesfeldt,* Der Mensch – das riskierte Wesen, 233–246.

²⁵⁸ Dazu *H. Mayer,* Zur deutschen Klassik und Romantik, Pfullingen 1963, 241f.

²⁵⁹ *Maximus Confessor,* Quaestiones ad Thalassium 59 (PG 90, G 31 D); dazu mein Beitrag ›Die Reise und die Ruhe – Nietzsches Verhältnis zu Kleist und Hölderlin‹, in: Nietzsche-Studien VII (1978) 97–114.

²⁶⁰ Dazu *K. Prümm,* Der christliche Glaube und die altheidnische Welt I, Leipzig 1935, 454; ferner der Hinweis in meiner ›Theologischen Sprachtheorie und Hermeneutik‹, München 1970, 183.

²⁶¹ *R. Baumgart* und *V. Eichener,* Norbert Elias zur Einführung, Hamburg 1991, 76.

²⁶² Näheres dazu auf Seite 262–267.

²⁶³ *F. Nietzsche,* Zur Genealogie der Moral III, § 27.

²⁶⁴ *R. Baumgart* und *V. Eichener,* a. a. O., 103ff.

²⁶⁵ *N. Elias,* Was ist Soziologie? Grundfragen der Soziologie I, München 1970, 127.

²⁶⁶ Dazu *R. Schwager,* Der wunderbare Tausch – zur Geschichte und Deutung der Erlösungslehre, München 1986, 181; ferner *H. Gripp,* Theodor W. Adorno, 124ff.

²⁶⁷ A.a.O., 8; ferner *R. Schwager,* Brauchen wir einen Sündenbock? Gewalt und Erlösung in den biblischen Schriften, München 1978; dazu *J. Niewiadomski* und *W. Palaver* (Hrsg.), Dramatische Erlösungslehre, Innsbruck 1992.

²⁶⁸ *R. Girard,* Das Heilige und die Gewalt, Zürich 1987, 9.

²⁶⁹ Dazu mein Beitrag ›Die Stimme der Antigone. Zu Georg Baudlers Untersuchung über Gewalt und Gewaltlosigkeit in Religion und Christentum‹, in: Theologische Revue 90 (1994) 355–368.

²⁷⁰ *G. Baudler,* Töten oder Lieben, München 1994, 57; 81.

²⁷¹ *Eibl-Eibesfeldt,* Der Mensch – das riskierte Wesen, 209; zum Problem der Aggression äußerte sich der Autor thematisch in seiner Schrift ›Liebe und Haß. Zur Naturgeschichte elementarer Verhaltensweisen‹, München 1991, 77–123.

²⁷² A. a. O., 210f.

²⁷³ A. a. O., 212.

²⁷⁴ Dazu *M. Buber,* Bilder von Gut und Böse, Köln und Olten 1953, 36–42.

²⁷⁵ A. a. O., 38f.

²⁷⁶ *G. von Rad,* Das erste Buch Mose II, 86.

²⁷⁷ *R. Girard,* Das Heilige und die Gewalt, 435ff.

²⁷⁸ Dazu die in dem Sammelband ›Dramatische Erlösungslehre‹ wiedergegebene Diskussion und deren Würdigung durch *G. H. Türk,* in: Theologische Revue 90 (1994) 367–372.

²⁷⁹ *R. Baumgart* und *V. Eichener,* Norbert Elias zur Einführung, 105.

²⁸⁰ Dazu der Beitrag ›Versöhnter Abschied. Zum geistigen Vorgang in Reinhold Schneiders »Winter in Wien«‹, in meinem Sammelband ›Glaubensimpulse‹, 381–400.

²⁸¹ *R. Schneider,* Winter in Wien. Aus meinen Notizbüchern 1957/58, Freiburg 1958, 79; dazu *E. Blattmann,* Welt im Feuer – zu Reinhold Schneiders spätem Weltbild unter Erich Przywaras Einfluß, in dem von ihm hrsg. Sammelband ›Trauer und Widerspruch – Über Reinhold Schneider‹, Zürich 1984, 68–116.

²⁸² *N. Elias,* Der Prozeß der Zivilisation II, Frankfurt 1976, 342–397.

²⁸³ A. a. O., 312–336.

²⁸⁴ A. a. O., 314.

²⁸⁵ A. a. O., 317.

²⁸⁶ Dazu meine Skizze ›Das Pharmakon Hoffnung‹, in: H. Müller (Hrsg.), Hoffnung und Verantwortung in unserer Zeit, Paderborn 1994, 25–29.

[1] *K. Berger,* Theologiegeschichte des Urchristentums, Tübingen und Basel 1994, 399 f.

[2] *W. Schmithals,* Die theologische Anthropologie des Paulus, Stuttgart 1980, 73–78.

[3] *D. Sternberger,* Heinrich Heine und die Abschaffung der Sünde, Frankfurt 1976; dazu meine Ausführungen über den Schwund des Sündenbewußtseins, in: Glaubensprognose. Orientierung in postsäkularistischer Zeit, Graz 1991, 151–160.

[4] Von dem womöglich »Unauslöschlichen« des ontologischen Gottesbeweises spricht *Th. W. Adorno* in ›Stichworte‹, Frankfurt 1969, 18; dazu *H. Gripp,* Theodor W. Adorno, 23; 118.

[5] *G. Scherer,* Das Problem des Todes in der Philosophie, Darmstadt 1979; *G. Simmel,* Zur Metaphysik des Todes, in: Logos 1 (1910/11) 58.

[6] *F. Rosenzweig,* Der Stern der Erlösung, 3.

[7] A. a. O., 304.

[8] *Augustinus,* Confessiones IV, c. 4,9.

[9] Nachdem er sich zunächst die Möglichkeit, sich dem Zugriff der Gestapo durch Selbstmord zu entziehen, offengehalten hatte, verzichtete er aufgrund eines mystischen Erlebnisses auf das ständig mitgeführte Gift, um dem ihm zubestimmten Ende bewußt entgegenzugehen: Die Erfahrung des Todes, 135.

[10] Dazu *G. Scherer,* a. a. O., 60.

[11] *P. Landsberg,* a. a. O., 12.

[12] *F. Nietzsche,* Also sprach Zarathustra I: Von den Verächtern des Leibes. Nach einer Vorstudie steht hinter den Gedanken und Gefühlen als »terra incognita« der Leib und das »Selbst im Leibe«. Kritische Studienausgabe XIV, 287.

[13] *H. Kuhlendahl,* Biologische, physiologische, psychologische Aspekte von Sterben und Tod, in: Vom menschlichen Sterben und vom Sinn des Todes, Freiburg 1983, 38; dazu auch der von *J. Schlemmer* hrsg. perspektivenreiche Sammelband ›Was ist der Tod?‹ (München 1969).

[14] Dazu meine Schriften ›Vom Sinn des Friedens‹, München 1960, 118 f; 132 ff; und ›Provokationen der Freiheit‹, München und Salzburg 1974, 43 ff.

[15] *Th. W. Adorno,* Jargon der Eigentlichkeit, Frankfurt 1964, 115.

[16] *A. Schopenhauers* Sämtliche Werke III: Die Welt als Wille und Vorstellung II, Leipzig 1923, 528 f.

[17] Näheres dazu auf Seite 137 ff.

[18] *M. Scheler,* Tod und Fortleben, in: Schriften aus dem Nachlaß, Berlin 1933, 8.

[19] *M. Heidegger,* Sein und Zeit, Halle 1935, 250.

[20] *S. Weil,* Schwerkraft und Gnade. Mit einer Einführung von Gustave Thibon, München 1954, 110.

[21] Dazu *Q. Huonder,* Das Unsterblichkeitsproblem in der abendländischen Philosophie, Stuttgart 1970, 145 ff.

[22] Wie Anm. 17.

[23] *P. Landsberg,* Die Erfahrung des Todes, 51.

[24] *Ph. Ariès,* Geschichte des Todes, München 1982, 515.

[25] *Q. Huonder,* a. a. O., 139 f.

[26] *G. Scherer,* Das Problem des Todes in der Philosophie, 52.

[27] *W. Bergengruen,* Am Himmel wie auf Erden, Zürich 1947, 37 f.

[28] *M. Picard,* Die Flucht vor Gott, Freiburg 1958, 59 f.

[29] *Goethe,* Der West-östliche Divan; Buch des Sängers, Talismane.

[30] Dazu *J. Hochstaffl,* Negative Theologie. Ein Versuch zur Vermittlung des patristischen Begriffs, München 1976, 79 ff; 92–108.

[31] *G. Krüger,* Die Herkunft des philosophischen Selbstbewußtseins, in: Freiheit und Weltverwaltung, Freiburg 1958, 42; dazu mein Essay ›Theologie und Atheismus. Anstöße zu einer theologischen Aporetik‹, München 1972, 33–41.

[32] *I. Kant,* Kritik der reinen Vernunft (Ausgabe Schmidt), Hamburg 1952, 583.

[33] *J. P. Sartre,* La nausée, Paris 1938, 165 f; 175 f.

[34] Dazu *H. Waldenfels,* Begegnung der Religionen. Theologische Versuche I, Bonn 1990, 147–166.

[35] *Sartre,* Das Sein und das Nichts, Hamburg 1952, 69.

[36] A. a. O., 316.

[37] *Sartre,* Huis clos, 5. Szene.

[38] Dazu *H.-Chr. Röglin,* Standortsicherung. Eine Studie zu den Ängsten der Menschen in unserer Gesellschaft, Düsseldorf 1994; ferner mein Beitrag ›Sinnfindung im Schatten der Lebensangst‹, in: Mann in der Kirche 3 (1985) 66–80, sowie meine Schrift ›Gläubige Angstüberwindung‹, Augsburg 1993.

[39] Auf das Spannungsverhältnis von Person und Funktion ging vor allem *Max Müller* ein; dazu seine titelgleichen Ausführungen (von 1958) und sein Werk ›Erfahrung und Geschichte. Grundzüge einer Philosophie der Freiheit als transzendentale Erfahrung‹, Freiburg und München 1971, 83–123.

[40] *Nietzsche,* Zur Genealogie der Moral III, § 25.

[41] *Pascal,* Pensées, Frgm. 72 und 206.

[42] A. a. O., Frgm. 212.

[43] *K. Jaspers,* Von der Wahrheit, München 1947, 630; *H. Arendt,* Vita activa oder Vom tätigen Leben, München 1981, 244–252.

[44] Dazu nochmals meine in Anm. 38 erwähnte Schrift ›Gläubige Angstüberwindung‹.

[45] Dazu nochmals die Ausführungen auf Seite 123 f.

[46] *R. Otto,* Das Heilige, 8–62; ferner der von *H. von Stietencron* hrsg. Sammelband ›Angst und Religion‹, Düsseldorf 1991.

[47] *Augustinus,* Confessiones XI, c. 9,11.

[48] Daß die Erschaffung der Frau das Ziel verfolgt, die Hilflosigkeit und Einsamkeit des Menschen zu überwinden, betont *G. von Rad* in seiner Erklärung des Schöpfungsberichts: a. a. O., 66 f.

[49] *D. Wyss,* Lieben als Lernprozeß, Göttingen 1975, 75.

[50] *Kierkegaard,* Die Krankheit zum Tode (Ausgabe Richter), Hamburg 1962, 13 f.

[51] *R. Guardini,* Gläubiges Dasein – Die Annahme seiner selbst, Mainz und Paderborn 1993, 15 f.

[52] Das besagt das anschließende Dankeswort: »Gott sei Dank durch Jesus Christus, unsern Herrn!« (Röm 7,25).

[53] Dazu *W. Schmithals,* Die theologische Anthropologie des Paulus, 125–132.

[54] *Kierkegaard,* Erbauliche Reden III: Leben und Walten der Liebe, Jena 1924, 19 f.

[55] *D. Rusam,* Die Gemeinschaft der Kinder Gottes. Das Motiv der Gotteskindschaft und die Gemeinden der johanneischen Briefe, Stuttgart 1993.

[56] *Cusanus,* De visione Dei, c. 7; dazu der thematische Beitrag von *K. Kremer,* in: R. Haubst (Hrsg.), Das Sehen Gottes nach Nikolaus von Kues, Trier 1989, 227–252.

[57] *R. Schnackenburg,* Das Johannesevangelium III, Freiburg 1975, 187 f.

[58] *O. Pfister,* Das Christentum und die Angst. Mit einem Vorwort von Thomas Bonhoeffer, Frankfurt und Berlin 1985.

[59] *Kierkegaard,* Einübung im Christentum (Ausgabe Hirsch), Düsseldorf und Köln 1955, 68.

[60] Darauf wirkte nicht nur der auf Seite 114 vermerkte Schwund des Sündenbewußtseins, sondern mehr noch das sich anbahnende neue Erlösungsverständnis hin (dazu Seite 149 ff).

[61] Odyssee X, 632–638.

[62] *Novalis,* Dichtungen (Ausgabe Wasmuth), Heidelberg 1953, 358 f.

[63] Dazu *G. von Rad,* Weisheit in Israel, Neukirchen-Vluyn 1970, 66 f.

[64] Näheres dazu auf Seite 147.

[65] *H. Broch,* Der Tod des Vergil, Zürich 1958, 530; dazu *G. Wienold,* Die Organisation des Romans: Der Tod des Vergil, in: P. M. Lützeler (Hrsg.), Materialien zu Hermann Brochs ›Der Tod des Vergil‹, Frankfurt 1976, 251–279.

[66] *G. von le Fort,* Die Letzte am Schafott, München 1931. Näheres dazu in meiner Studie ›Überredung zur Liebe. Die dichterische Daseinsdeutung Gertrud von le Forts‹, Regensburg 1980, 38 ff, 57 ff; 194–198; ferner mein Beitrag über die Dichterin, in: J. Aretz, R. Morsey und A. Rauscher (Hrsg.), Zeitgeschichte in Lebensbildern VII, Mainz 1994, 129–142.

[67] Auf geradezu exemplarische Weise entspricht das einer Forderung *Max Horkheimers,* der es als die Aufgabe der Philosophie bezeichnete, das Vermächtnis der Opfer der ungerechten Gewalt »in eine Sprache zu übersetzen, die gehört wird, wenn auch ihre vergänglichen Stimmen durch die Tyrannei zum Schweigen gebracht wurden«, in: Zur Kritik der instrumentellen Vernunft, Frankfurt 1974, 152.

[68] Dazu *W. F. Redlich,* Alban Berg. Versuch einer Würdigung, Wien 1957, 268; 283.

[69] *M. Carner,* Alban Berg, in: R. Hill (Hrsg.), The Concerto, London 1954, 379.

[70] *R. Bultmann,* Theologie des Neuen Testaments, Tübingen 1984, 193–203.

[71] *M. Heidegger,* Sein und Zeit, 180–230.

[72] Daß die Entsagung in »Entzückung« umschlagen kann, ist eine der erstaunlichen, aber in dem Lebensgeschichte der Dichterin begründeten und im Nachlaß dokumentierten Aussagen der Dichterin.

[73] Dazu nochmals der Beitrag »Versöhnter Abschied« in meinem Sammelband ›Glaubensimpulse‹, 381–400.

[74] Wie Anm. 280.

[75] *L. Schenke,* Die Urgemeinde, 112 ff; ferner *K. Berger,* Theologiegeschichte des Urchristentums, Tübingen und Basel 1994, 285.

[76] Dazu *L. Schenke,* Der gekreuzigte Christus. Versuch einer literarischen und traditionsgeschichtlichen Bestimmung der vormarkinischen Passionsgeschichte, Stuttgart 1974, 96 f; anders – und überzeugender – *R. Bultmann,* Die Geschichte der synoptischen Tradition, Göttingen 1964, 295.

[77] Dazu mein Beitrag ›Der Verlust der Attribute. Die Antwort Jesu auf die Gottesfrage der Gegenwart‹, in: A. Franz (Hrsg.), Glauben, Wissen, Handeln. Beiträge aus Theologie, Philosophie und Naturwissenschaft zu Grundfragen christlicher Existenz, Würzburg 1994, 3–16.

[78] Nach *Buber,* der hierin die Auffassung von Johannes Weiß übernimmt, wäre die Rede von der Auferstehung nicht aufgekommen, wenn sich diese Deutung des Todes Jesu durchgesetzt hätte: Zwei Glaubensweisen, Zürich 1950, 101.

[79] Dazu *K. Berger,* Theologiegeschichte des Urchristentums, 287.

[80] *Dante,* Divina Commedia: Inferno 34, 10 ff.

[81] *A. Wikenhauser,* Christusmystik des Apostels Paulus, Freiburg 1956, 44.

[82] Bei der Beantwortung der Frage, wie der Sühnegedanke in die christliche Vorstellungswelt eingedrungen sein könnte, wird man sich an die Mitteilung der Apostelgeschichte erinnern müssen, wonach eine »Menge von Priestern« (nach 6,7) zur Urgemeinde übertrat, für *Klaus Berger* ein Hinweis darauf, daß sich das

»Wirken der Zwölf« ursprünglich auf den Tempel und, wie kaum betont zu werden braucht, auf seine Vorstellungswelt konzentrierte: Theologiegeschichte des Urchristentums, 133.

[83] So die Rede des »tollen Menschen« in dem titelgleichen Aphorismus der ›Fröhlichen Wissenschaft‹ (§ 125).

[84] *E. Waugh,* Tod in Hollywood, Frankfurt 1950, 55.

[85] Dazu *Ph. Ariès,* Geschichte des Todes, 715–726.

[86] Erinnert sei an die makabren Umzüge in Spanien oder an die spektakulären Verherrlichungen des Todes in der italienischen Renaissance.

[87] *Ph. Ariès,* a. a. O., 385 ff.

[88] Dazu *W. Schmithals,* Die theologische Anthropologie des Paulus, 70 ff.

[89] Dazu *Th. W. Adorno,* Negative Dialektik, Frankfurt 1982; ferner *H. Gripp,* Theodor W. Adorno. Erkenntnisdimensionen negativer Dialektik, Paderborn und München 1986.

[90] Dazu mein Paulusbuch (von 1992), 118–124; ferner meine Schrift ›Der inwendige Lehrer‹, München 1994, 95–110.

[91] Dazu *R. Schnackenburg,* Das Johannesevangelium III, Freiburg 1925, 221 ff.

[92] *E. Käsemann,* Jesu letzter Wille nach Johannes 17, Tübingen 1980, 18.

[93] Nach seiner Verhaftung im Jahre 1938 geriet dem in Gestapohaft genommenen Dichter eine Radioskizze (von 1936) fast unter der Hand zur Konzeption des Romans; dazu *W. Alt,* Dichter wider Willen. Einführung in das Werk von Hermann Broch, Zürich 1958, 9.

[94] *H. Broch,* Der Tod des Vergil, Zürich 1958, 527 f.

[95] A. a. O., 531. Das Rückschauverbot begegnet nicht nur im Orpheus-Mythos, sondern auch im Lukasevangelium (9,62; 17,32), wo sogar die Tauglichkeit für das Gottesreich mit diesem Verbot unterbaut ist.

[96] *H. Broch,* Der Tod des Vergil, 532 f.

[97] *G. Wienold,* Die Organisation eines Romans, in: P. M. Lützeler, Materialien zu Hermann Broch, Der Tod des Vergil, Frankfurt 1976, 251, 305.

[98] A. a. O., 252; 272.

[99] *A. Camus,* Der Mensch in der Revolte, Hamburg 1953, 10; dazu *A. Pieper,* Albert Camus, München 1984, 92–137.

[100] *Camus,* a. a. O., 11.

[101] A. a. O., 13.

[102] A. a. O., 16 f.

[103] Brief an die Dekabristenfrau von Fonwisina vom Febr. 1853; dazu *K. Onasch,* Dostojewskij-Biographie, Zürich 1960, 49.

[104] *Camus,* a. a. O., 25.

[105] Daß sich *Guardini* in der Frage des Christussymbols für den Fürsten Myschkin, den »Idioten« entschied, hängt zweifellos damit zusammen, daß er sich einen Christus ohne die Beziehung zum Schöpfer nicht denken konnte: Religiöse Gestalten in Dostojewskijs Werk, 124; 274 ff.

[106] *Camus,* a. a. O., 39.

[107] A. a. O., 146; dazu *M. Lauble,* Vom Evangelium zur Metaphysik, in der von ihm herausgegebenen Schrift ›Der unbekannte Camus. Zur Aktualität seines Denkens‹, Düsseldorf 1979, 36–73; ferner seine Untersuchung ›Sinnverlangen und Welterfahrung. Albert Camus' Philosophie der Endlichkeit‹, Düsseldorf 1984.

[108] *W. Jaide,* Am Ende einer Epoche, Stuttgart 1994, 11 ff; 92–106.

[109] *J. F. Lyotard,* Der Enthusiasmus. Kants Kritik der Geschichte, Wien 1988, 103.

[110] *P. K. Schneider,* Ich bin wir. Die multiple Persönlichkeit, München 1992; *M. Huber,* Multiple Persönlichkeiten. Überlebende extremer Gewalt, Frankfurt 1994; *A. Wikenhauser,* Christusmystik des Apostels Paulus, 76 f.

[111] *R. Schneider,* Winter in Wien, 130 f.

[112] A. a. O., 171.

[113] Dazu die Ausführungen meiner ›Glaubensprognose‹, 34 ff; ferner *G. Fuller,* Endzeit-Stimmung. Düstere Bilder in goldener Zeit, Köln 1994, 60 ff.

[114] *G. R. Hocke,* Die Welt als Labyrinth, Hamburg 1957, 53 f; 159 f; 176 ff.

[115] *G. Fuller,* a. a. O., 64–72.

[116] *W. Pannenberg,* Was ist der Mensch? Die Anthropologie der Gegenwart im Lichte der Theologie, 96; ferner das auf Seite 77 Gesagte.

[117] So *G. Haeffner,* Philosophische Anthropologie, Stuttgart 1982, 82.

[118] *R. Wittram,* Das Interesse an der Geschichte, Göttingen 1958, 162.

[119] *J. Habermas,* Erkenntnis und Interesse, in: Technik und Wissenschaft als »Ideologie«, Frankfurt 1968, 164.

[120] *R. Bultmann,* Jesus, München und Hamburg 1967, 7; dazu der Hinweis in meiner ›Glaubensprognose‹, 363.

[121] *R. Bultmann,* Zum Problem der Entmythologisierung, in: Glauben und Verstehen IV, Tübingen 1964, 129.

[122] *M. Scheler,* Philosophische Weltanschauung, München 1954, 14.

[123] Dazu *H. Lübbe,* Religion nach der Aufklärung, Graz 1986, 160–178.

[124] *K. Koch,* Die Propheten II, Stuttgart 1980, 125 f.

[125] *H. Lübbe,* a. a. O., 150 f.

[126] Dazu *G. von Rad,* Die Botschaft der Propheten, München und Hamburg 1967, 168; ferner *K. Koch,* Die Propheten II, 48 f.

[127] Dazu nochmals das Zitat auf Seite 35.

[128] *Augustin,* Confessiones X, c. 16,25.

[129] *F. Schleiermacher,* Über die Religion. Reden an die Gebildeten unter ihren Verächtern, Leipzig 1924, 80 f.

[130] *F. Nietzsche,* Also sprach Zarathustra II: Von der Erlösung.

[131] Dazu *J. Cassian,* Spannkraft der Seele, Freiburg 1981; *G. Bunge,* Akedia, Köln 1983; *R. Jehl,* Melancholie und Akedia, Paderborn 1984.

[132] *E. Troeltsch* in der von Gertrud von le Fort erarbeiteten Nachschrift seiner ›Glaubenslehre‹, München und Leipzig 1925, 309.

[133] Dazu *R. Klibansky, E. Panofsky* und *F. Saxel,* Saturn und Melancholie. Studie zur Geschichte der Naturphilosophie und Medizin, der Religion und Kunst, Frankfurt 1990, 139; 427 f.

[134] Dazu *H. Böhme,* Albrecht Dürer: Melencolia I. Im Labyrinth der Deutung, Frankfurt 1991, 60–73.

[135] *H. Tellenbach,* Melancholie. Problemgeschichte, Endogenität, Typologie, Pathogenese, Klinik, Berlin 1976, 124–146.

[136] A. a. O., 139.

[137] Ebd.

[138] A. a. O., 134.

[139] *Klibansky, Panofsky* und *Saxel,* Saturn und Melancholie, 39–199.

[140] A. a. O., 198.

[141] *E. Spranger,* Lebensformen. Geisteswissenschaftliche Psychologie und Ethik der Persönlichkeit, Halle 1930, 119–276.

[142] Dazu *A. Schmidt,* Das Phänomen des Fundamentalismus in Geschichte und Gegenwart; *K. Kienzler,* Fundamentalismus und Antimodernismus im Christentum, in dem von ihm herausgegebenen Sammelband ›Der neue Fundamentalismus‹, Düsseldorf 1990, 9–33; 67–91.

[143] *Spranger*, a. a. O., 212–235.

[144] A. a. O., 213.

[145] A. a. O., 215 ff.

[146] *Spranger*, a. a. O., 260.

[147] *D. Wyss*, Lieben als Lernprozeß, Göttingen 1975, 75.

[148] *Spranger*, a. a. O., 203.

[149] *Nietzsche*, Also sprach Zarathustra I: Von der Nächstenliebe; dazu *A. Pieper*, »Ein Seil geknüpft zwischen Tier und Übermensch«. Nietzsches erster Zarathustra, Stuttgart 1990, 277 ff.

[150] *Spranger*, a. a. O., 165.

[151] *S. Kierkegaard*, Entweder – Oder I, Düsseldorf 1956, 49–79.

[152] *Spranger*, a. a. O., 173 f.

[153] A. a. O., 148.

[154] A. a. O., 149.

[155] *H. Arendt*, Elemente und Ursprünge totaler Herrschaft, 471–730.

[156] *B. Nagel*, Franz Kafka. Aspekte zur Interpretation und Wertung, Berlin 1974, 245.

[157] *Arendt*, a. a. O., 546–608.

[158] *H. Marcuse*, Der eindimensionale Mensch. Studien zur Ideologie der fortgeschrittenen Industriegesellschaft, Neuwied und Berlin 1970, 103–108.

[159] So *Heine* in seinem Essay ›Zur Geschichte der Religion und Philosophie in Deutschland‹ im Anschluß an sein Referat über Kants Kritik der Gottesbeweise. Dazu meine Schrift ›Gottsucher oder Antichrist?‹, Salzburg 1982, 63 f; 131.

[160] *M. Machovec*, Vom Sinn des Lebens, Freiburg 1964, 31; dazu *H. G. Pöhlmann* (Hrsg.), Worin besteht der Sinn des Lebens?, Gütersloh 1985, 111; ferner *Viktor E. Frankl*, Der Mensch vor der Frage nach dem Sinn, München 1985.

[161] *Pöhlmann*, a. a. O., 61.

[162] *K. Löwith*, Weltgeschichte und Heilsgeschehen, Stuttgart 1953, 175.

[163] *G. Sauter*, Was heißt: Nach Sinn fragen? Eine theologische und philosophische Orientierung, München 1982, 163.

[164] Außer Theologen wie Eberhard Jüngel, die vehement für die Unverzichtbarkeit der Rechtfertigungsidee eintraten, ist in diesem Zusammenhang vor allem auch die Theologengruppe um Raymund Schwager zu nennen: dazu *J. Niewindomski* und *W. Palaver*, Dramatische Erlösungslehre, Innsbruck 1992.

[165] *Pöhlmann*, a. a. O., 91.

[166] *G. Rohrmoser*, Geistige Wende – warum?, Mainz 1984, 67.

[167] Dazu mein Beitrag über das Verschwinden der Sinnfrage, in: *St. E. Szydzik* (Hrsg.), Sinnfrage und Gottbegegnung, Regensburg 1978, 9–27.

[168] *M. Buber*, Urdistanz und Beziehung, Heidelberg 1951, 44.

[169] *J. Ortega y Gasset*, Vom Menschen als utopischem Wesen, Stuttgart 1951; ferner *H. E. Holthusen*, Der unbehauste Mensch. Motive und Probleme der modernen Literatur, München 1952.

[170] *Ortega y Gasset*, a. a. O., 63.

[171] *H. de Lubac*, Paradoxe des gelebten Glaubens, Düsseldorf 1950; als die »Chimaera mei saeculi« bezeichnete sich bekanntlich Bernhard von Clairvaux. Zum Ganzen *W. Kayser*, Das Groteske in Malerei und Dichtung, Hamburg 1960.

[172] *Johannes v. Kreuz*, Aufstieg zum Berge Karmel, München 1937, 67.

[173] *Nietzsche*, Also sprach Zarathustra III: Vom Gesicht und Rätsel, § 1.

[174] Nach *M. Blondel*, Die Aktion (1893). Versuch einer Kritik des Lebens und einer Wissenschaft der Praktik, Freiburg und München 1965, 381; dazu *E. Seiterich*,

Wege der Glaubensbegründung nach der sogenannten Immanenzapologetik, Freiburg 1938, 53.

[175] Nach *H. Blumenberg,* Die Legitimität der Neuzeit, Frankfurt 1966, 143; dazu mein Essay ›Theologie und Atheismus‹, 32 f.

[176] *M. Heidegger,* Holzwege, Frankfurt 1950, 69–104.

[177] Dazu *J. Fest,* Der zerstörte Traum. Vom Ende des utopischen Zeitalters, Berlin 1991; ferner der Abschnitt »Fehlten Tote?« meiner Schrift ›Hat der Glaube eine Zukunft?‹, Düsseldorf 1994, 85–96.

[178] *G. Picht,* Unterwegs zu neuen Leitbildern?, Würzburg 1957.

[179] Daß die Rede Jesu vom »Gottesreich« im heutigen Sprachgebrauch eine Utopie genannt würde, betont *H. Weder* unter dem Titel »Die Arbeit der Utopie« in seinem Sammelwerk ›Einblicke ins Evangelium. Exegetische Beiträge zur neutestamentlichen Hermeneutik‹, Göttingen 1992, 239–246.

[180] *R. Guardini,* Gläubiges Dasein – Die Annahme seiner selbst, Mainz und Paderborn 1993, 7–36.

[181] Dazu nochmals die auf Seite 35 mitgeteilte Stelle aus Guardinis Schrift ›Das Ende der Neuzeit‹ (1989).

[182] Dazu *Cusanus,* De docta ignorantia – Die belehrte Unwissenheit (Ausgabe Wilpert) II, Hamburg 1967, 36–43; 122.

[183] *Cusanus,* De visione Dei – Vom Sehen Gottes, c. 7, 25; dazu *E. Cassirer,* Individuum und Kosmos in der Philosophie der Renaissance, Darmstadt 1963, 69.

[184] *Cusanus,* Excitationes I, 3; dazu *H. de Lubac,* Katholizismus als Gemeinschaft, Einsiedeln und Köln 1943, 404 f.

[185] »Absolut unmöglich und ebenso notwendig für den Menschen«, das ist für Blondel der exakte Begriff des Übernatürlichen: *E. Seiterich,* ›Wege der Glaubensbegründung nach der sogenannten Immanenzapologetik‹, 54.

[186] *I. Kant,* Anthropologie in pragmatischer Hinsicht I, § 12; ähnlich im Anhang I seiner Schrift ›Zum ewigen Frieden‹ (von 1795).

[187] *F. Nietzsche,* Die fröhliche Wissenschaft III, § 270

[188] *F. Nietzsche,* Also sprach Zarathustra IV. Das Honigopfer.

[189] Dazu *E. Bloch,* Das Prinzip Hoffnung III, Frankfurt 1968, 1090. Ins Makroskopische gespiegelt entspricht dem der von *J. Campbell* beschriebene ›Heros in tausend Gestalten‹, Frankfurt 1953.

[190] *Aristoteles,* Nikomachische Ethik II, c. 5; *Augustinus,* De moribus ecclesiae I,9.

[191] *Cassiodor,* De anima, C. 16 (gekürzt).

[192] Arausicanum II (529), can. 22.

[193] *Pico della Mirandola,* De dignitate hominis; dazu *E. Cassirer,* Individuum und Kosmos in der Philosophie der Renaissance, 89 ff.

[194] *Origenes,* Contra celsum I, c. 64.

[195] *Augustinus,* De civitate Dei I, 1–7; dazu *C. Schneider,* Geistesgeschichte des antiken Christentums I, München 1954, 400.

[196] *Tertullian,* De spectaculis, c. 29.

[197] Um den Nachweis, daß im Nibelungenlied dem heidnischen Ethos der um jeden Preis auch den des eigenen Lebens zu wahrenden Ehre in der Gestalt des Dietrich von Bern das christliche Prinzip einer auf Überwindung des Rachegefühls bedachten Menschlichkeit entgegentritt, bemühte sich *B. Nagel* in jahrelanger Forschungsarbeit.

[198] Dazu *Alanus ab Insulis,* Der Anticlaudian oder Die Bücher von der himmlischen Erschaffung des Neuen Menschen, Stuttgart 1966; ferner *B. Geyer* (Hrsg.), Die patristische und scholastische Philosophie, Tübingen 1951, 245 ff.

[199] Nach *K. Löwith,* Weltgeschichte und Heilsgeschehen, 50.

[200] Dazu *J. Schmidt,* Die Geschichte des Genie-Gedankens in der deutschen Literatur, Philosophie und Politik I, Darmstadt 1988, 309–319.

[201] Dazu Goethes Äußerung zu Eckermann, daß er bei der Gestaltung des Faust-Schlusses leicht ins »künstlerisch Vage« hätte abgleiten können, wenn ihm nicht »die scharf umrissenen christlich-kirchlichen Figuren und Vorstellungen eine beschränkende Form und Festigkeit gegeben hätten«: *G. Lukács,* Faust und Faustus. Vom Drama der Menschengattung zur Tragödie der modernen Kunst, Hamburg 1967, 187 ff.

[202] Dazu die auf Seite 188 f. mitgeteilte Zarathustra-Stelle.

[203] So vor allem zu Beginn des dritten Bandes von *Blochs* ›Prinzip Hoffnung‹, Frankfurt 1968, 1093–1118; ferner *J. Schmidt,* Die Geschichte des Genie-Gedankens II, Darmstadt 1988, 185–191; 231–237; 264–277.

[204] Dazu nochmals das auf Seite 177 zitierte Gedicht.

[205] *K. Löwith,* Von Hegel zu Nietzsche. Der revolutionäre Bruch im Denken des 19. Jahrhunderts, Stuttgart 1950, 118.

[206] A. a. O., 93.

[207] *M. Buber,* Zur Geschichte des dialogischen Prinzips, in: Werke I, 291–305.

[208] A. a. O., 295.

[209] A. a. O., 296.

[210] A. a. O., 303.

[211] A. a. O., 297.

[212] A. a. O., 299.

[213] A. a. O., 303 ff.

[214] *Origenes,* In Leviticum hom., 7.

[215] *Claudianus Mamertus,* De statu animae I, c. 27.

[216] Nach *H. de Lubac,* Katholizismus als Gemeinschaft, 72 f.

[217] *F. Werle* und *V. v. Mangoldt* (Hrsg.), So spricht Franz von Baader, München und Planegg 1954, 53.

[218] *Novalis,* Die Dichtungen, Heidelberg 1953, 227; 461–465.

[219] *Novalis,* Neue Fragmente § 383.

[220] *M. Buber,* Zur Geschichte des dialogischen Prinzips, 303.

[221] *Augustinus,* Enarratio in Ps 41 (42), 7.

[222] *Augustinus,* Confessiones IX, c. 10; dazu *P. Henri,* Die Vision von Ostia, in: C. Andresen (Hrsg.), Zum Augustin-Gespräch der Gegenwart, Darmstadt 1962, 201–270.

[223] Siehe dazu das ausführlichere Zitat auf Seite 172.

[224] Dazu mein Beitrag ›Die Suspendierung der Gottesfrage. Erwägungen zu einer innovatorischen These Karl Rahners‹, in meinem Sammelband ›Glaubensimpulse. Beiträge zur Glaubenstheorie und Religionsphilosophie‹, Würzburg 1988, 189–207.

[225] *Kierkegaard,* Einübung im Christentum: Die Einladung (Ausgabe Hirsch und Gerdes), Gütersloh 1980, 18; dazu *H. von Lips,* Weisheitliche Traditionen im Neuen Testament, Neukirchen-Vluyn 1990, 280–286.

[226] A. a. O., 15; dazu mein Beitrag ›Der Helfer und die Hilfe. Plädoyer für eine »Christologie von innen«‹, in: Glaubensimpulse, 217–257.

[227] *H. von Lips,* a. a. O., 273.

[228] *L. Schenke,* Die Urgemeinde. Geschichtliche und theologische Entwicklung, Stuttgart 1990, 313.

[229] Zur Frage des »Jona-Zeichens« siehe *A. Vögtle,* Die »Gretchenfrage« des Menschensohnproblems. Bilanz und Perspektive, Freiburg 1994, 138 f.

[230] Dazu der titelgleiche Abschnitt meiner Schrift ›Paulus: Zeuge, Mystiker, Vordenker‹, 217–221.

[231] Dazu R. *Schnackenburg,* Das Johannesevangelium II, Freiburg 1971, 492 ff.

[232] So zitiert *Bultmann* die Kierkegaard-Stelle in seinem Johanneskommentar, Göttingen 1959, 331.

[233] *L. Schenke,* Die Urgemeinde, 150.

[234] A. a. O., 148 ff; 209.

[235] Dazu nochmals mein Beitrag über das Verschwinden der Sinnfrage; ferner *P. Watzlawick,* Münchhausens Zopf oder Psychotherapie und »Wirklichkeit«, München 1994, 166–191.

Dritter Teil

[1] *N. Elias,* Über den Prozeß der Zivilisation II, 437.

[2] A. a. O., 444 f.

[3] Dazu R. *Bultmann,* Das Urchristentum im Rahmen der antiken Religionen, Zürich 1949, 164 ff; ferner mein Beitrag ›Das Pharmakon Hoffnung‹, in: H. Müller (Hrsg.) Hoffnung und Verantwortung in unserer Zeit, Paderborn 1994, 25–29.

[4] *Tertullian,* Apologeticum 39, 6 f.

[5] Daß die Liebe »aus der allgemeinen Welthaltung verschwinden«, ja »nicht mehr verstanden noch gekonnt sein werde«, befürchtete *Guardini* am Schluß seiner Schrift ›Das Ende der Neuzeit‹, 94; dazu mein Beitrag ›Soziale Deformation‹, in: Lebendiges Zeugnis 49 (1994) 296–300.

[6] Ausführlich handelt davon meine Untersuchung ›Glaubensprognose‹, 51–57, ferner meine Schrift ›Hat der Glaube eine Zukunft?‹ (40–59).

[7] Dazu nochmals das auf Seite 52 ff Gesagte.

[8] *E. Bloch,* Das Prinzip Hoffnung, Frankfurt 1968; *K. M. Woschitz,* Elpis – Hoffnung. Geschichte, Philosophie, Exegese, Theologie eines Schlüsselbegriffs, Wien 1979.

[9] *L. Kolakowski,* Zweifel an der Methode, Stuttgart 1977; *H.-Chr. Röglin,* Standortsicherung. Eine Studie zu den Ängsten des Menschen in unserer Gesellschaft, Düsseldorf 1994.

[10] Dazu *W. Jens* und *H. Küng,* Anwälte der Humanität, München 1993.

[11] *H. Marcuse,* Triebstruktur und Gesellschaft. Ein philosophischer Beitrag zu Sigmund Freud, Frankfurt 1982, 107–126.

[12] Dazu der Abschnitt »Fehlten Tote?« meiner Schrift ›Hat der Glaube eine Zukunft?‹ (85–96).

[13] Nach *K. Löwith,* Weltgeschichte und Heilsgeschehen, 113.

[14] Dazu *L. Scheffczyk,* Der Mensch als Bild Gottes, Darmstadt 1969.

[15] *G. von Rad,* Theologie des Alten Testaments I, München 1957, 149; *ders.,* Das erste Buch Mose II, 44 ff.

[16] *Augustinus,* De trinitate XII, c. 11.

[17] *L. Scheffczyk,* a. a. O., 29; 412.

[18] A. a. O., 466–490.

[19] A. a. O., 364–404.

[20] Dazu *R. Schnackenburg,* Die Johannesbriefe, Freiburg 1953, 147 ff.

[21] *Gregor von Nyssa,* De beatitudinibus, or. 7,1.

[22] A. a. O., 7,3; 6.

[23] *Cusanus,* Vom verborgenen Gott (Ausgabe Bohnenstaedt), Leipzig 1942, 80.

[24] A. a. O., 90.

[25] Dazu *H. Merklein,* Studien zu Jesus und Paulus, 214.

[26] Dazu *F. Mußner,* Der Galaterbrief, Freiburg 1981, 268–274.

[27] A. a. O., 274 ff.

[28] Dazu *W. Kern,* Die antizipierte Entideologisierung oder die »Weltelemente« des Galater- und des Kolosserbriefes heute, in: Geist und Glaube. Fundamentaltheologische Vermittlungen, Innsbruck 1992, 233–269.

[29] Dazu *R. Schnackenburg,* Das Johannesevangelium I, Freiburg 1967, 382 ff.

[30] Daß der Friede nach christlichem Verständnis als Anfang und Prinzip zu sehen ist, sagt der Jakobusbrief mit dem Bild, daß die »Saat der Gerechtigkeit« von den Friedfertigen in den Boden des Friedens »gesät« werden müsse (3,18); damit formuliert er die Antithese zu dem aus alttestamentlicher Überlieferung geschöpften Programmwort »Opus justitiae pax«. Näheres dazu in meiner Schrift ›Der Sinn des Friedens‹, München 1960, 28 ff.

[31] Näheres dazu in meiner Schrift ›Glaubensbekenntnis und Vaterunser‹, Düsseldorf 1994, 138–144.

[32] Dazu die eindringliche Untersuchung *A. Vögtles* über »Herkunft und ursprünglicher Sinn der Taufperikope 1,9–11«, in: Offenbarungsgeschehen und Wirkungsgeschichte, Freiburg 1985, 70–109.

[33] Dazu nochmals *A. Vögtle,* Die »Gretchenfrage« des Menschensohnproblems; ferner *L. Schenke,* Die Urgemeinde, 123–133; *K. Berger,* Theologiegeschichte des Urchristentums, 613–622.

[34] Dazu meine titelgleiche Schrift (München 1994).

[35] *Augustinus,* De magistro, c. 14.

[36] Nach *H. Rahner,* Die Gottesgeburt. Die Lehre der Kirchenväter von der Geburt Christi im Herzen der Gläubigen, in: Zeitschrift für Katholische Theologie 59 (1930) 333–418; ferner *A. Stolz,* Theologie der Mystik, Regensburg 1936, 184 f.

[37] *R. Guardini.* Der Herr. Über Leben und Person Jesu Christi, Paderborn 1980, 542.

[38] *Augustinus,* De moribus ecclesiae, c. 18.

[39] *J. Bernhart,* Die philosophische Mystik des Mittelalters, München 1992, 189.

[40] *Bernhard von Clairvaux,* Über die Gottesliebe, c. 10,28.

[41] *P. Watzlawick,* Der Zopf des Münchhausen, 166–191.

[42] Dazu *R. Schnackenburg,* Der Brief an die Epheser, Zürich 1982, 187 ff.

[43] Dazu *A. Wikenhauser,* Die Kirche als die mystische Liebe Christi nach dem Apostel Paulus, München 1937, 85 ff; 99 ff.

[44] *Augustinus,* In Ps. 26, sermo 2,23.

[45] *S. Kierkegaard,* Leben und Walten der Liebe, Jena 1923, 19 f.

[46] Dazu *K. Löwith,* Weltgeschichte und Heilsgeschehen, 171 f.

[47] Dazu *W. Kern,* Geist und Glaube. Fundamentaltheologische Vermittlungen, Innsbruck 1992, 51.

[48] Dazu *W. Beierwaltes,* Identität und Differenz, Frankfurt 1980, 241–268.

[49] *A. Loisy,* Das Evangelium und die Kirche: dazu *H. Fries,* Fundamentaltheologie, Graz 1985, 374; 354.

[50] *J. Fest,* Der zerstörte Traum, Berlin 1991; dazu der Abschnitt »Fehlten Tote?« meiner Schrift ›Hat der Glaube eine Zukunft?‹ (85–96).

[51] *H. Weder,* Die Arbeit der Utopie, in: Einblicke ins Evangelium, 239–246; *L. Boff,* Die Utopie Jesu, Hamburg 1992.

[52] Dazu die für eine Gemeinde-Überlieferung plädierende Deutung *L. Schenkes,* Die Urgemeinde, 246 f.

[53] Dazu die Ausführungen meines Paulusbuchs (von 1992), 64 ff.

⁵⁴ Dazu *J. Ernst,* Anfänge der Christologie, Stuttgart 1972, 139.

⁵⁵ *H. de Lubac,* Katholizismus als Gemeinschaft, 152; 159.

⁵⁶ A. a. O., 171.

⁵⁷ *Augustinus,* In Ps. 149, n. 3.

⁵⁸ *H. de Lubac,* a. a. O., 183.

⁵⁹ A. a. O., 221.

⁶⁰ A. a. O., 228.

⁶¹ A. a. O., 247.

⁶² Ebd.

⁶³ *E. Wasmuth,* Der unbekannte Pascal. Versuch einer Deutung seines Lebens und seiner Lehre, Regensburg 1962, 265–318.

⁶⁴ Wie Teil II, Anm. 66.

⁶⁵ *S. Weil,* Die Einwurzelung. Einführung in die Pflichten den menschlichen Wesen gegenüber, München 1956, 313.

⁶⁶ *D. Rusam,* Die Gemeinschaft der Kinder Gottes. Das Motiv der Gotteskindschaft und die Gemeinden der johanneischen Briefe, 255–278.

⁶⁷ Dazu *N. Perrin,* Was lehrte Jesus wirklich? Rekonstruktion und Deutung, Göttingen 1972, 240.

⁶⁸ Dazu *R. Schnackenburg,* Das Johannesevangelium I, 80 ff; ferner *O. Cullmann,* Der johanneische Kreis, Tübingen 1975.

⁶⁹ Zu *E. Schweizer,* Jesus Christus im vielfältigen Zeugnis des Neuen Testaments, München und Hamburg 1970, 158 f.

⁷⁰ *D. Rusam,* Die Gemeinschaft der Kinder Gottes, 105–118; 146 f.

⁷¹ A. a. O., 170–175.

⁷² Wie die Faust aufs Auge wirkt, damit verglichen, die neuerdings auch auf die Theologie übergreifende radikal-pessimistische Einschätzung des Menschen, die in ihm im Rückgriff auf Nietzsche und Spengler den homo necans (Burkert) erblickt und – mit alarmierenden Folgen für die Soteriologie – seine Sozialisation einem »Gründungslynchmord« (Girard) zuschreibt; dazu nochmals mein in Teil II, Anm. 269 erwähnter Beitrag ›Die Stimme der Antigone‹.

⁷³ Dazu nochmals das auf Seite 62 und 219 Ausgeführte.

⁷⁴ *S. Freud,* Das Unbehagen in der Kultur, in: Kulturtheoretische Schriften, Frankfurt 1974, 191–270.

⁷⁵ In einer Nachlaßnotiz bezeichnet *Nietzsche* es als seine Aufgabe, »alle die Schönheit und Erhabenheit, die wir den Dingen und Einbildungen geliehen, zurückzufordern als Eigentum und Erzeugnis des Menschen und als schönsten Schmuck und schönste Apologie desselben«: Kritische Studienausgabe IX, München 1980, 182.

⁷⁶ *E. Cassirer,* Was ist der Mensch? Versuch einer Philosophie der menschlichen Kultur, Stuttgart 1960; nach *N. Postman,* Wir amüsieren uns zu Tode, 20.

⁷⁷ *M. Buber,* Zwei Glaubensweisen, Zürich 1950, 26 ff.

⁷⁸ *N. Postman,* Wir amüsieren uns zu Tode, 7 f.

⁷⁹ *H. Marcuse,* Der eindimensionale Mensch, 83 f.

⁸⁰ Dazu nochmals das Eadmer-Zitat auf Seite 51.

⁸¹ *H. von Hentig,* Das allmähliche Verschwinden der Wirklichkeit (von 1984).

⁸² *M. McLuhan,* Die magischen Kanäle – ›Understanding Media‹, Frankfurt und Hamburg 1970, 17–31; ferner *M. Theobald,* Im Anfang war das Wort. Textlinguistische Studie zum Johannesprolog, Stuttgart 1983.

⁸³ Dazu nochmals die Ausführungen auf Seite 125 und 183.

⁸⁴ Dazu *Theobald,* a. a. O., 65–109.

⁸⁵ A. a. O., 108.

[86] Dazu nochmals *Ortega y Gasset,* Vom Menschen als utopischem Wesen, Stuttgart 1951; ferner *G. Anders,* Die Antiquiertheit des Menschen. Band I: Über die Seele im Zeitalter der zweiten industriellen Revolution, Band II: Über die Zerstörung des Lebens im Zeitalter der dritten industriellen Revolution, München 1980.

[87] *S. Freud,* Das Unbehagen in der Kultur, in: Kulturkritische Schriften, 222.

[88] Dazu nochmals *B. Nagel,* Franz Kafka. Aspekte zur Interpretation und Wertung, 238–274; ferner *W. Müller-Seidel,* Die Deportation des Menschen. Kafkas Erzählung ›In der Strafkolonie‹ im europäischen Kontext, Stuttgart 1986, 88–145.

[89] *H. Jonas,* Der Gottesbegriff nach Auschwitz, 37; dazu mein in Teil II, Anm. 77 erwähnter Beitrag ›Der Verlust der Attribute‹.

[90] *G. von le Fort,* Die Abberufung der Jungfrau von Barby, München 1940, 90.

[91] Dazu *K. Berger,* Theologiegeschichte des Urchristentums, 342 f.

[92] Dazu nochmals *F. H. Tenbruck,* Die unbewältigten Sozialwissenschaften oder die Abschaffung des Menschen (von 1984).

[93] Dazu *F. Haug,* Kritik der Rollentheorie und ihre Anwendung in der bürgerlichen deutschen Soziologie, Frankfurt 1972; ferner *R. König,* Studien zur Soziologie, Frankfurt und Hamburg 1971.

[94] *K. Löwith,* Das Individuum in der Rolle als Mitmensch. Ein Beitrag zur anthropologischen Grundlegung der ethischen Probleme, München 1928.

[95] *R. König,* a. a. O., 78 f.

[96] *H. Plessner,* Soziale Rolle und menschliche Natur, in: Erkenntnis und Verantwortung, 105 f.

[97] *F. H. Tenbruck,* Die unbewältigen Sozialwissenschaften oder die Abschaffung des Menschen, 230.

[98] Dazu nochmals die Ausführungen auf Seite 220 f.

[99] *O. Lorentz,* Der Mensch als Ebenbild Gottes; in dem in Anm. 14 erwähnten Sammelband, 127.

[100] Dazu *J. Kürzinger,* Zu Röm. 8,29, im selben Sammelband, 69–76.

[101] *Ortega y Gasset,* Vom Menschen als utopischem Wesen, 25.

[102] *F. Nietzsche,* Die fröhliche Wissenschaft III, § 125.

[103] Dazu *D. Mahnke,* Unendliche Sphäre und Allmittelpunkt. Beiträge zur Genealogie der mathematischen Mystik, Halle 1917; ferner mein Beitrag ›Die Reise und die Ruhe‹. Nietzsches Verhältnis zu Kleist und Hölderlin, in: Nietzsche-Studien 7 (1978) 97–129.

[104] Dazu die thematischen Ausführungen in meiner Studie ›Glaubensprognose‹, 34–41.

[105] *J. F. Lyotard,* Grabmal des Intellektuellen, Graz und Wien 1985.

[106] Nach *W. Reese-Schäfer,* Lyotard zur Einführung, Hamburg 1988, 122.

[107] *K. Löwith,* Weltgeschichte und Heilsgeschehen, 113.

[108] *Anselm von Canterbury,* Proslogion, hrsg. von F. S. Schmitt, Stuttgart–Bad Cannstatt 1962, 27; ferner die Eröffnungsrede *R. Klibanskys* zur ersten internationalen Anselm-Tagung vom 13.–16. 9. 1970 in Bad Wimpfen; dazu auch mein Beitrag ›Der Gang der Gottesfrage‹, in: H. Kohlenberger (Hrsg.), Reason, Action and Experience, Hamburg 1979, 181–190.

[109] *Irenaeus,* Adversus hereses IV, 6,4; nach *E. Seiterich,* Glaubwürdigkeitserkenntnis. Eine theologische Untersuchung zur Grundlegung der Apologetik, Heidelberg 1968, 62 f.

[110] *G. Krüger,* Die Herkunft des philosophischen Selbstbewußtseins, in: Freiheit und Weltverwaltung, Freiburg und München 1958, 42.

[111] *A. Lambertino,* Psychoanalyse und Moral bei Freud, Bonn 1994.

[112] Dazu der Abschnitt »Jesus und sein Gott« in meinem Jesusbuch ›Der Freund. Annäherungen an Jesus‹, München 1989, 150–163.

[113] *G. Eich,* Ausgewählte Gedichte. Auswahl und Nachwort von Walter Höllerer, Frankfurt 1960, 9.

[114] Dazu *H. Jonas,* Das Prinzip Verantwortung (von 1984); ferner *E. Würthwein* und *O. Merk,* Verantwortung, Stuttgart 1982; *R. Ingarden,* Über die Verantwortung. Ihre ontischen Fundamente, Stuttgart 1970.

[115] Dazu *E. Tugendhat,* Selbstbewußtsein und Selbstbestimmung. Sprachanalytische Interpretationen, Frankfurt 1978, 174–191, 269 ff.

[116] *Kierkegaard,* Die Wiederholung, 62 f.

[117] *E. Tugendhat,* a. a. O., 177.

[118] Dazu *J. Gnilka,* Jesus von Nazaret. Botschaft und Geschichte, Freiburg 1990, 294–297.

[119] *M. Buber,* Zwei Glaubensweisen, 110.

[120] A. a. O., 111; ferner die Ausführungen meines in Anm. 112 erwähnten Jesusbuchs ›Der Freund‹, 196.

[121] *E. Cassirer,* Individuum und Kosmos in der Philosophie der Renaissance, Leipzig und Berlin 1927, 69.

[122] *Aristoteles,* Nikomachische Ethik II, c. 5; *Augustinus,* De moribus ecclesiae I, 9; *Thomas,* Summa theologica I/II, qu. 55, a,4.

[123] Dazu die Ausführungen meines Paulusbuchs (von 1991), 169–173.

[124] *M. Scheler,* Zur Rehabilitierung der Tugend, Zürich 1950, 8 ff.

[125] *R. Guardini,* Gläubiges Dasein – Die Annahme seiner selbst, Mainz und Paderborn 1993, 7–31.

[126] A. a. O., 15.

[127] Dazu *G. Becker,* Theologie in der Gegenwart, Regensburg 178, 108–112, ferner *M. Seckler,* Der theologische Begriff der Religion, in: Handbuch der Fundamentaltheologie I, Freiburg 1985, 186–194; *ders.,* Der Begriff der Offenbarung, in: a. a. O. II, 77–83.

[128] Dazu *R. Schnackenburg,* Das Johannesevangelium I, Freiburg 1967, 431 f.

[129] *R. Guardini,* Das Ende der Neuzeit, 94.

[130] Dazu nochmals das Zitat aus *Tertullians* ›Apologeticum‹ (39,7); ferner *A. Hamman,* Die ersten Christen, Stuttgart 1985, 143.

[131] *Guardini,* Die Existenz des Christen, Paderborn 1976, 409.

[132] Dazu *A. Habichler,* Die Idee des Gottesreichs bei Immanuel Kant, Wien 1992.

[133] Zählebiger als die Idee des Dritten Reichs erwies sich unter diesem Gesichtspunkt die des Sowjetparadieses, die, anders als die optimistische Diagnose Joachim Fests wollte, noch keineswegs »ausgeträumt« ist.

[134] Dazu nochmals seine Schrift ›Weltgeschichte und Heilsgeschehen‹, 62 f.

[135] *Nietzsche,* Also sprach Zarathustra I: Vom Wege des Schaffenden.

[136] *W. Lütgert,* Die Liebe im Neuen Testament, 268.

[137] Dazu *M. Fuerth,* Caritas und Humanitas, Stuttgart 1933; ferner *E. Paulus,* Liebe – Das Geheimnis der Welt, Würzburg 1990.

[138] *E. Cassirer,* Was ist der Mensch?, Darmstadt 1960, 243.

[139] *Ders.,* Individuum und Kosmos in der Philosophie der Renaissance, 200.

[140] Dazu die Hinweise in meiner Schrift ›Der Sinn des Friedens‹, München 1960, 16 ff.

[141] Dazu *H.-J. Maaz,* Der Gefühlsstau. Ein Psychogramm der DDR, Berlin 1990.

[142] So die von *Nietzsche* aus offensichtlich kompensatorischen Motiven entwickelte »Herrenmoral«, in: Jenseits von Gut und Böse IX, § 260; dazu

W. *Kaufmann,* Nietzsche. Philosoph, Psychologe, Antichrist, Darmstadt 1982, 242–352.

[143] Dazu L. *Reimer,* Die Wiederholung des Problems der Erlösung bei Kierkegaard, in: M. Theunissen und W. Greve (Hrsg.), Materialien zur Philosophie Kierkegaards, Frankfurt 1979, 302–346.

[144] *Kierkegaard,* Die Wiederholung (Ausgabe Richter), 76.

[145] Nach *K. Löwith,* Wissen, Glaube und Skepsis, 53.

[146] *L. Reimer,* a. a. O., 329.

[147] A. a. O., 332.

[148] *Kierkegaard,* Einübung im Christentum (Ausgabe Hirsch und Gerdes), 13; dazu H. *Gerdes,* Sören Kierkegaards ›Einübung im Christentum‹, Darmstadt 1982, 74–79.

[149] Dazu mein Beitrag ›Wer mehrt den Glauben?‹, in: Lebendiges Zeugnis 49 (1994) 189–195.

[150] So meine titelgleiche Schrift ›Der inwendige Lehrer. Der Weg zu Selbstfindung und Heilung‹, München 1994.

[151] *L. Reimer,* a. a. O., 337.

[152] *Maximus Confessor,* Questiones ad Thalassium 59; dazu nochmals mein in Anm. 103 erwähnter Beitrag ›Die Reise und die Ruhe‹.

[153] *N. Brox,* Offenbarung, Gnosis und gnostischer Mythos bei Irenäus von Lyon, Salzburg und München 1966, 148; 186–189; dazu auch meine Schrift ›Der inwendige Lehrer‹, 60 ff.

[154] Nach *E. Scharl,* Recapitulatio mundi, Freiburg 1941, 21.

[155] *Irenäus von Lyon,* Adversus haereses IV, c. 2,7.

[156] Dazu H. *Gerdes,* Sören Kierkegaard. Einübung im Christentum, 39–56.

[157] *Kierkegaard,* Einübung im Christentum, 240 f.

[158] *F. Dostojewskij,* Die Brüder Karamasow III, 4: Die Hochzeit zu Kanaa in Galiläa.

[159] *Guardini,* Vom lebendigen Gott, Mainz 1930, 90.

[160] *Kierkegaard,* Der Begriff Angst (Ausgabe Hirsch), Düsseldorf 1953, 162–167.

[161] Kinder- und Hausmärchen, gesammelt durch die Brüder Grimm, Darmstadt 1955, 175 ff.

[162] *M. Scheler,* Vom Ewigen im Menschen I: Religiöse Erneuerung, Leipzig 1921, 5–58.

[163] A. a. O., 46 f.

[164] A. a. O., 57.

[165] A. a. O., 58.

[166] *F. Schiller,* Die Räuber, Akt I, 2. Szene.

[167] Dazu L. *Boff,* Die Utopie Jesu (von 1992).

[168] Dazu H. und *H. A. Frankfort, J. A. Wilson* und *Th. Jacobsen,* Frühlicht des Geistes. Wandlungen des Weltbildes im Alten Orient, Stuttgart 1954, 114 f.

[169] *B. Snell,* Die Entdeckung des Geistes. Studien zur Entstehung des europäischen Denkens bei den Griechen, Stuttgart 1946, 57–86; *H. U. v. Balthasar,* Herrlichkeit. Eine theologische Ästhetik III/1, Einsiedeln 1965, 54–59.

[170] Dazu H. *Blumenberg,* Die Legitimität der Neuzeit, 336–340; H. *Marrou,* Augustinus in Selbstzeugnissen und Bilddokumenten, Hamburg 1958, 148 f. Was Descartes dem indirekten Plagiatsvorwurf mit größtem Recht entgegenzuhalten hat, ist das Zugeständnis, daß seine Prinzipien zwar allgemein bekannt seien, daß vor ihm jedoch noch niemand erkannt habe, »daß sich aus ihnen die Kenntnis aller übrigen Dinge, die es in der Welt gibt, ableiten lassen«: *K. Jaspers,* Descartes und die Philosophie, Berlin 1956, 62.

[171] Zu dieser Deutung der »Höllenfahrt« siehe meine Schrift ›Glaubensbekenntnis und Vaterunser‹, 85 ff.

[172] Dazu mein Nachwort zu *Nossacks* übersehenem Hauptwerk, seinem Buch ›Nach dem letzten Aufstand‹, Frankfurt 1981, 369–412.

[173] Dazu *H. E. Nossack,* Daran glaube ich, in: Pseudoautobiographische Glossen, Frankfurt 1971, 13 ff; ferner mein Beitrag ›Der Wegbereiter. Zur Gestalt des Engels im Werk H. E. Nossacks‹, in: Chr. Schmid (Hrsg.), Über H. E. Nossack, Frankfurt 1970, 29–43.

REGISTER

330